수학의 아름다움

AI, 빅데이터에 숨어 있는

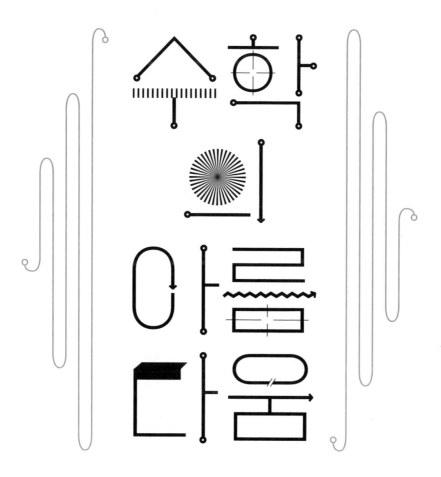

수학의 아름다움

구글 연구 개발자가 들려주는 알고리즘 속 수학 이야기

우쥔 지음 ~ 한수희 옮김 ~ 권재명 감수

세종

이 책을 가족에게 바칩니다.

대중에게 과학의 정신이 전파되기를,

훌륭한 IT 전문가가 더 많이 탄생하기를 바랍니다.

간단하면서도 치밀한 '수학의 아름다움'

리싱 · 칭화대학교 교수

《수학의 아름다움》은 꼭 읽어볼 만한 책이다. 이 책에는 수년간 과학 연구를 하며 경험을 쌓은 우쥔 박사의 과학적 이슈에 관한 깊이 있는 사고가 담겨 있다.

1991년 미국에서 돌아온 나는 칭화대학교 전자공학과에서 일할 때 우쥔 박사와 동료로 지냈다. 당시 중국어 음성인식 분야에서 그의 깊이 있는 연구에 강한 인상을 받았다. 그 후 우쥔 박사는 미국에서 일하며 실리콘밸리를 소개한 책《흐름의 정점(浪潮之巔)》을 출간했는데, 나는 이 책에서 그의 글쓰기 열정과 글쓰기 실력을 새삼 깨닫게 되었다.

요 몇 년간 칭화대학교 학생들을 가르치면서 나는 어떻게 하면 학생들이 과학 연구에 흥미와 열정을 갖고 자신이 하는 연구의 가치를 깊이 이해하며, 나아가 자신이 속한 분야에서 대가와 선두주자로 자리매김할 수 있을지 줄곧 궁리해왔다. 그러다가 우연히 우쥔 박사가 구글 블로그 헤이반바오(黑板報)에 연재한 '수학의 아름다움(數學之美)'을 발견했다. 그 내용이 너무 좋아서 나는 학생들에게 연재 글을 꾸준히 찾아 읽어볼 것을 여러 번 추천했다. 더욱이 이 책은 블로그 글과 비교했을 때 내용의 체계성과 깊이를 다시 한번 새로운 경지로 끌어올렸다.

내가 《수학의 아름다움》을 읽으며 얻은 바를 아래와 같이 여러분과 나누고자 한다.

근원을 깊이 파고드는 질문

《수학의 아름다움》은 각 분야 에피소드를 많은 지면을 할애하면서 소개하고 있어 흥미진진하게 읽힌다. 가장 핵심적인 부분은 역사적 사건과 관련된 인물이다. 우리는 여기에서 '절묘한 수학 사상을 제시한 사람은 누구인가?', '왜 그/그녀는 그런 사상을 제시했는가?', '그 사유 방법에 어떤 특징이 있는가?' 같은 질문을 던져야 한다. 한 분야의 대가로 우뚝 서기까지는 우연도 있었겠지만, 필연이 더욱 크게 작용하기 때문이다. 그리고 그 필연성이 바로 대가들의 사유 방법이다.

간단하면서 치밀한 수학적 사고

과학 연구에 종사하는 사람에게 가장 중요한 것은 사유 방법을 터득하는 것이다. 두 가지 예를 들어보겠다.

뉴턴은 위대한 물리학자이자 수학자로 《자연철학의 수학적 원리》에서 네 가지 규칙을 기술했다. 그중 "규칙 1. 자연 사물에 대해서, 그 현상을 설명하기에 충분한 진짜 원인이 있으면 다른 원인은 찾을 필요가 없다"라는 말은 후대 사람들에게 '단순성의 원칙'이라 불렸다. 이는 "그리스 철학에서부터 현대 물리학에 이르는 과학사 전체에서 겉으로 드러난 복잡한 자연현상을 몇 가지 단순한 기본 개념과 관계로 귀납하려는 시도는 지속적으로 있어왔다. 이것이 자연철학 전체의 기본 원리다"라고 말한 아인슈타인의 말과도 일맥상통한다. 이 같은 원리는 《수학의 아름다움》에서도 일관되게 나타난다.

월드와이드웹(WWW)의 창시자 팀 버너스 리는 설계의 원리를 설명하며 "단순성과 모듈화는 소프트웨어 공학의 토대이며, 분포식과 내결함성(fault tolerance)은 인터넷의 생명이다"라고 말했다. 소프트웨어 공학과 인터넷 분야에 많은 사람이 종사하지만 이러한 핵심 사상을 체득한 사람이 과연 얼마나 될까?

나는 학생들에게 "지난 10년간 주요 IT 잡지 표지에서 중점적으로 추천한 기술을 찾아서 그중 성공한 기술은 무엇이며 등장하자마자 사라진 기술은 무엇인지를 알아내고, 그 원인을 분석하라"라는 시험 문제를 낸 적이 있다. 답은 매우 흥미로웠다. '정확한 설계를 위한 사고법이 있는 기술'은 비기술적인 요소라는 변수가 있기 때문에 반드시 성공한다고 볼 수 없지만, '정확한 설계를 위한 사고법이 없는 기술'은 예외 없이 실패한다는 것이다. 그러므로 독자들이 이 책을 통해 간단하면서도 치밀한 '수학의 아름다움'을 창조하는 방법론을 체득해보길 권한다.

감상을 뛰어넘는 창조

"모든 것은 자연계의 사실을 관찰하는 우리의 눈에 달려 있다"라는 영국의 철학자 베이컨의 말처럼 수학이란 자연계의 사실에 대한 총정리와 귀납이며, "나는 생각한다. 고로 존재한다"라는 프랑스 철학자 데카르트의 말처럼 추상적 사고의 결과다. 이 두 가지 방법이 현재의 다채롭고 매력적인 수학을 이룩했다는 점은 대단히 높이 평가할 만하다. 《수학의 아름다움》은 IT 분야에서의 수학, 특히 음성인식과 검색엔진 분야의 아름다움을 멋지게 표현하고 있다. 그러나 나는 여기에서 "우리의 최종 목표는 아름다움을 감상하는 것이 아니라 아름다움의 경지를 창조하는 것이다. 바로 이것이 우리가 추구할 만한 더 가치 있는 일이다"라고 말하고 싶다. 이 책의 독자들, 특히 젊은 독자들이 IT 기술에서 '수학의 아름다움'을 충분히 감상하고 대가들의 사고법을 익혀서, 스스로 대가가 되어 새로운 수학의 아름다움을 창조하기 바란다.

컴퓨터공학에 숨어 있는 수학 원리를 명쾌히 설명하다

리카이푸 · 전 구글차이나 CEO

몇 해 전 나는 우쥔 박사의 저서 《흐름의 정점》과 《수학의 아름다움》 초판 서문을 썼다. 이후 《수학의 아름다움》이 문진(文津)도서상을 수상하고 개정판이 곧 출판될 거라는 소식을 들으니 기쁘기 그지없다!

《수학의 아름다움》은 구글의 베테랑 연구원이었던 우쥔 박사가 구글차이나 공식 블로그의 요청을 받고 쓴 글이다. 연재를 막 시작했을 때 블로그 운영자는 독자들이 읽기에 너무 이론적이고 지루하지 않을까 우려했다고 한다. 그러나 이 같은 우려는 아주 빠르게 사라졌다. 《수학의 아름다움》은 생동감 있고 구체적인 언어로 수학의 발전사와 실제 사례를 결합해 과거와 현재를 아우르며 현대 과학기술 분야와 관련된 중요한 수학 이론의 기원과 발전, 그

작용을 체계적으로 서술했다. 어려운 내용을 쉽게 풀어낸 이 책은 수많은 독자, 특히 과학기술 업계의 인사들로부터 환영을 받았다.

나는 《흐름의 정점》 서문에서 내가 아는 최고의 연구원과 엔지니어 중에서 강한 서사 능력, 과학기술 및 정보 분야의 발전과 변화에 대한 깊이 있는 통찰력과 효과적인 귀납 정리 능력을 지닌 몇 안 되는 인사 중 하나라고 우쥔 박사를 설명했다. 우쥔 박사는 《수학의 아름다움》에서 자신의 이러한 특성을 다시 한번 보여줬다. 그러나 이번 책이 《흐름의 정점》과 다른 점은 수학과 정보처리 같은 전문 분야에 대한 우쥔 박사의 이해, 특히 음성인식과 자연어 처리, 정보 검색 분야에서 그가 다년간 쌓은 인식을 집중적으로 서술했다는 점이다. 숫자와 정보의 유래에서부터 검색엔진의 정보처리 이면에 숨어 있는 수학 원리, 그리고 검색과 관련된 수많은 분야에서의 신기한 수학 응용에 이르기까지 우쥔 박사는 흥미진진하게 이야기를 풀어놓았다. 수학 이면에 있는 본질적 사유에 대한 내용도 정확하고 생동감 넘친다. 사람을 매료하는 그의 글은 확실히 수학의 아름다움을 느끼게 해준다. 그의 펜 끝에서 수학은 우리가 일반적으로 떠올리는 지루하고 심오한 부호가 아니라, 실제 우리의 생활에서 비롯된 흥미로운 현상이자 그 확장이다. 사실 수학은 어디에나 존재할 뿐만 아니라, 감탄할 만한 음률과 아름다움을 지닌 학문이다!

갈릴레이는 "수학은 신이 자연에 쓴 언어다"라고 말했고, 아인슈타인도 "순수수학은 우리로 하여금 개념 및 그 개념과 연관된 규칙을 발견하게 해주며, 이런 개념과 규칙은 우리가 자연현상을 이해하는 열쇠가 된다"라고 말했다. 나도 다년간 정보처리와 음성인식 분야를 연구하면서 모든 과학 분야의 수학적 토대와 그 근본적인 역할을 확실히 깨달았다. "수가 있는 곳에 아름다움이 있다." 자연, 과학, 생활에 흥미를 갖고 있는 열정적인 독자들에게 《수학의 아름다움》을 진심으로 추천한다. 이과생이든 문과생이든 상관없이 수학에 관한 것을 읽으면 얻는 바가 많을 것이다. 또한 우주와 세상의 아름다움과 기묘함도 느낄 수 있을 것이다. 이 책이 특히 가치 있는 이유는 저자가 소개하고 있는 내용이 그가 정통하고 업무에서 오랫동안 사용한 것이라는 점이다. 저자는 형식적으로 간단한 수학 모델을 이용해 대단히 복잡한 공학 문제를 해결해야 하는 이유를 알려줄 뿐 아니라, 그(또는 동료들)의 사고 과정을 명확하게 설명한다. 이는 실전 경험이 없는 학자라면 불가능한 일이다.

2012년 우쥔 박사는 엄청난 노력과 시간을 들여서 이전에 쓴 연재 글을 편집해《수학의 아름다움》초판을 출간했다. 그는 매우 엄격한 태도로 바쁜 업무 속에서도 이전에 작성한 글을 보완하며 거의 모든 문장을 새로 쓰다시피 했다. 일반 독자의 흥미를 이끌면서 보다 심도 깊은 내용을 원하는 전문가 독자의 요구도 고려한 그의 글은 감탄이 절로 나올 만큼 훌륭하다. 그 후 우쥔 박사는 2년간 구글에서 일하면서 경험한 내용을 2개의 장으로 정리해 개정판에 새로 추가했다. 이로써 독자들이 수학의 아름다움을 더 깊이 이해하게 될 거라 믿는다.

때때로 현대 사회는 스트레스와 조급함은 늘었지만 착실함과 자연과학의 본질에 대한 호기심, 지식 탐구는 줄었다는 생각이 든다. 이 점에서 우쥔 박사의《수학의 아름다움》은 정말로 훌륭한 책이다. 앞으로도 우쥔 박사가 심오한 내용을 쉽게 풀어낸 좋은 책을 더 많이 쓰길 바란다. 그 책들은 분명히 이 사회와 젊은이들에게 가장 좋은 선물이 될 것이다.

정보처리 문제 해결을 위한 필독서

'수학의 아름다움(數學之美)'은 2006년부터 구글차이나 공식 블로그 '구글 헤이반바오'에 올린 연재물 제목이다. 당시 블로그 주인장인 우단단(吳丹丹)이 구글의 기술을 소개하는 글을 써달라고 요청해왔고, 나는 구글과 존스홉킨스대학교에서 연구한 경험을 살려 구글에서 개발한 기본 기술, 특히 수학적 원리를 소개하는 짤막한 글을 실었다. 완벽한 글쓰기 계획을 세우지는 않고 짬이 날 때마다 쓰고 싶은 내용을 올릴 생각이었다. 그런데 뜻밖에도 몇 편이 올라가자 IT 업계의 많은 종사자들과 대학생들로부터 뜨거운 관심을 받았다. 내 글은 다른 사이트로 수만 건씩 공유되면서 독자가 수백만 명으로 늘어났다. 많은 사람의 격려 속에서 연이어 20여 편의 글을 작성했지만, 그

후 업무 변동이 생기면서 한동안 글쓰기를 중단할 수밖에 없었다. 하지만 감사하게도 블로그 글에 꾸준한 관심을 보이며 연재를 언제 완성할 것인지, 책으로 낼 의향이 있는지 묻는 독자들이 있었다. 그래서 나는 2010년부터 마지막 연재 글까지 연달아 작성하고, 그 내용을 책으로 만드는 작업을 시작했다.

책을 쓰는 것은 블로그에 쓸 때보다 고려해야 할 사항이 더 많다. 좋은 책을 만들려면 구성이 체계적이고 문장이 치밀해야 하기 때문이다. 이러한 출판 요구를 만족시키기 위해 나는 2010년에서 2012년까지 거의 모든 내용을 새로 썼다. 각 장의 제목과 주제는 블로그에 썼던 것과 대체로 비슷하지만, 내용과 문장은 모두 새로 쓴 것이다. 먼저 구성의 체계성 면에서 IT 비종사자들도 쉽게 읽을 수 있도록 주제마다 배경 설명을 작성했고, 관련 업계에서 종사하는 엔지니어들이 참고할 수 있도록 일부 주제 마지막에 '추가 읽기'를 배치했다. 그러므로 IT 비종사자들은 '추가 읽기'를 건너뛰어도 읽는 데 무리가 없을 것이다. 또한 독자들의 책 읽기를 돕기 위해 각 장의 순서도 조정했다. 다음으로 문장의 치밀성 면에서 텐센트의 엔지니어 왕이(王益) 등의 도움으로 블로그 내용 중 일부 오류를 바로잡고, 여러 가지 공식 유도 과정을 최대한 보충했다.

이 책의 소재는 모두 내 업무에서 나온 것이다. 언어정보 처리, 인터넷 기술, 데이터 마이닝, 머신러닝 등은 방대하고 심오하며 빠르게 발전하는 분야로 내 연구도 그중 극히 일부분에 지나지 않는다. 나는 내가 발을 들여놓지 않은 분야를 글로 쓸 자신이 없을뿐더러 자격도 없다고 생각한다. 그래서 이 책은 상술한 분야의 전체 내용을 빠짐없이 담고 있지는 않다. 예를 들면 오늘날 데이터 마이닝 분야의 알고리즘, 인터넷에서의 각종 추천 시스템의 수학 모델에 대해서는 거의 언급하지 않았다. 이런 내용에 흥미가 있는 독자들은 관련 글이나 서적을 찾아보길 바라며, 이 분야의 전문가들이 있다면 모두가 참고할 수 있도록 자신의 업무 경험을 들려주길 희망한다. 그러므로 다른 각도에서 이 책은 전문가들의 고견을 이끌어내기 위한 나의 미숙한 의견인 셈이다. 그러나 일반 독자들에게는 이 책이 수학의 도(道)를 깨쳐 실제 문제를 해결하는 데 도움이 되길 바란다.

2012년 많은 친구들의 관심과 도움 덕분에 《수학의 아름다움》이 마침내 종이책으로 정식 출간되었고, 중국 국가도서관이 주관한 제8회 문진도서상을 수상하는 영예를 안았다. 더 기쁜 소식은 중학생을 포함한 수많은 젊은 독자들이 이 책을 읽고 수학에 흥미를 느껴, 누가 시키지 않았는데도 수학 지식을 일상 학습과 업무에 응용해봤다는 점이다. 이 책의 초판이 출간되고 어느덧 2년 반이 흘렀다. 비록 그사이 수학 자체의 발전과 변화는 크지 않았지만, 정보산업에서의 응용은 점점 더 광범위해지고 있기에 개정판에서 일부 내용을 추가했다. 특히 빅데이터와 머신러닝에 관한 내용을 추가해 현재 기술에 대한 사람들의 학습 요구를 충족시켰고, 전문가와 독자의 피드백을 반영해 오류를 정정했으며, 일부 내용도 새로 업데이트했다.

《수학의 아름다움》의 개정판 출간을 맞이해 내게 지도와 도움, 격려를 해준 많은 사람에게 감사 인사를 전하고 싶다. 먼저 나를 수학 왕국과 정보처리 분야로 인도해주신 분들, 특히 어렸을 때 수학과 자연과학에 흥미를 가질 수 있도록 길러주신 아버지, 나를 음성과 언어처리 왕국으로 이끌어주신 왕쭤잉 교수, 산지브 쿠단프 교수, 프레더릭 젤리넥 교수 그리고 구글에서 항상 나를 이끌어주신 피터 노빅 박사와 구글 펠로 아밋 싱할 박사에게 감사를 드린다. 다음으로 수학적으로 나와 끊임없이 교류하며 나의 글쓰기, 특히 이 책을 펴내는 일을 오랫동안 지지해주고 도와준 동료이자 친구인 리카이푸 박사, 칭화대학교의 리싱 교수와 마사오핑 교수, 스탠퍼드대학교의 장서우청 교수, 화중과기대학교의 저우리 교수, 아마존의 궈진 박사 그리고 구글에서 함께한 과거와 현재의 동료들에게 감사를 전한다. 이 밖에 나를 도와 원고를 교정해준 아내 장옌과 책에 들어가는 수많은 삽화를 그려준 두 딸 우멍화와 우멍신에게도 감사의 인사를 보낸다.

블로그 연재 글이었던 《수학의 아름다움》이 대상을 받은 베스트셀러가 되는 데에는 저스트펍(JUSTPUB) 출판 단체와 인민우전(人民郵電)출판사의 공이 가장 컸다. 그중 저스트펍 책임자인 저우췬은 이 책의 출판 업무를 주관했고, 원고를 감수한 편집자 리린샤오는 심혈을 기울여 수차례나 원고를 교정했으며, 디자이너 후원자는 이 책을 세심하게 조판했다. 또한 인민우전출판사의 위빈과 류타오 등 여러 분이 인쇄 제작과 발행을 위해 많은 수고를 해주었다. 모든 사람이 최선을 다해 협력하고 봉사해주었기에 《수학의 아름다움》이 이처럼 많은 독자의 사랑을 받을 수 있었다. 모든 이들에게 진심으로 감사의 인사를 전한다.

마지막으로 열성적인 모습을 보여준 모든 독자, 특히 이 책의 오류를 정정하고 내용을 완벽하게 만드는 데 도움을 준 독자들에게 감사드린다. 물론 블로그에 연재한 글을 인터넷에서 적극적으로 전파하고 이 책을 추천해준 언론과 웹사이트, 독자들에게도 감사를 전하고 싶다. 앞으로도 《수학의 아름다움》을 지속적으로 지지해주길 기대한다.

내 능력의 한계로 부득이 이 책에 누락된 부분이나 오류가 있다면, 독자 여러분의 아낌없는 조언과 가르침으로 함께 이 책을 더욱 완벽하게 만들어나가길 희망한다.

모스 부호에서 음성인식까지 통신기술의 기반은 수학

'수학'이라는 용어는 '배움으로 얻은 지식'이라는 뜻의 고대 그리스어 '마테마($\mu\acute{a}\theta\eta\mu a$)'에서 유래했다. 여기에서 우리는 초기 수학의 범위가 오늘날 이야기하는 수학보다 훨씬 광범위하며, 인류의 삶과 더 가깝다는 것을 알 수 있다.

초기 수학은 오늘날처럼 신비로운 영역이 아니라 오히려 매우 사실적이었다. 다른 사물과 마찬가지로 수학도 끊임없이 진화했다. 이 과정에서 수학은 점점 심오해져 갔는데, 수학의 진화는 우리가 실생활에서 부딪히는 구체적인 사물과 그 운동 규칙을 부단히 추상적으로 만드는 과정이었다. 수천 년의 추상화 과정을 거치고 나서 인간의 머릿속에서 떠올릴 수 있는 수학이란 단지 숫자나 부호, 혹은 공식이나 정리였다. 이들로 표상되는 수학은 우리 생활과 동떨어져 보였고, 심지어 표면적으로는 아무 상관도 없는 듯했다.

일반 사람들은 초등 수학을 제외한 수학, 특히 이론수학(*pure mathematics*)의 쓰임새와 그 등장에 의문을 품는다. 대부분 대학 졸업 후에는 평생 수학을 응용해볼 기회도 없을뿐더러 몇 년이 지나면 거의 잊어버리지 않는가. 상황이 이러하니 왜 수학을 배워야 하는지 의심스럽다. 더 불행한 사실은 수학 전공자들도 취업에 어려움을 겪는다는 것이다. 이런 상황은 미국이나 중국이나 별반 다를 바 없다. 많은 중국인의 눈에 수학자란 단지 천징룬(陳景潤)[1]처럼 알이 두꺼운 안경을 쓰고 행동거지가 어눌한 사람이다. 일반인들은 추상적인 숫자와 부호, 공식과 정리뿐만 아니라 이것을 연구하는 수학자도 아름다움과는 거리가 멀다고 여긴다.

하지만 사실 수학의 쓰임새는 사람들의 상상을 초월한다. 심지어 우리 생활 속에도 항상 존재한다고 말할 수 있다. 원자력과 우주 비행처럼 상대적으로 생활과 연관성이 떨어지는 분야의 거대한 수학 지식을 언급하지 않더라도, 우리가 매일 사용하는 제품과 기술 뒤에는 이를 지탱하는 수학적 기초가 존재한다. 20여 년간 과학 분야에 종사한 사람으로서 나는 아직도 실제 업무에서 문제 해결에 쓰이는 수학 언어의 마력에 늘 감탄한다. 이러한 수학의 신비함을 여러분에게 들려주고 싶다.

고대에 가장 중요한 지식은 세상에 대한 인식과 이해를 제외하면, 사람과 사람 사이의 소통과 교류였다. 우리는 이것을 광의의 개념으로 '통신'이라고 부르는데, 이 책 내용도 바로 여기에서 시작한다. 수학의 아름다움을 보여주기 위해 통신이라는 분야를 시작점으로 선택한 것은 첫째, 통신에서 수학의 응용이 매우 보편적이기 때문이며 둘째, 통신과 우리 생활이 매우 밀접하기

---

1 역주: 중국의 저명한 수학자(1933~1996). '골드바흐의 추측에 관한 정리', '쌍둥이 소수 추측에 대한 정리'로 세계적인 명성을 얻었다.

때문이다.

산업 사회가 시작되면서 통신은 사람들의 생활에서 많은 시간을 차지했다. 인류가 전기의 시대로 진입한 이후 통신의 확산은 사람과 사람 사이의 거리를 좁혀주었을 뿐만 아니라 세계 경제 성장의 견인차 역할을 했다. 오늘날 통신과 그 관련 산업은 아마도 전 세계 GDP에서 매우 큰 부분을 차지할 것이다. 도시에 사는 사람들은 텔레비전을 보고, 인터넷과 전화(유선 전화와 휴대 전화)를 하는 데 가장 많은 시간을 소비하는데, 모두가 통신의 일종이다. 심지어 쇼핑처럼 원래는 반드시 그 장소로 가야만 했던 활동들의 역할을 현대의 통신 기반 위에 구축된 전자상거래가 점차 대체하고 있다. 현대의 통신은 100여 년 전의 모스 부호와 벨의 전화기로 거슬러 올라가 오늘날의 텔레비전과 휴대 전화, 인터넷에 이르기까지 모두 정보이론의 규칙을 따르고 있다. 모든 정보이론의 기반은 바로 수학이다. 더 멀리 보면 인류의 자연 언어와 문자의 기원도 그 배후에는 수학 규칙이 지배하고 있다.

통신(通信)이라는 단어의 50퍼센트를 차지하는 '신(信)'은 정보의 저장, 전달, 처리와 이해의 중요성을 나타낸다. 오늘날 누구나 사용하는 검색뿐만 아니라 우리가 신기하다고 생각하는 음성인식, 기계번역과 자연어 처리도 '신'에 포함된다. 사람들은 이 같은 문제를 해결하는 가장 좋은 도구가 바로 수학이라는 사실을 미처 생각지 못할 것이다. 이들 분야에서 보편적인 수학 모델을 가지고 서로 다르게 보이는 실제 문제를 아주 명료하게 서술할 수 있을 뿐만 아니라, 대단히 아름다운 해결 방법을 찾을 수 있다. 수학 도구를 응용해 정보처리와 관련된 문제를 하나씩 해결할 때마다 사람들은 언제나 수학의 아름다움에 감탄한다. 사람들이 사용하는 언어는 수백 수천 종에 이르지만 이들을 처리하는 수학 모델은 동일하거나 유사하다. 이러한 일치성 역시 수학이 아름다운 이유다. 이 책에서 나는 수학 툴에 대해 소개하려고 한다. 이를 통해 사람들이 수학 툴을 어떻게 이용해서 정보를 처리하고 생활 속에서 매일 사용하는 제품을 개발했는지 살펴볼 것이다.

수학은 종종 심오하고 복잡하다는 인상을 주지만, 사실 수학의 본질은 때로 간단하고 직접적이다. 영국의 철학자 프랜시스 베이컨은 〈미(美)에 관하여〉라는 글에서 "미는 진귀한 보석처럼 꾸미지 않았을 때 가장 화려하게 빛난다(Virtue is like a rich stone, best plain set)"라고 말했다. 수학의 아름다움 역시 하나의 좋은 방법, 종종 가장 간단하고 명료한 방법에 있다. 그래서 나는 이 책 전체에서 '간단함이 곧 아름다움'이라는 철학을 견지했다.

마지막으로 적지 않은 지면을 할애해 내가 잘 알고 있는 자연어 처리와 통신 분야의 세계 정상급 전문가를 소개한 이유를 설명하겠다. 이 책에 소개한 세계 정상급 전문가들은 민족과 국가는 다르지만 모두 수학을 굉장히 잘하고 수학을 활용해 수많은 문제를 해결했다는 하나의 공통점을 가지고 있다. 나는 그들의 일상적인 일과 생활을 소개함으로써 독자들이 세계 정상급 학자들에 대해 더 많이 이해하길 원한다. 그들의 평범하지만 뛰어난 능력과 그들이 성공한 이유를 이해함으로써 수학의 아름다움을 진실로 이해한 사람들의 아름다운 인생을 느껴보길 바란다.

차례

1장 문자와 언어 vs 숫자와 정보

2장 자연어 처리의 진화 - 규칙에서 통계로

3장 통계언어 모델

4장 형태소 분석 이야기

문자와 언어 vs 숫자와 정보

1장

문자와 언어, 숫자는 생겨날 때부터 서로 통하는 면이 있었다.
각자 다른 길을 가며 발전해왔지만 결국 한곳으로 모인다.

숫자와 문자, 자연어(*natural language*)는 모두 정보의 매개체다. 이들 사이에는 원래부터 선천적인 연계성이 있다. 언어와 수학은 정보 기록과 전달이라는 동일한 목적을 가지고 태어났다. 그러나 수학과 정보 시스템을 의식적으로 연계한 것은 약 반세기 전 클로드 섀넌(*Claude Elwood Shannon*)이 정보이론을 제기하면서부터다. 그 전까지 숫자의 발전은 대부분 천문학, 기하학, 공학, 경제학, 역학, 물리학, 생물학 등 자연에 대한 사람의 인식 및 일상 활동과 연계되어 이루어졌고, 수학과 언어는 공유되는 부분이 거의 없었다. 수학자가 물리학자 또는 천문학자를 겸업하는 경우는 많지만, 언어학자를 겸업하는 경우는 드물었다.

이 책의 내용은 거의 전부 최근 반세기 동안 일어난 일들이다. 그러나 1장에서는 먼저 언어, 문자, 숫자가 만들어진 상고 시대로 거슬러 올라가 보겠다.

1. 인류 초기의 정보

우리 조상 호모 사피엔스는 현재 우리와 같은 모습이 되기 전부터 정보를 사용했다. 동물원의 동물들이 저마다 자신이 좋아하는 이상한 소리를 내는 것처럼, 초기 인류도 모호한 소리를 내기 좋아했다. 처음에는 그저 그런 소리 내는 것 자체를 좋아했을 테지만, 점차 그 소리로 정보를 전달하기 시작했다. 예를 들면 뭔가 특정한 소리로 '저쪽에 곰이 있다'라고 표현해 친구에게 조심하라고 일러주는 식이다. 친구는 '야야' 같은 소리를 내어 알았다고 응답하거나 불분명한 다른 소리를 내서 '우리가 돌멩이로 쟤를 때렸어'라고 표시했을 것이다.

이때 정보의 생성, 전달, 수신 및 피드백은 오늘날의 최첨단 통신과 원리상 아무 차이도 없다. 정보 전달 모델에 관해서는 뒤에서 더 자세히 소개하겠다.

그림 1.1 인류 최초의 통신은 소리

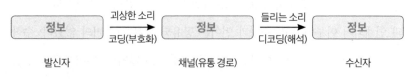

정보	괴상한 소리 코딩(부호화)	정보	들리는 소리 디코딩(해석)	정보
발신자		채널(유통 경로)		수신자

그림 1.2 오늘날과 유사한 원시인의 통신 원리

초기 인류는 이해하고 전달해야 하는 정보가 적었기 때문에 언어와 숫자가 필요하지 않았다. 점차 인류가 진보하고 문명화가 진행되면서 표현해야 하는 정보도 많아졌고, 몇 가지 소리만으로 감당할 수 없게 되면서 언어가 생겼다. 그 시대에는 인간이 생활하며 쌓은 경험이 특정한 정보가 되는 가장 소중한 재산이었고, 구술 언어로 후대에 전해졌다. 인류가 음식과 물건을 소유하기 시작하면서 많고 적음이라는 개념도 생겼다. 안타깝지만 당시의 인류는 아직 수를 세지는 못했다. 그럴 필요가 없었기 때문이다.

2. 문자와 숫자의 출현

우리 조상들은 새로운 사물을 신속히 학습했고 언어도 점점 풍부해지고 추상적이 되었다. 물체, 수량, 동작 등 언어로 묘사되는 공통의 요소들이 추상화되면서 현재 쓰는 어휘가 만들어졌다. 언어와 어휘가 어느 정도까지 많아지자 두뇌에만 의지해선 모든 어휘를 기억할 수 없게 되었다. 모든 지식을 기억해내는 사람이 없는 것처럼 말이다. 그래서 정보를 효율적으로 기록해야할 필요성이 생겼고, 이것이 바로 문자의 기원이다.

숫자를 포함한 문자가 등장한 연대는 현재 고증이 가능하다. 나의 전작 《흐름의 정점》에 소개한 회사들이 왜 대부분 미국에 있느냐고 묻는 독자가 많은데, 최근 100년간 기술혁명이 대부분 미국에서 일어났기 때문이다. 하지만 5,000년 또는 1만 년 전의 정보혁명을 얘기하려면 인류의 조상이 출현한 대륙 아프리카로 돌아가야 한다. 아프리카는 인류 문명의 요람이다.

중국에서 (지금까지 발견된) 최초의 갑골문[1]이 등장하기 수천 년 전, 나일

---

1 다신좡(大辛莊)에서 발견된 갑골문을 말한다. 이 갑골문은 은허(殷墟) 문화 3기 이전의 유적이다. 지금으로부터 약 3,200년 전이다.

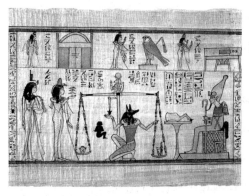

그림 1.3 사후세계 안내서 《사자의 서》

강 유역에 수준 높은 문명이 나타났다. 고대 이집트인은 훌륭한 농부와 건축사였을 뿐 아니라 정보 보존의 최초 방식인 도형을 활용해 사물을 표현하는 방법을 발명했다. 이것이 최초의 상형문자(hieroglyphic)다. 〈그림 1.3〉은 고대 이집트의 《사자의 서(Book of The Death)》로 대영박물관이 소장하고 있다. 20여 미터 길이의 파피루스 두루마리 《사자의 서》는 그림 이야기와 상형문자에 대한 설명 60개를 담고 있다. 3,300~3,400년 전의 이 문물은 당시 문명을 완벽하게 기록했다.[2]

초기 상형문자의 수는 한 문명을 기록하는 데 필요한 정보량과 관련이 있을 것이다. 이집트 상형문자가 새겨진 최초의 문물은 BC 32세기의 것이며, 그 시기 상형문자는 약 500개가 전부였다. 그러다가 BC 5~7세기에 이르러(주로 그리스로마 시대) 5,000개로 늘어나 중국 상용한자 수와 비슷해졌다.[3] 그러나 문명의 진보와 함께 정보량이 증가하면서 이집트 상형문자는 더 이상 문명의 발전과 맞물려 늘어나지는 않았다. 그렇게 많은 문자를 익히고 기억할 수 있는 사람이 없기 때문이다. 그래서 제1차 개념 요약과 분류가 시작됐다.

---

2 《사자의 서》는 관에 들어가는 부장품이었다. 고대 이집트 사자(死者)가 다른 세계를 안내하고 사후 생활을 설명하는 소개서로 볼 수 있다. 위쪽에 많은 상형문자가 있는데 대략적인 내용은 이렇다. 죽음의 신 앞으로 인도된 사자는 죽음의 신에게 자신은 평생 나쁜 짓을 하지 않았다고 설명하고 여러 신들 앞에 가서 재판을 받은 후 태양선(solar boat)을 타고 새로운 삶을 시작한다. 《사자의 서》를 본 사람은 정교한 아름다움과 상상을 뛰어넘는 완벽한 보존 상태에 놀란다.

3 중국어 간체 GB2312 코드 중 2급 한자 기준.

중국 상형문자에서 '日(날 일)'은 원래 태양이라는 뜻이지만 태양이 뜨고 지는 시간 주기, 즉 우리가 말하는 하루를 의미하기도 한다. 고대 이집트 상형문자에선 발음이 같은 단어는 같은 기호로 기록되었을 것이다. 이런 개념의 클러스터링(clustering)은 원리상 현재의 자연어 처리나 머신러닝의 클러스터링과 굉장히 유사하다. 상고 시대에는 이 과정을 완성하는 데 수천 년이 걸렸을 테지만 지금은 컴퓨터 속도와 수량에 따라 며칠 또는 몇 시간이면 끝난다.

문자를 의미별로 클러스터링하면 애매해지기도 한다. 다시 말해 다의어가 특정 환경에서 어떤 뜻을 나타내는지 불분명한 경우가 있다. 이 문제를 해결하는 방법은 과거의 선생님이든 현재의 학자든 똑같이 전후 문맥을 파악하는 것이다. 문장 앞뒤를 보면 대부분 다의어의 중의성을 해소할 수 있다. 물론 해결되지 않는 경우가 있기 마련이고, 그렇기 때문에 학자들은 어떤 말을 달리 이해한다. 중국 고대 학자가 유교 경전을 정의하고 주석을 다는 행위는 자신이 이해한 바에 따라 중의성을 해결하는 작업이었다. 지금도 상황은 비슷하다. 앞뒤 문장에 아무리 좋은 확률 모델을 적용해도 통하지 않는 경우가 있다. 이것은 언어가 만들어진 초기부터 지닌 고유 특징이다.

문자가 생긴 후 선인들의 생활 경험과 선대에 발생한 일들이 대대로 전해졌다. 문명이 지속되고 문자를 이해하는 사람이 있는 한 그 정보들은 끝까지 전승될 것이다. 중국 문명이 대표적 예다. 물론 문자를 이해하는 사람이 없게 되면 정보 해석이 어렵겠지만 그래도 방법은 있을 것이다.

여러 문명은 지역적 이유로 역사상 서로 단절되었고, 따라서 여러 문자가 생겼다. 문명이 융합하고 충돌하면서 다른 문명권 사람들과 교류 또는 통신을 할 필요가 생겼고, 그래서 번역의 필요성도 생겼다. 번역이란 일이 가능했던 것은 다른 문명 체계라도 정보 기록 능력은 등가(等價)였기 때문이다(아주 중요한 결론이다). 좀 더 자세히 얘기하면 문자는 정보 그 자체가 아니라 정보의 매개체에 불과하다. 그러면 문자 대신 다른 매개체(예를 들어 숫자)를 사용해 동일한 의미의 정보를 저장할 수 있을까? 답은 '그렇다'이다. 이것은 현대 통신의 기초이기도 하다. 물론 여러 문명이 교류할 때는 여러 문자로 같은 일을 기록할 것이다. 이는 아무도 이해할 수 없는 언어를 분석할 때 중요한 열쇠가 된다.

BC 7세기에 그리스인이 이집트 정권 다툼[4]에 말려들면서 그리스 문화가 이집트 문화에 영향을 끼치기 시작했다. 특히 그리스인(마케도니아인 포함)과 로마인이 차례로 이집트의 주인이 되면서 이집트 언어도 점차 라틴어의 영향을 받았다. 상형문자는 역사 무대에서 퇴출되어 더 이상 통신 도구로 쓰이지 않았고, 그저 사당의 제사장들만 이해할 수 있는 정보의 매개체였다. AD 4세기쯤 로마 황제 테오도시우스 1세가 이집트에서 기독교 이외의 종교를 없애라고 명령하면서 이집트 상형문자는 전승되지 않게 되었다. 약 1,400년 후 1798년 나폴레옹 원정군이 이집트에 도착했고, 수백 명의 학자가 군대를 따라왔다. 하루는 피에르 프랑수아 부샤르(Pierre-François Bouchard)라는 중위가 로제타(Rosetta)라는 곳에서 깨진 고대 이집트 비석을 발견했고(《사진 1.1》), 비석에는 이집트 상형문자, 이집트 표음문자, 고대 그리스 문자 등 세 가지 언어가 쓰여 있었다. 부샤르는 비석이 고대 이집트의 비밀을 풀 중요한 물건임을 직감하고 수행한 과학자 장 조제프 마르셀(Jean-Joseph Marcel)에게 전달했다. 마르셀은 비석의 문자를 탁본해 프랑스로 가지고 갔다. 1801년 프랑스는 이집트 전쟁에서 패했고, 로제타 비석은 프랑스인에게서 영국인의 손으로 넘어갔다.[5] 마르셀이 가져간 탁본을 프랑스와 다른 유럽 학자들이 돌려가며 봤

---

4 BC 653년 그리스 상인이 이집트인을 도와 외국인의 침입에 대항했다.
5 로제타 비석은 현재 대영박물관의 귀중한 소장품 중 하나다.

고, 21년 후인 1822년 프랑스 언어학자 장 프랑수아 샹폴리옹(*Jean-François Champollion*) 이 고대 이집트 상형문자를 해석했다. 이처럼 돌이든 종이든 중요한 건 문자의 매개체가 아니라 그 안에 담긴 정보다.

사진 1.1 로제타 비석

로제타 비석이 해석되자 BC 32세기(초기 왕조 시대)부터 지금까지 이집트 전체 역사를 파악하게 되었고, 이는 역사학계와 언어학계를 가장 흥분시켰다. 현재 우리는 1,000년 전 마야 문명보다 5,000년 전 이집트에 대해 더 많이 알고 있다. 이는 이집트인이 그들 생활의 가장 중요한 정보를 문자로 기록해둔 덕분이다. 또 오랫동안 자연어 처리를 연구한 나 같은 학자에게 로제타 비석은 다음과 같이 두 가지 큰 의미를 준다.

1. 정보가 많으면 정보의 안전성이 확보된다. 로제타 비석의 내용을 보면 같은 정보가 3번 반복된다. 따라서 한 세트의 내용만 완벽하게 보존되면 처음 정보가 유실되지 않을 것이고, 이는 채널 코딩(channel coding)에 중요하다(2,000여 년 전 로제타 비석에 프톨레마이오스 5세의 제위 등극 칙서를 세 가지 언어로 기록한 고대 이집트인에게 감사한다).

2. 코퍼스(corpus, 말뭉치)라고 하는 언어 데이터, 특히 두 언어나 여러 언어의 비교 코퍼스는 번역에 굉장히 중요하며, 기계번역 연구의 기초다. 이 방법에서 우리는 샹폴리옹보다 더 나아진 것이 없다. 유일한 차이점이라면 우리에겐 더 강력한 수학 툴과 컴퓨터가 생겨 샹폴리옹처럼 오랜 시간을 소비하지 않아도 된다는 것이다.

로제타 비석의 역사를 알고 나니 현재 많은 번역 소프트웨어와 서비스가

'로제타'를 표방하는 것이 이상하지 않다. 구글 기계번역과 세계 최대 매출을 자랑하는 PC 번역 소프트웨어도 로제타라는 이름을 사용했다.

문자는 상고 시대의 '정보 빅뱅'으로 사람들 머리에 그 정보를 담을 수 없게 된 때 등장한 반면, 숫자는 하나하나 세어야 재산이 얼마나 있는지 파악할 수 있을 만큼 사람들이 가진 게 많아진 때 등장했다 유명한 미국계 러시아인 물리학자 조지 가모브(George Gamow, 1904~1968)는 자신의 교양과학서 《1, 2, 3 그리고 무한(One Two Three⋯ Infinity)》에 한 원시 부락의 이야기를 담았다. 두 추장은 누가 말한 숫자가 더 큰지 비교하는 시합을 했다. 한 추장이 고심 끝에 '3'을 말했더니 다른 추장이 한참 생각한 후 네가 이겼다고 했다. 원시 부락 시대에는 물질이 매우 부족했던 터라 3을 넘어서는 경우가 드물었고, 3 이상이 되면 사람들은 '많다'고 하거나 헤아릴 수 없다고 했다. 제대로 된 수체계(number system)가 등장할 수 없는 시대였다.

기록하려는 물건의 수가 3을 넘어서고 5와 8이 차이가 있음을 느꼈을 때 수체계가 생겼다. 숫자는 수체계의 기초다. 물론 초기의 숫자는 기록할 수 있는 형식이 없었고 손으로 꼽는 식이었다. 이것이 현재 십진법을 사용하는 이유다. 손가락이 12개라면 분명 십이진법을 사용했을 것이다. 초기 인류는 수를 잘 세기 위해 숫자를 하나하나 나무, 뼈 또는 휴대하기 편한 다른 물건에 새겼다. 1970년대 한 고고학자가 스와질란드와 남아프리카공화국 사이에 있는 르봄보(Lebombo)산에서 발견한 35,000년 전 개코원숭이 종아리뼈 몇 개에는 셈을 했던 조각 흔적이 있었다. 이를 과학자들은 지금까지 발견한 인류 최초의 셈 도구라고 보고 있다. 이를 통해 35,000년 전 인간에게 수체계가 생기기 시작했음을 알

사진 1.2 인류 최초의 셈 도구로 추정되는 르봄보 뼈

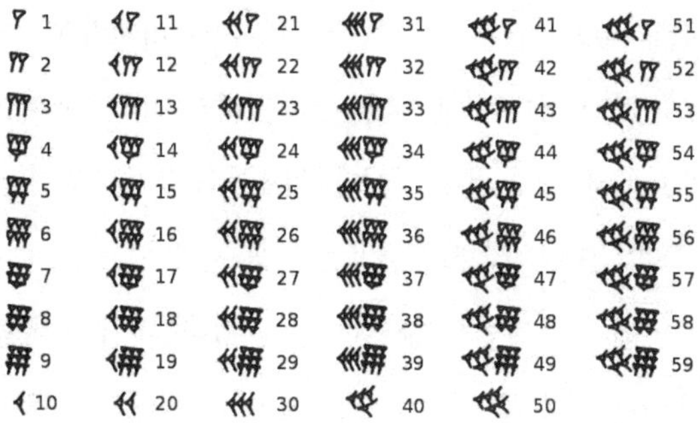

1 11 21 31 41 51
2 12 22 32 42 52
3 13 23 33 43 53
4 14 24 34 44 54
5 15 25 35 45 55
6 16 26 36 46 56
7 17 27 37 47 57
8 18 28 38 48 58
9 19 29 39 49 59
10 20 30 40 50

그림 1.4 메소포타미아 숫자

수 있다.

기록할 수 있는 형태를 갖춘 숫자와 상형문자는 같은 시기에 탄생된 것이 분명하며, 지금으로부터 수천 년의 역사를 갖는다. 거의 모든 초기 문명은 숫자 1, 2, 3을 가로획(중국), 세로획(로마) 또는 쐐기 모양(〈그림 1.4〉 참조)으로 표기했고, 이것이 상형문자의 전형적 특징이다. 다른 문자와 마찬가지로 숫자도 초기에는 정보를 담는 도구에 불과했고, 추상적인 의미를 갖지 않았다.

우리 조상은 손가락 10개로는 부족하다는 사실을 점점 깨달았다. 가장 간단한 방법은 발가락 10개도 사용하는 것이지만, 이것으론 문제를 근본적으로 해결할 수 없다. 사실 우리 조상은 그렇게 하지 않았다. 물론 아프로·유라시아 대륙에 그런 방법을 사용하는 부락이 있었겠지만 일찌감치 사라졌다. 똑똑한 우리 조상은 진법을 발명했다. 즉 10개의 숫자를 한 묶음으로 하여 한 자리씩 올려가는 방법이다. 이것은 인류의 비약적 발전이었다. 수량을 코딩하는 방법, 즉 다른 숫자는 다른 양을 의미한다는 사실을 깨치기 시작했기 때문이다. 거의 모든 문명은 십진법을 채택했다. 그러면 이십진법을 채택한 문명은 없을까? 다시 말해 손가락 발가락을 다 센 후 진법을 시작한 문명이 있을까? 있다. 바로 마야 문명이다. 마야인은 한 세기를 태양기(太陽

紀)라고 불렀고 400년이었다. 2012년은 태양기의 마지막 한 해였고, 2013년은 새로운 태양기가 시작되는 해였다. 이것은 내가 멕시코에서 마야 문화를 연구하는 교수로부터 알게 된 사실이다. 언제부터인지 모르지만 2012년이 속한 태양기의 마지막 1년은 세계 최후의 해로 와전됐다.[6] 물론 이건 여담이다.

십진법에 비해 이십진법은 불편한 점이 많다. 과거 중국인은 글은 몇 자 몰라도 구구단은 외울 줄 알았다. 그런데 이십진법으로 바뀌면 외워야 할 것이 19×19 바둑판이 된다.[7] 인류 문명 중기인 기원 전후 무렵에도 학자가 아니고서야 이것을 할 수 있는 사람이 거의 없었다. 나는 이것이 마야 문명의 발전이 매우 더뎠던 원인 중 하나라고 생각한다. 물론 마야 문자가 너무 복잡해서 한 부락에 문자를 깨칠 수 있는 사람이 몇 안 됐던 것이 더 중요한 원인이긴 하지만.

여러 자릿수의 숫자를 표기할 때 중국인과 로마인은 명확한 단위를 사용해 숫자 크기를 표시했다. 중국인은 일, 십, 백, 천, 만, 억, 조[8]를 사용했고 로마인은 문자 I로 1을, V로 5를, X로 10을, L로 100을, D로 500을, M으로 1,000을 표시했다. 그 이상은 없다. 두 표시법은 은연중에 소박하게나마 코딩 개념을 도입했다. 첫째, 둘 다 여러 기호로 여러 숫자 개념을 상징했고 둘째, 각각 디코딩 규칙을 마련했다. 중국의 경우 디코딩 규칙은 곱셈이다. 200만이라고 쓰면 2×100×10,000이란 의미가 담겨 있다. 로마의 경우 디코딩 규칙은 가감법이다. 작은 숫자가 큰 숫자 왼쪽에 오면 뺄셈이고 오른쪽에 오면 덧셈

---

6 역주: 고대 마야의 기록에 따르면, 지구의 탄생에서 종말까지를 다섯 주기(태양기)로 나누고 있으며, 매번 한 차례씩 대재난이 발생했고 홍수, 강풍, 불, 비, 지진의 대재난은 이미 경험했으며, 다가올 다섯 번째 대재난이 세계 최후의 날이 된다(출처: http://blog.daum.net/hostt1/12142132).

7 십진법, 이십진법, 십육진법이 뒤섞인 복잡한 단위법은 현재 미국을 제외한 주요 국가에서 사용되고 있다.

8 조(兆)는 1백만과 1만억이라는 두 의미가 있다.

이다. IV는 5-1=4, VII는 5+2=7, IIXX는 20-2=18을 표시한다. 이 규칙은 복잡한 데다 큰 숫자나 분수는 표기하기 어렵다. 로마인이 100만을 표기하려면 MMMM……을 계속 써서 칠판을 가득 채워야 할 것이다. 로마인은 후에 M 위에 선을 그어 1,000배를 표시하는 방법을 발명하긴 했지만[9] 10억을 표기하려면 역시 칠판 하나를

그림 1.5 숫자 100만을 적어나가는 로마 학자

다 써야 한다. 따라서 코딩의 유효성 면에선 중국인의 방법이 로마인보다 뛰어나다.[10]

숫자를 가장 효과적으로 설명한 이들은 고대 인도인이다. 인도인들은 0을 포함한 아라비아 숫자 10개를 발명했다.[11] 이것이 현재 전 세계에서 통용되는 숫자다. 이 표기법은 중국이나 로마보다 훨씬 추상적이지만 사용하기에 편하다. 그래서 아라비아 숫자는 아랍인을 통해 유럽으로 전해진 후 바로 보급되었다. 유럽인은 이 숫자를 진짜 발명한 이들이 인도인인 줄 모르고, 그 공을 '브로커'인 아랍인에게 돌렸다. 아라비아 숫자 또는 인도 숫자는 그 간결함과 효율성뿐 아니라 숫자와 문자의 분리를 의미한다는 점에서도 혁명적이다. 인도 숫자는 객관적 측면에서 자연어 연구와 숫자가 수천 년 동안 각기 궤도에서 겹치지 않고 점점 멀어지게 했다.

9　로마 숫자에서 윗선과 아랫선을 동시에 사용하면 특수한 의미를 지니므로, 단순한 윗선과 쉽게 헷갈린다. 따라서 윗선을 일반적으로 사용하지 않았다.

10　실제로 로마인의 스승인 그리스인의 셈은 중국 고대 방식과 매우 유사하다. 로마인이 왜 그것을 배우지 않았는지 모르겠다.

11　0이 아주 중요하다. 0이 없었으면 십, 백, 천, 만 등 진법을 설명할 많은 수량사가 필요했을 것이다.

그러나 사물의 규칙성은 내재적이며, 그 매개체에 따라 바뀌지 않는다. 자연어는 은연중에 정보과학 규칙에 따라 발전해나갔다.

티그리스강과 유프라테스강 사이의 메소포타미아 지역에 두 번째 인류 문명이 세워질 무렵 설형문자라는 새로운 문자가 탄생했다. 이집트 상형문자와 유사하고 흙판과 석판에 새겨진[12] 이 기호를 처음 보았을 때 고고학자와 언어학자는 또 다른 종류의 상형문자라고 생각했다. 하지만 곧 표음문자, 그것도 지구에서 가장 오래된 표음문자이며 각기 다른 형태의 쐐기는 사실 다른 자모라는 사실을 발견했다. 중국어의 필획을 자모로 보면 2차원이라서 그렇지, 그 역시 일종의 표음문자다(그러나 로마 체계의 표음문자와 구별하기 위해 이 책에선 한자를 표의문자라고 하겠다). 대영박물관이 보관하고 있는 수만 개의 흙판과 석판에는 설형문자가 새겨져 있다. 문자가 가득 새겨진 석판과 흙판은 아시리아 부조와 함께 가장 가치 있는 고대 바빌로니아 문물로 여겨진다.

표음문자는 페니키아인이 메소포타미아에서 지중해의 동부 해역인 시리아로 전했다. 타고난 상인인 페니키아인은 아름다운 설형 글자를 새기는 데 많은 시간을 들이고 싶지 않아 자모를 22개로 간소화했다. 이 자모는 페니키아의 위쪽 지역인 에게해의 여러 섬을 거쳐(크레타섬 등) 그리스인의 조상에게로 전해졌다. 표음문자는 고대 그리스에서 활발히 발전하여 고대 바빌로니아의 설형문자와 달라졌고, 고대 그리스 문자 자모의 표기법, 발음과 긴밀히 결합해 상대적으로 배우기 쉬운 언어가 되었다. 이후 몇 세기 동안 마케도니아인과 로마인의 세력이 확장되면서 수십 개 자모만으로 구성된 이 언어는 아프

---

12 최초 흙판의 연대는 BC 26세기 또는 그 이전이다. 지금으로부터 4,700년 전이다.

로·유라시아 대륙 언어 체계의 중심이 되었고, 이로써 현재 서구의 모든 표음문자는 로마식 언어(Roman languages)라고 불리게 되었다.

　상형문자에서 표음문자로의 이행은 비약적인 발전이었다. 인간이 사물을 설명하는 방식이 사물의 외관에서 추상적인 개념으로 진화했고, 알게 모르게 정보에 대한 코딩을 적용했기 때문이다. 그뿐만 아니라 우리 조상의 문자 코딩은 매우 합리적이었다. 로마 문자 체계를 보면 전체적으로 상용 글자는 짧고 잘 쓰이지 않는 글자는 길다. 정보이론에서 가장 짧은 코딩 원리에 딱 들어맞는다. 우리 조상은 정보이론을 몰랐겠지만 말이다. 이러한 문자 설계(사실은 일종의 코딩 방법이다)는 표기할 때 시간과 재료가 절약되는 장점이 있다.

　채륜(蔡倫)이 종이를 발명하기 전까지 문자를 표기한다는 것은 쉬운 일이 아니었다. 중국어의 경우 동한(東漢) 이전에는 문자를 거북의 등껍질, 비석, 죽간 등 다른 물건에 새겨야 했다. 글자 하나를 새기는 시간이 너무 길어 좀처럼 글을 쓰지 않았다. 그렇기 때문에 고문(古文, 문어체 한자)은 간결한 만큼 이해하기 어려운 반면, 같은 시기의 구어(口語)는 현재 사용하는 백화(白話)[13]와 차이가 크지 않으며 구절이 길지만 이해하기 쉬웠다[고대 중국어 원형을 기본적으로 보존하고 있는 중국 영남(嶺南) 지역의 하카어(客家話)는 표기법이 청나라 말기와 중화민국 초기의 백화와 상당히 비슷하다]. 이런 현상은 현재 정보과학(과 공학)의 기본 원리들에 잘 맞는다. 즉 통신을 할 때 통신 채널이 넓으면 정보를 압축하지 않고 바로 전달할 수 있는 반면, 통신 채널이 좁으면 정보를 전달하기 전에 최대한 압축한 다음 수신 측에서 압축을 풀어야 한다. 고대에는 둘이 대화할 때 빨리 말할 수 있었기에 넓은 채널에 해당하므로 압축할 필요가 없었다. 하지만 글은 적으려면 오래 걸렸고 좁은 채널에 해당하므로 이때

---

13 역주: 현대 중국어의 구어

는 압축을 해야 한다. 일상에서 사용하는 백화 구어를 정갈한 고문인 문언문(文言文)으로 쓰는 것은 통신 채널을 압축하는 과정이며, 문언문을 명확히 해석하는 것은 압축을 푸는 과정이다. 이 현상은 현재 광대역 인터넷과 모바일 인터넷의 동영상 재생 설정과 완전히 일치한다. 전자는 광대역을 통해 전송하기 때문에 해상도를 높일 수 있는 반면, 후자는 공중 채널 대역폭의 제한 때문에 전송 속도가 1~2자릿수 정도 느리고 해상도가 훨씬 낮다. 이렇듯 정보이론이 발명되기 수천 년 전에 중국인은 이미 무의식적으로 정보이론의 규칙에 따라 일을 처리했다.

사마천(司馬遷)은 약 53만 자로 수천 년 중국 역사를 기록했고, 멀리 중동의 유대인도 비슷한 길이로 창세기 이래, 특히 주로 모세 이후 조상들의 역사를 기록했다. 이것이 바로 성경의 《구약》이다.[14] 성경의 간결한 문체는 중국의 《사기(史記)》와 매우 비슷하다. 그러나 1인 저자가 쓴 《사기》와 달리 성경은 여러 세기에 걸쳐 쓰였고, 후대인이 보충할 때는 수백 년 전, 심지어 수천 년 전의 원작 필사본을 참고했다. 필사할 때 오류가 생기는 것은 불가피했다. 현재 오류 없는 판본을 보유하고 있는 곳은 영국 옥스퍼드대학교 한 곳밖에 없다고 한다. 매사에 신중한 유대인은 성경을 필사할 때 정신을 똑바로 차리고 경건하고 정성스럽게 써달라고 요청했고, 특히 God과 Lord(하나님)라는 단어를 쓸 때는 손을 닦고 기도를 해야 했지만, 그럼에도 오류는 피할 수 없었다. 그래서 유대인은 현재 컴퓨터나 통신의 체크 코드(check code)와 유사한 방법을 발명했다. 그들은 히브리어 자모 하나에 숫자를 하나씩 대응시켰다. 그런 후 각 행의 문자를 합치면 특수한 숫자가 얻어지고, 이 숫자가 그 행의 체크 코드가 된다. 마찬가지로 각 열도 이렇게 처리한다. 유대인은 성경

---

14 성경의 중국어 번역본은 판본에 따라 글자 수가 다르지만 대략 90~100만 자다. 그중 《구약》과 《신약》은 각각 절반인 약 50만 자다.

한 페이지 필사가 끝나면 각 행의 문자를 더해 새로운 체크 코드가 원문과 동일한지 여부를 살피고, 페이지별로 이렇게 처리했다.[15] 한 페이지의 각 행, 열의 체크 코드가 원문과 완전히 일치하면 그 페이지의 필사에 오류가 없다는 뜻이다. 어떤 행의 체크 코드가 원문과 대응되지 않으면 그 행에 적어도 한 부분은 필사가 잘못되었다는 뜻이다. 물론 오류 대응 열의 체크 코드도

사진 1.3 고대 유대인은 성경을 필사할 때 각 행과 열의 오류를 막기 위해 체크 코드 원리를 사용했다.

원문과 맞아야 한다. 그래야 잘못된 부분을 재빨리 찾을 수 있다. 그 이면의 원리는 현재 사용하는 여러 검사와 동일하다.

고어에서 현대어로 발전하는 과정에서 의미 표현은 전보다 더 정확하고 풍부해졌고, 이 과정에서 문법은 큰 역할을 했다. 나는 언어사학자가 아니어서 최초 문법이 등장한 연대를 고증해보지는 않았지만, 대략 고대 그리스에서 문법이 형성되었다는 것은 확실하다.[16] 자모에서 낱말로 가는 형태론(morphology)이 낱말의 코딩 규칙이라면, 문법은 언어의 코딩 및 디코딩 규칙이다. 하지만 둘을 비교하자면 낱말은 유한하고 폐쇄적인 집합으로 볼 수 있고, 언어는 무한하고 개방적인 집합이다. 수학 측면에서 보면 전자는 완벽한 코딩, 디코딩 규칙이 있는 반면 후자는 이러한 특징이 없다. 따라서 어떤 언어든 문법을 적용할 수 없는 부분이 있고, 이 예외성과 부정확성은 우리 언

---

15 Williams, Fred, "Meticulous Care In the Transmission of the Bible," Bible Evidences, n.d. Accessed October 11, 2008.
16 그 전에 고대 바빌로니아에서 형성되었다고 보는 사람도 있다.

어를 풍부하고 다채롭게 만든다. 정통성과 원리 원칙을 강조하는 언어학자는 이 예외를 '틀린 문장'으로 여기는 경향이 있고, 평생 틀린 문장을 없애고 언어를 순화하기 위해 에너지를 쏟아붓는 사람도 있지만 이런 작업은 헛수고라는 사실이 입증됐다. 셰익스피어의 작품은 당시 완벽하게 대중의 호응을 얻었다. 작품에는 고대 문법에 어긋나는 유명한 문구들이 많았고, 그 시절에 이미 셰익스피어의 희곡을 고쳐 바로잡으려고(사실은 왜곡하려고) 시도한 사람이 있었다. 하지만 그의 언어들은 현재 사라지기는커녕 고전이 되었고, 작품을 정정하려던 사람은 일찌감치 대중에게 잊혔다.

이러한 현상은 '언어가 옳은가?' 혹은 '문법이 옳은가?'라는 언어학 연구 방법의 문제로 수렴된다. 전자는 옳은 문장 텍스트(언어자료)에서 출발하려고 고집하는 반면, 후자는 규칙에서 출발하려고 고집한다. 30~40년간의 논쟁을 거쳐 결국 진리를 검증하는 유일한 기준이 마련됐고, 자연어 처리가 거둔 성과는 전자의 승리를 최종 선포했다. 이 역사는 2장 '자연어 처리의 진화─규칙에서 통계까지'에서 소개하겠다.

4. 갈무리하며

이 장에선 언어와 숫자의 선천적, 내재적 연관성에 관한 이해를 돕기 위해 문자, 숫자와 언어의 역사를 이야기했다. 여기에서 언급한 개념과 주제가 앞으로 논의할 중점이며, 다음과 같다.

- 통신의 원리와 정보 전달 모델
- (정보 발생원) 코딩 및 최단 코딩
- 디코딩 규칙, 문법

- 클러스터링

- 검사 비트(check bit)

- 두 언어 비교 텍스트, 코퍼스와 기계번역

- 다의성과 앞뒤 문맥을 활용한 중의성 해결

이것은 현재 자연어 처리를 다루는 학자들의 연구 과제로, 사실 우리 조상도 언어를 설계한 초기에 이미 이런 문제에 부딪혔고 지금과 비슷한 방법으로 해결했다. 그들의 인식은 대부분 자각적이기보다는 무의식적이긴 했지만 말이다. 과거 조상들이 따른 규칙과 현재 우리가 탐구하는 연구 방법 이면에는 공통점이 있다. 바로 수학 규칙이다.

자연어 처리의 진화 - 규칙에서 통계로

2장

인간은 기계를 통한 자연어 이해 측면에서 먼 길을 돌아왔다.
초기에는 규칙에 기반한 방법으로 간단한 문제들은 해결했지만 자연어 이해를
근본적으로 실용화하지는 못했다. 20년이 지난 후 통계에 기초한 자연어 처리를
시도하면서 획기적인 진전이 생겼고 결국 실용화한 제품이 나왔다.

1장에서 언어는 인류가 서로 소통하기 위해 출현한 것이라고 설명했다. 자모(또는 중국어의 필획)와 문자, 숫자는 사실 정보 코딩의 단위들이다. 모든 언어는 일종의 코딩 방식이며, 언어 문법은 코딩·디코딩 알고리즘이다. 표현하려는 뜻을 언어로 된 문장으로 나타내는 것은 그 언어의 코딩 방식으로 머릿속 정보를 코딩하는 것이며, 코딩 결과가 바로 한 덩어리로 된 문자다. 상대방이 그 언어를 이해한다면, 그 사람은 그 언어의 디코딩 방식으로 화자가 표현하려는 정보를 얻을 수 있다. 이것이 언어의 수학적 본질이다. 동물도 정보를 전달할 수는 있지만 언어로 정보를 전달하는 것은 인간의 독보적 특징이다.

1946년[1] 현대 컴퓨터가 등장한 후 컴퓨터는 많은 일들을 사람보다 더 잘 해내고 있다. 그렇다면 기계가 자연어를 이해할 수 있지 않을까? 사실 컴퓨터가 등장하고 나서 사람들은 이 부분을 궁리하기 시작했다. 여기에서 인지 측면의 두 가지 문제가 발생한다. 첫째, 컴퓨터가 자연어를 처리할 수 있는지의 여부이고 둘째, 이것이 가능한 경우 컴퓨터의 자연어 처리 방법이 사람과 같을지의 여부다. 이 두 가지가 이 책에서 대답하고자 하는 문제이기도 하다. 먼저 간단한 답안을 내놓자면 이 두 문제에 대한 대답은 '예스'다!

1. 인공지능의 전개

'인공지능'이라는 생각을 맨 처음으로 한 사람은 컴퓨터과학의 아버지라 불리는 앨런 튜링(*Alan Turing*)이다. 그는 1950년 철학 저널 《마인드(*Mind*)》에 〈기기와 지능(*Computing Machinery and Intelligence*)〉이란 논문을 발표했는데, 인공지능에 관한 연구 방법을 논한 것은 아니고 기기가 지능이 있는지를 검증하는 방법을 언급했다. 한 사람과 기기를 교류하게 하고(〈그림 2.1〉 참조) 그 사람이 교류하고 있는 대상이 사람인지 기기인지를 알아챌 수 없다면 그 기기가 지능이 있는 것으로 볼 수 있다고 주장했다. 사람들은 이 방법을 튜링 테스트(*Turing test*)라고 불렀다. 사실 튜링은 문제만 남기고 답은 하지 않았지만 지금으로부터 60년 전인 이 시기를 자연어 기계 처리(현재 자연어 처리라고 부름) 역사의 시작으로 보는 견해가 일반적이다.

---

1 존 폰 노이만(John von Neumann) 시스템의 에니악(ENIAC) 기준.

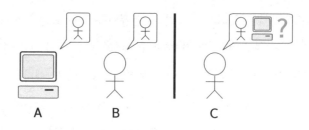

그림 2.1 튜링 테스트: C실험자가 교류하고 있는 것이 사람일까, 기기일까?

자연어 처리 진화의 역사 60년은 기본적으로 두 단계로 나눌 수 있다. 초반 20여 년, 즉 1950~1970년대는 과학자들이 시행착오를 겪는 과정이다. 당시 전 세계 과학자들은 컴퓨터 자연어 처리를 인간의 언어 학습 방식에 국한해서 보았다. 다시 말해 컴퓨터로 사람 뇌를 시뮬레이션하는 방법이었다. 20여 년의 성과는 거의 제로였다. 1970년대 들어 자연어 처리 분야의 몇몇 선구자들이 이 문제를 재인식하기 시작하여 수학 모델과 통계에 기반한 방법을 찾으면서 자연어 처리는 2단계에 접어들었다. 30여 년 동안 이 분야는 실질적인 성과를 거두어 자연어 처리가 여러 제품에서 폭넓게 응용되었다. 지금 보면 초창기의 자연어 처리 작업은 별다른 의미는 없지만, 몇 세대를 거슬러 과학자들의 인식 과정을 돌아보는 것은 현재 우리의 자연어 처리 방법에 큰 도움이 되며, 선인들의 시행착오를 반복하는 오류를 피할 수 있게 해준다.

1956년 여름으로 돌아가 보자. 28세인 존 매카시(*John McCarthy*)와 마빈 민스키(*Marvin Minsky*), 37세인 너대니얼 로체스터(*Nathaniel Rochester*), 40세인 클로드 섀넌 네 명은 매카시가 근무하는 다트머스대학교[2]에서 브레인스토밍

2　미국에서 학부 교육이 가장 우수한 대학으로 아이비리그 8개 대학에 속해 있다.

사진 2.1 인공지능을 개척한 다트머스 회의의 주역들(윗줄 왼쪽부터 사이먼, 민스키, 매카시, 뉴웰, 섀넌)

형식의 세미나를 열자고 제안했고, 이를 '다트머스 하계 인공지능 세미나'라고 불렀다. 세미나에는 이 외에도 40세인 허버트 사이먼(*Herbert Simon*), 28세인 앨런 뉴웰(*Allen Newell*)을 포함해 여섯 명의 젊은 과학자가 참석했다. 여기에서 인공지능, 자연어 처리, 신경망(*neural network*)을 비롯해 당시 컴퓨터과학 분야에서 아직 해결되지 않은 문제들이 논의되었다. 이 회의에서 '인공지능'이라는 표현이 처음 등장했다. 당시 열 명 중 섀넌을 제외한 대부분은 인지도가 없었다. 하지만 상관없었다. 이 젊은이들이 세상에 이름을 알리는 시간은 그리 오래 걸리지 않았다. 나중에 이들은 대단한 인물들이 되었는데, 튜링상 수상자가 무려 네 명이나 나왔다(매카시, 민스키, 사이먼, 뉴웰). 물론 섀넌은 튜링상 같은 건 받을 필요도 없었다. 과학 역사상 정보이론 발명자인 섀넌의 위상은 튜링과 맞먹으며, 통신 분야 최고상은 섀넌의 이름을 따서 지을 정도였다.

다트머스 회의는 튜링상 수상자 열 명을 뛰어넘는 의미를 지닌다. 20세기 IT 분야에서 가장 우수한 과학자로 증명된 이 열 명은 지금도 활발하게 추진되고 있는 과학 분야를 개척했고, 이 연구 분야의 성공 덕분에 우리 생활은 매우 훌륭해졌다. 아쉽게도 역사적 한계로, 세계에서 가장 똑똑한 두뇌들이 한 달간 불꽃을 튀겼지만 대단한 개념을 만들지는 못했다. 자연어 처리에 대한 이들의 이해를 한데 합쳐도 현재 세계 일류 대학을 졸업한 박사 한 명만도 못했다. 당시 전 세계적으로 자연어 처리에 대한 연구는 잘못된 인식에 빠져 있었다.

번역이나 음성인식 등 인간만이 하는 일을 기계에 시키려면 먼저 컴퓨터가 자연어를 이해하게 해야 하고, 그러려면 컴퓨터가 인간과 같은 지능을 가져야 한다는 것이 인공지능과 자연어에 대한 당시 학술계의 보편적 인식이었다 (현재 과학자 대부분은 이런 견해를 더는 견지하지는 않지만, 문외한들은 아직도 컴퓨터가 인간과 같은 지능에 의존해 위의 문제를 해결한다고 오해한다). 왜 이런 인식이 생기는 걸까? 간단한 이치다. 사람이 그렇게 하기 때문이다. 사람이 영어를 중국어로 번역할 경우 두 언어를 모두 이해해야 한다. 이것은 직관의 작용이다. 이런 방법론을 자연어 처리를 포함한 인공지능 분야에선 '새가 나는(bird flying)법'이라고 말한다. 새가 어떻게 나는지를 살펴보면 공기 동역학을 이해하지 않아도 새를 모방해 비행기를 만들 수 있다는 것이다. 우리는 라이트 형제가 비행기를 발명할 때 생체 공학이 아니라 공기 동역학을 토대로 했다는 사실을 잘 안다. 이것이 인간의 보편적 인식이었으니 우리 선배들의 직관에서 나온 순진한 생각을 비웃지는 말자. 현재 기계번역과 음성인식은 상당한 수준에 이르렀고 수억 명이 사용한 경험이 있다. 하지만 이 분야 밖에 있는 사람들 대부분은 여전히 컴퓨터가 자연어를 이해해야 이 두 분야가 가능하다고 오인하고 있다. 사실 이 두 분야는 모두 수학, 더 정확히 말하면 통계학에 기초한다.

1960년대 과학자들 앞에 놓인 문제는 어떻게 해야 자연어를 이해할 수 있는가였다. 먼저 구문 분석과 단어 의미의 확보, 이 두 가지를 선행해야 한다는 것이 당시의 보편적 인식이었다. 사실 이것은 전통 언어학 연구에서 영향 받은 관성적 사고였다. 중세 이후 문법은 늘 유럽 대학교수들의 주요 커리큘럼이었다. 16세기 들어 성경이 번역되어 유럽 외 국가에 소개되면서 이들 국가의 언어 문법이 점차 완전해지게 되었다. 18~19세기에 서구 언어학자들은 여러 자연어를 형식화해 정리했고, 이 분야 논문이 쏟아지면서 완벽한 체계가 갖춰졌다. 서구 언어를 배우려면 문법 규칙(grammar rules), 품사(part of speech), 형태론 등을 공부해야 했다. 우리가 언어(특히 외국어)를 배울 때 이들 규칙이 좋은 도구라는 점은 인정해야 한다. 문법 규칙들은 컴퓨터 알고리즘으로 쉽게 기술되었기에 규칙에 기초한 자연어 처리에 대한 믿음은 전문가들 사이에서 굳어졌다.

단어 의미 연구와 분석은 상대적으로 훨씬 덜 체계적이다. 단어 의미는 문법보다 컴퓨터로 표현하기가 더 어렵기 때문에 1970년대까지도 이 분야는 이렇다 할 성과를 내지 못했다. 중국 고대 언어학 연구가 문법이 아니라 주로 단어 의미에 집중되었다는 점은 주목할 만하다. 《설문해자(說文解字)》와 같은 오래된 전문 저서들은 모두 의미론(semantics)의 연구 성과다. 자연어를 이해하는 데 단어 의미는 필수적인 부분이기 때문에 각국 정부는 많은 연구비를 '구문(syntax) 분석' 관련 연구에 집중하는 한편, 의미 분석(semantic analysis) 및 지식 표현(knowledge representation) 등의 과제에도 일부 자금을 지원했다. 당시 과학자들 머릿속에서 이루어진 자연어 처리의 연구에서 응용까지의 의존 관계는 〈그림 2.2〉와 같다.

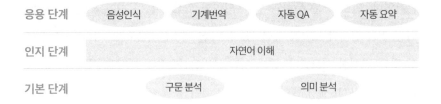

응용 단계	음성인식	기계번역	자동 QA	자동 요약
인지 단계	자연어 이해			
기본 단계	구문 분석		의미 분석	

그림 2.2 초기의 자연어 처리에 대한 이해

구문 분석을 집중적으로 살펴보자. 먼저 아래의 간단한 문구를 보자.

쉬즈모(徐志摩)는 린후이인(林徽因)을 좋아한다.

이 문장은 주어, 동사(즉 술어)와 마침표 세 부분으로 나눌 수 있다.[3] 각 부분을 분석하면 다음과 같은 파스 트리(*parse tree*)를 얻을 수 있다.

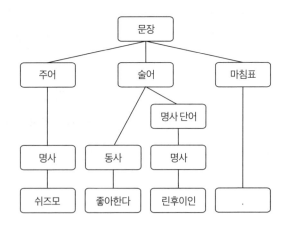

그림 2.3 문장의 파스 트리

문장을 분석하는 문법 규칙을 컴퓨터과학자와 언어학자는 '바꾸어 쓰기 규칙(rewrite rules)'이라고 말한다. 위 문장을 바꾸어 쓰기 규칙으로 나열해보면 다음과 같다.

> 문장 → 주어, 술어, 마침표
>
> 주어 → 명사
>
> 술어 → 동사, 명사 단어
>
> 명사 단어 → 명사
>
> 명사 → 쉬즈모
>
> 동사 → 좋아한다
>
> 명사 → 린후이인
>
> 마침표 → .

자연어 처리 작업의 문법 규칙은 1980년대 이전에는 모두 수동으로 적용했기에 이후 기계로 정리했을 때와 크게 달랐다. 2000년 이후에도 유명한 기계번역 회사인 시스트란(SysTran) 등은 계속 수동으로 문법 규칙을 정리했다.

1960년대 촘스키 형식 언어(formal language)를 토대로 한 컴파일러(compiler)[4] 기술이 크게 발전하여 컴퓨터 고급 프로그램 언어는 전후 문맥과 무관한 문법을 간추릴 수 있게 되었다. 이것은 알고리즘의 다항시간문제(polynomial time problem)다.

---

3 같은 문장이라도 사람에 따라 구문 분석이 달라진다. 그래서 본문의 구문 분석이나 품사 표기 등의 예는 펜실베이니아대학교의 언어학 데이터 컨소시엄(Linguistic Data Consortium, LDC)의 기준에 따라 표기했다.

4 고급 언어로 쓰인 프로그램을 그와 의미상으로 동등하며 컴퓨터에서 즉시 실행될 수 있는 형태의 목적 프로그램으로 바꿔주는 번역 프로그램.

고급 프로그램 언어 규칙은 위에서 말한 자연어 규칙과 형식이 매우 비슷하다. 따라서 비슷한 방법으로 자연어를 처리할 수 있겠다는 생각이 쉽게 든다. 당시 과학자들은 아주 간단한 자연어 문구의 문법 분석기(parser)를 설계해 100개 정도의 단어로 된 어휘표와 한 자릿수 길이의 간단한 문구를 분석할 수 있었다(복잡한 종속문은 불가능).

과학자들은 자연어 문법이 전체적으로 간추려지고 컴퓨터의 연산 능력이 향상되면 이 방법으로 자연어 이해 문제를 조금씩 해결할 수 있으리라 생각했다. 하지만 이런 생각은 곧 문제에 봉착했다. 위 그림에서 볼 수 있듯이 문장의 문법 분석은 사실 꽤 번잡한 일이다. 짧은 문장에서 이렇게 복잡한 2차원 트리 구조가 분석되고 문법 규칙이 8줄이나 필요하니 말이다. 품사 태깅(part of speech tagging) 이후의 4줄을 빼도 4줄이나 남는다. 물론 컴퓨터로 분석을 처리하면 어렵지 않지만, 아래 《월스트리트저널》[5]에 실린 진짜 문장을 처리하는 것은 그리 쉽지 않다.

> 벤 버냉키 미국 연방준비제도 의장은 구제 자금 7천억 달러를 수백 개의 은행, 보험회사와 자동차업체에 빌려줄 것이라고 어제 언론에 전했다.[6]

이 문장은 '문장→주어, 술어, 마침표' 문법 규칙에 부합하기는 한다.

주어 → 벤 버냉키 미국 연방준비제도 의장은

---

5 각국은 자연어 처리 학술 분야의 실험 결과를 비교 검토할 수 있도록 보통 《월스트리트저널》의 언어자료를 활용한다.

6 원문: The Fed Chairman Ben Benanke told media yesterday that $700B bailout funds would be lended to hundreds of banks, insurance companies and automakers.

술어 → 구제 자금 7천억 달러를 수백 개의 은행, 보험회사와 자동차업체에 빌려
줄 것이라고 어제 언론에 전했다.

마침표 → .

그다음엔 좀 더 세분화할 수 있다. 주어 '벤 버냉키 미국 연방준비제도 의
장'은 '미국 연방준비제도 의장'과 '벤 버냉키'라는 2개의 명사 단어로 분해할
수 있다. 물론 전자는 후자를 수식한다. 술어도 마찬가지로 분석할 수 있다.
이렇게 직선 구조의 문구는 2차원 파스 트리로 분석될 수 있다. 파스 트리를
완벽하게 그리지 않은 것은 문법 파스 트리 전체를 그리려면 너무 크고 복잡
해서 이 책 한 페이지에 담을 수 없기 때문이다. 단순히 문법 규칙을 토대로
한 분석기로는 이렇게 복잡한 문구를 처리할 수 없다.

여기에 넘을 수 없는 문턱이 최소 2개 있다. 첫째, 문법 규칙을 20%의 진
짜 문구에 적용하려면 문법 규칙(품사 태깅 규칙은 불포함)이 최소한 수만 개여
야 한다. 언어학자가 미처 작성할 여유가 없어서 나중에 작성하면 모순이 생
길 수 있다. 또 이 모순을 해결하려면 각 규칙의 특정 사용 환경까지 설명해
야 한다. 50% 이상의 문구에 적용하려면 궁극적으로 문장이 하나 새로 늘
때마다 새로운 문법들이 추가되어야 한다. 이런 현상은 컴퓨터 언어처리에서
만 나타나는 것이 아니고 인간이 자신의 모국어와 다른 어족(語族)을 배울
때도 나타난다. 현재 30세 이상인 사람이라면 중·고등학교나 대학교의 영어
시험 성적이 아무리 좋아도 대학원 입학 자격시험을 잘 본다는 법이 없고,
미국 영화를 이해하지 못하는 경험도 해보았을 것이다. 10년간 영어 문법을
공부해도 영어 전체를 파악할 수는 없기 때문이다.

둘째, 자연어의 모든 현상을 아우르는 문법 규칙을 한데 모아 작성할 수
있다 해도 컴퓨터로 분석하기란 어렵다. 자연어를 설명하는 문법은 컴퓨터

고급 프로그램 언어 문법과 다르다. 자연어는 발달 과정에서 단어 의미가 문맥과 연관되는 특성이 생겼다. 따라서 문법은 꽤 복잡한 문맥 종속 문법(context dependent grammar)인 반면, 프로그램 언어는 컴퓨터 디코딩에 편리하도록 인위적으로 설계된 문맥 독립 문법(context independent grammar)으로 자연어보다 훨씬 간단하다. 두 문법의 계산량 이해는 함께 논할 수 있는 문제가 아니다.

컴퓨터과학 분야에서 튜링상을 수상한 도널드 크누스(Donald Knuth)는 계산 복잡도(computational complexity, 부록 참고)로 알고리즘의 소요 시간을 가늠하는 방법을 제안했다. 문맥 독립 문법의 경우 알고리즘 복잡도는 기본적으로 문구 길이의 제곱이며, 문맥 종속 문법의 경우 알고리즘 복잡도는 대개 문구 길이의 6제곱이다. 다시 말해 길이가 똑같이 10인 프로그램 언어 문구와 자연어 문구의 문법을 컴퓨터로 문법 분석(syntactic parsing) 계산량을 처리해보면 후자가 전자의 1만 배다. 또한 문장 길이가 늘어나면 두 문구의 계산 시간 차이는 아주 빠른 속도로 늘어난다. 속도가 빠른 컴퓨터(인텔 i7 4코어 프로세서)가 있는 지금도 20~30단어로 된 위 문장을 분석하는 데 1~2분이나 걸린다. 따라서 1970년대에는 대형 컴퓨터 제조사인 IBM도 규칙적인 방법으로 진짜 문구를 분석할 수 없었다.

2. 규칙에서 통계로

1970년대에 규칙을 바탕으로 한 구문 분석(문법 분석 또는 단어 의미 분석 포함)은 곧 한계에 다다랐다. 단어 의미 처리는 더 큰 난관에 봉착했다. 자연어의 중의성은 규칙으로 설명하기 어렵고 문맥이나 상식, 세상에 통용되는 지식에 대한 의존도가 높다. 다트머스 회의의 일원이자 유명한 인공지능 전문가인 마빈 민스키는 1966년 'The pen is in the box.'와 'The box is in the pen.'에서 두 *pen*의 차이점을 분석한 간단한 예를 들어 컴퓨터 언어처리의 어려움을 설명했다. 첫 번째는 영어를 6개월만 배운 학생이라도 이해할 만한 쉬운 문장이다. 하지만 두 번째 문장은 외국인을 곤혹스럽게 만든다. 어떻게 박스를 펜에 담을 수 있는가? 사실 영어를 모국어로 하는 사람에겐 두 번째 문장은 아주 간단하다. *pen*이 울타리라는 뜻이기 때문이다. 번역하면 '박스가 울타리 안에 있다'. 여기에서 *pen*이 펜인지 울타리인지 판단하려면 문맥이 아닌 상식이 필요하다. 구체적으로 보면 '펜은 박스 안에 넣을 수 있다. 그러나 박스는 펜보다 크므로 펜 안에 넣을 수 없다'가 된다. 아주 간단한 예지만 당시 자연어 처리 연구 방법에 존재한 문제를 확실히 설명해준다.

1966년의 민스키는 이미 10년 전부터 무명의 젊은이가 아니라 당시 세계에서 손꼽히는 인공지능 전문가였다. 민스키의 의견은 미국 정부 과학기술 의사결정 부처에 중요한 영향을 끼쳤고, 미국 국립과학재단(*National Science Foundation*) 등은 전통적 자연어 처리 연구에 실망한 나머지 꽤 오랫동안 이 분야에 대한 연구자금 지원을 대폭 줄였다. 컴퓨터를 이용해 자연어를 처리하려는 노력은 1970년대 초까지 실패에 가까웠다고 할 수 있다. 1970년 이후에는 통계언어학이 등장하면서 자연어 처리가 다시 새 생명을 얻고 현재와 같은 뛰어난 성과를 거두게 되었다.

이러한 기술 전환을 추진한 핵심 인물은 프레더릭 젤리넥(*Frederick Jelinek*, 그의 태생인 체코 발음은 '프레데릭 엘리네크')과 그가 이끈 IBM 왓슨연구소(*T. J. Watson Research Center*)다. 처음엔 이들도 자연어 처리 문제 전체를 해결할 생각은 없었고, 음성인식 문제만 처리하길 바랐다. IBM은 통계에 기반한 방법을 적용해 당시 음성인식률을 70%에서 90%까지 높였고, 음성인식 규모도 수백 개 단어에서 수만 개 단어로 늘렸다. 이로써 음성인식이 실험실에 머물지 않고 실제 응용될 가능성이 생겼다. 이들 역사는 나중에 젤리넥의 이야기에서 소개하겠다.

IBM 왓슨연구소의 방법과 성과는 자연어 처리 분야에서 큰 반향을 일으켰다. 후에 IBM과 구글에서 연구 담당 부사장이 된 앨프리드 스펙터(Alfred Spector) 박사는 당시 카네기멜론대학교 교수였다. 2008년 구글에 부임한 후처음 나와 단독으로 면담할 때 당시 기술 전환 과정을 들려주었다. 그때 카네기멜론대학교는 전통 인공지능 분야에서 너무 멀어져 있는 상태라 모두들 넘을 수 없는 장애물에 봉착했었다고 설명했다. 후에 스펙터 박사는 IBM 왓슨연구소에 견학을 갔다가 통계에 기반한 방법으로 큰 성과를 거둔 것을 보았고, 시스템 전공 출신 교수인 그 자신도 향후 이 분야의 연구 방법이 틀림없이 바뀔 것임을 느낄 수 있었다.

구글차이나 사장이었던 리카이푸(李開復)도 스펙터 박사의 수업을 들은 적이 있기에 그의 제자라 할 수 있는데, 카네기멜론대학교에서 처음으로 전통 자연어 처리 방법을 통계 기반 방법으로 전환한 연구자였다. 리카이푸와 훙샤오원(洪小文)은 훌륭한 연구로 그들의 논문 지도교수 라즈 레디(Raj Reddy)가 튜링상을 수상하는 데 일조했다.

세계 정상급 기업 연구팀 두 곳의 최고 책임자인 스펙터는 미래 연구 방향에 대한 판단력이 예리했으므로 당시 통계에 기반한 방법을 파악할 수 있었던 것이 전혀 이상하지 않다. 그러나 모든 연구자가 이를 인정한 것은 아니었다. 규칙 기반 자연어 처리와 통계 기반 자연어 처리에 관한 논쟁은 통계언어학이 등장하고 1990년대 초까지 15년가량 지속됐다. 그동안 두 노선을 걷는 연구자들은 제각각 회의를 마련해 열었다. 함께 모이는 회의에서는 각기 별도 회의장에서 소회의를 열었다. 1990년대 이후 규칙 기반 자연어 처리를 견지하는 연구자들이 점점 줄면서 회의 참석자 수도 자연스레 줄어들었고, 통계 기반 자연어 처리 연구자들은 점점 많아졌다. 이로써 규칙에서 통계로 가는 자연어 처리의 과도기가 마무리되었다. 학자에게 15년은 아주 긴 시간이다. 박사 때부터 방향을 잘못 선택해 그 길을 고집했다면, 15년 후 깨달았을 때는 평생 아무런 성과도 낼 수 없는 상황이 된다.

이 논쟁은 왜 15년이나 지속됐을까? 우선 새로운 연구 방법이 성숙하려면 많은 시간이 필요하다. 1970년대 통계 기반 방법의 핵심 모델은 통신 시스템에 은닉 마르코프 모델(*hidden Markov model*)을 결합한 것이었다. 이 부분은 뒤에 자세히 소개하겠다. 이 시스템의 입력과 출력은 모두 1차원적 기호 순서(*symbol sequence*)이고, 처음 순서를 유지한다. 최초로 성공을 거둔 음성인식이 바로 이런 식이었고, 두 번째로 성공한 품사 태깅 분석도 마찬가지였다. 반면 구문 분석에선 입력하는 것은 1차원 구문이고 출력되는 것은 2차원 파스 트리다. 또 기계번역에선 (다른 언어의) 1차원 구문이 출력되긴 하지만 순서가 많이 변하기 때문에 위 방법이 별로 쓸모가 없다. 1988년 IBM의 피터 브라운(*Peter Brown*) 등이 통계에 기반한 기계번역 방법[7]을 제안했다. 전체적인 틀은 옳았지만 효과가 떨어졌다. 당시엔 통계 데이터가 충분하지도 않았고 상이한 언어의 어순이 뒤집히는 문제를 해결할 강력한 모델도 없었기 때문이다. 이렇게 1980년대에는 브라운 등이 쓴 논문을 제외하곤 이와 유사한 기계 번역 작업이 효과적으로 진행되지 않았고, 브라운 등도 르네상스 테크놀로지스(*Renaissance Technologies*)[8]로 가서 부자가 됐다. 구문 분석 문제는 더 복잡

---

7 P. Brown, J Cocke, S Della Pietra, V Della Pietra, F. Jelinek, R. Mercer, P. Roossin, A statistical approach to language translation, Proceedings of the 12th conference on Computational Linguistics, P 71-76, August 22-27, 1988.

8 현재까지 세계에서 가장 성공한 헤지펀드 운용 회사. 저명한 미분기하학자이자 천-사이먼스 이론 (Chern-Simons theory)을 발명한 제임스 사이먼스(James Simons)가 창업했다. 피터 브라운은 IT 부문의 제1책임자를 맡고 있다.

하다. 한 문법 성분의 다른 문법 성분에 대한 수식 관계는 반드시 인접하는 것이 아니라 중간에 여러 단어로 간격이 있기 때문이다. 유향 그래프(directed graph)가 있는 통계 모델이라야 복잡한 구문 분석을 해결할 수 있다. 전통 방법을 수호하는 사람들은 통계에 기반한 방법은 얕은 층의 자연어 처리 문제만 해결할 수 있고 깊은 차원의 연구로 들어갈 수 없다는 점을 무기 삼아 오랫동안 상대를 공격했다.

1980년대 말부터 최근까지 25년간 계산 능력의 향상과 데이터 양의 부단한 증가로 복잡한 구문 분석을 비롯해 전에는 통계 모델로 완수할 수 없을 것 같았던 과제가 점차 가능해졌다. 1990년대 말에는 통계를 통해 얻는 문장 규칙이 언어학자가 정리하는 것보다 훨씬 설득력이 있다는 사실을 모두들 깨달았다. 2005년 이후 통계 방법에 기초한 구글 번역 시스템이 규칙 기반 방법인 시스트란 번역 시스템을 전반적으로 추월하면서, 규칙 기반 방법 학파가 고수하던 최후 보루가 무너졌다. 덕분에 이 책에서도 수학적 방법만 사용해 현재 모든 자연어 처리 관련 문제의 답들을 내놓을 수 있게 되었다.

두 번째는 아주 재미있다. 통계에 기반한 방법이 전통 방법을 대체하려면 기존 언어학자들이 은퇴해야 한다. 이런 일은 과학사에서도 종종 일어났다. 중국 현대문학을 대표하는 작가 첸중수(錢鍾書)는 《위성(圍城)》에서, 노(老)과학자는 '늙은 과학자' 또는 '늙은 과학을 하는 자' 두 가지로 이해할 수 있다고 했다. 후자에 속하는 이들은 나이는 많지 않지만 이미 뒤떨어져서 그들이 은퇴하고 자리를 내주길 인내심 있게 기다려야 한다. 아무래도 사람들은 옳고 그름에 상관없이 자신의 관점을 바꾸는 것을 달가워하진 않는다. 물론 이 사람들이 은퇴하면 과학은 더 빠른 속도로 발전할 것이다. 그래서 나는 아직 정신이 또렷하고 고집스럽지 않을 때 은퇴해야겠다는 생각을 자주 한다.

과학자 신구 세대교체에서 젤
리넥이 직접 이끈 IBM-존스홉킨
스 그룹(필자도 포함되어 있음)과 미
치 마커스(*Mitch Marcus*)가 이끈 펜
실베이니아대학교도 큰 역할을 했
다. 방법을 강구해 미국 국립과학

사진 2.2 아, '노과학자'가 경비를 또 가져가 버렸네.

재단의 지원을 받은 마커스는 LCD 프로젝트를 추진하고 이끌어 전 세계 주
요 언어의 언어자료를 수집하고 정리했으며, 세계 수준의 과학자들을 양성
해 세계 주요 일류 연구소에서 중책을 맡게 했다. 두 그룹은 사실상 나름의
학파를 형성하며 전 세계 자연어 처리 학술계에서 주요 위치를 차지했다.

또한 지난 25년간 자연어 처리 응용 분야에도 큰 변화가 일어났다. 예를
들면 자동 QA(자동 질의 응답)에 대한 수요가 많이 웹페이지 검색이나 데이터
마이닝(*data mining*)으로 옮겨갔다. 또 새로운 응용 분야는 점점 더 데이터의
역할 및 얕은 층의 자연어 처리 작업에 의존하고 있다. 이렇게 객관적으로
볼 때 규칙 기반 방법에서 통계 기반 방법으로 전환되는 자연어 처리 연구는
가속도가 붙었다.

요즘엔 전통적인 규칙 기반 방법의 수호자라 자칭하는 과학자를 거의 볼
수 없다. 또 자연어 처리 연구도 단순한 구문 분석 및 의미 이해에서 실제
응용에 가까운 기계번역, 음성인식, 텍스트에서 데이터베이스 자동 생성, 데
이터 마이닝 및 지식 습득을 위한 노력으로 바뀌었다.

3. 갈무리하며

통계 기반의 자연어 처리 방법은 수학 모델에선 통신과 잘 상응하고 있으

며, 심지어 동일하다. 따라서 수학적 의미에서 자연어 처리는 언어의 취지인 통신과 연결된다. 그러나 과학자들은 수십 년이란 시간을 들인 후에야 이 연결고리를 인식했다.

통계언어 모델

통계언어 모델은 자연어 처리의 기초이며 기계번역, 음성인식, 인쇄체 및 필기체 인식, 철자 교정, 국어 입력 및 문헌 조회 등 여러 분야에 응용된다.

자연어는 생성될 때부터 문맥 관련 정보를 표현하고 전달하는 방식으로 발전했기 때문에 컴퓨터로 자연어를 처리하려면 자연어의 문맥 특성에 따른 수학 모델을 만들어야 한다는 문제가 기본적으로 존재한다는 점을 앞에서 계속 강조했다. 이 수학 모델이 자연어 처리에서 흔히 말하는 통계언어 모델 (*statistical language model*)이다. 통계언어 모델은 현재 모든 자연어 처리의 기초이며 기계번역, 음성인식, 인쇄체 또는 필기체 인식, 철자 교정, 국어 입력 및 문헌 조회 등 여러 분야에 응용된다.

1. 수학을 이용한 언어 규칙 모델

통계언어 모델을 만든 취지는 음성인식 문제를 해결하는 것이다. 음성인식을 수행한 컴퓨터는 문자열이, 모든 사람이 이해할 수 있고 의미도 있는 문장을 구성할 수 있는지를 파악해 사용자에게 보여주거나 인쇄해주어야 한다. 2장에서 든 예를 다시 살펴보자.

> 벤 버냉키 미국 연방준비제도 의장은 구제 자금 7천억 달러를 수백 개의 은행, 보험회사와 자동차업체에 빌려줄 것이라고 어제 언론에 전했다.

이 문장은 매끄럽고 의미도 명확하다.
그런데 단어 순서를 조금 바꾸거나 일부 단어를 바꾸면 다음과 같이 된다.

> 벤 버냉키 미국 연방준비제도 의장은 구제 자금 7천억 달러가 수백 개의 은행, 보험회사와 자동차업체에 빌려줄 것이라고 어제 언론에 전했다.

어느 정도 추측은 가능하지만 뜻이 모호해졌다.
다시 한번 바꿔보자.

> 연방준비제도 벤 버냉은 제구제커 자금 70러 억00달을 수백백백 개 은보행, 자동차험기업기업과에 빌려준 언론에 전했다.

무슨 말을 하는 건지 독자가 알 수 없게 됐다.
자연어 처리를 배워본 적이 없는 사람에게 문장이 왜 이렇게 변했냐고 물어보면, 첫 번째 문장은 문법에 맞고 단어 뜻도 명확하다고 말할 것이다. 두 번째 문장은 문법은 맞지만 단어 뜻도 그런대로 명확한 편이고, 세 번째 문장은 단어 뜻도 불분명하다. 1970년대 이전 과학자들도 그렇게 생각했다. 과학자들은 이 문자열이 문법에 맞는지, 의미는 정확한지 등을 판단하려 시도했다. 하지만 앞서 얘기했듯이 그런 방법은 통하지 않았다. 반면 프레더릭 젤리넥은 관점을 바꿔 간단한 통계 모델로 이 문제를 훌륭하게 해결했다.

젤리넥의 출발점은 아주 단순하다. 한 문장의 합리성 여부는 그 문장의 가능성이 얼마나 되는지를 보면 된다는 것이다. 가능성은 확률로 가늠한다. 첫 번째 문장이 나타날 확률은 약 10^{-20}이고, 두 번째 문장이 나타날 확률은 10^{-25}, 세 번째 문장이 나타날 확률은 10^{-70}이다. 따라서 첫 번째 문장이 나타날 가능성이 두 번째 문장의 10만 배, 세 번째 문장의 1백 억억억억억억 배로 가장 크다. 이 방법을 더 보편적이고 엄격하게 설명하면 다음과 같다.

S가 유의미한 어떤 문장을 표시하고, 특정 순서로 배열된 단어 $w_1, w_2, \cdots, w_n$으로 구성되었다고 가정하면, 여기에서 n은 문장의 길이다. 지금 우리가 알고 싶은 것은 S가 텍스트에서 나타날 가능성, 즉 수학에서 말하는 S의 확률 $P(S)$이다. 물론 인간이 유사 이래로 입 밖에 낸 말을 통계 낼 수 있고, 이때 수백 수천 년간 얘기할 가능성이 있는 말도 빼놓지 않고 통계를 내면 이 문장이 나타날 확률을 알 수 있다. 하지만 이 방법이 불가능하다는 것은 바로라도 알 것이다. 따라서 추정할 모델이 필요하다. $S=(w_1, w_2, \cdots, w_n)$이므로 $P(S)$를 다음처럼 전개할 수 있다.

$$P(S)=P(w_1, w_2, \cdots, w_n) \tag{3.1}$$

조건부확률 공식을 이용하면 S라는 순서가 나타날 확률은 각 단어가 나타날 조건부확률의 곱과 같다. 따라서 $P(w_1, w_2, \cdots, w_n)$는 다음처럼 전개할 수 있다.

$$P(w_1, w_2, \cdots, w_n) \qquad\qquad (3.2)$$
$$=P(w_1) \cdot P(w_2|w_1) \cdot P(w_3|w_1, w_2) \cdots P(w_n|w_1, w_2, \cdots, w_{n-1})$$

여기에서 $P(w_1)$은 첫 번째 단어 w_1이 나타날 확률이고[1] $P(w_2|w_1)$은 첫 번째 단어를 이미 알고 있다는 전제하에 두 번째 단어가 나타날 확률이다. 그 다음도 이 방식으로 유추할 수 있다. 단어 w_n이 나타날 확률은 그 앞의 모든 단어에 달려 있음을 알 수 있다.

계산상으로 보면 첫 번째 단어의 조건부확률 $P(w_1)$은 쉽게 계산되고, 두 번째 단어의 조건부확률 $P(w_2|w_1)$도 그리 어렵지 않다. 세 번째 단어의 조건부확률 $P(w_3|w_1, w_2)$만 되어도 계산이 어려워진다. 변수가 w_1, w_2, w_3, 3개나 포함되고, 각 변수의 가능성이 한 언어의 사전만큼 되기 때문이다. 마지막 단어 w_n에 가면 조건부확률 $P(w_n|w_1, w_2, \cdots, w_{n-1})$의 가능성은 너무 커서 추정할 수 없다. 어떻게 해야 할까?

19~20세기 초 러시아 수학자 안드레이 마르코프(*Andrey Markov*)는 게으름을 피운 듯하지만 꽤 효과적인 방법을 제기했다. 이런 상황에 부딪힐 때마다 임의로 단어 w_i가 나타날 확률이 그 앞의 단어 w_{i-1}과 관계한다고 가정하는 것이다. 그러면 문제는 아주 간단해진다. 수학에선 이 가정을 마르코프 가정이라고 한다.[2] 이제 S가 나타날 확률이 간단해졌다.

---

1 물론 더 정확하게 설명하면 $P(w_1|\langle s \rangle)$, 즉 문장 첫 부분 $\langle s \rangle$ 조건에서 이 단어의 확률이다.

2 마르코프는 1906년에 먼저 마르코프 과정(Markov process)을 만들었다. 이 과정을 가산무한(countably infinite) 공간으로 일반화한 수학자는 안드레이 콜모고로프(Andrey Nikolaevich Kolmogorov)다.

$$P(S) \tag{3.3}$$
$$= P(w_1) \cdot P(w_2 | w_1) \cdot P(w_3 | w_2) \cdots P(w_i | w_{i-1}) \cdots P(w_n | w_{n-1})$$

공식 〈3.3〉에 대응되는 통계언어 모델은 바이그램 모델(*bigram model*)이다. 말이 나온 김에 얘기하면, 언어 모델에 관한 여러 단어의 중국어 번역은 내가 20여 년 전에 처음으로 제안해 지금까지 계속 사용하고 있다. 처음에 나는 바이그램 모델을 바이그램 문법 모델로 번역했는데, 지금은 바이그램이라 부르는 것이 더 정확한 것 같다. 물론 한 단어가 그 앞의 *N*-1개 단어에 의해 결정된다고 가정할 수 있고, 그러면 대응하는 모델이 조금 더 복잡해지며 *N* 그램 모델이라고 부른다. 이 내용은 다음에 더 자세히 설명하겠다.

그다음 문제는 조건부확률 $P(w_i | w_{i-1})$을 어떻게 추정하느냐다. 그 정의에 따르면 다음과 같다.

$$P(w_i | w_{i-1}) = \frac{P(w_{i-1}, w_i)}{P(w_{i-1})} \tag{3.4}$$

결합확률 $P(w_{i-1}, w_i)$와 주변확률 $P(w_{i-1})$을 추측해보면 더 간단해진다. 기계로 읽을 수 있는 텍스트, 즉 전문가들 말로 코퍼스가 많아졌기 때문에 w_{i-1}, w_i 단어 쌍이 통계 내는 텍스트 앞뒤에서 몇 차례 $\#(w_{i-1}, w_i)$ 나타나는지 그리고 한 텍스트에서 w_{i-1}이 몇 차례 $\#(w_{i-1})$ 나타나는지 세어본 후, 코퍼스의 크기 #로 두 수를 각각 나누면 이 단어들 또는 바이그램의 상대도수(*relative frequency*)를 구할 수 있다.

$$f(w_{i-1}, w_i) = \frac{\#(w_{i-1}, w_i)}{\#} \tag{3.5}$$

$$f(w_{i-1}) = \frac{\#(w_{i-1})}{\#} \tag{3.6}$$

대수의 법칙(*law of large number*)에 따르면 관측값의 양이 많아질수록 상대
도수는 확률과 가까워진다. 즉 다음과 같다.

$$P(w_{i-1}, w_i) \approx \frac{\#(w_{i-1}, w_i)}{\#} \tag{3.7}$$

$$P(w_{i-1}) \approx \frac{\#(w_{i-1})}{\#} \tag{3.8}$$

$P(w_i|w_{i-1})$는 두 수의 비율이다. 위의 두 확률이 동일 분모를 갖는다는 점을
감안하면 다음과 같이 약분할 수 있다.

$$P(w_i|w_{i-1}) \approx \frac{\#(w_{i-1}, w_i)}{\#(w_{i-1})} \tag{3.9}$$

이제 수학의 묘미가 느껴지기 시작했을 것이다. 수학은 복잡한 문제를 이
토록 간단하게 만든다. 복잡한 문법 규칙과 인공지능으로는 해결할 수 없는
복잡한 음성인식, 기계번역 등의 문제를 이렇게 간단한 수학 모델로 해결할
수 있다는 것이 조금 믿기지 않을 정도다. 사실 일반인뿐 아니라 언어학자들
도 이 방법의 유효성에 의문을 던지기도 했지만, 통계언어 모델이 기존에 알
려진 어떤 규칙을 통한 해결법보다 훨씬 효과적이라는 것이 사실로 증명됐
다. 실례 세 가지를 살펴보자.

첫 번째 사례는 30여 년 전에 있었던 일이다. 인지도가 없었던 리카이푸는
이 일로 단번에 음성인식 분야의 정상급 과학자로 부상한다.

두 번째 사례는 구글의 기계번역 프로젝트 로제타(*Rosetta*, 이런 이름이 붙은

이유를 알 것이다)다. 많은 대학과 연구소에 비해 구글은 기계번역 연구를 늦게 시작했다. 로제타 프로젝트가 가동되기 전 IBM, 서던캘리포니아대학교, 존스홉킨스대학교와 시스트란 등은 이미 수년간 이 분야 연구를 진행했고, 미국 표준기술연구소(NIST)가 주관하는 여러 기계번역 시스템 평가에도 여러 번 참여했다. 구글의 로제타 시스템은 2007년 NIST 평가에 처음 참여했지만 2년간 개발한 이 시스템으로 단번에 1등을 거머쥐며 사람들을 놀라게 했고, 십수 년간 개발한 규칙 기반 시스템들보다 훨씬 높은 점수를 얻었다. 이를 가능케 한 비밀병기는 바로 다른 경쟁 상대보다 수백 배 큰[3] 언어 모델이었다.

세 번째 사례는 자연어 처리에서 통계언어 모델의 응용이다. 2012년에 나는 구글에 복귀해 컴퓨터로 질문에 자동 대답하는 제품(자동 QA 시스템)을 개발했다. 그전에 연구소의 많은 과학자들이 '중국의 인구는 얼마인가?', '오바마는 몇 년도에 태어났나?'처럼 간단한 질문에 대답할 수 있게 하는 방법을 개발했지만 '왜 하늘은 파란색인가?'처럼 '왜', '어떻게'와 같은 난제에 대답할 수 있는 컴퓨터는 없었다. 빅데이터를 이용함으로써 이 난제를 많이 해결했고, 이 질문들의 답을 인공적으로 합성해낼 수 있다. 그러나 기계로 합성한 답이 '자연스럽게' 읽히려면 언어 모델을 적용해야 한다. 현재 이 제품의 영어 버전과 일본어 버전은 이미 출시되었고, 조만간 중국어 버전도 제공될 것이라고 생각한다. 컴퓨터가 어떻게 질문에 대답하게 만드느냐에 대해서는 뒤에서 다시 소개하겠다.

이 사례들을 보면, 여러 '지능화'된 컴퓨터 소프트웨어에서 언어 모델이 없어서는 안 될 부분이 되었음을 알 수 있다.

물론 진짜 제대로 된 통계언어 모델을 구축하려면 해결해야 할 세부 문제

---

3 n-튜플(n-tuple, n개의 요소를 가진 튜플)의 수량을 뜻함.

들이 더 많다. 예를 들면 위 공식 중 단어 쌍 (w_{i-1}, w_i)가 코퍼스에 등장하지 않을 경우, 또는 한두 번만 나올 경우 확률 추정이 조금 까다로워진다. 젤리넥과 동료의 공헌은 통계언어 모델을 제기한 것뿐 아니라 모든 세부적 문제를 훌륭하게 해결해낸 데서 찾아볼 수 있다. 이에 관해서는 추가 읽기 부분에서 소개하겠다. 통계언어 모델의 기본 원리는 이미 소개가 끝났으므로 업무에서 통계언어 모델을 사용할 필요가 없거나 수학 냄새가 너무 짙은 디테일까지 들어갈 만큼 관심이 많지 않은 일반 독자는 여기까지만 읽어도 될 것 같다. 간단한 모델로 큰일을 할 수 있다는 것이 수학의 묘미다.

2. 추가 읽기 통계언어 모델의 공학적 비밀

독자 배경지식: 확률론과 수리통계학

이 책의 대부분 장에는 추가 읽기가 있다. 주로 전문가나 좀 더 깊은 수학 원리에 관심이 있는 독자를 위한 것이지만, 다른 독자들도 무난하게 읽을 수 있는 내용이다. 시간 절약을 위해 이 부분을 건너뛸지 여부를 스스로 결정할 수 있도록 추가 읽기에선 독자에게 필요한 배경지식을 언급했다.

2.1 고차원 언어 모델

앞에 나온 공식 〈3.3〉 모델은 문장의 각 단어가 앞의 한 단어와만 연관되고, 더 앞에 있는 단어와는 무관하다는 전제를 가정했다. 너무 단순화한 것 같기도 하고 좀 지나치다 싶은 경향도 있다. 실상이 그렇다. 한 단어가 다음 단어와 연관된 예를 쉽게 찾을 수 있다. '아름다운 꽃'에서 '꽃'은 '아름다운'과 관계가 있다. 따라서 한 단어가 앞의 몇 개 단어와 연관된다는 것이 더 보편적인 가정이다.

텍스트의 각 단어 w_i가 앞의 N-1개 단어와 연관되고, 더 앞의 단어와는 무관하다고 가정하면, 현 단어 w_i의 확률은 앞 N-1개 단어 $P(w_{i-N+1}, w_{i-N+2}, \cdots, w_{i-1})$로만 결정된다.

따라서 공식 〈3.10〉이 된다.

$$P(w_i|w_1, w_2, \cdots, w_{i-1}) = P(w_i|w_{i-N+1}, w_{i-N+2}, \cdots, w_{i-1}) \qquad (3.10)$$

공식 〈3.10〉과 같은 가정을 N-1차 마르코프 가정이라고 하며, 이에 대응하는 언어 모델은 N그램 모델(N-gram model)이라고 한다. N=2인 바이그램 모델이 공식 〈3.3〉이고, N=1인 유니그램(unigram) 모델은 사실상 문맥과 무관한 모델이다. 즉 현 단어가 등장할 확률은 앞 단어와 무관하다. 실제로 가장 많이 응용되는 것은 N=3인 트라이그램(trigram) 모델이며, 더 고차원 모델은 쓰임새가 적다.

N이 취하는 값이 왜 이렇게 작을까? 두 가지 원인이 있다. 첫째, N그램 모델의 크기(또는 공간 복잡도)는 대부분 N의 지수함수, 즉 $O(|V|^N)$이며, 여기에서 $|V|$는 언어사전의 어휘량으로 보통 수만~수십만 개다. N그램 모델의 사용 속도(또는 시간 복잡도)도 대부분 지수함수, 즉 $O(|V|^{N-1})$이다. 따라서 N은 커질 수가 없다. N이 1에서 2가 되고 2에서 3이 되면 모델의 효과는 확연히 상승한다. 하지만 모델이 3에서 4가 되면 효과의 상승은 그리 뚜렷하지 않은 반면 자원 소비는 빠르게 증가한다. 그렇기 때문에 자원을 전혀 아끼지 않아도 되지 않는 한, 테트라그램(tetragram) 모델을 사용하는 사람은 별로 없다. 구글 로제타 번역 시스템과 음성검색 시스템은 테트라그램 모델을 사용하며, 이 모델은 500대가 넘는 구글 서버에 저장된다.

마지막 문제는 트라이그램이나 테트라그램 또는 더 고차원 모델이 모든 언어 현상을 반영할 수 있느냐다. 그 답은 물론 부정적이다. 자연어에서 문맥 간 관련성은 간격이 매우 크고, 심지어 한 단락에서 다른 단락으로 뛰어넘을 수도 있다. 따라서 모델의 그램 수를 아무리 올려도 이런 경우엔 방법이 없고, 이것이 마르코프 가정의 한계다. 이때는 다른 장거리 의존성(*long distance dependency*)을 적용해 이 문제를 해결해야 한다. 이에 대해서는 나중에 다시 소개하겠다.

2.2 모델의 학습, 제로 확률 문제 및 평활법

언어 모델을 사용하려면 모델의 모든 조건부확률을 알아야 하며, 그것을 모델의 매개변수라고 한다. 언어자료 통계를 통해 이 매개변수를 얻는 과정을 모델의 학습이라고 한다. 앞에서 언급한 모델 학습 방법은 매우 간단해 보인다. 바이그램 모델(《3.3》)의 경우, 숫자 2개를 택했으므로 (w_{i-1}, w_i)가 언어자료에서 함께 나타나는 횟수 $\#(w_{i-1}, w_i)$와, (w_{i-1})가 언어자료에서 단독으로 나오는 횟수 $\#(w_{i-1})$의 비율을 계산하면 된다. 그런데 함께 나오는 횟수 $\#(w_{i-1}, w_i)=0$인 경우에는 어떻게 해야 할까? 이것은 조건부확률 $P(w_i|w_{i-1})=0$의 의미가 아닐까? 반대로 $\#(w_{i-1}, w_i)$와 $\#(w_{i-1})$가 딱 한 번만 나와 $P(w_i|w_{i-1})=1$이 되면 너무 절대적인 결론이 아닐까? 이것은 통계의 신뢰성과 관련된 문제다.

수리통계에서 표본 데이터를 관찰한 결과로 확률을 과감하게 예측하는 것은 대수의 법칙의 뒷받침이 있기 때문이다. 대수의 법칙은 충분한 관측값(*observed value*)을 요구한다. 이를테면 어느 마을 중심에 있는 건물 위에서 내려다본다고 할 때 아래에서 왁자지껄하고 있는 사람 중 550명은 남자, 520명은 여자면 이 지역에서 남성이 나타날 확률은 550/(550+520)=51.4%, 여성이 나타날 확률은 520/(550+520)=48.6%다. 그런데 어느 날 아침 건물 위에서 내려다보니 5명밖에 없고 4명은 여자, 1명은 남자다. 이 경우 여성이 나타날 확률은 80%이고, 남성이 나타날 확률은 20%밖에 안 된다고 말할 수 있을까? 그럴 수 없다. 5명이 나타나는 상황은 무작위성(*randomness*)이 크기 때문이다. 어쩌면 다음 날 아침 건물 아래엔 3명밖에 없고, 그것도 전부 남자일 수 있다. 이 경우에도 여자가 나타나지 않을 거라고 예측할 순 없다.

이것은 일반적인 상식이다. 그러나 언어 모델의 확률을 추정할 때 많은 사람이 이 논리를 잊어버려 학습된 언어 모델이 '쓸모가 없게 되며', 그 후 뒤를 돌아보며 이 방법이 효과가 있는지를 의심한다. 사실 이 방법은 여러 번 테스트를 통과했으며, 현재 디지털 통신은 많은 부분 이를 기초로 구축됐다. 문제는 어떻게 사용하느냐다. 그러면 언어 모델을 학습시키는 올바른 방법은 무엇일까?

직접적인 방법은 데이터 양을 늘리는 것이다. 하지만 그렇게 해도 제로 확률이나 통계량 부족 문제에 부딪힌다. 중국어 언어 모델을 학습시킨다고 가정하자. 중국어 어휘는 약 20만 개 수준이고[4] 트라이그램 모델 하나를 학습시키는 데 $200,000^3 = 8 \times 10^{15}$개의 매개변수가 존재한다. 인터넷에서 불필요한 정크 데이터(*junk data*)를 뺀다고 가정하면 유의미한 중문 웹사이트가 100억 개이고, 이것만 해도 상당히 고평가된 데이터다. 웹사이트 하나당 평균 단어가 1,000개다. 그러면 인터넷의 모든 중국어 콘텐츠를 학습에 사용한다고 해도 10^{13}개밖에 없다. 따라서 직접적 비율로 확률을 계산하면 조건부확률은 대부분 0이고, 이 모델을 '비평활(*non-smooth*)'하다고 한다. 실제 응용에서 통계언어 모델의 제로 확률은 피할 수 없이 반드시 해결해야 할 문제다.

통계언어 모델을 학습시킬 때 통계 표본이 부족한 경우 확률 추정 문제를

---

4 구글 IME(입력기)를 참고했음.

잘 해결하는 것이 관건이다. 1953년 어빙 존 굿(I. J. Good)은 그의 보스 튜링(컴퓨터과학사의 그 앨런 튜링)의 지도로 통계에서 신뢰할 수 있는 통계 데이터는 믿고, 신뢰할 수 없는 통계 데이터는 할인하는 확률 추정 방법을 제기하는 한편, 할인한 작은 확률을 보이지 않는 사건(unseen events)에 부여했다. 굿과 튜링은 후에 굿-튜링 추정(Good-Turing estimation)이라고 불린 훌륭한 확률 재추정 공식도 내놨다.

굿-튜링 추정의 원리는 이렇다. 보이지 않는 사건의 경우에는 그것의 발생 확률을 제로라고 판단할 수 없기 때문에 확률의 총량(probability mass)에서 보이지 않는 사건에 작은 비율을 분배한다(《그림 3.1》). 그러면 보이는 사건들의 확률의 합이 1보다 적어지므로, 보이는 모든 사건의 확률을 조금 낮춰야 한다. 얼마나 낮추는가는 '신뢰할 수 없는 통계일수록 더 많이 할인하는' 방식으로 진행한다.

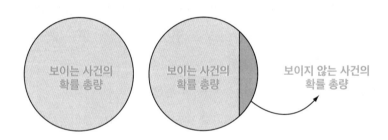

그림 3.1 왼쪽에서 오른쪽으로, 보이는 사건의 확률 부분을 보이지 않는 사건에 분배한다.

다음으로 통계사전 각 단어의 확률을 예로 들어 굿-튜링 추정 공식을 설명해보자.

코퍼스에서 r회 나오는 단어는 N_r개이고, 나오지 않는 단어의 수량은 특별히 N_0이라고 가정하자. 코퍼스의 크기는 N이다. 그러면 다음과 같이 된다.

$$N = \sum_{r=1}^{\infty} rN_r \qquad\qquad (3.11)$$

전체 코퍼스에서 r회 나오는 단어의 상대도수는 r/N이며, 최적화 처리를 거치지 않으면 이 상대도수를 단어의 확률 추정으로 삼는다.

이제 r이 비교적 작을 경우를 가정하자. r의 통계는 신뢰할 수 없을 가능성이 크므로 r번 나오는 단어들의 확률을 계산하려면 더 작은 횟수 d_r(직접 r을 사용하지 않고)을 사용해야 한다.

굿–튜링 추정에선 아래 공식으로 d_r을 계산한다.

$$d_r = (r+1) \cdot N_{r+1}/N_r \qquad\qquad (3.12)$$

따라서 다음과 같이 된다.

$$\sum_{r=0}^{\infty} d_r \cdot N_r = N \qquad\qquad (3.13)$$

일반적으로 1회 나오는 단어의 수량이 2회 나오는 단어보다 많고, 2회 나오는 단어가 3회 나오는 단어보다 많다. 이 규칙을 지프의 법칙(*Zipf's law*)이라고 한다. 다음의 〈표 3.1〉은 소규모 코퍼스에서 r회 나오는 단어의 수 N_r과 r의 관계다.

r이 커질수록 단어 수 N_r이 작아지는 것을 알 수 있다. 즉 $N_{r+1} < N_r$이다. 일반적인 경우 $d_r < r$이지만 $d_0 > 0$이다. 이렇게 등장하지 않는 단어에 0이 아닌 작은 값을 부여해 제로 확률 문제를 해결했다. 또한 등장 빈도가 낮은 단어의 확률을 하향 조정한다. 물론 실제 자연어 처리에선 일반적으로 등장 횟수가 특정 한곗값을 넘어서면 빈도를 하향 조정하지 않고, 등장 횟수가 이 한

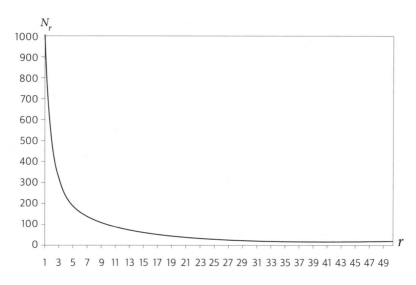

표 3.1 지프의 법칙: r회 나오는 단어의 수 N_r과 r의 관계

곗값보다 낮은 단어만 빈도를 하향 조정한다. 하향 조정해 얻는 빈도의 총합은 등장하지 않은 단어에 준다.

이렇게 r회 등장하는 단어의 확률 추정은 d_r/N이다. 따라서 빈도가 일정 한곗값을 넘어서는 단어의 확률 추정은 코퍼스에서 그 단어의 상대도수이며, 빈도가 이 한곗값보다 낮은 단어의 확률 추정은 그 단어의 상대도수보다 낮고 등장 횟수가 작을수록 할인이 많이 된다. 보이지 않는 단어에도 작은 확률을 부여한다. 그래서 모든 단어의 확률 추정이 평탄해진다.

바이그램 (w_{i-1}, w_i)의 조건부확률 추정 $P(w_i|w_{i-1})$도 마찬가지로 처리할 수 있다. 앞 단어 w_{i-1}을 통해 뒤 단어 w_i를 예측할 때 가능한 모든 경우의 조건부확률의 합은 1이다. 즉 다음과 같다.

$$\sum_{wi \in V} P(w_i|w_{i-1}) = 1 \tag{3.14}$$

등장 횟수가 매우 적은 바이그램 (w_{i-1}, w_i)는 굿-튜링 방법으로 할인해야 한다. 그러면 $\sum\limits_{w_{i-1}, w_i\, seen} P(w_i|w_{i-1}) < 1$ 이 되며, 이 부분의 확률량은 분배되지 않고 보이지 않는 바이그램 (w_{i-1}, w_i)에 남겨진 것을 의미한다. 이 개념을 토대로 바이그램 모델 확률을 추정하는 공식은 다음과 같다.

$$P(w_i|w_{i-1}) = \begin{cases} f(w_i|w_{i-1}) & \text{if } \#(w_{i-1}, w_i) \geq T \\ f_{gt}(w_i|w_{i-1}) & \text{if } 0 < \#(w_{i-1}, w_i) < T \\ Q(w_{i-1}) \cdot f(w_i) & \text{otherwise} \end{cases} \tag{3.15}$$

여기에서 T는 한곗값이고, 대개 8~10 정도다. 함수 $f_{gt}()$는 굿-튜링 추정을 거친 상대도수를 표시한다. 또한

$$Q(w_{i-1}) = \frac{1 - \sum\limits_{w_i\, seen} P(w_i|w_{i-1})}{\sum\limits_{w_i\, unseen} f(w_i)} \tag{3.16}$$

이렇게 하면 등식 〈3.14〉가 성립된다.

이렇게 평활하게 하는 방법을 맨 처음 제기한 것은 IBM 과학자 카츠(S. M. Katz)이며, 그래서 카츠의 백오프(Katz's back-off)라고 한다. 이와 유사하게 트라이그램 모델의 확률 추정 공식은 다음과 같다.

$$\begin{aligned} & P(w_i|w_{i-2}, w_{i-1}) \\ & = \begin{cases} f(w_i|w_{i-2}, w_{i-1}) & \text{if } \#(w_{i-2}, w_{i-1}, w_i) \geq T \\ f_{gt}(w_i|w_{i-2}, w_{i-1}) & \text{if } 0 < \#(w_{i-2}, w_{i-1}, w_i) < T \\ Q(w_{i-2}, w_{i-1}) \cdot P(w_i|w_{i-1}) & \text{otherwise} \end{cases} \end{aligned} \tag{3.17}$$

일반적인 경우 N그램 모델 확률 추정 공식도 이렇게 유추할 수 있다.

헤르만 나이(*Herman Ney*) 등은 이를 토대로 카츠의 백오프를 최적화했다. 원리는 대동소이하므로 길게 설명하지 않겠다. 관심 있는 독자는 참고 문헌 3장의 2를 참고하기 바란다.

유니그램 (w_i)의 평균 등장 횟수는 바이그램 (w_{i-1}, w_i)의 등장 횟수보다 훨씬 많다. 대수의 법칙에 따라 그 상대도수는 확률 분포에 더 가깝다. 이와 유사하게 바이그램의 평균 등장 횟수는 트라이그램보다 높고, 바이그램의 상대도수는 트라이그램보다 확률 분포에 더 가깝다. 또한 저차원 모델은 제로 확률 문제도 고차원 모델보다 경미하다. 따라서 저차원 언어 모델과 고차원 모델을 활용한 선형 보간법(*linear interpolation*)으로 평활에 이른다. 예전에 이 분야에서 자주 사용하던 방법으로 삭제된 보간(*deleted interpolation*)이라는 것이 있는데 구체적 공식은 아래와 같다. 이 공식에서 세 λ는 모두 상수이며 합이 1이다. 선형 보간법의 효과는 카츠 백오프보다 조금 떨어진다. 따라서 지금은 덜 사용한다.

$$
\begin{aligned}
&P(w_i | w_{i-2}, w_{i-1}) \\
&= \lambda(w_{i-2}, w_{i-1}) \cdot f(w_i | w_{i-2}, w_{i-1}) \\
&+ \lambda(w_{i-1}) \cdot f(w_i | w_{i-1}) + \lambda f(w_i)
\end{aligned}
\qquad (3.18)
$$

2.3 언어자료의 선택 문제

모델 학습에서 또 하나의 중요한 문제는 학습용 데이터(*training data*)다. 또는 코퍼스의 선택이라고도 할 수 있다. 학습용 데이터와 모델 응용 분야가 서로 어긋나면 모델의 효과가 크게 줄어든다.

예를 들어 언어 모델의 응용 분야가 웹사이트 검색이라면 이 모델의 학습용 데이터는 전통적이고 틀에 박힌 뉴스 원고가 아니라 어수선한 웹사이트 데이터와 사용자가 입력하는 검색 문자열(search string)이어야 한다. 여기에 잡음과 오류가 뒤섞여 있을지라도 말이다.

텐센트(Tencent, 腾讯, 중국 최대의 IT 기업) 검색팀에서 나온 좋은 예가 있다. 최초의 언어 모델은 중국 〈인민일보〉의 언어자료를 사용해 학습시킨 것이었다. 이 언어자료가 깔끔하고 잡음이 없다는 것이 개발자의 생각이었기 때문이다. 그러나 실제로는 효과가 좋지 않았고, 검색 문자열이 웹사이트와 매치되지 않는 사례가 빈번히 발생했다. 이후 웹사이트 데이터로 바꿔 썼다. 잡음은 많았지만 학습용 데이터와 응용 분야가 일치해 검색 품질은 오히려 좋았다.

학습용 데이터는 많을수록 좋다. 앞에서 소개한 평탄하게 넘어가는 방법을 통해 제로 확률과 작은 확률 문제를 해결할 순 있지만, 아무래도 데이터 양이 클 때 확률 모델 매개변수를 비교적 정확히 추정할 수 있다. 고차원 모델은 매개변수가 많기 때문에 필요한 학습용 데이터도 그만큼 많다. 아쉽게도 모든 응용 분야가 충분히 많은 학습용 데이터를 확보할 수 있는 것은 아니다. 기계번역의 경우 중국어 언어자료가 매우 적다. 이런 경우 단편적으로 고차원의 대규모 모델만 추구하는 것은 별로 의미가 없다.

학습용 데이터와 응용 데이터가 일치하고 학습량이 충분히 많은 상황에선 학습용 언어자료의 잡음 수준도 모델 효과에 일정 부분 영향을 끼친다. 따라서 학습 전에 학습용 데이터를 전처리해야 하는 경우도 있다. 일반적인 경우 소량의 (패턴 없는) 무작위 잡음을 제거하려면 비용이 많이 들기 때문에 대개 처리를 하지 않는다. 그러나 패턴을 찾을 수 있고 양이 비교적 큰 잡음은 아무래도 걸러낼 필요가 있으며, 처리하기도 쉬운 편이다. 웹사이트 본문에 존재하는 많은 색인표(tab)가 그 예다. 따라서 비용이 많이 들지 않는 경우라면 학습용 데이터를 걸러낼 필요가 있다. 데이터의 중요성에 대해서는 뒷부분에서 따로 소개하겠다.

3. 갈무리하며

통계언어 모델은 형태가 간단하고 이해하기 쉽다. 그러나 추가 읽기에서 언급한 문제들처럼, 안을 들여다보면 전문가라 해도 몇 년을 연구해야 할 만큼 깊은 학문이다. 복잡한 문제를 단순화하는 것이 바로 수학의 매력이다.

형태소 분석 이야기

4장

언어 형태소 분석은 언어 정보처리의 기초이며 많은 시행착오를 겪었으나,
현재는 통계언어 모델을 통해 이 문제가 기본적으로 해결되었다.

이 책 초판에서는 '중국어 형태소 분석 이야기'였지만 개정판에서는 '형태소 분석 이야기'로 바꿨다. 형태소 분석 문제는 중국어뿐 아니라 한국어, 일본어, 태국어 등 아시아 언어들에도 존재하며, 표음문자(영어, 프랑스어 등)에도 비슷한 문제가 존재하기 때문이다. 예를 들면 영어 구문을 분석할 때 구(句)를 찾는 것과 중국어의 형태소를 분석하는 것은 같은 일이다. 이렇듯 여기에 사용되는 방법이 모두 같으므로 이 장에서는 중국어를 예로 들어 설명하겠다.

3장에서 통계언어 모델로 자연어 처리가 가능하다고 얘기했는데, 그 언어 모델들은 단어를 기초로 구축된 것이다. 단어는 의미 표현의 최소 단위이기 때문이다. 서구 표음문자의 경우에는 단어들 간에 명확한 구분(delimit)이 있어서 언어 모델의 통계와 사용이 매우 직접적이다. 반면 아시아 언어인 중국어, 한국어, 일본어, 태국어 등은 단어들 간에 명확한 구분이 없다. 한국어의 경우 명사 단어와 동사 간에는 구분이 있지만 단어 간에는 구분이 없다. 따라서 먼저 문장의 형태소를 분석해야 자연어 처리를 실행할 수 있다.

형태소 분석에서 입력할 것은 '수염에 눈썹이 연결된' 한자다. 문장 하나를 예로 들어보자. '중국 우주항공 공무원이 초청에 응해 미국에 가서 나사(NASA) 공무원과 회의를 했다(中国航天官员应邀到美国与太空总署官员开会).' 반면 형태소 분석을 출력할 때는 사선이나 수직선을 이용해 단어를 분리하는 등 구분자(delimiter)를 사용한다. '중국 / 우주 / 항공 / 공무원 / 이 / 초청 / 에 / 응 / 해 / 미국 / 에 / 가 / 서 / 나사(NASA) / 공무원 / 과 / 회의 / 를 / 했 / 다.'

가장 쉽게 떠올릴 수 있는 형태소 분석 방법이면서 가장 간단한 방법은 사전을 찾는 것이다. 이 방법은 베이징항천항공대학교 량난위안(梁南元) 교수가 제일 처음 내놓았다. '사전 찾기' 방법은 한 문장을 왼쪽에서 오른쪽으로 한 번 스캔하면서 사전에 있는 단어를 만나면 표시하고, 복합어('상하이대학교' 등)를 만나면 가장 긴 단어를 찾아 매치시키며, 모르는 문자열을 만나면 단일어로 분리하는 것이다. 그러면 간단한 형태소 분석이 완성된다. 이렇게 간단한 형태소 분석 방법을 쓰면 위 문장을 완벽히 처리할 수 있다. 왼쪽에서 오른쪽으로 스캔하면 우선 중국의 '중' 자를 만난다. '중'은 그 자체가 단일어이므로 여기에서 한 번 자를 수 있다. 하지만 '국'을 만나면 그 앞의 '중' 자와 함께 더 긴 단어를 구성할 수 있음을 깨닫는다. 그래서 '중국' 뒤에 분리 표시를 한다. 그다음 '중국'은 뒤의 글자와 더 긴 글자를 구성하지 않는다는 점을 알고, 이 분리 표시는 이렇게 최종 확정한다.

이 간단한 방법으로 형태소 분석 문제 70~80%를 해결할 수 있으므로 복잡성(비용)이 높지 않다는 전제에서 나름 만족할 만한 효과를 얻을 수 있다. 그러나 너무 간단한 만큼 조금만 복잡한 문제를 만나면 힘을 쓰지 못한다. 1980년대 하얼빈공업대학교의 왕샤오룽(王曉龍) 박사는 사전 찾기 방법을 이론화하여 최소 단어 수의 형태소 분석 이론으로 발전시켰다. 즉 한 문장은 최소량의 문자열로 분리된다는 것이다. 이 방법은 중의성(여러 가지로 해석되는 의미)이 있을 경우에 분리되면 무력해진다는 확실한 약점이 있다. 예를 들면 발전중국가(發展中國家)[1]라는 단어를 분리하면 '발전-중-국가'가 되지만, 왼쪽에서 오른쪽으로 사전 찾기 방법을 적용하면 '발전-중국-가'로 분리되어 완전히 달라진다. 또한 아주 긴 합성어라고 해서 정확하란 법도 없다. '상하이대학가서점'의 정확한 분리는 '상하이대학-가-서점'이 아닌 '상하이-대학가-서점'이 되어야 하며 '베이징대학생'의 정확한 분리는 '베이징대학-생'이 아니라 '베이징-대학생'이다.

1장에서 소개했듯이 언어의 애매성은 언어의 발전과 더불어 수천 년 동안 학자들을 괴롭혀왔다. 고대 중국의 단어 분할과 《설문해자》는 근본적으로 말하면 애매성을 없애는 것이며, 학자에 따라 견해가 확연히 다르다. 《춘추(春秋)》나 《논어(論語)》에 대한 각종 주석은 학자들이 스스로 이해한 바대로 애매성을 제거한 것이다. 형태소 분석의 중의성은 언어 애매성의 일부분이다.

---

1 역주: '개발도상국'이란 뜻.

1990년대 이전 중국 국내외 많은 학자들이 문법 규칙으로 형태소 분석의 중의성 문제를 해결하고자 시도했지만 성공하지 못했다. 물론 일부 학자들이 통계 정보의 역할에 주의를 기울이기 시작했지만, 완벽한 이론적 기초를 둔 정확한 방법을 찾지는 못했다. 1990년 전후 칭화대학교 전자공학과에 근무하던 궈진(郭進) 박사가 통계언어 모델을 이용해 형태소 분석 중의성 문제를 성공적으로 해결하고 중국어 형태소 분석의 오류율을 한 자릿수 낮췄다. 앞서 예로 든 중의성 사례는 통계언어 모델로 해결할 수 있다.

중국 본토에서 통계언어 모델로 자연어 처리를 처음 실행하여 성공을 거뒀다. 많은 노력도 있었지만 궈진 박사의 특별한 경력도 큰 몫을 했다. 궈진은 나처럼 컴퓨터를 전공한 박사지만 통신 분야 학과에서 근무했기에 주변에 오랫동안 통신 연구에 몸담은 동료들이 많았다. 젤리넥와 동종업계라고 할 수 있다. 그래서 궈진은 방법론 면에서 통신 모델을 직접적으로 받아들였다.

통계언어 모델을 이용한 형태소 분석 방법은 수학 공식 몇 개로 간단히 요약할 수 있다. 문장 S가 몇 가지 형태소 분석 방법을 가질 수 있다고 가정하되, 간단하게 살펴보기 위해 다음 세 가지가 있다고 가정하자.

$$A_1, A_2, A_3, \cdots, A_k$$
$$B_1, B_2, B_3, \cdots, B_m$$
$$C_1, C_2, C_3, \cdots, C_n$$

여기에서 $A_1, A_2, \cdots, B_1, B_2, \cdots, C_1, C_2, \cdots$ 등은 중국어 단어이고, 위의 형태소 분석 결과로 여러 개의 문자열이 생길 수 있다. 이 문장이 상이한 형태소 분석 결과를 채택할 경우 단어의 개수를 3개의 아래첨자 k, m, n으로 표시했기 때문이다. 그렇다면 가장 훌륭한 형태소 분석 방법은 분석이 끝난 후

이 문장이 등장할 확률을 최대화할 수 있어야 한다. 다시 말해 A_1, A_2, A_3, ⋯, A_k가 가장 바람직한 형태소 분석 방법이라면, 그 확률은 다음을 충족해야 한다.

$$P(A_1, A_2, A_3, \cdots, A_k) > P(B_1, B_2, \cdots, B_m)$$

또한 다음을 충족해야 한다.

$$P(A_1, A_2, A_3, \cdots, A_k) > P(C_1, C_2, \cdots, C_n)$$

따라서 3장에서 언급한 통계언어 모델만 이용해 형태소 분석 후 문장이 등장할 확률을 계산하고 그중에서 확률이 최대인 것을 찾으면 가장 바람직한 형태소 분석 방법을 구할 수 있다.

물론 이를 구현할 테크닉이 있다. 가능한 모든 형태소 분석 방법을 일일이 대입해 각 가능성에서 문장의 확률을 계산하면 계산량이 엄청 크다. 따라서 이것을 동적계획법(*dynamic programming*) 문제로 보고 비터비 알고리즘(*Viterbi algorithm*)을 이용하면 최선의 형태소 분석을 빠르게 찾을 수 있다(비터비 알고리즘은 뒤에서 소개하겠다). 이 과정을 그림으로 설명하면 다음과 같다.

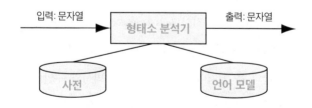

그림 4.1 형태소 분석기(tokenizer) 설명도

귀진 박사 이후 중국 국내외 여러 학자들이 통계 방법을 활용해 중국어 형태소 분석을 한층 개선했다. 그중 눈여겨볼 만한 것은 칭화대학교 쑨마오쑹(孫茂松) 교수와 홍콩과학기술대학교 우더카이(吳德凱) 교수의 작업이다(참고 문헌 4장의 4 참고). 쑨마오쑹 교수의 공헌은 사전이 없는 경우 형태소 분석 문제를 해결한 것이고, 우더카이 교수는 일찌감치 중국어 형태소 분석 방법을 영어 구 분할에 이용하고 기계번역에서 영어 구와 중국어 구를 대응했다.

언어학자별로 단어에 대한 정의가 완전히 같지 않다는 점을 지적할 필요가 있다. '베이징대학교'를 예로 들면, 혹자는 한 단어로 판단하는 반면 두 단어로 분리해야 한다고 보는 사람도 있다. 절충안은 형태소를 분석하면서 복합어의 내재적 구조(nested structure)를 찾는 것이다. 문장에 '베이징대학교'라는 글자가 포함되어 있으면 먼저 이것을 여섯 글자 단어로 본 다음, 세분된 단어 '베이징'과 '대학교'를 찾는다. 이 방법은 귀진이 간행물 《컴퓨터 언어학(Computational Linguistics)》에 처음 발표했고, 이후 여러 시스템이 이 방법을 적용했다.

일반적으로 응용 분야에 따라 중국어 형태소 분석의 입도(particle size, 粒度)도 달라져야 한다. 기계번역에선 입도가 조금 커야 하므로 '베이징대학교'는 두 단어로 분리될 수 없다. 반면 음성인식에선 '베이징대학교'가 보통 두 단어로 분리된다. 따라서 어디에 응용되느냐에 따라 형태소 분석 시스템이 달라져야 한다. 초기에 엔지니어가 적었던 구글은 형태소 분석기를 개발할 여력이 없어 베이시스 테크놀로지사(Basis Technology)의 범용 형태소 분석기를 바로 사용했고, 형태소 분석 결과는 검색에 대해 최적화를 실시하지 않았다. 그래서 이후 구글의 두 엔지니어 거셴핑(葛顯平) 박사와 주안(朱安) 박사가 특수한 검색 수요에 부응하기 위해 맞춤형 검색을 설계하고 전문적인 형태소 분석 시스템을 만들었다.

형태소 분석 기술은 아시아 언어를 겨냥한 것이고 로마 체계 표음문자에는 이 문제가 없다고 생각하는 사람이 많지만, 실은 그렇지 않다. 사람들은 중국어 형태소 분석 방법이 영어 처리, 특히 필기체 인식에도 응용된다는 점을 생각하지 못했을 것이다. 필기체를 인식할 때 단어 사이의 빈칸이 불분명하기 때문이다. 중국어 형태소 분석 방법은 영어 단어의 경계를 판단하도록 도울 수 있다.

사실 자연어 처리의 여러 수학 방법은 통용되는 것으로, 구체적인 형태 언어와 무관하다. 구글 내부에서 언어처리 알고리즘을 설계할 때는 그것이 여러 자연어에 쉽게 적용될 수 있는지를 고려한다. 쉽게 적용되어야 수백 가지 언어 검색을 효과적으로 지원할 수 있다.

그런데 어떤 방법이든 나름의 한계성이 있다. 통계언어 모델을 이용해 형태소 분석을 하면 수동 작업보다 훨씬 뛰어난 결과를 얻을 수 있긴 하지만, 역시 100% 정확성을 기할 수는 없다. 통계언어 모델은 '대중의 생각'이나 '다수 문장의 용법'을 따르는 경향이 커서 특정 상황에서는 틀릴 가능성이 있기 때문이다. 또한 인위적으로 만들어진 '양난(兩難)'의 문장들, 이를테면 중국의 대련(對聯)[2] '차지안능거주, 기인호불비상(此地安能居住 其人好不悲傷)'[3]은 무슨 방법을 써도 중의성을 없앨 수 없다. 다행히 실제 텍스트에선 이런 상황이 거의 일어나지 않는다.

마지막으로 형태소 분석에 관해 설명해야 할 두 가지가 있다.

첫째, 이 문제는 이미 해결된 과제에 해당하며 난제가 아니다. 업계에서 기

---

2 역주: 대구를 맞춰 표현하는 글귀나 시구.
3 이 문구는 형태소 분석 방법이 두 가지인데, 그 의미가 완전히 반대다. '此地(이곳)-安能(어찌 ~할 수 있겠는가?)-居住(살다), 其人(그 사람)-好不(매우)-悲傷(슬프다)'와 '此地安(이곳은 안전하여)-能居住(살 수 있다), 其人好(그 사람이 좋고)-不悲傷(슬프지 않다)'이다.

본적인 통계언어 모델을 적용하고 업계에 익숙한 노하우만 더하면 훌륭한 형태소 분석 결과를 얻을 수 있으며, 그 이상으로 큰 에너지를 들여 연구할 만한 가치는 없다. 정확도를 더 높일 수 있다고 해도 향상될 여지가 제한적이기 때문이다.

둘째, 영어와 주요 서구 언어는 원래 형태소 분석 문제가 없었고, 구문 분석을 통해 구를 찾는 것이 전부였다. 그런데 태블릿 PC와 스마트폰이 보급되면서 필기체 인식 입력법을 사용하는 사람들도 많아졌고, 필기체 인식 소프트웨어들은 형태소 분석을 필요로 한다. 중국어를 쓸 때 띄어쓰기가 없는 것처럼 영어를 손으로 쓰면 단어와 단어 사이에 멈춤이 없기 때문에 원래 중국어 형태소 분석에 사용하는 기술이 영어 필기체 인식에서 유용하게 쓰인다.

2. **추가 읽기** 형태소 분석 결과 검토하는 법

2.1 형태소 분석의 일치성

형태소 분석 결과의 옳고 그름, 좋고 나쁨을 검토하는 것은 쉬워 보이지만 그리 간단한 일이 아니다. 쉬워 보인다고 한 것은 컴퓨터 형태소 분석 결과와 수동 형태소 분석 결과를 비교하기만 하면 되기 때문이다. 그리 간단하지 않다고 한 것은 같은 문장이라도 사람에 따라 형태소 분석 방법이 다르기 때문이다. 어떤 사람은 '칭화대학교'가 한 단어라고 생각하는 반면, 어떤 사람은 '칭화-대학교'로 분리되는 두 단어의 복합어라고 생각한다. 두 방법 모두 일리가 있다고 하는 것이 맞다. 언어학자라면 둘 중 하나가 옳다고 고집하겠지만 말이다. 응용 분야에 따라 특정한 끊기 방법이 다른 방법보다 더 효과적인 경우가 많다.

단어 끊기에 대한 견해차는 생각보다 훨씬 다양하다. 1994년 나는 IBM 연구원과 함께 이 문제를 연구했다. IBM은 대표적인 중국어 문장 100개를 제공했고, 나는 칭화대학교 2학년 학부생 30명을 꾸려 별도로 그 문장의 형태소를 분석했다. 실험 전에 단어에 대한 모두의 생각이 기본적으로 일치함을 확보하기 위해 학생 30명에게 30분에 걸쳐 교육을 진행했다. 실험 결과 교육 수준이 엇비슷한 이 대학생 30명의 형태소 분석 일치성은 85~90%에 불과했다.

통계언어 모델을 형태소 분석에 사용하기 전까지 형태소 분석 정확도는 낮은 편이어서 향상될 여지가 매우 컸다. 사람에 따른 끊기의 차이가 형태소 분석 평가의 정확성에 영향을 끼치긴 하지만, 방법의 좋고 나쁨은 아무래도 형태소 분석 결과와 수동 끊기의 비교를 통해 검토할 수 있다.

통계언어 모델이 폭넓게 응용된 후에는 형태소 분석기들이 만들어내는 결과의 차이가 사람 사이의 견해차보다 훨씬 작았다. 이때 단순히 수동 형태소 분석 결과를 비교해 형태소 분석기의 정확성을 검토하기란 어렵고, 아무 의미도 없다. 정확도가 97%인 형태소 분석기가 정확도 95%의 분석기보다 반드시 좋다고 말할 순 없다. 두 분석기가 선택한, 소위 정확하다는 수동 형태소 분석 데이터가 어떻게 확보된 것인지를 봐야 하기 때문이다. 심지어 어떤 분석기가 다른 분석기에 비해 수동 형태소 분석 결과와의 적합도가 조금 높은 정도라고 말할 수 있다. 다행히 현재 중국어 형태소 분석은 이미 해결된 문제라 향상될 여지가 미미하다. 통계언어 모델만 적용하면 효과가 비슷비슷하다.

2.2 형태소의 입도와 차원

수동 형태소 분석에 불일치성이 발생하는 것은 형태소의 입도에 대한 사람들의 인식 때문이다. 중국어에서 형태소는 뜻을 전달하는 가장 기본 단위로, 그보다 더 작으면 뜻이 변한다. 화학에서 분자가 화학적 성질을 유지하는 최소 단위인 것과 마찬가지다. 더 밑으로 내려가면 원자로 분리되고, 그러면 화학적 특성이 변한다. 이 점에선 모든 언어학자 사이에서 이견이 없다. 모든 언어학자는 '젤리넥'이란 단어를 분할할 수 없다고 생각하며, 세 글자로 분할할 경우 원래 인명과의 연결이 사라진다. 하지만 '칭화대학교'에 대해선 저마다 생각이 다르다. 어떤 사람은 베이징 서쪽 교외에 있는 특정 대학교를 나타내는 한 단어로 보고, 어떤 사람은 구로 보거나 명사 단어로 본다. '칭화'는 '대학교'를 수식하는 관형어이기 때문에 분할해야 하며, 분할하지 않으면 그 안의 수식 관계를 나타낼 수 없다고 생각한다. 이것은 형태소의 입도에 대한 이해와 관련이 있다.

여기에서는 누구의 관점이 맞느냐를 강조하기보다 응용 분야에 따라 한 입도가 다른 입도보다 더 바람직한 상황을 설명하고자 한다. 기계번역의 경우엔 일반적으로 입도가 커야 번역 효과가 좋다. 컴퓨터 기기 브랜드 '레노보(聯想公司)'는 한 단어이기에 그에 대응하는 영어 번역 Lenovo가 쉽게 찾아진다. 형태소를 분석할 때 이 단어를 쪼개면 번역에 실패할 가능성이 높다. 중국어에서 '연상(聯想)'이란 단어는 '관련된 장면을 바탕으로 상상한다'라는 뜻이기 때문이다. 하지만 인터넷 검색 등 다른 응용 분야에선 입도가 작은 것이 큰 것보다 좋다. '칭화대학교' 다섯 글자를 한 단어로 보는 경우, 인터넷에서 형태소를 분석하면 한 단어가 된다. 사용자가 '칭화'를 조회해 칭화대학교를 찾지 못한다면 분명히 문제가 있다.

응용 분야별로 다른 형태소 분석기를 구축할 수도 있지만 낭비일 뿐 아니라 그럴 필요도 없다. 더 좋은 방법은 한 형태소 분석기로 여러 차원의 단어 분할을 지원하게 하는 것이다. 다시 말해 '칭화대학교'를 한 단어로 볼 수도 있고, 분할할 수도 있다. 분할 입도는 응용 분야에 따라 자체적으로 결정된다.

원리 및 구현 측면에서 그리 어려운 일이 아니며, 아래에서 간단히 소개하겠다.

먼저 기본 어휘목록과 복합 어휘목록이 필요하다. 기본 어휘목록은 '칭화', '대학교', '젤리넥'처럼 더 이상 나눌 수 없는 단어들을 포함한다. 복합 어휘목록은 '칭화대학교: 칭화-대학교', '검색엔진: 검색-엔진'처럼 복합어 및 그것을 구성하는 기본 형태소를 포함한다.

이어서 기본 어휘목록과 복합 어휘목록에 따라 L1, L2와 같이 각각 언어 모델을 하나씩 구축한다.

그다음 기본 어휘목록과 언어 모델 L1을 토대로 문장의 형태소를 분석하면 입도가 작은 형태소 분석 결과가 얻어진다. 〈그림 4.1〉과 같은 형태소 분석기에 대응하면, 문자열은 입력이고 형태소열은 출력이다. 한마디 더 보태면, 기본 형태소가 안정적이고 형태소 분석 방법도 해결되었으므로, 작은 입도의 형태소 분석은 간혹 신조어를 추가하는 것 외엔 추가 연구나 작업이 필요 없다.

마지막으로 이를 기초로 복합어 표와 언어 모델 L2를 이용해 2차 형태소 분석을 실시한다. 이때 〈그림 4.1〉의 형태소 분석기에서 입력은 기본 형태소열이고 출력은 복합 형태소열이다. 어휘목록과 언어 모델 두 데이터베이스는 변했지만 형태소 분석기(프로그램) 자체는 그 전과 완벽히 똑같다.

형태소 분석의 차원 개념을 소개했으니 형태소 분석기의 정확성 문제를 좀 더 면밀히 토론할 수 있게 되었다. 형태소 분석의 불일치성은 오류와 입도의 불일치 두 가지로 나눌 수 있다. 오류는 다시 두 유형으로 나눌 수 있다. 한 유형은 경계초월형 오류다. '베이징대학생'을 '베이징대학-생'으로 나누는 것이 그 예다. 또 하나의 유형은 덮어쓰기형 오류다. '젤리넥'을 세 글자로 분할하는 것이 그 예다. 둘 다 분명한 오류로, 형태소 분석기를 개선할 때 최대한 제거해야 한다. 그다음은 입도의 불일치성이다. 수동 형태소 분석의 불일치성이 대부분 여기에 속한다. 이 불일치성은 형태소 분석기의 우수성을 검토할 때 오류로 취급되지 않아, 개인별 견해차에 의해 형태소 분석기의 기준이 좌우되는 것을 방지할 수 있다. 일부 응용 분야에서는 복합어를 쪼갤 것이 아니라, 가능한 한 여러 복합어를 찾아야 한다. 정리하면, 데이터를 계속 발굴하고 복합어 사전을 끊임없이 정비해야 한다(증가 속도가 매우 빠르므로). 이것이 최근 중국어 형태소 분석 작업의 중점 과제이기도 하다.

3. 갈무리하며

중국어 형태소 분석은 통계언어 모델을 기초로 수십 년간 발전하고 개선되었으며, 현재는 이미 기본적으로 해결된 문제로 볼 수 있다.

물론 누가 만들었느냐에 따라 형태소 분석기의 질적 차이는 있지만, 그 차이는 주로 데이터의 사용과 공학 구현의 정확도에 기인한다.

은닉 마르코프 모델

5장

은닉 마르코프 모델은 처음에는 통신 분야에 응용되었고, 이어서 언어 및 언어처리로 확대되며 자연어 처리와 통신을 연결하는, 다리 역할을 했다. 은닉 마르코프 모델은 머신러닝의 중요한 툴이다.

은닉 마르코프 모델(*hidden Markov model*)은 복잡한 수학 모델이 아니며, 지금까지 대부분의 자연어 처리 문제를 해결하는 가장 빠르고 효과적인 방법으로 여겨져 왔다. 또한 복잡한 음성인식, 기계번역 등의 문제를 성공적으로 해결했다. 이 복잡한 문제가 간단한 모델을 통해 어떻게 설명되고 해결되는지를 살펴보면 수학 모델의 묘미에 진정으로 감탄하게 될 것이다.

1. 통신 모델

1~2장에서 소개했듯이 정보 교류의 발전은 인류의 진화 및 문명 전 과정

을 관통한다. 한편 자연어는 인간이 정보를 교류하는 도구이므로, 언어와 통신의 연관성은 지극히 자연스럽다. 통신의 본질은 바로 코덱(*codec*)과 전송 과정이다. 그러나 초창기 자연어 처리는 문법과 단어 의미, 지식 설명에 노력이 집중됐고, 통신 원리와는 갈수록 멀어졌다. 그러다 보니 정답과도 점점 거리가 멀어졌다. 자연어 처리 문제가 통신 시스템의 디코딩 문제에 회귀되자 난제들이 저절로 풀렸다.

먼저 전형적인 통신 시스템을 살펴보자. 송신인(사람 또는 기계)은 정보를 송신할 때 언어나 전화선의 변조신호 등 매체(공기, 전선 등)에서 전파할 수 있는 신호가 필요하다. 이 과정은 넓은 의미의 코딩이다. 그다음, 매체를 통해 수신 측에 전달되며, 이 과정은 채널 전송이다. 수신 측에서 수신인(사람 또는 기계)은 사전에 약속한 방법으로 이 신호를 송신인의 정보로 복원하고, 이 과정은 넓은 의미의 디코딩이다. 아래 그림은 전형적인 통신 시스템으로 로만 야콥슨(*Roman Jakobson*)이 제기한 통신의 6요소[1]가 포함된다.

그림 5.1 통신 모델

여기에서 $S_1, S_2, S_3, \cdots$는 휴대폰이 송신하는 신호처럼 정보원(*information source*)이 송출하는 신호이고 $O_1, O_2, O_3, \cdots$는 수신기(다른 휴대폰 등)가 수신하는 신호다. 통신의 디코딩은 수신하는 신호 $O_1, O_2, O_3, \cdots$에 따라 송출하는 신호 $S_1, S_2, S_3, \cdots$를 복원하는 것이다.

---

1 야콥슨의 통신 6요소: 송신인(정보원), 경로(채널), 수신인, 정보, 문맥, 코딩.

이것이 음성인식 등 자연어 처리 작업과 어떤 직접적 관계가 있을까? 관점을 바꿔 이 문제를 고민해보자. 음성인식이란 화자가 표현하고자 하는 뜻을 청자가 추측하는 것이다. 이것은 통신에서 수신 측이 수신하는 신호를 근거로 송신 측이 전송해온 정보를 분석, 이해, 복원하는 것과 같다. 우리가 평소말을 할 때는 머리가 곧 정보원이다. 목구멍(성대), 공기는 전선과 광케이블 같은 채널이다. 청중의 귀는 수신기이고, 들리는 소리는 전송해온 신호다. 음향신호로 화자의 뜻을 추측하는 것이 바로 음성인식이다. 수신 측이 컴퓨터라면 음성 자동 인식을 해야 한다.

자연어 처리의 여러 응용 분야도 마찬가지로 이해할 수 있다. 중국어를 영어로 번역할 때 화자는 중국어로 말하고 채널 전송 코딩 방식이 영어인 경우, 컴퓨터로 전달받은 영어 정보를 근거로 화자의 중국어 의미를 추측한다면, 이것이 바로 기계번역이다. 마찬가지로 틀린 철자가 있는 문구를 근거로 화자가 전하려는 정확한 뜻을 추측하려 한다면, 이것은 자동 오류 정정이다. 이렇듯 거의 모든 자연어 처리 문제는 통신의 디코딩 문제에 대입할 수 있다.

통신에서 수신 측의 관측신호 $O_1, O_2, O_3, \cdots$를 근거로 신호원이 송출하는 정보 $S_1, S_2, S_3, \cdots$를 어떻게 추측할 수 있을까? 모든 원시정보(source information)에서 관측신호를 생성할 가능성이 가장 높은 정보를 찾아내기만 하면 된다. 확률론 용어로 표현하면 $O_1, O_2, O_3, \cdots$를 이미 알고 있는 상황에서 조건부확률 $P(S_1, S_2, S_3, \cdots | O_1, O_2, O_3, \cdots)$가 최댓값에 이르는 정보열(information string) $S_1, S_2, S_3, \cdots$를 구하는 것이다. 즉 다음과 같다.

$$S_1, S_2, S_3, \cdots = \underset{all\ s_1, s_2, s_3, \cdots}{\arg\max}\ P(S_1, S_2, S_3, \cdots | O_1, O_2, O_3, \cdots) \qquad (5.1)$$

여기에서 **arg**는 매개변수 argument의 약자로, 최댓값을 얻을 수 있는 정보열을 표시한다. 물론 위 확률은 직접 구하기 쉽지 않지만 간접적으로 계산할 수 있다. 베이즈 공식(*Bayes formula*)을 이용해 위 공식을 다음과 같이 변환할 수 있다.

$$\frac{P(O_1, O_2, O_3, \cdots | S_1, S_2, S_3, \cdots) \cdot P(S_1, S_2, S_3, \cdots)}{P(O_1, O_2, O_3, \cdots)} \tag{5.2}$$

여기에서 $P(O_1, O_2, O_3, \cdots | S_1, S_2, S_3, \cdots)$는 정보 $S_1, S_2, S_3, \cdots$가 전송된 후 수신되는 신호 $O_1, O_2, O_3, \cdots$로 변할 가능성을 나타내고, $P(S_1, S_2, S_3, \cdots)$는 $S_1, S_2, S_3, \cdots$ 그 자체가 수신 측에서 이치에 맞는 신호(이치에 맞는 문장 등)일 가능성을 나타낸다. 마지막으로 $P(O_1, O_2, O_3, \cdots)$는 송신 측(말하는 사람 등)에서 정보 $O_1, O_2, O_3, \cdots$를 생성할 가능성을 나타낸다.

이쯤 되면 문제를 더 복잡하게 만드는 것 아니냐는 의문이 생길지도 모르겠다. 공식이 점점 길어지기 때문이다. 이제 이 문제를 간단하게 만들 것이니 걱정하지 않아도 된다. 먼저 정보 $O_1, O_2, O_3, \cdots$는 일단 생성되면 바뀌지 않는다. 이때 $P(O_1, O_2, O_3, \cdots)$는 무시할 수 있는 상수(常數)다. 따라서 위의 공식은 다음과 같이 바꿀 수 있다.

$$P(O_1, O_2, O_3, \cdots | S_1, S_2, S_3, \cdots) \cdot P(S_1, S_2, S_3, \cdots) \tag{5.3}$$

물론 이 공식도 항이 2개다. 〈5.1〉보다 1항이 더 많지만 이 공식은 은닉 마르코프 모델로 추정 가능하다.

2. 은닉 마르코프 모델

은닉 마르코프 모델은 사실 19세기 러시아의 수학자 안드레이 마르코프가 발명한 것이 아니라, 미국의 수학자 바움(*Leonard E. Baum*) 등이 1960~1970년대에 발표한 논문에서 처음 제기했다. 은닉 마르코프 모델의 학습 방법 바움-웰치 알고리즘(*Baum-Welch algorithm*)도 바움의 이름을 땄다.

사진 5.1 확률과정 이론을 정립한 안드레이 마르코프

은닉 마르코프 모델을 설명하려면 마르코프 연쇄(*Markov chain*)부터 언급해야 한다. 19세기에 이르러 확률론은 (상대적으로 정태적인) 확률변수(*random variable*) 연구에서 확률변수의 시간 순서 $S_1, S_2, S_3, \cdots$, $S_t, \cdots$ 즉 확률과정(*random process*) 연구로 발전했다. 이는 철학적 의미에서 인간 인식의 비약적 발전이었다. 확률과정은 확률변수보다 훨씬 복잡하다. 첫째, 시간 t에 대응하는 상태 S_t는 모두 임의적이다. 모두에게 익숙한 예를 들어보자. $S_1, S_2, S_3, \cdots, S_t, \cdots$를 베이징의 1일 최고 기온으로 보면 각각의 상태 S_t는 임의적이다. 둘째, 어떤 상태 S_t가 취하는 값은 다른 주변 상태와 관련이 있을 수 있다. 위의 예로 돌아가면, 어느 날의 최고 기온은 그 시간대 이전의 최고 기온과 관련이 있다. 이 확률과정에는 두 가지 차원의 불확정성이 있다. 마르코프는 문제를 단순화하기 위해 간단한 가정을 제기했다. 즉 확률과정 각 상태 S_t의 확률 분포는 그 직전 상태 S_{t-1}과만 관계한다는 것이다. 즉 $P(S_t|S_1, S_2, S_3, \cdots, S_{t-1}) = P(S_t|S_{t-1})$이다. 물론 이 가정이 모든 응용에 맞는 것은 아니지만, 최소한 그전에 잘 풀리지 않았던 문제에 근사해(*approximate solution*)를 제공했다. 후에 이 가설은 마르코프 가정이라고 불렸고, 이 가정에 부합

하는 확률과정을 마르코프 가정 또는 마르코프 연쇄라고 불렀다. 아래 그림은 단순 마르코프 가정을 나타낸다.

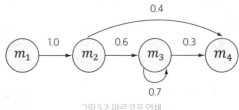

그림 5.2 마르코프 연쇄

이 마르코프 연쇄에서 4개의 원은 4가지 상태를 나타내고 각 화살표는 가능한 상태 전환을 나타내며, 화살표 위의 가중치는 추이확률(*transition probability*)이다. 예를 들어 상태 m_1에서 m_2 사이에 화살표가 하나뿐이고 화살표 위 가중치가 1.0이라면 상태 m_1은 상태 m_2로만 전환될 수 있으며, 추이확률은 1.0이라는 뜻이다. m_2에서 출발하는 두 화살표는 m_3과 m_4로 간다. 가중치 0.6은 특정 시간 t의 상태 S_t가 m_2라면 다음 시간의 상태 $S_{t+1}=m_3$의 확률(가능성)이 60%임을 뜻한다. 숫자 기호로 표현하면 $P(S_{t+1}=m_3|S_t=m_2)=0.6$이다. 이와 비슷하게 $P(S_{t+1}=m_4|S_t=m_2)=0.4$다.

이 마르코프 연쇄를 기계라고 상상해보자. 이 기계는 임의로 한 상태를 선택해 초기 상태로 삼고, 그 후 위의 규칙에 따라 후속 상태를 임의로 선택한다. 이렇게 한동안(T) 작동하면 상태 순서 $S_1, S_2, S_3, \cdots, S_T$가 생긴다. 이 순서를 보면 특정 상태 m_i의 등장 횟수 $\#(m_i)$와 m_i에서 m_j로 전환되는 횟수 $\#(m_i, m_j)$를 어렵지 않게 셀 수 있고, 이로써 m_i에서 m_j로의 추이확률 $\#(m_i, m_j)/\#(m_i)$를 추정할 수 있다. 한 상태는 직전의 하나와만 관계한다. 예를 들어 상태 3에서 상태 4로 갔다면, 그전에 어떻게 상태 3으로 들어갔는지(상태 2에서 들어갔는지, 아니면 상태 3 자체가 몇 바퀴를 돌았는지)에 상관없이 확률은 0.3이다.

은닉 마르코프 모델은 마르코프 연쇄가 확장된 것이다. 임의의 시간 t의 상태 S_t는 보이지 않는다. 그렇기 때문에 관찰자는 상태 순서 $S_1, S_2, S_3, \cdots, S_T$를 관찰함으로써 추이확률 등 매개변수를 추측할 수 없다. 그러나 은닉 마르코프 모델은 각 시간 t별로 기호 O_t를 출력하고 O_t는 S_t와 관계하되 S_t와만 관계한다. 이것을 단독 출력가설(*independent output hypothesis*)이라고 한다. 은닉 마르코프 모델의 구조는 아래와 같고, 이 중 은닉 상태 S_1, S_2, S_3, $\cdots$은 전형적인 마르코프 연쇄다. 바움은 이 모델을 '은닉' 마르코프 모델이라고 불렀다.

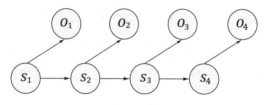

그림 5.3 은닉 마르코프 모델

마르코프 가정 및 단독 출력가설을 기초로 특정 상태 순서 $S_1, S_2, S_3, \cdots$이 출력 기호 $O_1, O_2, O_3, \cdots$을 생성할 확률을 계산할 수 있다.

$$P(S_1, S_2, S_3, \cdots O_1, O_2, O_3, \cdots) = \prod_t P(S_t|S_{t-1}) \cdot P(O_t|S_t) \quad (5.4)$$

공식 〈5.4〉는 형식상 공식 〈5.3〉과 매우 비슷하다는 것을 알 수 있다. 이제 마르코프 가정과 단독 출력가설을 통신 디코딩 문제(〈5.4〉)에 적용해보자. 즉 다음 공식을 대입해보자(〈5.3〉).

$$P(O_1, O_2, O_3, \cdots | S_1, S_2, S_3, \cdots) = \prod_t P(O_t|S_t) \quad (5.5)$$

$$P(S_1, S_2, S_3, \cdots) = \prod_t P(S_t | S_{t-1})$$

그러면 딱 ⟨5.4⟩가 나온다. 이렇듯 통신 디코딩 문제는 은닉 마르코프 모델로 해결할 수 있다. 또한 여러 자연어 처리 문제는 통신 디코딩 문제와 같으므로, 은닉 마르코프 모델로 완벽히 해결할 수 있다. 위 공식의 최댓값과 인식해야 하는 문장 $S_1, S_2, S_3, \cdots$은 비터비 알고리즘을 이용해 찾을 수 있다. 자세한 내용은 뒤에서 소개하겠다.

4장에서 소개했듯이 공식 ⟨5.3⟩에서 $P(S_1, S_2, S_3, \cdots)$은 언어 모델이다.

응용 분야에 따라 $P(S_1, S_2, S_3, \cdots | O_1, O_2, O_3, \cdots)$의 명칭도 다르다. 음성인식에서는 '음향 모델(acoustic model)'이라고 하고, 기계번역에선 '번역 모델(translation model)'이라고 하며, 철자 교정에선 '오류교정 모델(correction model)'이라고 한다.

은닉 마르코프 모델이 제일 처음 성공적으로 응용된 분야는 음성인식이다. 1970년대에 IBM 왓슨연구소의 젤리넥이 주로 지도한 과학자는 카네기 멜론대학교를 졸업한 베이커 부부(James and Janet Baker)[2]였다. 베이커 부부는 은닉 마르코프 모델을 활용한 음성인식 방법을 제안했고, 실행 결과 음성인식 오류율이 인공지능이나 패턴 매칭(pattern matching) 등의 방법보다 3분의 2 감소했다(30%에서 10%로). 1980년대 리카이푸 박사는 은닉 마르코프 모델 구조를 끈질기게 적용한 결과 세계 최초의 대어휘(large vocabulary) 연속 음성인식 시스템 스핑크스(Sphinx)의 연구 개발에 성공했다. 이어서 은닉 마르코프 모델은 기계번역, 철자 교정, 필기체 인식, 이미지 처리, 염기서열 분석 등여러 IT 분야에 성공적으로 응용되었고, 최근 20년간 주가 예측 및 투자에

---

2 리카이푸의 선배들로 후에 음성인식 시스템 회사인 드래건 시스템스(Dragon Systems)를 공동 창립했고, 지금은 이혼했다.

도 광범위하게 사용되고 있다.

　내가 은닉 마르코프 모델을 처음 접한 것은 20여 년 전의 일이다. 확률과
정(예전에 칭화대학교에서 '악명 높았던' 과목)에서 이 모델을 배웠는데, 당시엔 이
것이 실제로 무슨 용도가 있을지 도무지 생각이 나질 않았다. 수년 후 칭화
대학교에서 왕쭤잉(王作英) 교수와 음성인식을 공부하고 연구할 때 왕 교수가
문헌 수십 편을 주었다. 가장 인상 깊었던 것은 젤리넥과 리카이푸의 글이었
고, 그 핵심 개념이 바로 은닉 마르코프 모델이었다. 복잡한 음성인식 문제를
그렇게 간단하게 설명하고 해결한 것을 보고 수학 모델의 묘미에 진심으로
감탄했다.

3. 추가 읽기 은닉 마르코프 모델의 학습

독자 배경지식: 확률론

은닉 마르코프 모델과 관련해 주요한 세 가지 문제가 있다.

1. 모델 하나가 주어졌을 때, 특정 출력 순서의 확률을 어떻게 계산하는가?
2. 모델 하나와 특정 출력 순서가 주어졌을 때, 그 출력이 생성될 가능성이 가장 높은
   상태 순서를 어떻게 찾는가?
3. 충분한 양의 관측 데이터가 주어졌을 때, 은닉 마르코프 모델의 매개변수를 어떻게
   추정하는가?

　첫 번째 문제는 비교적 간단하다. 대응하는 알고리즘은 전향-후향(forward-
backward) 알고리즘이며, 설명은 생략하겠다. 관심 있는 독자는 프레더릭 젤

리녹의 저서 《음성인식의 통계적 방법(*Statistical Methods for Speech Recognition-Language, Speech, and Communication*)》[3]을 참고하기 바란다. 두 번째 문제는 유명한 비터비 알고리즘으로 해결할 수 있으며, 뒤에서 설명할 예정이다. 세 번째 문제는 바로 추가 읽기에서 논의할 모델 학습 문제다.

은닉 마르코프 모델을 이용해 실제 문제를 해결할 때는 직전 상태 S_{t-1}이 현 상태 S_t로 진입할 확률 $P(S_t|S_{t-1})$을 먼저 알아야 하며, 이것이 추이확률이다. 각 상태 S_t가 상응하는 출력 기호 O_t를 생성할 확률 $P(O_t|S_t)$는 생성확률 (*generation probability*)이라고 한다. 이 확률들을 은닉 마르코프 모델의 매개변수라고 하며, 이 매개변수들을 계산 또는 추정하는 과정을 모델의 학습이라고 한다.

조건부확률의 정의에서 출발해 다음을 알 수 있다.

$$P(O_t|S_t) = \frac{P(O_t, S_t)}{P(S_t)} \tag{5.6}$$

$$P(S_t|S_{t-1}) = \frac{P(S_{t-1}, S_t)}{P(S_{t-1})} \tag{5.7}$$

공식 〈5.6〉의 상태 출력 확률의 경우, 수작업으로 주석을 표기한(*human annotated*) 데이터가 충분히 많으면 상태 S_t가 몇 회 #(S_t)를 거쳐야 하는지 및 이 상태를 거칠 때마다 생성되는 출력 O_t는 무엇인지를 알 수 있고, 각각 몇 회 만에 #(O_t, S_t) 둘의 비곳값으로 직접 모델의 매개변수를 산출(추정)할 수 있는지 알 수 있다.

---

3 매사추세츠공과대학교 출판부(1988. 1. 19.)

$$P(O_t|S_t) \approx \frac{\#(O_t, S_t)}{\#(S_t)} \tag{5.8}$$

수작업으로 주석을 표기한 데이터이기 때문에 이런 방법을 지도 학습 (*supervised training*)이라고 한다. 공식 〈5.7〉의 추이확률은 사실 앞에서 언급한 학습 통계언어 모델의 조건부확률과 똑같다. 따라서 통계언어 모델의 학습에 의해 다음 공식을 바로 얻을 수 있다.

$$P(W_i|W_{i-1}) \approx \frac{\#(W_{i-1}, W_i)}{\#(W_{i-1})} \tag{5.9}$$

지도 학습은 수작업으로 표기된 대량의 데이터가 있어야 한다는 전제가 따른다. 유감스럽게도 이것은 음성인식의 음향 모델 학습 등 여러 응용 분야에서 불가능한 일이다. 사람은 어떤 음성을 생성하는 상태 순서를 정할 수 없으므로 훈련 모델의 데이터도 표기할 수 없다. 일부 다른 응용 분야에선 데이터를 표기하는 것은 가능하지만 비용이 너무 크다. 중국어-영어 기계번역 학습 모델의 경우 방대한 중국어-영어 대조 언어자료가 필요하며 중국어-영어의 구를 일일이 대응해야 하므로 비용이 많이 든다. 따라서 은닉 마르코프 모델을 학습시키는 더 실용적인 방법은 대량으로 관측한 신호 $O_1, O_2, O_3, \cdots$만으로 모델 매개변수의 $P(S_t|S_{t-1})$과 $P(O_t, S_t)$를 추산하는 방법이며, 이 방법을 비지도 학습(*unsupervised learning*)이라고 한다. 그중 주로 사용하는 것은 바움-웰치 알고리즘이다.

상이한 두 은닉 마르코프 모델로 동일한 출력 신호를 생성할 수 있으므로, 관찰한 출력 신호만으로 그 은닉 마르코프 모델을 역추정하면 적합한 모델 여러 개를 얻을 수 있다. 그러나 한 모델 M_{θ_2}는 항상 M_{θ_1}보다 관측한 출력을 생성할 가능성이 더 크기 마련이고, 여기에서 θ_2와 θ_1은 은닉 마르코프 모델의 매개변수다. 바움-웰치 알고리즘은 바로 이 가능성이 최대인 모델 $M_{\hat{\theta}}$를 찾는 데 사용한다.

바움-웰치 알고리즘의 개념은 다음과 같다.

먼저 출력 순서 O를 생성할 수 있는 모델 매개변수를 찾는다(매개변수는 반드시 존재한다. 추이확률 P와 출력확률 Q가 고르게 분포할 경우 모델은 출력을 생성할 수 있고, 우리가 관찰하는 출력 O가 당연히 포함되기 때문이다). 이제 초기 모델이 생겼고 M_{θ_0}이라고 부른다. 이를 기초로 더 좋은 모델을 찾아야 한다. 첫 번째 문제와 두 번째 문제를 해결했다고 가정하면, 이 모델이 O를 생성할 확률 $P(O|M_{\theta_0})$을 산출할 수 있고, 이 모델이 O를 생성할 가능한 모든 경로 및 그 경로들의 확률도 찾을 수 있다. 가능한 경로들은 실제로 각 상태가 몇 회를 거쳐 어떤 상태에 도달했는지, 어떤 기호를 출력했는지를 기록하기 때문에 '주석이 표기된 학습 데이터'라 볼 수 있고, 공식 〈5.6〉과 〈5.7〉에 따라 새로운 모델 매개변수 θ_1을 계산한다. M_{θ_0}에서 M_{θ_1}로 가는 과정을 1회 반복이라고 하며, 다음을 증명할 수 있다.

$$P(O|M_{\theta_1}) > P(O|M_{\theta_0}) \qquad \text{(5.10)}$$

이어서 M_{θ_1}에서 출발하면 더 좋은 모델 M_{θ_2}를 찾을 수 있고, 모델의 품질이 더 이상 확연히 향상되지 않을 때까지 이렇게 계속 찾아 내려간다. 이것이 바움-웰치 알고리즘의 원리다. 알고리즘의 구체적 공식에 관심 있는 독자는 '참고 문헌 5장의 2'를 찾아보길 바란다.

바움-웰치 알고리즘의 매회 반복은 새로운 모델 매개변수를 끊임없이 기대(expectation)함으로써 출력된 확률(목표 함수)을 최대화(maximization)하는 것이며, 따라서 이 과정을 기댓값 최대화(expectation-maximization), 줄여서 EM과정이라고 한다. EM과정은 알고리즘이 반드시 한 부분의 최적점으로 수렴되도록 보장할 순 있지만, 전체적 최적점을 찾도록 보장할 수 없다는 점이 아쉽다. 따라서 품사 태깅 등 일부 자연어 처리 응용 분야에선 바움-웰치 알고리즘으로 비지도 학습을 수행한 모델이 지도 학습으로 얻은 모델보다 효과가 조금 떨어진다. 전자는 전체 최적점으로 수렴될 필요가 없기 때문이다. 그러나 목표 함수가 볼록 함수(convex function, 정보 엔트로피 등)일 때는 최적점이 딱 하나이며, 이 경우 EM과정은 최적값을 찾을 수 있다. 27장 '신의 알고리즘-기댓값 최대화 알고리즘'에서 EM과정에 대해 더 자세히 소개하겠다.

4. 갈무리하며

은닉 마르코프 모델은 맨 처음 통신 분야에 응용되었고, 이어서 언어 및 언어처리로 확대되며 자연어 처리와 통신을 연결하는 다리 역할을 하게 되었다. 또한 은닉 마르코프 모델은 머신러닝의 중요한 툴이기도 하다. 거의 모든 머신러닝 모델 툴과 마찬가지로 은닉 마르코프 모델도 학습 알고리즘(바움-웰치 알고리즘)과 사용 시의 디코딩 알고리즘(비터비 알고리즘)을 필요로 한다. 이 두 알고리즘을 파악하면 은닉 마르코프 모델 툴을 기본적으로 사용할 수 있다.

정보의 단위와 역할

6장

정보 엔트로피는 정보의 계량화뿐 아니라 정보이론 전체의 기초다.
통신, 데이터 압축, 자연어 처리 모두에 중요한 의미가 있다.

지금까지 계속 정보에 대해 논했지만 정보란 개념은 여전히 추상적이다. 정보가 많다 혹은 적다라는 말을 흔히 하지만, 정보가 대체 얼마나 되는지를 확실히 말하긴 어렵다. 예를 들어 중국어 50여만 자가 들어 있는 《사기》에는 대체 얼마나 많은 정보량이 있고, 셰익스피어 전집은 또 얼마나 될까? 정보가 유용하다는 말들을 자주 하는데, 그러면 정보의 역할을 객관적, 정량적으로 나타낼 수 있는 방법은 뭘까? 정보 쓰임새의 배후에 이론적 기초는 있을까? 수천 년간 이 두 문제에 대해 명쾌한 답을 내놓은 사람은 아무도 없었다. 1948년 클로드 섀넌이 그의 유명한 논문 〈통신의 수학 원리(*A Mathematic Theory of Communication*)〉에 '정보 엔트로피' 개념을 제기하면서 정보의 단위 문제가 풀렸고, 정보의 역할을 계량화할 수 있게 되었다.

1. 정보 엔트로피: 불확실성의 측정

정보 안에 있는 정보량은 그 불확실성과 직접적 관련이 있다. 예를 들어 매우 불확실한 일이나 전혀 모르는 일을 이해하려면 많은 정보를 파악해야 한다. 반대로 이미 많이 알고 있는 일은 정보가 그다지 많지 않아도 쉽게 이해할 수 있다. 이런 각도에서 보면 정보량은 불확실성의 크기와 같다고 볼 수 있다.

그러면 정보량의 단위를 어떻게 계량화할 수 있을까? 예를 하나 들어보자. 2014년에 월드컵이 열렸고, 누가 우승할지가 모두의 관심사였다. 이미 끝난 월드컵을 못 본 내가 결과를 아는 한 관중에게 '어느 팀이 우승했어요?'라고 묻는다고 가정해보자. 그 사람은 바로 알려주지 않고 내게 맞혀보라며 한 번 추측할 때마다 1위안(元)을 내야 맞았는지 틀렸는지를 알려준다고 한다. 나는 얼마를 털려야 우승팀을 알 수 있을까? 나는 축구팀에 1에서 32까지 번호를 붙인 다음 묻는다. "우승팀이 1번에서 16번 중에 있나요?" 그가 맞았다고 하면 이어서 묻는다. "우승팀이 1번에서 8번 중에 있나요?" 그가 틀렸다고 하면 나는 자연히 우승팀이 9번에서 16번 중에 있음을 알게 된다. 이렇게 다섯 번만 하면 어느 팀이 우승했는지 알 수 있다. 따라서 누가 월드컵 우승팀인가를 밝혀내는 정보의 정보량 가치는 5위안에 불과하다.

물론 섀넌은 돈이 아니라 '비트(bit)'라는 개념으로 정보량을 측정했다. 1비트는 이진법의 한 자릿수이며, 컴퓨터에서 1바이트는 8비트다. 위의 예에서 정보의 정보량은 5비트다(64개 축구팀이 결승에 오르는 대회가 생긴다면 '누가 월드컵 우승팀인가?'의 정보량은 6비트다. 추측하는 횟수가 한 번 더 늘어나기 때문이다). 정보량의 비트 수가 가능한 모든 경우의 수의 로그함수와 관련되어 있음을 짐작할 수 있을 것이다(log32=5, log64=6)[1].

실제로 다섯 번이나 추측하지 않아도 우승팀을 맞힐 수 있다는 사실을 깨달은 독자도 있을 것이다. 스페인, 브라질, 독일, 이탈리아 축구팀이 우승을 거머쥘 가능성이 일본, 남아프리카공화국, 한국 축구팀보다 훨씬 높기 때문이다. 따라서 처음 알아맞힐 때 32개 팀을 두 조로 나누지 말고 우승 가능성이 가장 큰 몇몇 팀을 한 조로, 나머지 팀들은 나머지 한 조로 나누면 된다. 그런 다음 그 인기 팀들 중에 우승팀이 있는지 없는지를 맞히면 된다. 이 과정을 반복해 우승 확률에 따라 우승팀을 찾을 때까지 나머지 후보 팀을 조로 나누면 된다. 그러면 세 번째나 네 번째에 결과를 맞힐 수 있다. 따라서 각 팀의 우승 가능성(확률)이 상이할 때 '누가 월드컵 우승팀인가?'라는 정보량은 5비트보다 적다. 섀넌은 정확한 정보량을 다음과 같이 나타낼 수 있다고 보았다.

$$H = -(p_1 \cdot \log p_1 + p_2 \cdot \log p_2 + \cdots + p_{32} \cdot \log p_{32})$$

(6.1)

여기에서 $p_1, p_2, \cdots, p_{32}$는 각각 32개 팀이 우승할 확률이다. 섀넌은 이것을 '정보 엔트로피(information entropy)'라고 하고 일반적으로 사용하는 기호 H로 표시했다. 단위는 비트다. 32개 팀의 우승 확률이 동일할 경우, 대응하는 정보 엔트로피는 5비트다. 관심 있는 독자는 한번 계산해보기 바란다.

수학적 기초가 있는 독자는 위 공식의 값이 5보다 클 수 없음도 증명할 수 있을 것이다. 임의의 확률변수 X(예를 들면 우승을 한 팀)의 엔트로피는 다음

---

1 특별한 설명이 없는 한 이 책에서 로그(대수)는 모두 밑이 2다.

과 같이 정의할 수 있다.

$$H(X) = -\sum_{x \in X} P(x) \log P(x) \qquad (6.2)$$

변수의 불확실성이 클수록 엔트로피도 커지고, 변수를 파악하려면 그에 필요한 정보량도 커진다. 정보량의 계량화 단위를 왜 '엔트로피'라는 기이한 이름으로 부를까? 정의와 형태 면에서 열역학의 엔트로피와 비슷한 점이 많기 때문이다. 이 부분은 추가 읽기에서 다시 소개하겠다.

'엔트로피'라는 개념이 생겼으니 이 장을 시작할 때 제기한 문제에 답할 수 있다. 50만 자에 이르는 중국 문헌은 평균 얼마나 많은 정보량을 담고 있을까? 상용한자는 약 7천 자다. 한 자당 확률이 같다면 중국어 한 글자를 표시하는 데 약 13비트(즉 이진법 13자릿수)가 필요하다. 하지만 한자는 사용 빈도가 균등하지 않다. 실제로 앞부분 10%의 한자가 상용 텍스트의 95% 이상을 차지한다. 따라서 문맥 관련성을 감안하지 않고 한자별 확률만 고려하더라도, 한자 하나당 정보량은 5비트 정도에 불과하다. 그렇기 때문에 50만 자가 든 책의 정보량은 약 250만 비트다. 괜찮은 알고리즘을 적용해 압축하면 책 전체를 320KB 파일로 저장할 수 있다. 국제 표준 코드 2바이트 체계를 바로 적용해 이 책을 저장하면 1MB 정도가 필요하므로, 문서가 3배 압축된다. 이 수치상 차이를 정보이론에서는 '중복성(redundancy)'이라고 한다. 여기에서 말하는 250만 비트는 평균 수치이며, 같은 분량의 책이라도 담고 있는 정보량에는 큰 차이가 있을 수 있다. 책에 중복되는 내용이 많으면 정보량은 작고 중복성은 크다.

언어별로 중복성 차이가 크지만, 중국어는 모든 언어 중 중복성이 작은 편이다. 영어책을 중국어로 번역하면 글자 크기가 같은 경우 중국어 번역본이 대개 훨씬 얇다. 중국어는 가장 간결한 언어라는 보편적 인식과 일치하는 결과다. 중국어 정보 엔트로피에 관심 있는 독자는 나와 왕쥐잉 교수가 《전자학보(電子學報)》에 게재한 '중국어 정보 엔트로피와 언어 모델의 복잡도'[2]를 읽어보기 바란다.

2. 정보의 역할: 불확실성의 제거

예로부터 정보와 불확실성의 제거는 긴밀하게 연관되어 왔다. 영어에선 일반 정보(중국어로 '信息')와 기밀성을 띤 정보(중국어로 '情報')는 같은 단어 'information'이지만, 후자의 정보(情報)는 불확실성을 제거하는 역할을 한다. 전쟁에선 1비트의 정보가 대규모 병력을 막아내는 경우도 있다. 제2차 세계대전 당시 독일 나치군이 구소련 모스크바성(城) 밑에 도달했을 때 스탈린은 이미 유럽에 파병할 군사가 없었다. 시베리아 중-소 국경에 있는 60만 대군을 활용할 엄두도 내지 못했다. 당시 독일의 추축국 동맹인 일본이 북상해서 소련을 공격할 것인지, 아니면 남하해서 미국과 전쟁을 벌일 것인지 몰랐기 때문이다. 일본이 남하 전략을 취했다면 소련은 안심하고 대담하게 아시아에서 60만 대군을 철수시켜 모스크바 전투를 지원하게 할 수 있었을 것이다. 실제로 일본은 남하를 택했다. 이후 진주만 공습을 감행했지만 소련은 전혀 몰랐다. 스탈린이 일본의 전략을 추측할 수 없었던 것은 추측이 가져올 결과가 너무도 막중했기 때문이다. 이 '추측'은 동전 던지기 식으로 점치는 것일 수도 있고, 주관적인 추측도 해당된다. 마지막에 전설적인 스파이 리하르트 조르게(Richard Sorge)가 정보량은 1비트에 불과하지만 가치는 무한한 "일

---

2 http://engine.cqvip.com/content/citation.dll?id=2155540

본은 남하할 것이다"라는 정보를 모스크바에 보냈고, 소련은 시베리아의 모든 군대를 유럽 전쟁터로 이동시켰다. 그 이후의 이야기는 모두가 아는 바와 같다.

이 이야기의 배후에 있는 정보이론의 원리를 추상화, 보편화하면 다음과 같이 정리할 수 있다.

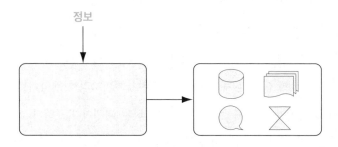

그림 6.1 정보는 시스템의 불확실성을 제거하는 유일한 방법
(아무런 정보도 확보하지 못했을 때 시스템은 블랙박스와 같지만, 정보가 도입되면 블랙박스 시스템의 내부 구조를 파악할 수 있다.)

한 사물(예를 들면 위에서 얘기한 일본 내각의 전략 결정) 내부에 임의성, 즉 불확실성이 존재하는 경우 이를 U라고 가정하고 외부에서 이 불확실성을 제거하는 유일한 방법이 정보 I를 도입하는 것이라면, 도입해야 하는 정보는 불확실성의 크기에 달려 있다. 즉 $I > U$여야 한다. $I < U$인 경우, 정보는 일부 불확실성, 즉 새롭게 제기되는 불확실성을 제거할 수 있다.

$$U' = U - I \qquad\qquad (6.3)$$

반대로 정보가 없으면 어떤 공식이나 숫자 게임으로도 불확실성을 배제할 수 없다. 소박하지만 중요한 결론이다. 그런데 연구 작업에서 일부 어설픈 전문가들은 이 부분을 간과하는 경우가 많으니, 이 분야에 종사하는 독자는 새겨두길 바란다. 거의 모든 자연어 처리, 정보 및 신호처리 응용 분야는 불확실성을 제거하는 과정이다. 이 책을 읽은 초창기 블로그 독자들은 내가 검색 쪽의 사례를 많이 소개해주길 기대했기 때문에 검색을 예로 들어 정보의 역할을 설명하겠다.

웹사이트 검색은 본질적으로 많은 웹사이트(수십억 개) 중 사용자가 입력하는 검색어와 가장 관계있는 몇 개를 찾는 것이다. 수십억 가지의 가능성이란 당연히 매우 큰 불확실성 U다. 사이트가 몇 개만 남았다면 불확실성이 거의 사라진 것이고(이때 $U' \ll U$), 완전히 확정적이기도 하다(가이드형 검색 사이트가 이에 해당한다. 첫 번째 결과가 대개 찾고자 하는 웹사이트다). 따라서 웹사이트 검색은 본질적으로 정보를 이용해 불확실성을 제거하는 과정이기도 하다. 제공하는 정보가 충분히 많지 않으면, 예를 들어 검색어가 '중국', '경제'처럼 흔히 사용하는 키워드라면 관련 결과가 너무 많아 사용자는 선택하기가 버거울 것이다. 이때 바람직한 방법은 웹사이트 자체의 품질 정보 등 내포된 정보를 새로 발굴하는 것이다. 이 정보들로도 불확실성을 제거하기 불충분하면 사용자에게 다시 물어보는 것이 좋다. 이것이 검색과 관련한 이론의 기초다. 키워드에 숫자나 공식 놀이를 하는 건 올바르지 않은 방법이다. 추가 정보가 유입되지 않으므로 이 방법은 효과가 없으며, 검색 품질을 다루는 사람이 고생은 있는 대로 하고 성과는 별로 거두지 못하는 이유가 바로 여기에 있다. 최악의 방법은 인위적인 가정을 넣는 것이다. 이건 '사기 치는 것'과 다름없다. 검색 결과가 개별 사용자의 입맛에 맞추는 것처럼 보이지만, 대부분 사용자에겐 오히려 더 몹쓸 결과를 제공한다(스탈린이 일본의 전략적 의도를 얼렁뚱땅 추측하는 것과 같다). 정보를 합리적으로 이용하되 공식이나 머신러닝 알고리즘을 가지고 놀지 않는 것이 검색을 잘하는 관건이다.

아는 정보가 많을수록 무작위 사건(random event)의 불확실성은 작아진다.

그 정보는 위에서 얘기한 일본 내각의 전략적 결정처럼 우리가 파악하고자 하는 것을 직접 겨냥한 무작위 사건일 수 있고, 우리가 관심 있는 무작위 사건과 관련이 있는 다른 (사건의) 정보일 수도 있다. 이 관련 정보를 확보해도 관심 있는 대상을 파악하는 데 도움이 된다. 앞에서 언급한 자연어 통계 모델의 경우, 유니그램 모델은 특정 단어의 자체 확률 분포를 통해 불확실한 요소를 제거하고, 바이그램 및 그 이상의 언어 모델은 문맥 정보까지 사용해 한 문장에서 현 단계의 단어를 정확히 예측할 수 있다. 수학에선 이 '관련 있는' 정보가 어떻게 불확실성을 제거할 수 있는지를 엄격히 증명할 수 있다. 그러기 위해선 조건부 엔트로피(conditional entropy) 개념을 도입해야 한다.

X와 Y가 두 확률변수이고 X를 알아내야 한다고 가정하자. 이제 X의 확률 분포 $P(X)$를 알게 되었다고 가정하면 X의 엔트로피도 알게 된다.

$$H(X) = -\sum_{x \in X} P(x) \cdot \log P(x) \tag{6.4}$$

그러면 그 불확실성은 이렇게 크다. 이제 Y의 상황도 안다고 가정하자. 거기에는 Y가 X와 함께 나올 확률도 포함된다. 수학에선 이를 결합확률분포(joint probability)라고 하며, Y가 여러 값을 취한다는 전제에서 X의 확률분포는 조건부확률분포(conditional probability)라고 한다. Y 조건에서 조건부 엔트로피는 다음과 같이 정의된다.

$$H(X|Y) = -\sum_{x \in X, y \in Y} P(x,y) \log P(x|y) \tag{6.5}$$

이 장의 추가 읽기에서 $H(X) \geq H(X|Y)$를 증명할 것이다. 다시 말해 Y의 정보가 많아지면 X에 관한 불확실성이 낮아진다! 통계언어 모델에서 Y를 직

전 한 글자라고 보면 바이그램 모델의 불확실성이 유니그램 모델보다 작다는 사실이 수학적으로 증명된다. 같은 논리로 조건이 2개인 조건부 엔트로피는 다음과 같이 정의할 수 있다.

$$H(X|Y,Z) = -\sum_{x\in X, y\in Y, z\in Z} P(x,y,z)\log P(x|y,z)$$ (6.6)

또 $H(X|Y) \geq H(X|Y,Z)$도 증명할 수 있다. 즉 트라이그램 모델이 바이그램 모델보다 좋다.

마지막으로 재미있는 문제가 또 하나 있다. 위 공식에서 등호는 언제 성립될까? 등호가 성립된다는 것은 정보는 늘었지만 불확실성은 낮아지지 않았다는 뜻이다. 이게 가능할까? 답은 '그렇다'. 확보한 정보가 연구 대상과 아무 관계가 없으면 등호가 성립된다. 다시 앞에서 든 예로 돌아가 보자. 조르게가 보낸 정보가 북아프리카에서 독일과 영국의 군사행동에 관한 것이었다면 정보의 양이 얼마든 스탈린의 고민을 해결해주지 못했을 것이다.

이들 내용을 한마디로 요약하면, 정보의 역할은 불확실성을 제거하는 것이고 자연어 처리의 많은 문제는 관련 정보를 찾는 것이다.

3. 상호정보량: 번역 중의성 해결

앞에서 확보한 정보가 연구하려는 대상과 '관계가 있어야' 그 정보들이 불확실성 제거를 도울 수 있다고 설명했다. 물론 '관계가 있다'는 표현은 너무 모호하고 비과학적이므로 계량적으로 '상관성'의 단위를 표시할 수 있어야 가장 좋다. 예를 들면 한 임의의 사건 '오늘 베이징에 비가 온다'는 또 하나의 확률변수 '지난 24시간 동안 베이징 공기 습도'와 상관성이 크다는 건 상식이다. 그런데 그 상관성이란 대체 얼마나 클까? 또 '지난 24시간 동안 베이징 공기 습도'와 '샌프란시스코 날씨'의 상관성은 크지 않은 듯한데, 이 둘 간에 상관성이 전혀 없다고 말할 수 있을까?[3] 이를 위해 섀넌은 정보이론에서 두 임의 사건의 '상관성'을 계량화하는 단위로 '상호정보량(*mutual information*)'이란 개념을 제기했다.

그림 6.2 후덥지근한 날씨는 비가 오는 것과 직접적이기에 상호정보량이 크다.

두 임의의 사건 X와 Y가 있다고 가정하면 둘의 상호정보량은 다음과 같이 정의할 수 있다.

$$I(X;Y) = \sum_{x \in X, y \in Y} P(x,y) \log \frac{P(x,y)}{P(x)P(y)} \tag{6.7}$$

공식을 많이 봐서 그러려니 하는 독자들도 이 정의를 보면 조금 짜증이 날 것이다. 하지만 괜찮다. 기호 $I(X;Y)$만 기억하면 된다. 사실, 이 상호정보량은 앞서 소개한 임의 사건 X의 불확실성 또는 엔트로피 $H(X)$ 그리고 임의 사건 Y를 안다는 조건하에서의 불확실성 또는 조건부 엔트로피 $H(X|Y)$의 차이임을 증명한다. 즉 다음과 같다.

$$I(X;Y) = H(X) - H(X|Y) \tag{6.8}$$

---

3 나비효과 이론에 따르면 이 둘의 상관성은 생각만큼 작지 않다!

두 사건의 상관성을 계량화한다는 것은 그중 한 Y를 파악했다는 전제에서 또 다른 X의 불확실성을 제거함으로써 제공되는 정보량이라는 것이 명확해졌다. 상호정보량은 0부터 $\min(H(X), H(Y))$ 사이에서 취한 값의 함수다. X와 Y가 완벽히 관계한다면 그 값은 1이고, 둘이 완전히 무관하면 그 값은 0이다.

자연어 처리에서 두 임의 사건 또는 언어 특징의 상호정보량은 쉽게 계산된다. 충분한 언어자료만 있으면 상호정보량 공식의 $P(X,Y)$, $P(X)$와 $P(Y)$, 세 가지 확률을 어렵지 않게 추정할 수 있으며, 상호정보량도 산출할 수 있다. 따라서 상호정보량은 언어 현상의 상관성을 계량화하는 데 광범위하게 쓰인다.

기계번역에서 가장 어려운 두 문제 중 하나는 단어의 중의성(또는 애매성, *ambiguation*) 문제다. 부시(*Bush*)는 전 미국 대통령의 이름일 수도 있고, 덤불일 수도 있다[2004년에 부시와 대통령 자리를 다툰 민주당 후보 케리(*Kerry*)가 기계번역 시스템에서는 '아일랜드의 작은 젖소(*Kerry*)'로 번역되었다는 웃긴 일화도 있다].

사진 6.1 논쟁 중인 '덤불' 대통령과 '작은 젖소' 상원의원

그러면 이런 단어를 어떻게 제대로 번역할 수 있을까? 사람들은 문법, 구문 분석 등을 떠올릴 것이다. 사실 현재까지 이 문제를 잘 해결할 수 있는 문법은 없다. Bush는 인명으로 번역되든 덤불로 번역되든 모두 명사이므로 문법상으론 별문제가 없기 때문이다. 따지기 좋아하는 독자라면 '대통령

이 목적어로 쓰이면 주어는 사람이어야 한다'는 조건 규칙을 추가해야 한다고 말할 것이다. 이렇게 하면 문법 규칙이 셀 수 없이 많아지고, 예외도 많이 생긴다. 예를 들면 한 국가가 국제조직에서 순회 의장(대통령)국이 될 수도 있다. 사실 진짜 간단하면서도 실용적인 방법은 상호정보량을 사용하는 것이다. 구체적 해결 방법은 대략 이렇다. 먼저 많은 텍스트에서 부시 대통령과 함께 출현하는 상호정보량이 가장 큰 단어들을 찾는다. 대통령, 미국, 국회, 워싱턴 등이 되겠다. 그리고 같은 방법으로 덤불과 같이 출현하는 상호정보량이 가장 큰 단어를 찾는다. 토양, 식물, 야생 등이 될 것이다. 이 두 단어 그룹이 생겼으니 Bush를 번역할 때 앞뒤 문맥에서 어느 쪽이 연관된 단어가 많은지를 살펴보면 된다. 이 방법을 처음 제기한 사람은 윌리엄 게일(*William Gale*)과 케네스 처치(*Kenneth Church*), 데이비드 야로브스키(*David Yarowsky*)다.

1990년대 초 펜실베이니아대학교 자연어 처리의 대가 미치 마커스 교수 밑에서 박사과정을 밟고 있던 야로브스키는 대부분 시간을 벨 연구소, 케네스 처치 연구소 등에 박혀 있었다. 졸업이 급했던 그는 윌리엄 게일 등의 도움으로 번역의 중의성을 가장 빠르고 가장 잘 해결할 방법을 생각해냈던 듯하다. 그 방법이 위에서 말했듯이 보기엔 간단하나 효과가 좋아 동료들을 크게 놀라게 했다. 야로브스키는 선배들이 평균 6년 걸리는 박사학위를 3년 만에 받았다.

4. 추가 읽기 상대 엔트로피

독자 배경지식: 확률론

앞에서 설명한 정보 엔트로피와 상호정보량은 정보이론의 기초다. 정보이론은 자연어 처리에서 안내자 역할을 한다. 이번에는 정보이론의 또 다른 주요 개념인 '상대 엔트로피(relative entropy)' 혹은 '쿨백-라이블러 발산(Kullback-Leibler divergence)'과 자연어 처리에서의 역할을 소개하겠다.

일부 문헌에선 상대 엔트로피를 '크로스 엔트로피(cross entropy)'라고 부르기도 하며, 또 다른 명칭인 쿨백-라이블러 발산은 이 개념을 제안한 두 수학자 쿨백과 라이블러의 이름을 따서 지어졌다. 상대 엔트로피도 상관성을 측정하는 데 사용하지만 변수의 상호정보량과 달리 취하는 두 값이 정수인 함수의 유사성을 측정하는 데 사용하며, 그 정의는 다음과 같다.

$$KL(f \| g) = \sum_{x \in X} f(x) \cdot \log \frac{f(x)}{g(x)} \tag{6.9}$$

마찬가지로 공식 자체에 신경 쓸 것 없이 아래 세 가지 결론만 기억하면 된다.

1. 완전히 똑같은 두 함수의 상대 엔트로피는 0이다.
2. 상대 엔트로피가 클수록 두 함수의 차이는 커지고, 반대로 상대 엔트로피가 작을수록 두 함수의 차이는 작아진다.
3. 확률분포 또는 확률밀도 함수가 취하는 값이 모두 0이면 상대 엔트로피로 두 확률분포의 차이성을 계량화할 수 있다.

상대 엔트로피는 비대칭이란 점을 짚고 넘어가야 한다. 즉 다음과 같다.

$$KL(f \| g) \neq KL(g \| f)$$

따라서 사용할 때 불편한 경우가 있다. 이것을 대칭으로 만들기 위해 요한 옌센(*Johan Jensen*)과 섀넌은 새로운 상대 엔트로피 계산법을 제안했는데, 아래와 같이 위의 부등식 양변의 평균을 구했다.

$$JS(f\|g) = \frac{1}{2}\left[KL(f\|g) + KL(g\|f)\right]$$
(6.10)

상대 엔트로피는 맨 처음 신호처리에 사용됐다. 두 불규칙 신호(*random signal*)의 상대 엔트로피가 작을수록 두 신호가 더 가깝다는 의미이며, 상대 엔트로피가 클수록 신호의 차이는 커진다. 이후 신호처리를 연구하는 학자들도 이 방법으로 두 정보의 유사성을 측정했다. 예를 들면 글 한 편을 베끼거나 다른 글로 각색하려면 두 글의 단어 사용 빈도 분포의 상대 엔트로피가 0에 가까울 만큼 작아야 한다. 구글 자동 QA 시스템에서 우리는 옌센-섀넌 단위를 적용해 두 답의 유사성을 측정했다.

상대 엔트로피는 자연어 처리에서도 다양하게 응용된다. 상이한 텍스트에서 두 상용어(문법과 의미상)의 확률분포를 측정해 그것이 동의어인지 여부를 살피기도 하고, 상대 엔트로피를 이용해 정보 검색에서 가장 중요한 개념인 단어 빈도와 역문서 빈도(*TF-IDF, term frequency – inverse document frequency*)도 얻을 수 있다. 11장과 14장 '두 웹사이트 검색 상관성'과 '뉴스 분류'를 다루는 부분에서 TF-IDF의 개념을 자세히 설명하겠다.

5. 갈무리하며

엔트로피, 조건부 엔트로피, 상대 엔트로피의 세 개념은 언어 모델과 매우 긴밀한 관계다. 2장에서 언어 모델을 설명할 때 한 언어 모델의 장단점을 정량적으로 측정하는 법은 얘기하지 않고 넘어갔는데, 이 세 개념을 소개하기 전이기 때문이다. 물론 언어 모델로 음성인식과 기계번역의 오류를 줄일 수 있으면 음성인식 시스템이나 기계번역 소프트웨어로 시도해보면 되겠다는 생각이 자연스럽게 떠오를 것이다. 훌륭한 언어 모델은 오류 발생률이 낮은 편이기 때문이다. 맞는 생각이고 현재 음성인식과 기계번역에서도 이렇게 하고 있다. 그러나 언어 모델 연구자들에게 이 테스트 방법은 직접적이지도 않고 불편하며, 오류율에서 역으로 언어 모델을 정량적으로 측정하기도 어렵다. 사실 젤리넥 등이 언어 모델을 연구할 때만 해도 세상에는 그럴듯한 음성인식 시스템이 없었고 기계번역도 없었다. 언어 모델은 문맥 예측 시 현 단계 문자에 사용하는 것으로, 모델이 좋을수록 예측이 어려워지므로 현 단계 문자의 불확실성이 작아진다는 사실에 유념해야 한다.

정보 엔트로피는 곧 불확실성을 측정하는 것이다. 따라서 정보 엔트로피를 통계언어 모델의 장단점 측정에 직접 사용할 수 있다는 점을 생각할 수 있다. 물론 문맥에 조건이 생기면 고차원 언어 모델에는 조건부 엔트로피를 사용해야 한다. 그런데 학습 코퍼스와 진짜 응용하는 텍스트에서 얻은 확률 함수에 편차가 있다는 점을 감안하면 상대 엔트로피 개념을 도입해야 한다. 젤리넥은 조건부 엔트로피와 상대 엔트로피에서 출발해 언어 모델 복잡도(*perplexity*)라는 개념을 정의함으로써 언어 모델의 장단점을 직접 측정했다. 복잡도는 명확한 물리적 의미를 담고 있다. 복잡도는 앞뒤 문맥이 주어졌다는 조건 아래 문장 중 각 위치에서 평균적으로 선택 가능한 단어의 수를 말한다. 모델의 복잡도가 작을수록 위치별 단어가 확실하고 모델은 더 뛰어나다.

리카이푸 박사는 자신이 발명한 음성인식 시스템 스핑크스를 소개한 논문에서, 아무런 언어 모델도 사용하지 않으면(즉 0그램 언어 모델) (모델의) 복잡도는 997이라고 밝혔다. 다시 말해 문장 중 각 위치에 넣을 수 있는 단어가 997개다. (바이그램) 언어 모델에서 바로 앞뒤 단어의 매칭만 고려하고 매칭 확률은 고려하지 않으면 복잡도는 60이다. 언어 모델을 사용하지 않을 때보다는 많지만 매칭 확률을 고려하는 바이그램 언어 모델과는 차이가 크다. 후자의 복잡도는 20이기 때문이다.

정보이론에 관심이 있고 수학 기초가 있는 독자라면 스탠퍼드대학교 토머스 커버(*Thomas Cover*) 교수의 저서 《정보이론의 기초(*Elements of Information Theory*)》를 읽어보기 바란다. 커버 교수는 현재 가장 권위 있는 정보이론 전문가다.

이제 6장의 내용을 정리해보자. 정보 엔트로피는 정보의 계량화뿐 아니라 정보이론 전체의 기초다. 통신, 데이터 압축, 자연어 처리에 모두 중요한 의미가 있다. 정보 엔트로피의 물리적 의미는 정보 시스템의 불확실성을 계량화하는 것이고, 이런 점에서 열역학의 엔트로피 개념과 비슷한 점이 있다. 후자는 한 시스템의 무질서를 계량화하는 것이고, 또 다른 각도에서 보면 불확실성을 계량화하는 것이기 때문이다. 이를 통해 과학에서 보기엔 다른 듯한 학문 간에도 유사성이 크다는 점을 알 수 있다.

젤리넥과 현대의 언어처리
- 프레더릭 젤리넥을 기리며

7장

현대 자연어 처리의 창시자 젤리넥 박사는 수학 원리를 ㅈ '어 처리에
성공적으로 응용했다. 그의 일생은 정보처리 분야의 ㅈ   ㄱ

구글차이나 공식 블로그에 '수학의 아름다움'을 처음 발표할 때 독자들의
흥미를 끌기 위해, 자연어 처리 분야에서 수학 원리를 성공적으로 응용한 대
가와 학자들을 소개했다. 하지만 진정한 목적은 단순한 스토리텔링이나 스캔
들에 대한 잡담 나누기가 아니라, 정보 분야 연구에 뜻을 둔 젊은이들로 하
여금 대가와 성공한 사람들의 이야기를 통해 그들의 사고방식을 배우게 함
으로써 그들처럼 성공을 거두었으면 하는 바람이었다. 물질주의가 팽배한 지
금 중국 사회에서 학술계는 경박하고 젊은이들은 불안감이 커서 원대한 뜻
을 품은 젊은이들은 실제 매우 고독하다. 프랑스 소설가 로맹 롤랑(*Romain
Rolland*)이 그린 제1차 세계대전 이후의 프랑스와 닮아 있다. 로맹 롤랑은 풍

족한 물질보다 고상한 영혼을 추구하는 젊은이들
이 거인(巨人)의 숨결을 느낄 수 있도록 거인 전기
3부작[1]을 썼다. 나 또한 뜻을 세운 학생들에게 대
가 몇을 소개하고 싶다. 프레더릭 젤리넥부터 시작
해보자.

사진 7.1 자연어 처리의 창시자 프
레더릭 젤리넥

이 책을 처음부터 읽어 내려온 독자라면 앞에서
젤리넥이란 이름이 여러 번 거론되었다는 사실을
알 것이다. 실제로 현대 음성인식과 자연어 처리는
그의 이름과 긴밀하게 연결되어 있다. 여기에선 그의 공헌을 열거하기보다
보통 사람 젤리넥의 이야기를 들려주고 싶다. 그중에는 내가 직접 겪은 일도
있고 젤리넥이 직접 내게 들려준 이야기도 있다.

1. 꿈꾸던 젊은 시절

프레더릭 젤리넥(우리는 그를 '프레드'라고 불렀다)은 체코 클라드노(*Kladno*) 지
역의 부유한 유대인 가정에서 태어났다. 그의 아버지는 치과 의사였다. 유대
민족의 전통을 물려받은 프레드의 부모는 어릴 때부터 자녀 교육을 중시해
프레드를 영국 칼리지(사립학교)에 보내 공부시킬 생각이었다. 프레드에게 독
일어를 제대로 가르치기 위해 특별히 독일 가정교사까지 들였다. 그러나 그
들의 꿈은 제2차 세계대전으로 산산조각 났다. 프레드의 부모는 우선 집에서
빠져나와 프라하를 떠돌았다. 아버지는 수용소에서 사망했고 프레드는 종일
길거리에서 놀며 학업은 뒷전이었다. 제2차 세계대전 후 다시 학교로 돌아갔

---

1 《베토벤의 생애》, 《미켈란젤로의 생애》, 《톨스토이의 생애》.

을 때 프레드는 초등학교 과정부터 다시 들어야 했고 성적도 전부 D로 엉망이었다. 하지만 금세 반 친구들을 따라잡았다. 그럼에도 초등학교 시절 한 번도 A를 받아본 적은 없었다.

1946년 체코는 구소련 방식의 집권 통치를 시작했다. 과거 체제에서 혹독한 삶을 살았던 프레드의 어머니는 살림은 넉넉지 않았지만 과감히 가족 모두와 미국 이민을 결정한다. 후에 프레드는 이렇게 말했다. "어머니는 아주 옳은 결정을 하신 거네(체코를 떠나 미국으로 간 것). 어머니는 아버지와 같은 잘못을 저지르진 않으셨어. 아버지는 모든 (치과) 시설을 영국으로 보냈지만 여전히 독일에 환상을 품고 있었고, 마지막 순간 그곳에 남으셨으니까." 미국에서 프레드 가족은 아주 가난하게 살았다. 어머니가 간식거리를 만들어 버는 돈으로 온 가족이 생계를 유지했다. 당시 겨우 십대였던 프레드는 공장에서 일을 해 번 돈을 집에 보냈다. 그러니 (아마도) 매일같이 교실이나 집에 있진 않았을 것이고 교과서를 볼 시간도 없었을 것이다. 대학교에 들어가기 전까지 공부에 쏟은 시간은 요즘 학생들의 절반도 안 되었다. 물론 나도 초등학교(문화대혁명 시기)와 중·고등학교(1980년대) 때 교과서에 쏟은 시간이 요즘 학생의 절반도 안 된다. 그래서 초·중·고등학교 학생들이 시험에만 매달리게 만드는 교육 방식에 찬성하지 않는다.

프레드와 나는 각자 소년 시절의 교육을 얘기할 때면 몇 가지 동의하는 관점이 있다. 첫째, 초등학생과 중·고등학생은 사실 공부에 많은 시간을 쏟을 필요가 없다. 그들의 사회 경험, 생활력과 학창 시절에 세운 뜻이 그들의 평생을 도와줄 것이다. 둘째, 중·고등학교 단계에서 또래보다 많은 시간을 들여 더 많이 공부한 내용은 대학에 진학하면 짧은 시간에 끝낼 수 있다. 대학교에 가면 이해력이 훨씬 높아지기 때문이다. 예를 들어 중·고등학교에선 500시간을 들여야 배울 수 있는 내용이 대학교에선 100시간만 들이면 충분하다. 따라서 중·고등학교 단계에서 쌓은 약간의 우위가 대학교에선 금방 바닥난다. 셋째, 공부(와 교육)는 평생 계속되는 과정이다. 중·고등학교 때 성적이 우수한 아시아계 학생이 명문대에 들어가면 재미로 공부하는 미국 학생들보다 한참 뒤떨어지는 경우를 많이 본다. 아시아계 학생은 공부를 지속할 동력이 부족하기 때문이다. 넷째, 책의 내용은 일찍 배워도 되고 늦게 배워도 되지만 성장 단계는 놓치면 메울 길이 없다(따라서 영재반의 방법은 바람직하지 못하다). 현재 중국의 우수한 학교에선 90%의 아이들이 그맘때 나보다 그리고 젤리넥보다 훨씬 많은 시간을 공부에 쏟고 있다. 하지만 그 아이들 중 99%는 학문으로 이룬 실적이 나나 젤리넥보다 못할 것이다. 이것은 그야말로 교육의 함정이다.

십대 때 젤리넥은 변호사가 되어 아버지처럼 억울한 사람들을 돕겠다는 꿈을 품었지만, 미국에 간 지 얼마 지나지 않아 강한 외국어 말투 때문에 법정 변호가 힘겨울 것이라는 사실을 알았다. 두 번째 꿈은 아버지의 뒤를 이어 의사가 되는 것이었다. 하버드대학교 의과대학에 들어가고 싶었지만 8년간 비싼 학비를 감당할 수 없었다(학부 4년에 대학원 4년). 마침 이때 MIT에서 젤리넥에게 (동유럽 이민자를 위해 마련된) 전액 장학금을 지원했다. 젤리넥은 MIT 전기공학과에 진학하기로 결심했다. 꿈이 계속 바뀐 것처럼 보이지만 노력을 통해 성공하고자 한 젤리넥의 뜻은 변한 적이 없었다.

프레드는 MIT에서 정보이론의 창시자인 섀넌 박사와 언어학자 로만 야콥슨(유명한 통신 6요소를 제기한 인물)[2]을 비롯한 세계적 대가들을 만났다. 이후 체코에 있던 프레드의 부인 미라나(*Mirana*)가 미국으로 건너와 하버드대학교에 수학하면서 프레드는 MIT에서 가까운 하버드로 가 부인 옆에서 청강을

---

2 야콥슨의 통신 모델은 3장 참고.

하곤 했다. 젤리넥은 위대한 언어학자 촘스키(*Noam Chomsky*)의 수업을 자주 들었다. 이 3명의 대가는 훗날 젤리넥의 연구 방향인 정보이론을 활용한 언어 문제 해결에 중요한 영향을 끼쳤다. 자기 분야에서 세계 일류가 되려면 주변에 일류 인재들이 많아야 한다고 생각한다. 프레드는 젊은 시절부터 이 대가들에게 가르침을 받은 행운으로 이후 연구가 경지에 올랐을 때는 동년배들보다 한 수 위였다.

프레드는 MIT에서 박사학위를 받고 하버드대학교에서 1년간 강의한 후 코넬대학교에 임용되어 교수가 되었다. 코넬을 선택한 것은 일자리를 구할 때 이 대학의 언어학자 찰스 해켓(*Charles Hackett*)과 이야기를 나누면서 마음이 잘 맞았기 때문이었다. 당시 해켓 교수는 정보이론을 활용한 언어 문제 해결에 대한 연구를 젤리넥과 함께하고 싶다고 밝혔다. 하지만 막상 젤리넥이 코넬에 온 후 해켓 교수는 언어학에 더는 흥미를 못 느껴 오페라 대본을 쓰러 가겠다고 했다. 젤리넥은 이때부터 언어학자에게 좋지 않은 인상을 갖게 되었다. 게다가 후에 IBM에 갔을 때 언어학자들이 말은 조리 있게 하지만 행동은 이도 저도 아닌 어중간한 모습을 보여 질색하게 되었다. 심지어 "내가 언어학자를 하나 자를 때마다 내 음성인식 시스템의 인식률이 조금씩 향상된다"라고 말할 정도였다.[3] 이 말은 후에 업계에 널리 퍼져 음성인식과 언어 처리 종사자라면 모르는 사람이 없었다.

2. 음성인식 30년사: 워터게이트 사건에서 모니카 르윈스키까지

위 제목은 관심을 끌기 위해 붙인 것이 아니라 젤리넥이 1999년 ICASSP[4]에

---

3 "Every time I fire a linguist, the performance of the speech recognizer goes up."

서 발표한 보고서 제목[5]이다. 워터게이트 사건이 터진 1972년은 마침 통계적 음성인식 및 자연어 처리가 시작된 시기이고, 르윈스키 사건으로 클린턴 대통령이 탄핵 표결까지 간 것도 이 회의 1년 전이었다.

젤리넥은 코넬에서 10년간 칼을 갈며 정보이론 연구에 몰두했고, 마침내 자연어 처리의 본질을 깨달았다. 1972년 IBM 왓슨연구소로 가 안식년을 보내던 젤리넥은 어쩌다 음성인식 연구소를 지도하게 되었고, 2년 후 코넬과 IBM 중 IBM에 남는 쪽을 택했다. IBM에서 젤리넥이 세운 연구팀은 전무후무한 강력한 라인업을 자랑했다. 그의 유명한 콤비 발(*L. Bahl*), 유명한 음성인식업체 드래건 시스템즈(*Dragon Systems*)의 창업자 베이커 부부, 최대 엔트로피 반복적 알고리즘을 해결한 델라 피에트라 쌍둥이 형제(*S. Della Pietra*와 *V. Della Pietra*), BCJR 알고리즘(*Bahl-Cocke-Jelinek-Raviv algorithm*)을 공동 제기한 코크(*J. Cocke*)와 라비브(*J. Raviv*) 그리고 기계번역 통계 모델을 최초로 제기한 브라운(*Peter Brown*)이 구성원이었다. 당시 경력이 가장 일천했던 존 래퍼티(*John Lafferty*)도 지금은 대단한 학자가 되었다.

1970년대의 IBM은 1990년대의 마이크로소프트나 지난 10년(에릭 슈미트 시대)의 구글처럼, 뛰어난 과학자가 마음대로 관심 분야를 연구할 수 있는 분위기였다. 그런 여유로운 환경에서 젤리넥 등은 통계적 음성인식의 기틀을 제안했다. 젤리넥 이전 과학자들은 음성인식 문제를 인공지능과 모델의 매칭 문제로 간주했다. 반면 젤리넥은 통신 문제로 여기고 두 가지 은닉 마르코프 모델(음향학 모델과 언어 모델)로 음성인식을 명확하게 요약했다. 이 기틀은 지금까지도 언어 및 언어처리에 깊은 영향을 미치고 있으며, 근본적으로 음성인

---

4 음향학·언어·신호처리 국제학술대회(International Conference on Acoustic, Speech and Signal Processing).

5 http://icassp99.asu.edu/technical/plenary/jelinek.html

식에 실용적 가능성을 부여하는 한편 현대 자연어 처리의 기초를 마련해주었다. 덕분에 젤리넥은 미국 국립공학원(NAE) 회원으로 뽑혔고 저널《테크놀로지(Technology)》가 선정한 20세기 100대 발명가 중 하나가 되었다.

젤리넥의 선배인 섀넌 등은 통계적 방법을 자연어 처리에 응용할 때 넘을 수 없는 두 가지 장애에 부딪혔다. 계산 능력이 강력한 컴퓨터와 통계에 사용할 수 있는 대량의 기계 판독 텍스트의 부재였다. 선배들은 결국 포기할 수밖에 없었다. 1970년대 IBM의 컴퓨터 계산 능력은 지금과 비할 순 없지만 이미 많은 일을 처리할 수 있는 수준이었다. 젤리넥과 동료들이 풀어야 할 문제는 대량의 기계 판독 언어자료를 찾는 것이었다. 지금은 문제 축에도 못 끼는 문제지만 당시에는 살짝 골칫거리였다. 당시엔 웹사이트도 없었고, 대부분 출판물에도 전자 텍스트가 없었기 때문이다. 있다 하더라도 여러 출판사들로부터 전부 모을 수도 없는 일이었다. 다행히 세계 통신망을 연결하는 글로벌 업무인 텔렉스(telex)가 있었다. IBM 과학자는 처음에 텔렉스 전송 텍스트를 통해 자연어 처리 연구를 시작했다.

당시를 회상해보면 통계에 기반한 자연어 처리 방법의 기초를 1970년대의 IBM이 닦은 것에는 역사적 필연성이 있었다. 첫째, 충분히 강력한 계산 능력과 데이터를 가진 곳이 IBM밖에 없었다. 둘째, 젤리넥 등은 이 분야에서 이미 10여 년간 이론 연구를 했고, 마침 IBM에서 일했다. 셋째, 1970년대는 토머스 왓슨 주니어(Thomas Watson Jr.)가 IBM의 사업을 정점으로 끌어올린 시대였고, 수학 기초가 탄탄한 사람(당시 젤리넥 등이 과학자를 발탁할 때 필수 조건이었다)이라면 IBM에 들어가면 앞날이 보장됐다.

젤리넥과 발, 코크, 라비브가 세운 또 하나의 공헌은 BCJR 알고리즘으로, 현재 디지털 통신에 가장 폭넓게 응용되는 두 알고리즘 중 하나다(다른 하나는 비터비 알고리즘). 이 알고리즘이 발명된 지 20년 후에야 광범위하게 응용되었다는 것이 흥미롭다. 그래서 IBM은 유사 이래 인류 최대의 공헌으로 BCJR 알고리즘을 꼽았고, 캘리포니아 알마덴 연구소(*Almaden Research Labs*) 벽에 붙여두었다. 아쉽게도 BCJR 네 사람은 이미 전부 IBM을 떠났다. 한번은 IBM 통신팀이 이 알고리즘을 사용하기 위해 스탠퍼드대학교에서 전문가를 초빙해 설명을 부탁했다. 이 전문가는 IBM 진열장에서 업적 리스트를 보곤 감회에 젖었다.

1999년 미국 애리조나주 피닉스에서 열린 ICASSP 연례회의에서 젤리넥은 '워터게이트 사건부터 모니카 르윈스키까지'라는 제목의 보고서를 발표하며 음성인식 분야의 30년 실적을 정리했다. 과거 IBM에서 근무하던 시절과 이후 존스홉킨스대학교에서 근무하던 때를 중점적으로 회고했고, 내 작업도 포함됐다.

몇 년 후 나는 앨프리드 스펙터[6]와 얘기를 나눴다. 통계적 음성인식 및 자연어 처리를 제안한 것이 왜 음성인식 분야를 오랫동안 연구한 AT&T 벨 연구소와 카네기멜론대학교가 아니라 이 분야의 기초랄 것이 없는 IBM이었는지에 대해서였다. 스펙터는 기초가 없는 IBM이 오히려 각종 제한과 속박에서 자유로울 수 있었다는 점을 이유로 꼽았고, 나는 대부분의 경우 역사의 우연 뒤엔 필연적 원인이 있다는 점을 강조했다. 통계적 자연어 처리가 IBM에서 탄생한 것은 우연처럼 보이지만, 당시 그만한 계산 능력을 가진 곳은 IBM밖에 없었고, 물질적 여건을 지닌 동시에 세계에서 제일 똑똑한 두뇌들이 한데 모여 있는 곳도 IBM이 유일했다.

---

6 스펙터는 IBM과 구글에서 연구 담당 부사장을 맡았다.

나의 저서 《흐름의 정점》을 읽어본 독자라면, IBM이 1980년대 말에서 1990년대 초까지 가장 어려운 시기였고, 루이스 거스너(Louis Gerstner) 회장이 과학 연구 경비를 대폭 삭감했다는 사실도 기억할 것이다. 불행히도 음성언어와 자연어 처리 연구도 경비 삭감 리스트에 있었다. 젤리넥과 IBM의 많은 우수한 과학자들은 1990년대 초에 IBM을 떠났고, 그중 대다수는 월스트리트에서 큰 성공을 거둬 백만장자, 억만장자가 되었다. 젤리넥은 이미 은퇴할 나이가 되었고, 편안하게 노년을 보낼 만큼 재산이 넉넉했다. 하지만 평생 한가함을 모르는 사람이었고 천생 지식인이었던 젤리넥은 1994년 존스홉킨스대학교에 가서 세계적으로 유명한 연구소인 음성언어 및 언어 처리센터(CLSP, *Center for Language and Speech Processing*)를 세웠다.

젤리넥이 부임하기 전까지 존스홉킨스대학교는 의과대학으론 유명했지만 공학 분야는 시대에 뒤떨어져 있었고, 제2차 세계대전 전의 MIT나 캘리포니아공과대학교(*CalTech*)와 어깨를 나란히 할 가능성은 사라진 지 오래였다. 음성인식과 자연어 처리 같은 신흥 학과도 전무했다. 젤리넥은 첫발을 내디딘 지 단 2~3년 만에 CLSP를 세계 일류 연구소로 탈바꿈시켰다. 젤리넥은 두 가지 큰일과 두 가지 작은 일을 했다. 큰일 중 하나는 미국 정부의 연구 담당 부처에서 많은 연구비를 따낸 것이고, 다른 하나는 매년 여름 일부 경비를 세계 정상급 과학자와 학생 20~30명을 초청해 함께 작업하는 데 사용함으로써 CLSP를 세계적인 센터로 만든 것이다. 두 가지 작은 일 중 하나는 현재 자연어 처리 분야에서 명성이 높은 야로브스키와 이베이(*eBay*)의 연구 담당 부사장 블레어 등 당시 잠재력이 큰 젊은 학자들을 모집한 것이다. 나머지 하나는 자신의 영향력을 이용해 여름방학 동안 자신의 학생을 세계에서 가장 좋은 회사로 실습을 보낸 것이다. 인재 양성 측면에서 우수한 실적을 쌓은 학생들은 CLSP의 명성으로 이어졌다. 10여 년 후 국가 보안상 필요에 따라 미국 정부는 일류 대학 한 곳에 국가 차원의 정보처리 연구소를 구축하기로 결정했고, 젤리넥이 이끄는 존스홉킨스대학교의 과학자들은 경쟁 입찰에서 오랜 라이벌인 MIT와 카네기멜론대학교를 제치고 국가의 정보처리 연구소를 유치했다. 이를 통해 젤리넥은 이 분야에서 글로벌 리더 지위를 확립했다.

학문 연구에서 굉장히 신중한 젤리넥은 학생에 대한 요구도 매우 엄격했다. 많은 학생을 탈락시켰고, 용케 남는다 하더라도 졸업까지 가는 데는 많은 시간이 필요했다. 한편으론 자신의 영향력을 십분 이용해 학생의 학업과 커리어를 지원했다. 모든 학생에게 팀에 들어온 첫날부터 떠나는 마지막 날까지 학비와 생활비 전액을 제공했다. 또 모든 학생에게 실습 기회를 주었는데, 박사과정 학생은 최소 한 번은 대기업에서 실습할 기회를 얻었다. 젤리넥 밑에서 박사학위를 받은 학생은 모두 IBM, 마이크로소프트, AT&T, 구글 등 유명한 연구소에 채용되었다. 외국인 학생의 영어 실력을 길러주기 위해 사비를 털어 개인교사를 붙여주기도 했다.

젤리넥 교수의 문하생은 세계 곳곳에 많다. 구글 연구원 피터 노빅(*Peter Norvig*) 원장과 페르난도 페레이라(*Fernando Pereira*) 등 그의 학생, 예전 부하 직원, 학술계에서 그의 연구법을 따르는 후배들은 많다. 이들이 세계 주요 대학과 기업 연구소에 퍼져 나가 점차 학파를 형성했다. 젤리넥은 이들 학파의 정신적 리더다.

젤리넥 교수가 내게 준 제일 큰 도움은 나의 학술적 경지를 높여준 것이다. 그가 내게 가장 많이 한 말은 '어떤 방법이 바람직하지 않은가'다. 이것은 주식 투자의 신 워런 버핏(*Warren Buffet*)이 같이 식사하는 투자자[7]에게 한 조언과 같은 맥락이다. 버핏은 투자자들에게 "당신들은 똑똑한 사람들이므로 내가 무엇을 하라고 말해줄 필요가 없다. 나는 당신들이 하지 말아야 할 것만 말해주면 된다(그러면 많은 실수를 줄일 수 있다)"라고 조언한다. 하지 말아야 할 일들이란 버핏이 평생 경험을 통해 얻은 교훈이다. 젤리넥이 맨 처음 내게 해준 얘기는 '어떤 방법이 나쁜가'였다. IBM에 있을 때 그와 동료들이 그런 방법으로 손해를 봤기 때문이다. 젤리넥은 어떤 방법이 좋은가에 대해선 내가 자신보다 더 잘할 것이므로 스스로 찾을 수 있으리라 믿었다. 젤리넥 교수는 내가 헛되이 쓸 수도 있었을 많은 시간을 절약해주었다. 또한 문제를 고민하는 방법을 배운 것도 내 평생의 수확이다.

젤리넥은 검소하게 살았다. 학생 팀원의 차보다 낡은 오래된 연식의 도요타 차를 20년간 몰았다. 매년 학생과 교수 들을 집으로 초대했고, 졸업생들도 일부러 시간을 내 모임에 참석했다. 모임에서 젤리넥은 학술 문제를 꺼내지 않고 중국 배우 궁리의 영화 얘기나(젤리넥의 아내는 컬럼비아대학교 영화 전공 교수다) 유명한 정보이론가이자 스탠퍼드대학교 교수인 토머스 커버가 어떻게 라스베이거스 카지노에서 불청객이 되었는지 등 과학자들의 스캔들을 대화거리로 삼았다. 그런데 집에서 내놓은 음식은 정말 맛이 없었다. 생당근이나 셀러리가 전부였다. 후에 젤리넥은 지갑을 털어 같은 학과 밀러 교수에게 모임 준비를 맡겼다. 밀러 교수는 매번 전문 셰프를 초빙해 집에서 풍성한 만찬을 내놓고 좋은 술도 준비했다. 그때부터 모임은 밀러 교수의 집에서 하게 되었다.

아내의 영향을 받은 까닭인지 젤리넥은 오래전부터 중국 영화를 보았다. 세계에 알려지기 시작한 초기 중국 영화의 여주인공은 대부분 궁리였기 때

---

7 워런 버핏은 매년 자신과의 점심식사에 가장 높은 경매가를 지불한 투자자와 만나고, 이 돈을 자선단체에 기부한다.

문에 젤리넥은 그토록 큰 나라에서 여배우가 어째서 한 명밖에 없는지를 이상하게 여겼다. 젤리넥이 중국에 대해 아는 거라곤 칭화대학교와 칭다오 맥주밖에 없었다. 젤리넥은 이 두 단어를 헷갈리기 일쑤였고, 홍콩과학기술대学의 파스칼 펑(Pascale Fung) 교수가 이 실수를 두 번이나 잡아냈다.

젤리넥은 말을 할 때 생각하는 바를 숨기거나 앞뒤를 재는 법이 없었다. 그 앞에서 학술을 논할 때는 신중해야지, 안 그러면 쉽게 꼬투리를 잡혔다. 앞서 얘기했듯이 언어학자에게 살짝 편견을 가지고 평가한 것을 빼곤, 젤리넥은 세계적인 대가들을 '야박하지만' 객관적이고 정확하게 평가했고, 그의 평가는 업계에 널리 퍼졌다. 물론 누군가 제대로 성과를 내면 젤리넥은 아낌없이 칭찬했다. 1999년 내가 유럽 언어학회 유로스피치(Eurospeech)에서 최우수 논문상을 타자 젤리넥은 연구소에서 나를 보자마자 "우리는 네가 자랑스럽다"라고 했고, 나중에도 이 일을 여러 번 꺼냈다. 젤리넥이 40여 년이나 학술계에 몸담으면서도 미움을 산 사람이 별로 없는 것은 실로 기적이다. 그가 훌륭한 성과를 거뒀을 뿐 아니라 사람 됨됨이가 공정하기 때문이라고 생각한다.

앞서 언급했듯이 젤리넥은 한가할 줄을 모르는 사람이었다. 나는 주말에 그가 연구실에서 야근하던 모습을 자주 봤다. 70세가 넘어서도 두뇌 회전이 빨랐고 매일 정시에 출근했다. 2010년 9월 14일 젤리넥은 평소처럼 사무실로 출근했지만 불행히도 심장병이 발작해 책상 앞에서 세상을 떠났다. 슬프고 충격적인 소식이었다. 몇 개월 전 존스홉킨스대학교에 가서 만났을 때만 해도 아주 정정했기 때문이다. 다른 사람들은 은퇴해 편안히 노년을 보내는 나이에 젤리넥은 현재 세계 학술계 최대 규모의 음성언어 및 언어 처리센터를 설립했고 인생 마지막 날까지 일했다. 여러 해 전 내게 공부는 평생 하는 일이라고 말해준 적이 있는데, 젤리넥은 정말로 그렇게 했다.

구글에서 근무하는 젤리넥의 많은 학생과 친구 들은 구글과 함께 존스홉
킨스대학교에 기부를 해 젤리넥 장학회를 설립했다. 이 분야 연구에 뜻이 있
는 대학생은 젤리넥 장학금[8]을 신청할 수 있다.

---

8 http://eng.jhu.edu/wse/Fred_Jelinek/memory/jelinek-fellowship

단순함의 미학 - 불 대수와 검색엔진

8장

불 대수는 매우 간단하지만 수학과 컴퓨터 발전에 중대한 의미를 지닌다.
논리와 수학을 하나로 통합했을 뿐 아니라 우리에게 세상을 보는 새로운 시각을
제공해 오늘날과 같은 디지털 시대를 열어주었다.

앞으로 몇몇 장에서는 검색 관련 기술을 소개할 것이다. 몇 년 전 구글차
이나 공식 블로그에 이 시리즈가 게재되자 많은 독자가 구글의 독보적인 검
색 기술을 궁금해했고, 내가 간단한 원리만 설명하자 실망했다. 이번에도 그
리 깊게 설명하진 않을 것이므로 몇몇 독자는 실망할 수도 있겠다.

간단히 소개하는 이유가 몇 가지 있다. 첫째, 나는 이 책의 독자가 검색엔
진 기업의 엔지니어에 그치지 않고 일반 대중이 되길 바란다. 일반 독자에겐
공학에서 수학이 어떻게 작용하는지를 이해하는 것이 그들의 일과 무관한
알고리즘을 아는 것보다 더 큰 의미가 있다. 둘째, 기술은 술(術)과 도(道)로
나뉜다. 구체적으로 일을 하는 방법이 '술'이고, 일을 하는 원리와 원칙이 '도'

다. 이 책의 목적은 '술'이 아니라 '도'를 설명하는 것이다. 구체적인 검색 기술들은 곧 독보적 기술에서 보편적 기술로 바뀌었다가 뒤처지므로 '술'을 추구하는 사람은 평생 고생하며 일한다. 검색의 본질과 정수를 파악해야 힘 빼지 않고 여유를 누릴 수 있다. 셋째, 내가 '술'을 소개해주길 원하는 사람들은 지름길로 가고 싶어 한다. 하지만 일을 진짜 제대로 하려면 지름길이 없다. 1만 시간의 전문적 훈련과 노력이 필수다.

검색을 잘하기 위한 가장 기본적 요건은 매일 10~20개씩 형편없는 검색 결과를 분석하는 것이다. 그렇게 한동안 쌓아나가면 감각이 생긴다. 구글에서 검색 품질 개선 업무를 하던 시절 내가 매일 분석한 검색 수는 그 이상이었다. 구글의 검색 품질을 담당하는 기술 책임자 아밋 싱할(Amit Singhal)은 지금도 실망스러운 검색 결과를 분석하곤 한다. 그러나 검색 기술에 종사하는 엔지니어들(미국인이나 중국인 모두)은 이렇게 하지 못한다. 그들은 항상 알고리즘이나 모델에 의지해 한 번에 모든 일을 처리하고 싶어 하지만 현실적이지 않은 방법이다.

이제 본론인 검색엔진으로 돌아가자. 검색엔진의 원리는 사실 매우 간단하다. 검색엔진 하나를 구축하려면 몇 가지 해야 할 일이 있다. 최대한 많은 웹사이트 자동 다운로드, 빠르고 효과적인 색인 기능 구축, 상관성에 따른 웹사이트의 공정하고 정확한 배열이다. 그래서 나는 텐센트에 간 후 바로 검색 사이트 소소(SOSO, 해시테이블)의 모든 검색 상품을 다운로드, 색인, 배열, 이렇게 세 가지 서비스로 추렸다. 이것이 바로 검색의 '도'다. 모든 검색 서비스는 이 세 가지 기본 서비스를 토대로 구현된다. 이것이 바로 검색의 '술'이다.

텐센트 내부에서 검색엔진을 업그레이드할 때 먼저 개선하고 통일해야 하는 것이 모든 검색 서비스의 색인이다. 그렇지 않으면 검색 품질 향상은 흩날리는 모래 위에 지은 탑처럼 견고하지 못하다. 마찬가지로 이 책에서도 검색에 대한 소개를 색인부터 출발하려고 한다. 색인이 가장 기본이고 가장 중요하기 때문이다.

1. 불 대수

세상에 이진법보다 더 간단한 계수법은 없을 것이다. 이진법에는 숫자가 0과 1, 이렇게 2개뿐이다. 단순히 수학의 관점에서 보면 우리가 사용하는 십진법보다도 더 합리적이다. 그러나 사람에겐 10개의 손가락이 있으므로 10개 손가락을 사용하는 십진법이 이진법(또는 팔진법)보다 훨씬 편했기 때문에 문명 발전 과정에서 인간은 십진법을 채택했다.

이진법의 역사는 꽤 오래되었다. 중국 고대 음양 학설은 이진법의 최초 형태라고 볼 수 있다. 이진법은 계수 체계로서 BC 2~5세기에 인도 학자가 만들었지만, 0과 1을 사용해 수를 세지는 않았다. 17세기 독일의 위대한 수학자 라이프니츠(Gottfried Leibniz)가 이진법을 한층 정비해 0과 1로 두 숫자를 표시함으로써 오늘날 사용하는 이진법이 되었다. 이진법은 수를 세는 방식이면서 논리적으로 '예'와 '아니요'를 표시할 수도 있다. 이 두 특징은 색인에서 매우 유용하다. 불 연산(Boolean operation)은 이진법, 특히 이진법의 두 번째 특징이 반영된 연산으로 아주 간단하다. 아마 불 연산보다 더 간단한 연산은 없을 것이다. 요즘 모든 검색엔진들은 저마다 자신이 어떻게 똑똑하고 스마트한지(참으로 사람 마음을 흔드는 단어다) 내세우곤 하는데, 사실 근본적으로 보면 다들 불 연산의 테두리를 벗어나지 못한다.

조지 불(George Boole)은 19세기에 영국의 중등학교 수학 교사를 지내고 중등학교를 세우기도 했다. 이후 아일랜드 코크(Cork) 지역의 한 대학에서 교수를 지냈다. 불은 《케임브리지 수학 저널(Cambridge Mathematical Journal)》에 논문도 발표했지만 생전에 그를 수학자로 알아주는 사람은 아무도 없었다[영국에서 과학자로 공인받지 못한 또 한 사람으로 유명한 물리학자 줄(Joule)이 있다. 생전에 영국 학술원(The Royal Society) 회원이었지만 그의 공인 신분은 맥주 상인이었다]. 불은 여가 시간에 수학 논저를 즐겨 읽고 수학 문제를 고민했다. 1854년 《논리와 확률의 수학적 기초를 이루는 사고(思考)의 법칙 연구(An Investigation of the Laws of Thought, on Which are Founded the Mathematical Theories of Logic and Probabilities)》라는 저서를 출간했는데, 논리 문제를 수학적으로 해결하는 방법을 보여준 최초의 책이다. 그 전까진 수학과 논리를 별개 학문으로 보는 것이 보편적 인식이었고, 지금도 유네스코는 이 둘을 엄격히 구분한다.

불 대수는 더 이상 간단할 수 없을 만큼 간단하다. 연산의 요소는 1(TRUE, 진짜)과 0(FALSE, 거짓) 두 가지뿐이고, 기본적인 연산은 '그리고(AND)', '또는(OR)', '아니다(NOT)' 세 가지가 전부다[이 세 연산은 모두 '그리고 아니다(AND-NOT)' 한 가지로 바뀔 수 있음을 나중에 알게 되었다]. 모든 연산은 아래와 같은 진리표(truth table)로 명확하게 설명할 수 있다.

AND	1	0
1	1	0
0	0	0

표 8.1 AND 연산 진리표

〈표 8.1〉을 보면 AND 연산의 두 요소 중 하나가 0이면 연산 결과는 늘 0이다. 두 요소가 모두 1이면 연산 결과는 1이다. 예를 들어 '태양은 서쪽에서 뜬다'는 명제는 거짓이고(0) '물은 흐를 수 있다'는 명제는 진짜(1)이므로 '태양은 서쪽에서 뜨고 물은 흐를 수 있다'는 거짓이다(0).

OR	1	0
1	1	1
0	1	0

〈표 8.2〉를 보면 OR 연산의 두 요소 중 하나가 1이면 연산 결과는 늘 1이다. 두 요소가 모두 0이면 연산 결과는 0이다. 예를 들어 '장싼이 경기에서 1등을 했다'는 결론은 거짓이고(0) '리쓰가 경기에서 1등을 했다'는 진짜라면(1) '장싼 또는 리쓰가 경기에서 1등을 했다'는 진짜다(1).

NOT	
1	0
0	1

〈표 8.3〉을 보면 NOT 연산은 1을 0으로, 0을 1로 바꾼다. 예를 들어 '상아는 흰색이다'가 진짜라면(1) '상아는 흰색이 아니다'는 반드시 거짓이다(0).

이렇게 단순한 이론으로 어떻게 실제 문제를 해결할 수 있는지 의문이 들수도 있을 것이다. 불과 동시대를 산 수학자들도 같은 의문을 가졌다. 실제로불 대수는 제기된 후 80여 년 동안 제대로 응용되지 않다가, 1938년 섀넌이석사 논문에서 불 대수를 이용해 스위칭 회로를 구현하는 방법을 내놓으면서 비로소 디지털 회로의 기초가 되었다. 더하기, 빼기, 곱하기, 나누기, 거듭제곱, 제곱근풀이 등 모든 수학과 논리 연산은 전부 2진 불 연산으로 전환할수 있다. 바로 이 점 덕분에 인간은 스위칭 회로 하나로 마침내 전자 컴퓨터를 '조합'해냈다. 1장에서 얘기했듯이 수학의 발전은 사실 끊임없이 추상하고 요약하는 과정이었다. 추상화된 방법들은 생활과 갈수록 멀어지는 듯 보이지만 결국 적용할 수 있는 곳을 찾게 마련이며, 불 대수가 그 예다.

이제 문헌 검색과 불 연산의 관계를 살펴보자. 사용자가 키워드를 입력하면 검색엔진은 각 문헌에 그 키워드가 들어 있는지 여부를 판단해야 한다. 한 문헌에 해당 키워드가 들어 있으면 그에 맞춰 그 문헌에 진짜(TRUE 또는 1)라는 논릿값을 부여하고, 그렇지 않은 경우는 거짓(FALSE 또는 0)이라는 논릿값을 부여한다. 예를 들어 원자력 응용 관련 문헌을 찾아야 하는데, 원자탄을 어떻게 만드는지는 알고 싶지 않은 경우 '원자력 AND 응용 AND (NOT 원자탄)'이라고 입력할 수 있다. 요건에 부합하는 문헌을 표시할 때는 세 가지 조건을 동시에 충족해야 한다.

원자력 포함, 응용 포함, 원자탄 불포함

위의 각 조건에 대해 한 문헌은 TRUE 또는 FALSE 답안을 모두 가진다. 위의 진리표를 보면 각 문헌별로 찾아야 할 것과 찾지 말아야 할 것을 계산할 수 있다. 그러면 논리 추리와 계산이 하나로 통합된다.

수학에서 불 대수의 의미는 물리학에서 양자역학의 의미와 같다. 불 대수와 양자역학은 세계에 대한 인간의 인식을 연속(連續) 상태에서 이산(離散) 상태로 확장했다. 불 대수의 '세계'에선 만물이 모두 양자화될 수 있어, 연속적인 것에서 하나하나 흩어진 것이 된다. 그 연산 'AND, OR, NOT'도 전통적인 대수 연산과 전혀 다르다. 현대 물리 연구 성과에 따르면 우리 세계는 확실히 연속적이지 않고 양자화되어 있다. 우주의 기본 입자는 개수가 유한하며[1] 구골(*googol*, 10^{100})[2] 보다도 훨씬 적다.

2. 색인

검색엔진을 쓰는 사람들은 대부분 검색엔진이 0.0 몇 초 내에 수천만 심지어 수억 개의 검색 결과를 찾아내는 것에 놀란다. 모든 텍스트를 스캔한다면 컴퓨터의 스캔 속도가 아무리 빨라도 불가능한 일일 것이다. 그 속에 기법이 숨어 있는 게 분명하다. 그 기법은 바로 색인 구축이다. 과학기술 도서 맨 끝에 있는 색인이나 도서관의 색인과 같다. 구글의 제품 매니저 면접시험 문제에는 이런 것이 있다. "당신의 할머니에게 검색엔진을 어떻게 설명하겠습니까?" 응시자들은 대부분 인터넷, 검색 등 제품의 기술 측면에서 설명하려 하지만, 그렇게 해서는 문제를 통과할 수 없다. 바람직한 대답은 도서관 색인카드에 비유하는 것이다. 각각의 웹사이트는 도서관의 책과 같다. 도서관 책장에서 한 권 한 권 일일이 찾을 수는 없으므로 색인카드에서 책 위치를 확인한 뒤 해당 책장으로 가서 꺼내야 한다.

물론 도서관 색인카드로는 복잡한 논리 연산을 할 수 없다. 그러나 정보 검색이 컴퓨터 시대로 진입한 후, 도서 색인은 더 이상 카드가 아니라 데이터베이스에 기반해 구축된다. 데이터베이스 하부 언어 SQL(*structured query language*)은 여러 복잡한 논리 조합을 지원하지만, 그 배후의 기본 원리는 불 연산에 기반한다(현재까지는). 현대 검색엔진은 사용자의 SQL을 불 연산 공식으로 전환할 만큼 똑똑하지만, 기본 원리는 다를 것이 없다.

가장 간단한 색인 구조는 긴 이진법 수로 키워드가 문헌에 출현하는

---

1 http://www.universetoday.com/36302/atoms-in-the-universe/에 따르면 우주의 원자 개수는 $10^{78} \sim 10^{82}$로 추정되며 최소 기본 입자(쿼크, 전자, 광자 등)로 통계를 낸 후 암흑 물질과 암흑 에너지까지 감안해 환산해도 10^{86}을 넘지 않는다.

2 10의 100제곱, 즉 1뒤에 0이 100개 달린 수.

지 여부를 표시하는 것이다. 문헌 수만큼 자릿수가 늘어나며, 한 자릿수당 문헌 하나가 대응된다. 1은 해당 문헌에 그 키워드가 있다는 뜻이고 0은 없다는 뜻이다. 예를 들어 키워드 '원자력'에 대응하는 이진법 수가 0100100011000001…이면 두 번째, 다섯 번째, 아홉 번째, 열 번째, 열여섯 번째 문헌에 해당 키워드가 포함되어 있다는 의미다. 이 과정은 사실 천차만별인 문헌들을 양자화하는 과정이다. 이 이진법 수는 매우 길다는 점에 유의해야 한다. 마찬가지로 '응용'에 대응하는 이진법 수가 0010100110000001…이라 가정하면 '원자력'과 '응용'을 동시에 포함하는 문헌을 찾으려 할 경우 이 두 이진법 수에 불 연산 AND를 적용하면 된다. 앞에서 나온 진리표에 따라 결과는 0000100000000001…이고 다섯, 열여섯 번째 문헌이 요건을 충족함을 알 수 있다.

컴퓨터는 불 연산을 아주아주 빨리 해낸다. 현재 가장 저렴한 마이크로컴퓨터도 한 명령 사이클(instruction cycle)에 32자리 불 연산을 해내며, 1초에 수십억 회 이상을 실시할 수 있다. 물론 이런 이진법 수는 대부분 자릿수가 0이므로, 자릿수가 1인 것만 기록하면 된다. 따라서 검색엔진의 색인은 커다란 표가 된다. 표의 각 행은 한 키워드에 대응하고, 각 키워드 뒤에는 해당 키워드의 문헌 번호인 숫자들이 따라붙는다.

인터넷 검색엔진의 경우 웹페이지 하나가 하나의 문헌이다. 웹페이지는 수가 어마어마하므로 인터넷에서 사용하는 단어도 굉장히 많다. 따라서 색인이 조 단위에 이를 만큼 방대하다. 초기 검색엔진(알타비스타 이전의 모든 검색엔진)은 컴퓨터 속도와 용량의 제한으로 중요하고 핵심이 되는 주제어에 대해서만 색인을 구축했다. 지금도 여러 학술지들은 저자에게 키워드 3~5개만 제공해달라고 요구한다. 하지만 그러면 잘 나오지 않는 단어와 자주 나오는 허사(虛辭)는 찾을 수 없게 된다. 요즘에는 어떤 검색이든 관련 웹페이지를 제공할 수 있도록 자주 쓰는 검색엔진은 모든 단어에 색인을 만든다. 그러나 이것은 공학적으로는 매우 도전 정신이 필요한 작업이다.

인터넷에 100억[3] (10^{10})개의 유의미한 웹페이지가 있고 어휘표 규모는 30만 (보수적으로 추측한 수치)이라면 색인의 크기는 최소 100억×30만=3,000조다. 대다수 단어가 일부 텍스트에만 출현하는 점을 감안해서 100:1로 압축해도 30조 수준이다. 웹사이트 정렬에 편의를 기하기 위해 각 단어가 출현하는 위치, 횟수 등 색인에 많은 부가 정보도 담아야 한다. 따라서 전체 색인은 매우 커지고, 한 서버의 메모리로 저장할 수 없는 규모다. 그렇기 때문에 색인들은 분산 시스템을 통해 여러 서버에 저장된다. 일반적인 방법은 웹사이트 순서에 따라 색인을 여러 조각(shards)으로 나눠 각각 여러 서버에 저장하는 것이다. 조회 건이 하나 접수될 때마다 여러 서버에 보내지고, 서버들이 사용자의 요청을 동시에 처리해 메인 서버에 결과를 보내면 그것을 취합해 최종적으로 사용자에게 피드백을 제공한다.

인터넷상 콘텐츠가 증가하고, 특히 인터넷 2.0시대에 사용자가 생성하는 콘텐츠가 점점 많아지면서 구글처럼 서버 수가 거의 무한한 회사도 데이터 증가에 따른 부담을 느낀다. 따라서 웹사이트의 중요성, 품질, 방문 빈도에 따른 상용과 비상용 등 여러 레벨의 색인을 구축한다. 상용 색인은 방문 속도가 빠르고 부가 정보가 많아야 하며 업데이트도 빨라야 한다. 비상용 색인은 상대적으로 요구 사항이 낮은 편이다. 그러나 검색엔진 색인이 공학적으로 얼마나 복잡한가와 상관없이 원리는 불 연산처럼 아주 간단하다.

---

3   실제 수치는 이것보다 크다.

3. 갈무리하며

불 대수는 매우 간단하지만 수학과 컴퓨터 발전에 중대한 의미를 지닌다. 논리와 수학을 하나로 통합했을 뿐 아니라 우리에게 세상을 보는 새로운 시각을 제공해 오늘날과 같은 디지털화 시대를 열어주었다. 위대한 과학자 뉴턴의 말로 이 장을 마무리하겠다.

"진리는 복잡하고 혼란스러운 것이 아니라 단순함에서 찾을 수 있다(*Truth is ever to be found in simplicity, and not in the multiplicity and confusion of things*)."

그래프 이론과 웹 크롤러

9장

인터넷 검색엔진은 색인을 구축하기 전에 모든 웹페이지를 서버로
자동 다운로드하는 프로그램이 필요하다. 이 프로그램을 웹 크롤러라고 하며,
웹 크롤러 작성은 이산수학 중 그래프 이론을 토대로 한다.

이산수학(*discrete mathematics*)은 현대 수학의 중요한 분야이며 컴퓨터과학의 수학적 기초다. 수리 논리, 집합론, 그래프 이론 및 현대 대수학 등 네 분야를 포함한다. 수리 논리는 앞서 소개했듯이 불 연산을 기초로 한다. 여기에서는 그래프 이론과 인터넷 자동 다운로드 툴인 웹 크롤러의 관계를 소개하겠다. 말이 나온 김에 구글 트렌드(*Google Trends*)로 '이산수학'을 검색하면 재미있는 현상들을 발견할 수 있다. 이를테면 우한(武漢), 시안(西安), 허페이(合肥), 난창(南昌), 난징(南京), 창사(長沙), 베이징(北京) 등의 도시가 이 수학 주제에 관심이 가장 많다. 난창을 제외한 다른 곳은 중국 대학의 재학생 수가 가장 많은 도시들이다.

8장에서 검색엔진 색인을 어떻게 구축하는지 얘기했다. 그러면 인터넷의 모든 웹페이지를 어떻게 자동 다운로드할 수 있을까? 이를 위해선 그래프 순회(traverse) 알고리즘이 필요하다.

1. 그래프 이론

그래프 이론의 기원은 위대한 수학자 레온하르트 오일러(Leonhard Euler)가 살던 시대로 거슬러 올라갈 수 있다. 1736년 프로이센의 쾨니히스베르크(Konigsberg, 칸트의 고향, 현재는 러시아의 칼리닌그라드)에 간 오일러는 아래 〈그림 9.1〉과 같이 여러 다리를 한 번씩 건넜다가 출발점으로 되돌아오는 오락거리가 있다는 것을 현지 주민으로부터 알게 되었다. 성공한 사람은 하나도 없었다. 오일러는 그들이 하는 방법으로는 불가능하다는 사실을 증명하고 바로 논문 한 편을 썼다. 이것이 그래프 이론의 시작이라는 것이 일반적인 견해다. 왜 불가능한지에 대해선 추가 읽기에서 소개하겠다.

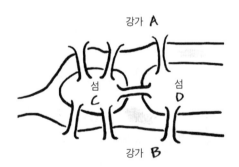

그림 9.1 쾨니히스베르크의 일곱 다리

그래프 이론에서 논하는 그래프는 노드들과 그 노드들을 연결하는 유향변(arc)으로 구성된다. 중국의 도시를 노드라 하고 도시를 연결하는 국도를 유향변이라 하면, 전국 도로 간선망이 그래프 이론에서 말하는 그래프다. 그래프에 관한 알고리즘은 많지만 가장 중요한 것은 그래프 순회 알고리즘이다. 다시 말해 어떻게 유향변을 통과해 그래프의 각 노드를 방문하는가다. 중국 도로망의 경우 베이징에서 출발해 모든 도시를 방문하는 것이다. 먼저 베이징과 어떤 도시들이 바로 연결되는지를 살펴볼 수 있다. 베이징은 톈진(天津), 지난(濟南), 스자좡(石家莊), 선양(沈陽), 후허하오터(呼和浩特) 등과 바로 연결된다(《그림 9.2》의 검은 선). 물론 이 도시들 간에는 다른 연결도 있을 수 있다(《그림 9.2》의 회색 선).

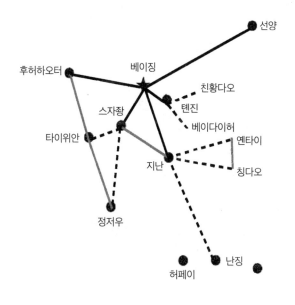

그림 9.2 중국 도로망

베이징에서 출발하면 차례로 이들 도시를 방문할 수 있다. 톈진, 지난 등 베이징과 바로 연결되는 도시를 먼저 방문한 다음, 이미 방문했던 도시들과 어떤 도시들이 연결되는지 살펴본다. 베이다이허, 친황다오는 톈진과 연결되고 칭다오, 옌타이, 난징은 지난과 연결되며 타이위안, 정저우는 스자좡과 연결된다(《그림 9.2》의 점선). 그리고 중국의 모든 도시를 모두 한 번씩 방문할 때까지 베이다이허, 친황다오, 옌타이 등 도시를 다시 한 번씩 방문한다. 이 그래프 순회 알고리즘을 '너비 우선 탐색(breadth-first search, BFS)'이라고 한다. 먼저 각 노드와 바로 연결되는 〈그림 9.3〉처럼 다른 노드를 최대한 '넓게' 방문하기 때문이다.

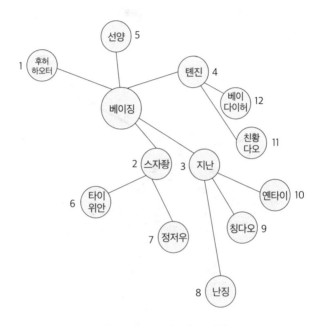

그림 9.3 너비 우선 순회(숫자는 순회 횟수)

또 하나의 전략은 베이징에서 출발한 김에 지난 등 연결되는 도시를 찾아 다음에 방문할 도시로 삼는 것이다. 그다음 지난에서 출발해 난징 등 다음 도시에 도착하고, 다시 난징에서 출발하는 도시를 방문한다. 이렇게 더 멀리 갈 수 있는 도시를 찾을 수 없을 때까지 계속 가고, 중간에 아직 방문하지 않은 도시가 있진 않은지 되돌아 찾아본다. 이 방법을 '깊이 우선 탐색(depth-

first search, DFS) 이라고 한다. 한 길만 가기 때문이다. 〈그림 9.4〉는 깊이 우선 탐색 알고리즘을 적용한 경우 전체 그래프의 순서를 나타낸다.

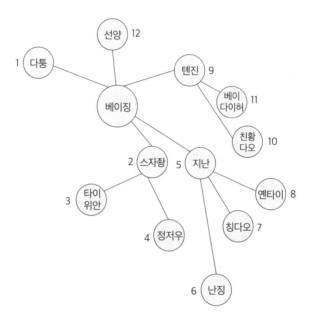

그림 9.4 깊이 우선 순회(숫자는 순회 순서)

이 두 방법으로 확실히 모든 도시를 방문할 수 있다. 물론 어떤 방법을 적용하든 같은 도시를 여러 번 방문하거나 빠뜨리는 도시가 생기지 않도록 노트에 이미 방문한 도시를 기록해야 한다.

2. 웹 크롤러

이제 그래프 순회 알고리즘과 검색엔진의 관계를 살펴보자. 인터넷은 복잡하지만 들춰내면 큰 그래프 한 장에 불과하다. 각각의 웹페이지를 노드로 보고 하이퍼링크(hyperlinks)를 웹페이지를 연결하는 유향변으로 볼 수 있다. 웹 페이지에서 줄이 쳐진 파란색 문자 뒤에는 사실 대응되는 웹사이트 주소가 숨겨져 있으며, 그것을 클릭하면 그것에 숨겨진 주소를 통해 해당 웹페이지로 건너뛸 수 있다. 문자 뒤의 주소를 '하이퍼링크'라고 한다. 하이퍼링크가 있으면 한 웹페이지에서 출발해 그래프 순회 알고리즘을 이용해서 모든 웹 페이지를 자동으로 방문하고 그것들을 저장할 수 있다. 이 기능을 완성하는 프로그램을 웹 크롤러(web crawlers)라고 하며, 어떤 문헌에서는 '로봇(robot)'이라고 부르기도 한다. 세계 최초의 웹 크롤러는 MIT 학생 매튜 그레이(Matthew Gray)가 1993년에 작성했다. 매튜 그레이는 자신의 프로그램에 WWW원더러(WWW Wanderer)라는 이름을 붙였다. 이후 웹 크롤러는 점점 복잡해지고 있지만 원리는 동일하다.

웹 크롤러가 인터넷 전체를 어떻게 다운로드하는지 살펴보자. 한 포털 사이트의 첫 페이지에서 출발한다고 가정하자. 먼저 그 페이지를 다운로드하고 그 페이지를 분석하면 페이지 내 모든 하이퍼링크를 찾을 수 있다. 텐센트 메일, 텐센트 파이낸스, 텐센트 뉴스 등 그 포털 사이트 첫 페이지에 직접 링크된 모든 웹페이지를 파악하는 것과 같다. 그다음 포털 사이트의 메일 등 페이지를 방문하고 다운로드해 분석하면 연결된 다른 웹 페이지도 찾을 수 있다. 컴퓨터를 쉬지 않고 작동시키면 전체 인터넷을 다운로드할 수 있다. 물론 중복을 피하기 위해 어떤 웹페이지를 다운로드했는지 기록해야 한다. 웹 크롤러에서 사람들은 웹페이지의 다운로드 여부 정보를 수첩에 기록하는 대신 해시테이블(hash table, '해시표'라고도 한다)을 사용한다.

현재 인터넷은 매우 방대해서 컴퓨터 서버 1대 혹은 몇 대로 다운로드 임무를 완수할 수 없다. 구글의 경우 2013년 전체 색인에 약 1조 개의 웹페이지가 있었고, 가장 빈번히 업데이트하는 기초 색인만 해도 100억 개의 웹페이지가 있었다. 웹 페이지 하나를 다운로드하는 데 1초가 걸린다고 가정하면 100억 개를 다운로드하려면 317년이 걸리며 1조 개를 다운로드하려면 32,000년 정도가 걸린다. 인류가 문자로 역사를 기록한 시간의 6배에 해당한다. 따라서 상업용 웹 크롤러 하나에 수천, 수만 개의 서버가 필요하며 고속 인터넷으로 연결해야 한다. 이렇게 복잡한 네트워크 시스템을 구축하고 서버들을 조율하는 것이 네트워크 설계 및 프로그램 설계 예술이라 할 수 있다.

3. 추가 읽기 그래프 이론에 대한 두 가지 보충 설명

3.1 오일러의 일곱 다리 문제 증명

연결된 각 육지를 노드로, 각 다리를 그래프의 변으로 보면 쾨니히스베르크의 일곱 개 다리를 아래 그림처럼 추상적으로 나타낼 수 있다.

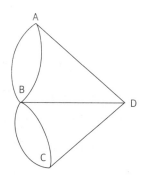

그림 9.5 쾨니히스베르크의 일곱 다리 추상도

그림에서 각 노드와 연결되는 변의 개수를 노드의 차수(*degree*)라고 정의한다.

정리 그래프가 한 노드에서 출발하고 각 변이 중복 없이 한 번 순회해 그 노드로 돌아오면 각 노드의 차수는 반드시 짝수다.

증명 그래프의 각 변을 1회씩 순회할 수 있으면 각 노드는 특정 변에서 노드로 들어가야 하고, 동시에 다른 변은 그 노드에서 떨어져 나가야 한다. 노드가 들어가고 떨어져 나가는 횟수가 동일하므로 각 노드에 들어가는 변의 개수만큼 변이 떨어져 나간다. 다시 말해 각 노드에 연결된 변의 개수는 짝을 지어 나타나며, 즉 각 노드의 차수는 짝수다.

〈그림 9.5〉에서 여러 노드의 차수가 홀수다. 따라서 이 그림은 한 노드에서 출발할 수 없고, 각 변을 1회씩 순회한 뒤에 이 노드로 돌아온다.

3.2 웹 크롤러 구축 시 공학 포인트

'어떻게 웹 크롤러를 구축할 것인가'는 내가 구글에서 가장 잘 내놓은 면접 문제다. 하도 잘 써먹으니까 일부 면접자들은 그것을 알고 있을 정도였다. 그래도 계속 그 문제를 냈고, 응시자의 컴퓨터과학 이론 기초, 알고리즘 능력 및 공학적 소양을 효과적으로 검증할 수 있었다. 이 질문은 완벽히 맞거나 틀린 정답이 없다는 데 묘미가 있다. 하지만 좋고 나쁜, 타당하고 타당하지 않은 답은 있으며, 질문을 계속 더 깊게 이어갈 수 있다. 우수한 응시자는 웹 크롤러를 만들어보지 않았어도 이 질문에 대답을 잘하지만, 실무 능력만 있는 삼류 엔지니어는 웹 크롤러 작업을 해봤어도 많은 부분을 빈틈없이 생각하지 못하는 경향이 있다.

웹 크롤러는 공학적으로 구현할 때는 고려해야 할 세부 사항이 많다. 그중 몇 가지 큰 측면을 살펴보면 다음과 같다.

1. BFS를 사용할 것인가, DFS를 사용할 것인가?

이론상으론 두 알고리즘 모두 (시간 요소를 고려하지 않는다는 전제하에) 대체로 동일한 시간[1]에 '정태적'인 전체 인터넷의 내용을 '크롤링(crawling)'할 수 있지만, 시간 요소를 고려하지 않고 인터넷이 변하지 않는 정태적 상태라는 공학상 두 가설은 현실에서 불가능하다. 더군다나 검색엔진의 웹 크롤러 문제는 '어떻게 유한한 시간에 가장 중요한 웹페이지를 최대로 크롤링하는가?'로 정의된다. 물론 웹사이트에서 가장 중요한 페이지는 첫 페이지다. 가장 극단적인 경우 크롤러가 작으면 매우 한정된 페이지만 다운로드할 수 있고, 그러면 모든 사이트의 첫 페이지를 다운로드해야 한다. 크롤러가 좀 더 클 경우엔 첫 페이지에서 바로 링크되는 페이지(베이징과 바로 연결되는 도시처럼)를 크롤링해야 한다. 그 페이지들은 사이트 설계자 본인이 상당히 중요한 페이지라고 판단한 것이기 때문이다. 이런 전제에선 당연히 BFS가 DFS보다 훨씬 낫다. 실제로 검색엔진 크롤러에선 단순하게 BFS를 적용하진 않지만, 먼저 어떤 페이지를 크롤링하고 다음에 어떤 페이지를 크롤링할 것인가를 정하는 스케줄러(scheduler)는 원리상 기본적으로 BFS를 쓴다.

그러면 DFS는 사용하지 않을까? 그렇지 않다. 이는 크롤러의 분산형 구조와 네트워크 통신의 주고받기(handshaking) 비용과 관련이 있다. '주고받기'란 다운로드 서버와 웹사이트 서버가 통신을 구축하는 과정을 말한다. 이 과정엔 부가 시간(overhead time)이 필요하며, 주고받기 횟수가 너무 많으면 다운로드 효율이 떨어진다. 실제 웹 크롤러는 모두 수백, 수천 심지어 수만 개 서버로 구성되는 분산형 시스템이다. 한 웹사이트에 대해 보통은 특정 서버 1대나 여러 대가 전적으로 다운로드를 담당한다. 이 서버들은 각 사이트를 돌아가며 5%씩 다운로드한 다음 돌아와 2차 다운로드를 하는 식이 아니라, 한 사이트의 다운로드를 완료한 후 다음 사이트로 들어간다. 이렇게 하면 주고

---

1   노드 개수 V와 변의 개수 E의 합의 선형 함수, 즉 $O(V+E)$.

받기의 횟수가 많아지는 것을 피할 수 있다. 첫 번째 사이트 다운로드가 끝난 후 두 번째 사이트를 다운로드하는 것은 DFS와 조금 비슷하다. 동일한 한 사이트(또는 서브 사이트)를 다운로드하는 경우에도 BFS를 사용해야 한다.

정리하면, 웹 크롤러가 웹페이지를 순회하는 횟수는 단순히 BFS나 DFS가 아니라 꽤 복잡한 다운로드 우선순위 정렬 방법을 적용한다. 이 우선순위 정렬을 관리하는 서브 시스템을 일반적으로 스케줄러라고 하며, 한 페이지의 다운로드가 끝난 후 다음에 어떤 페이지를 다운로드할 것인가를 스케줄러가 결정한다. 물론 스케줄러에 이미 발견했지만 다운로드는 하지 않은 페이지의 URL을 저장해야 하며, 일반적으로 우선순위 큐(priority queue)에 저장한다. 이 방식으로 전체 인터넷을 순회하는 것은 공학상 BFS와 더 비슷하다. 따라서 크롤러에선 BFS의 성분이 조금 더 많다.

2. 웹페이지 분석 및 URL 추출

앞에서 말했듯이 한 웹페이지 다운로드가 끝나면 그 페이지에서 URL을 추출해 그것을 다운로드 큐에 추가해야 한다. 인터넷 초기에 이 작업은 어렵지 않았다. 당시 웹페이지는 모두 바로 HTML 언어로 작성했기 때문이다. URL은 모두 텍스트 형태로 웹페이지에 놓였고, 앞뒤에 명확한 표시가 있어 쉽게 추출할 수 있었다. 그러나 현재는 URL을 그렇게 직접적으로 추출할 수 없다. 요즘 웹페이지들은 스크립트 언어(script language, 자바스크립트 등)로 생성하기 때문이다. 웹페이지의 소스코드(source code)를 열어보면 URL은 바로 볼 수 있는 텍스트가 아니라 스크립트 한 단락을 실행해야 얻을 수 있는 결과다. 따라서 웹 크롤러의 웹페이지 분석이 훨씬 복잡해지며, 브라우저에서 웹페이지 하나를 시뮬레이션 실행해야 그 안에 숨겨진 URL을 얻을 수 있다. 이 웹페이지들의 스크립트는 분석하기 어려울 정도로 불규칙적으로 작성되어 있다. 그럼에도 브라우저에서 열린다는 것은 브라우저가 분석할 수 있다는 뜻이다. 따라서 렌더링 엔진(rendering engine) 엔지니어가 웹 크롤러 분석 프로그램을 작성해야 하지만, 뛰어난 렌더링 엔진 엔지니어는 세계적으로 많지 않다. 따라서 웹페이지는 버젓이 있는데 검색엔진에 수록되지 않았다면 웹 크롤러의 분석 프로그램이 웹페이지의 불규칙한 스크립트 프로그램을 성공적으로 분석하지 못했을 가능성이 있다.

3. 이미 다운로드한 웹페이지를 기록하는 수첩: URL 표

인터넷에선 한 웹페이지가 여러 웹페이지의 하이퍼링크에 의해 안내될 수 있다. 즉 인터넷이라는 큰 그림에서 여러 유향변(링크)이 한 노드(웹페이지)로 갈 수 있다. 그러면 인터넷이란 그림을 순회할 때 이 웹페이지는 여러 번 방문될 수 있다. 한 페이지가 여러 번 다운로드되지 않게 하려면 해시테이블에 이미 다운로드한 페이지들을 기록할 수 있다. 해당 웹페이지를 다시 만나면 그것을 건너뛸 수 있다. 해시테이블을 적용하면 한 웹페이지의 URL이 표에 있는지 여부를 판단해 평균 1회만(또는 몇 번만) 조회되게 하는 장점이 있다. 물론 아직 다운로드하지 않은 웹페이지를 만나면 해당 페이지를 다운로드하고, 그 페이지의 URL을 적시에 해시테이블에 저장한다. 해시테이블에선 매우 간단한 작업이다. 다운로드 서버 하나에 해시테이블을 구축하고 유지하는 것은 어렵지 않다. 그러나 서버 수천 개가 동시에 웹페이지를 다운로드하고 단일 해시테이블을 유지하는 것은 그리 간단하지 않다. 첫째, 이 해시테이블은 서버 하나로 저장할 수 없을 만큼 크다. 둘째, 각각의 다운로드 서버는 다운로드를 시작하기 전이나 다운로드를 완료한 후 해시테이블을 방문하고 유지해야 한다. 그래야 서버들의 중복 작업을 피할 수 있다. 해시테이블을 저장하는 서버의 통신은 전체 크롤러 시스템의 걸림돌이다. 나는 면접 응시자들에게 이 걸림돌을 어떻게 제거할 것인가를 자주 묻는다.

여러 해결 방안이 나오고 절대적으로 옳은 것은 없지만 좋고 나쁨의 차이는 있다. 좋은 방법은 일반적으로 두 가지 기술을 적용한다. 먼저 다운로드 서버들의 분업을 명확히 하는 것이다. 다시 말해 스케줄링을 할 때 특정 URL을 보면 어떤 서버에 넘겨 다운로드를 해야 할지 알기 때문에 여러 서버가 특정 URL을 다운로드해야 하는지 여부를 중복 판단하지 않아도 된다. 분업이 명확해지면 URL을 다운로드해야 하는지 여부를 판단해 일괄 처리할 수 있다. 예를 들면 매번 해시테이블(별개 서버)에 질문들을 보내거나 매번 해시테이블의 내용을 업데이트하는 것이다. 그러면 통신 횟수가 크게 줄어든다.

4. 갈무리하며

그래프 이론이 등장한 후 오랫동안 현실 세계에서 그래프의 규모는 수천 개 노드 이내였다(도로, 철도 도표 등). 그때는 그래프 순회가 비교적 간단했기 때문에 산업계에서 이 문제를 전문적으로 연구하는 사람이 별로 없었다. 예전에는 컴퓨터 전공 학생들도 대부분 이 분야의 연구가 실제로 어떤 쓰임새가 있는지 잘 몰랐다. 다들 작업하면서 한 번도 쓰지 않았기 때문이다. 그러나 인터넷이 등장하면서 그래프 순회 방법이 재능을 발휘할 기회가 생겼다. 많은 수학 방법이 그렇다. 실질적 용도가 없는 것처럼 보이지만 시간이 흐르면 갑자기 유용하게 쓰인다. 이것이 세계의 많은 사람이 평생 수학을 연구하는 이유가 아닌가 싶다.

페이지랭크 - 구글의 민주 표결식 웹페이지 정렬 기술

10장

웹페이지 순위 정렬 기술인 페이지랭크는 초기 구글의 필살기였다.
페이지랭크의 등장으로 웹페이지 검색 품질이 크게 향상되었다.
페이지랭크의 원리는 그래프 이론과 선형 대수의 행렬 연산이다.

현재 검색엔진은 사용자의 질문 대부분에 수많은 응답 결과를 제공한다. 그 결과들을 어떤 순서로 정렬해야 사용자가 가장 보고 싶어 하는 답을 줄 수 있을까? 이는 검색엔진의 품질을 결정하는 중요한 문제다. 결론적으로 말하면, 특정 질문에 대한 검색 결과 배열 순서는 웹페이지의 품질 정보(quality), 해당 질문과 웹페이지들의 관련성(relevance) 정보에 달려 있다. 이 장에서는 웹페이지 품질을 평가하는 방법을 소개하고, 다음 장에서는 검색 키워드와 웹페이지 관련성을 측정하는 방법을 소개하겠다.

1. 페이지랭크 알고리즘의 원리

구글의 혁명적 발명은 '페이지랭크(*pagerank*)'라고 하는 웹페이지 순위 정렬 알고리즘이라는 사실을 모두 알 것이다. 이 기술 덕분에 1998년 전후 검색의 관련성이 질적으로 도약해, 그전에 정렬이 효과적이지 않았던 웹페이지 검색 결과의 문제를 원만히 해결했다. 이로써 사람들은 구글 검색 품질이 좋고, 이 알고리즘을 통해 회사 전체가 성공했다고 생각한다. 물론 이 알고리즘의 역할을 조금 과장한 경향이 있는 평가다.

제일 먼저 인터넷의 많은 웹사이트에 순서를 매기려고 시도한 것은 구글이 아니라 야후다. 야후 창업자 제리 양(*Jerry Yang*)과 데이비드 파일로(*David Filo*)는 맨 처음에 목록 분류 방식으로 사용자가 인터넷을 통해 정보를 검색하게 했다(이에 관한 역사는 필자의 책《흐름의 정점》을 참고하기 바란다). 그러나 당시 컴퓨터 저장 용량과 속도의 한계 때문에 야후를 비롯한 다른 검색엔진들엔 같은 문제가 존재했다. 수록된 웹페이지가 너무 적으며, 웹페이지에서 자주 보이는 내용과 관련이 있고 실제로 사용되는 단어만 색인이 가능하다는 것이었다. 당시 사용자는 관련 정보를 찾기가 어려웠다. 1999년 이전에는 논문을 한 편 찾으려면 검색엔진을 여러 개 바꿔야 했던 기억이 난다.

이후 DEC 사가 알타비스타(*AltaVista*)라는 검색엔진을 개발해 알파(*Alpha*)서버 하나만으로 기존의 어떤 엔진보다 더 많은 웹페이지를 수록했고, 웹페이지상의 모든 단어의 색인을 작성했다. 알타비스타 덕분에 사용자는 많은 결과를 검색하게 되었지만 대부분 결과는 질문 내용과 관련이 별로 없었고, 몇 페이지를 뒤적거려야 겨우 원하는 웹페이지를 찾을 수 있는 경우도 있었다. 최초의 알타비스타가 적용률 문제를 어느 정도 해결하긴 했지만 여전히 결과를 효율적으로 정렬하지는 못했다. 알타비스타와 동시대의 검색엔진 업체인 잉크토미(*Inktomi*)도 있다. 두 기업은 검색 결과 랭킹에서도 인터넷 웹페이지 품질이 꽤 역할을 발휘한다는 점을 깨닫고 이런저런 방법을 시도해 얼마간 효과를 봤지만, 둘 다 수학적으론 그다지 완벽한 방법이 아니었다. 그들의 방법은 정도는 조금씩 다르지만 특정 웹페이지로 안내하는 링크 및 링크 텍스트[검색 기술에선 앵커 텍스트(*anchor text*)라고 부름]를 사용하는 기술이다. 당시에는 모두 공개된 기술이었다. 1996년 존스홉킨스대학교 선배인 스콧 바이스(*Scott Weiss*, 나중에 윌리엄메리대학교에서 교편을 잡음)가 정보검색 박사논문을 쓸 때 링크 개수를 검색 랭킹의 한 인수로 삼았다.

웹페이지 자체 품질의 완벽성을 계산하는 수학 모델을 제대로 찾은 것은 구글 창립자 래리 페이지와 세르게이 브린이다. 구글의 '페이지랭크'는 어떻게 작동할까? 간단히 말하면 민주 표결이다. 예를 들어 리카이푸 박사를 찾으려 하는데 100명이 손을 들어 자신이 리카이푸라고 한다. 누가 진짜일까? 그중 몇몇은 진짜일 것이다. 하지만 그렇다 해도 우리가 정말 찾고자 하는 리카이푸는 누구일까? 사람들이 창신공장(創新工場)의 리카이푸가 진짜라고 한다면 그가 진짜 리카이푸다.

인터넷에서 한 웹페이지가 다른 웹페이지들에 링크되어 있다는 것은 그 페이지가 보편적으로 인정받고 신뢰받는다는 의미다. 그러면 그 페이지는 높은 순위에 랭크된다. 이것이 페이지랭크의 핵심 개념이다. 물론 실제 구글의 페이지랭크 알고리즘은 훨씬 복잡하다. 이를테면 여러 웹페이지에 걸린 링크를 구별해 취급한다. 순위가 높은 웹페이지의 링크를 더 신뢰할 수 있기 때문에 그 링크에 더 큰 가중치를 부여

그림 10.1 모두가 그를 '리카이푸'라고 한다면 그가 진짜 리카이푸다.

한다. 현실 세계에서 이뤄지는 주주총회 의결과 비슷하다. 주주 한 명당 의결권(voting power)을 고려하면 20%의 의결권을 갖는 주주와 1% 의결권을 갖는 주주가 최종 의결에 미치는 영향력은 확연히 다르다. 페이지랭크 알고리즘은 이런 요소를 고려한다. 즉 높은 순위의 웹사이트가 기여하는 링크의 가중치가 더 크다.

예를 하나 들어보자. 웹페이지 Y의 랭킹은 이 웹페이지로 안내하는 다른 웹페이지 $X_1, X_2, \cdots, X_K$의 가중치의 합이다. 아래 그림에서 Y의 페이지랭크 $=$ 0.001+0.01+0.02+0.05=0.081이다.

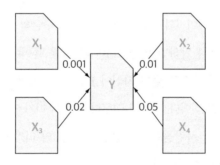

그림 10.2 웹페이지 순위 계산

래리 페이지와 세르게이 브린이 이 알고리즘에 누가 어떤 개념을 기여했는지 강조하진 않았지만, 내가 알기로 이 개념은 래리 페이지한테서 나왔다. 그다음 문제는 X_1, X_2, X_3, X_4의 가중치가 각각 얼마인지를 어떻게 측정하느냐다. 페이지는 웹페이지들의 자체 순위여야 한다고 생각했다. 여기에서 문제가 생긴다. 검색 결과의 웹페이지 순위를 계산하는 과정에서 웹페이지 자체 순위를 이용해야 한다니, 이건 '닭이 먼저냐, 달걀이 먼저냐'의 문제가 아닌가?

이 악순환을 푼 사람은 브린이었다. 브린은 이 문제를 2차원 행렬 곱셈 문제로 바꾸고 반복법으로 문제를 해결했다. 페이지와 브린은 먼저 모든 웹페이지의 순위가 동일하다고 가정하고 그 초깃값을 근거로 각 웹페이지의 1회 반복 순위를 산출한 다음, 1회 반복 순위를 근거로 2회 순위를 산출했다. 두 사람은 초깃값을 어떻게 취하든 이 알고리즘을 적용하면 웹페이지 순위 추정값이 순위의 참값(*true value*)으로 수렴될 수 있다는 점을 이론적으로 증명했다. 이 알고리즘의 경우 인위적 관여가 필요하지 않다는 점에 주목할 만하다.

이론 문제를 해결하니 실제 문제가 닥쳤다. 인터넷상 웹페이지 수가 방대하고, 위에서 말한 2차원 행렬은 이론적으로 웹페이지 개수의 제곱만큼 많은 원소가 있기 때문이다. 웹페이지가 10억 개라 가정하면 행렬에는 1조 개의 원소가 있다. 이렇게 큰 행렬 곱셈은 계산량이 엄청나다. 페이지와 브린은 희소 행렬(*sparse matrix*) 계산 스킬을 이용해 계산량을 대폭 줄이고 웹페이지 순위 알고리즘을 구현했다.

인터넷 사이트 수 증가로 페이지랭크의 계산량이 점점 커짐에 따라 여러 서버를 이용해야 작업이 가능하다. 구글은 초기에 페이지랭크 계산 병렬화(*parallelization*)를 반수동, 반자동으로 진행했다. 그래서 모든 웹페이지의 페이지랭크를 한 번 업데이트하는 주기가 길었다. 2003년 구글 엔지니어 제프리 딘(*Jeffrey Dean*)과 산제이 게마왓(*Sanjay Ghemawat*)이 병렬 컴퓨팅 툴 맵리듀스(*MapReduce*)를 발명하면서 페이지랭크 병렬 컴퓨팅은 백 퍼센트 자동화되었고, 이로써 계산 시간이 크게 축소되고 웹페이지 정렬 업데이트 주기가 그전보다 훨씬 짧아졌다.

래리 페이지는 내가 구글에 입사한 후 다른 신입 직원 몇과 함께 둘러앉아 옛날 브린과 웹페이지 순위 알고리즘을 어떻게 구상하게 되었는지 얘기해주었다. "당시 우리는 인터넷 전체가 하나의 큰 그림과 같다고 생각했어요. 각각의 웹사이트는 노드 같고 웹페이지들을 연결하는 것은 유향변과 같은 것이죠. 나는 인터넷을 그림이나 매트릭스로 표현할 수 있고, 그렇게 발견한 것을 박사논문으로 쓸 수 있다고 생각했죠." 래리 페이지와 브린은 이렇게 페이지랭크 알고리즘을 발명했다. 페이지랭크에서 페이지라는 단어는 웹페이지, 책의 페이지 등의 뜻도 있고 래리 페이지 자신의 성이기도 하다. 우리는 이 알고리즘을 왜 '브린' 알고리즘이 아니라 '페이지' 알고리즘이라고 부르느냐며 농담을 주고받았다.

웹페이지 순위 알고리즘은 인터넷을 통째로 하나의 전체로 취급하는 점이 훌륭하다. 얼떨결에 체계 이론(system theory) 개념과 맞아떨어진다. 이에 비해 기존의 정보 검색은 대부분 각각의 웹페이지를 별개의 개체로 취급했기 때문에 대부분 사람들이 웹페이지 내용과 질문 문구의 관련성에만 주의를 기울이고 웹페이지 간의 관계는 소홀히 했다. 래리 페이지와 브린의 시대에도 웹페이지 간 연결을 이용해 웹페이지 품질을 측정하는 방법을 고민하는 사람들이 있긴 했지만, 피상적 이해를 바탕으로 한 짜깁기식 방법 찾기에 그쳐 근본적으로 문제를 해결한 사람은 없었다.

페이지랭크는 당시의 검색 결과에 큰 영향을 미쳤다. 1997~1998년 전후 모든 인터넷상에서 찾을 수 있는 검색엔진 결과에서 관련성이 있거나 유용한 응답은 10개당 2~3개뿐이었다. 반면 당시 스탠퍼드대학교 연구소에서 구글은 결과 10개당 7~8개의 관련성 있는 응답을 찾을 수 있었다. 덕분에 구글은 기존의 모든 검색엔진을 빠른 속도로 무너뜨렸다. 하지만 지금은 상업용 검색엔진이라면 결과 10개당 7~8개 정도는 관련 있는 응답이고, 사용자가 클릭하는 데이터가 검색 품질을 결정하는 가장 유용한 정보다. 반대로 새로운 기술이 검색 품질을 업그레이드할 여지가 제한적이므로 사용자가 차이를 느끼기 어렵다. 이후 마이크로소프트 등의 기업이 검색 분야에서 제대로 역할을 발휘하지 못한 것도 이 때문이다.

2. 추가 읽기 페이지랭크의 계산 방법

독자 배경지식: 선형대수학

$$B = (b_1, b_2, \cdots, b_N)^T \tag{10.1}$$

위 벡터가 첫 번째, 두 번째… N번째 웹페이지의 순위라고 가정하자.

$$A = \begin{bmatrix} a_{11} & \cdots & a_{1n} & \cdots & a_{1M} \\ \cdots & & & & \cdots \\ a_{m1} & \cdots & a_{mn} & \cdots & a_{mM} \\ \cdots & & & & \cdots \\ a_{M1} & \cdots & a_{Mn} & \cdots & a_{MM} \end{bmatrix} \tag{10.2}$$

위 행렬은 웹페이지 간의 링크 수다. 이 중 a_{mn}은 m번째 웹페이지가 n번째 웹페이지를 안내하는 링크의 수다. A는 이미 알고 있고 B는 아직 모르므로 계산해야 한다.

B_i가 i회 반복한 결과라고 가정하면 다음과 같다.

$$B_i = A \cdot B_{i-1} \tag{10.3}$$

초기 단계: 모든 웹페이지의 순위는 $1/N$, 즉 다음과 같다.

$$B_0 = \left(\frac{1}{N}, \frac{1}{N}, \cdots, \frac{1}{N} \right)$$

간단한 (그러나 계산량은 큰) 행렬 연산(《10.3》)을 통해서도 B_1, B_2,…를 얻을 수 있다. B_i가 최종적으로 수렴된다는 사실, 즉 B_i가 무한대로 B에 가까워진다는 사실을 증명(생략)할 수 있다. 이때 $B=A \times B$다. 따라서 2회 반복한 결과 B_i와 B_{i-1} 간 차이가 작고 0에 근접하면 반복 연산을 멈추고 알고리즘을 끝낸다. 일반적으로 10회 정도만 반복하면 대체로 수렴된다.

웹페이지 간 링크 수가 인터넷 규모에 비해 적기 때문에 웹페이지 순위를 계산하려면 확률이 0이거나 작은 사건을 평활화 처리해야 한다. 웹페이지 순위는 차원 벡터이며, 이를 평활화하려면 작은 상수 α를 쓸 수밖에 없다. 이때 공식 〈10.3〉이 다음과 같이 바뀐다.

$$B_i = [\frac{\alpha}{N} \cdot I + (1-\alpha)A] \cdot B_{i-1} \tag{10.4}$$

여기에서 N은 인터넷 웹페이지 개수고, α는 (작은) 상수, I는 단위행렬이다.

웹페이지 순위 계산은 주로 행렬 곱셈으로 진행하며, 그 계산은 여러 작은 임무로 분해해 여러 컴퓨터에서 처리하기 쉽다. 행렬 곱셈의 구체적 병렬화 방법은 29장에서 구글의 병렬화 컴퓨팅 툴 맵리듀스를 소개할 때 다시 얘기하겠다.

3. 갈무리하며

현재 구글 검색엔진은 처음보다 훨씬 복잡하고 많이 정비되었다. 그럼에도 페이지랭크는 구글의 모든 알고리즘에서 여전히 굉장히 중요하다. 학술계에서 이 알고리즘은 문헌 검색에 가장 크게 기여한 알고리즘으로 공인받았으며, 많은 대학들이 정보검색 커리큘럼(information retrieval) 내용에 넣고 있다. 래리 페이지도 이 알고리즘 때문에 30세 전에 미국공학한림원 회원으로 발탁되었다. 스티브 잡스와 빌 게이츠에 이어 회원으로 발탁된 대학 자퇴생이다. 페이지랭크 알고리즘은 특허로 보호받기 때문에 두 가지 결과가 따랐다. 첫째, 다른 검색엔진들은 처음 시작할 때 게임의 법칙에 따라 페이지랭크의 특허권을 침해하지 않았고, 당시 약소했던 구글에 좋은 보호 장치가 되어주었다. 둘째, 그 덕분에 스탠퍼드대학교는 1%가 넘는 구글 주식을 보유해 10억 달러 이상의 수익을 거뒀다.

웹페이지와 질문의 관련성을 결정하는 방법

웹페이지와 질문의 관련성을 결정하는 것은 웹페이지 검색의 주요 문제이며,
질문에서 키워드의 중요성 수준을 결정하는 것이 핵심이다.
TF-IDF는 현재 통용되는 키워드 중요성 측정 알고리즘으로, 그 원리는 정보이론이다.

앞에서 웹페이지 자동 다운로드 방법과 색인 구축 및 웹페이지 품질 측정 방법(페이지랭크)을 소개했다. 이어서 특정 질문에 대해 가장 관련성 높은 웹페이지를 찾는 방법을 알아보자. 이 세 가지 지식을 알면 프로그램에 대한 기초가 어느 정도 있는 독자라면 소속 학교나 학과에서 쓸 간단한 소규모 검색엔진은 만들 수 있을 것이다.

2007년 내가 구글차이나 공식 블로그에 이 내용을 올릴 때만 해도 기술과 알고리즘이 데이터보다 더 중요했기 때문에 웹페이지와 질문의 관련성을 결정할 때 주로 알고리즘에 의존했다. 그러나 요즘엔 상업용 검색엔진에 사용자 클릭 데이터가 대량 존재하기 때문에 자주 보이는 검색 클릭 웹페이지를

통해 사용자가 결과를 얻을 확률 모델이 검색 관련성에 대한 기여도가 가장 크다. 최근 검색엔진 품질에 영향을 미치는 여러 요소들은 사용자 클릭 데이터를 제외하면 다음 네 가지로 분류할 수 있다.

1. **완벽한 색인** "아무리 솜씨 좋은 주부도 쌀이 없으면 밥을 지을 수 없다"라는 말이 있다. 색인에 웹페이지가 없으면 알고리즘이 아무리 좋아도 찾을 수 없다.

2. **웹페이지 품질 측정(페이지랭크 등)** 물론 앞에서 소개했듯이 지금 보면 페이지랭크의 역할은 10년 전보다 많이 축소됐다. 지금은 웹페이지 품질을 전방위적으로 측정한다. 웹페이지 내용의 신뢰도를 측정하는 경우, 페이지랭크가 높은 가십 사이트라도 그 내용은 신뢰도가 낮을 것이다.

3. **사용자 선호도** 쉽게 이해할 수 있는 요소다. 사용자에 따라 좋아하는 것이 다르므로 우수한 검색엔진들은 동일한 검색에 대해서도 사용자별로 다른 랭크를 제공한다.

4. **웹페이지와 특정 질문의 관련성을 정하는 방법** 이 장에서 살펴볼 내용이다.

앞에서 들었던 '원자력의 응용' 웹페이지 검색 사례를 살펴보자. 1단계는 색인에서 이 검색어를 포함하는 웹페이지를 찾는 것이다(8장 불 연산 내용 참고). 요즘엔 어떤 검색엔진이든 이 질의어와 관계있는 웹페이지를 수십만에서 수백만 개 제공할 수 있다. 구글의 경우 약 1,000만 개의 결과를 피드백한다. 그러면 어떤 것을 앞에 놓아야 할까? 당연히 웹페이지 자체 품질이 좋아야 하고 질문 키워드 '원자력의 응용'과의 관련성이 높은 웹페이지가 앞에 놓여야 한다. 웹페이지 품질 측정 방법에 대해선 10장에서 이미 소개했고, 여기에선 또 다른 핵심 기술, 웹페이지와 질문의 관련성 측정 방법을 소개하겠다.

1. 검색 키워드 가중치를 과학적으로 측정하는 TF-IDF

'원자력의 응용'은 원자력, 의, 응용, 이렇게 세 키워드로 나눌 수 있다. 이 세 단어가 많이 나오는 웹페이지가 적게 나오는 웹페이지보다 관련성이 높을 것임을 우리는 직관적으로 안다. 물론 이 방법에는 뚜렷한 허점이 있다. 바로 지면이 긴 웹페이지가 짧은 웹페이지보다 유리하다는 것이다. 일반적으로 긴 웹페이지에 포함된 키워드가 더 많기 때문이다. 따라서 웹페이지 길이를 기준으로 하려면 키워드 횟수를 정규화(normalization)해야 한다. 다시 말해 키워드 횟수로 웹페이지 총 자수를 나누는 것이다. 그 나눗셈의 몫을 '키워드의 빈도' 또는 '단어의 빈도수(term frequency, TF)'라고 한다. 어떤 웹페이지에 총 1,000개의 단어가 있고 이 중 '원자력', '의', '응용'이 각각 2회, 35회, 5회씩 나온다면 단어 사용 빈도는 각각 0.002, 0.035, 0.005다. 세 수치를 더한 값 0.042가 바로 해당 웹페이지와 질문 '원자력의 응용'의 '단어의 빈도수'가 된다.

따라서 웹페이지와 질문의 관련성을 측정하는 간단한 방법은 각 키워드가 웹페이지에 나오는 총 빈도수를 직접 사용하는 것이다. 자세히 살펴보면 질문이 N개 키워드 $w_1, w_2, \cdots, w_N$을 포함한다면 특정 웹페이지에서의 단어 사용 빈도는 $TF_1, TF_2, \cdots, TF_N$이다. 그러면 이 질문과 해당 웹페이지의 관련성(즉 유사성)은 다음과 같다.

$$TF_1 + TF_2 + \cdots + TF_N \tag{11.1}$$

아마 또 하나의 허점을 발견했을 것이다. 위의 예에서 '의'라는 단어가 총 단어 빈도수의 80% 이상을 차지하는데, 웹페이지의 주제를 결정하는 데는 거의 쓸모가 없다. 이런 단어를 불용어(stop word)라고 한다. 즉 이런 단어는 관련성을 측정할 때 빈도를 고려해서는 안 된다. '은/는', '와/과', '~(하)게' 등 불용어는 수십 개에 이른다. 불용어를 무시하면 위에서 말한 웹페이지와 질문의 관련성이 0.007이 되며, 그중 '원자력'의 공헌도가 0.002, '응용'의 공헌도는 0.005다.

세심한 독자라면 또 하나의 작은 허점을 눈치챘을 것이다. '응용'은 통용어인 반면 '원자력'은 전문 용어이므로, 관련성 랭크에서 후자가 전자보다 중요하다. 따라서 각 단어별로 가중치를 주어야 하며, 가중치를 설정하려면 다음 두 조건을 충족해야 한다.

1. 단어의 주제 예측 능력이 강할수록 가중치가 커지고, 반대의 경우 가중치가 작아진다. 웹페이지에서 '원자력'이란 단어를 보면 웹페이지의 주제를 어느 정도 파악할 수 있다. 반면 '응용'은 그 단어를 봐도 주제를 전혀 알 수 없다. 그러므로 '원자력'의 가중치가 '응용'보다 커야 한다.

2. 불용어의 가중치는 0이다.

정리하면, 키워드 w가 D_w개 웹페이지에서 나온다고 가정하면 D_w가 클수록 w의 가중치는 작아지고, D_w가 작을수록 w의 가중치는 커진다. 정보 검색에서 가장 많이 사용하는 가중치는 역문서 빈도(*inverse document frequency*, *IDF*)로, 공식은 $\log\left(\dfrac{D}{D_w}\right)$이며 여기에서 D는 전체 웹페이지 수다. 예를 들어 웹페이지 수 D=10억이고 불용어 '의'가 모든 웹페이지에서 나온다고 가정하면, 즉 D_w=10억이면 그 *IDF*=log(10억/10억)=log(1)=0이다. 전문 용어 '원자력'이 200만 개 웹페이지에서 나온다면(D_w=200만) 그 가중치 *IDF*=log′(500)=8.96이다. 통용어 '응용'이 5억 개 웹페이지에 나온다고 가정하면 그 가중치 *IDF*=log(2), 즉 1에 불과하다.

다시 말해 웹페이지에서 '원자력'을 찾을 명중률은 '응용' 9개를 찾아낼 명중률과 같다. IDF를 이용하면 위의 관련성 계산 공식이 간단한 단어 빈도 합 구하기에서 가중치 합 구하기로 바뀐다. 즉 다음과 같다.

$$TF_1 \cdot IDF_1 + TF_2 \cdot IDF_2 + \cdots + TF_N \cdot IDF_N \qquad (11.2)$$

위의 예에서 해당 웹페이지와 '원자력의 응용'의 관계성은 0.0161이며, 그중 '원자력'의 공헌도는 0.0126인 반면 '응용'의 공헌도는 0.0035에 불과하다. 이 비율은 우리의 직감과 상당히 일치한다.

TF-IDF 개념은 정보 검색에서 가장 중요한 발명으로 꼽는다. TF-IDF의 역사를 이야기하자면 아주 흥미롭다. IDF 개념은 케임브리지대학교의 캐런 스파크 존스(*Karen Spärck Jones*)[1]가 처음 제기했다. 1972년 캐런 스파크 존스는 〈키워드 특수성의 통계 해석 및 문헌검색 응용〉이란 논문에서 IDF 개념을 제기했다. 아쉽게도 존스는 왜 가중치 IDF가 대수함수 $\log(\frac{D}{D_w})$가 되어야 하는지를(제곱근 $\sqrt{\frac{D}{D_w}}$ 등 다른 함수가 아니라) 이론적으로 설명하지도 않았고 이 주제로 더 깊은 연구를 진행하지도 않아, 이후 많은 문헌에서 사람들이 TF-IDF를 언급할 때 그녀의 논문을 인용하지 않았다. 대부분의 사람들은 심지어 캐런 스파크 존스의 공헌을 알지도 못한다. 같은 해 케임브리지대학교의 로빈슨이 두 페이지 분량의 설명을 작성했지만, 설명이 별로였다. 오히려 이후에 코넬대학교의 제럴드 솔턴(Gerard Salton)이 수차례 글이나 책을 써서 TF-IDF가 정보검색에서 어떻게 쓰이는지 논하고 솔턴 본인의 이름을 붙였기에(정보 검색 분야의 세계적인 큰 상에 솔턴 이름이 붙여졌다) 많은 사람

---

1 캐런 스파크 존스는 케임브리지대학교의 여성 컴퓨터과학자로 프로그램 분야에서 "컴퓨터는 남자만 만들라고 놔두기엔 너무나 중요하다!"라는 어록을 남겼다.

이 솔턴의 책을 인용했고, 정보 검색에서 가장 중요한 개념을 솔턴이 제안한 것으로 여기기도 했다. 물론 세상은 캐런 스파크 존스의 공헌을 잊지 않았다. 2004년 《문헌학학보》는 창간 60주년 기념을 맞아 캐런 스파크 존스의 대작을 재인쇄했다. 같은 호에 로빈슨이 새년의 정보이론으로 IDF를 설명하는 글을 썼다. 이번에는 설명은 맞았는데 문장력이 별로고 너무 길어(장장 18페이지) 간단한 문제를 복잡하게 만들었다. 사실 정보이론 학자들은 IDF라는 개념이 특정 조건에서 키워드 확률 분포의 쿨백-라이블러 발산(6장 '정보의 단위와 역할' 참고)이라는 사실을 이미 깨닫고 밝힌 상태였다. 이렇게 해서 정보 검색 관련성 측정은 다시 정보이론으로 회귀했다.

현재의 검색엔진은 TF-IDF를 미세하게 최적화함으로써 관련성 측정에 더 정확성을 기하고 있다. 물론 검색엔진 구축에 흥미가 있는 애호가라면 TF-IDF만 사용해도 충분하다. 페이지랭크 알고리즘을 결합하고 질문 하나를 제시하면 관련성과 페이지랭크의 곱셈으로 관련 웹페이지의 종합 랭킹이 결정된다.

2. 추가 읽기 TF-IDF의 정보이론적 근거

독자 배경지식: 정보이론과 확률론

한 질문(*query*) 중 각각의 키워드(*key word*) w의 가중치에는 그 단어가 질문에 얼마나 많은 정보를 제공하는지가 반영되어야 한다. 간단한 방법은 각 단어의 정보량을 그 가중치로 삼는 것이다. 즉 다음과 같다.

$$I(w) = -P(w)\log P(w)$$

$$= -\frac{TF(w)}{N} \log \frac{TF(w)}{N} = \frac{TF(w)}{N} \log \frac{N}{TF(w)} \tag{11.3}$$

여기에서 N은 전체 코퍼스의 크기로, 생략 가능한 상수다. 위 공식은 다음과 같이 간략화할 수 있다.

$$I(w) = TF(w)\log \frac{N}{TF(w)} \tag{11.4}$$

그러나 공식 〈11.4〉는 결점이 하나 있다. 두 단어의 등장 빈도 TF가 같고, 하나는 특정 문장에서 자주 나오는 단어이고 다른 하나는 여러 문장에 흩어져 있다면 첫 번째 단어의 식별력이 더 높으므로 가중치가 더 커야 한다. 또한 더 우수한 가중치 공식은 키워드 식별력을 반영해야 하는 것이 당연하다. 이상적인 가설을 세워보자.

1) 각 문헌의 크기는 모두 M개 단어로 기본적으로 동일하다. 즉 $M = \frac{N}{D}$ $= \frac{\sum_w TF(w)}{D}$ 다.

2) 한 키워드가 문헌에 등장하면 횟수에 상관없이 그 공헌도는 모두 같다. 그러면 그 단어는 문헌에서 $c(w) = \frac{TF(w)}{D(w)}$ 회 등장하거나 0이다. $c(w) < M$ 이면 공식 〈11.4〉에서 출발해 다음 공식을 얻을 수 있다는 사실에 주의하자.

$$TF(w)\log \frac{N}{TF(w)} = TF(w)\log \frac{MD}{c(w)D(w)}$$

$$= TF(w)\log\left(\frac{D}{D(w)}\frac{M}{c(w)}\right) \tag{11.5}$$

TF-IDF와 정보량의 차이가 바로 〈11.6〉의 두 번째 항이라는 것을 알 수 있다. $c(w) < M$ 이므로 2항은 0보다 크고, $c(w)$의 감소함수이기 때문이다. 위 공식을 다시 쓰면 다음과 같다.

$$TF\text{-}IDF(w) = I(w) - TF(w)\log\frac{M}{c(w)} \qquad (11.6)$$

한 단어의 정보량 $I(w)$가 클수록 TF-IDF 값이 커지고, 동시에 w가 명중하는 문헌에서 w의 평균 등장 횟수가 많을수록 두 번째 항은 작아지고 TF-IDF는 커지는 것을 알 수 있다. 이 결론은 정보이론과 완전히 부합한다.

3. 갈무리하며

TF-IDF는 검색 키워드의 중요성을 나타내는 값이며 강력한 이론적 근거를 갖추고 있다. 따라서 검색에 정통하지 않은 사람이라도 TF-IDF를 바로 적용하면 효과가 그리 나쁘지 않을 것이다. 현재 각 검색엔진은 모두 TF-IDF를 기초로 키워드 중요성 측정을 개선하고 조정한다. 그러나 원리상으론 TF-IDF와 거리가 멀지 않다.

유한상태기계와 동적계획법
- 지도 및 지역 검색의 핵심 기술

12장

지도 및 지역 서비스에 사용되는 유한상태기계와 동적계획법은
인공지능과 머신러닝 툴로 음성인식, 철자 및 문법 오류 수정, 철자 입력법,
산업용 제어 및 생물학 서열 분석 등에서 매우 광범위하게 응용된다.

2007년에 처음 '수학의 아름다움' 블로그 강좌를 쓸 때만 해도 지역 검색 및 서비스 보급이 미흡한 상태였고, 스마트폰 수량도 제한적이었을 뿐 아니라 지역 정보와 전혀 결합되지 않았다. 웹페이지 검색에 비해 지도 서비스 트래픽은 여러 수직형 검색(*vertical search*)의 일부분에 불과했다. 현재는 지역 생활 서비스가 갈수록 중요해지고 있으며 위치 확인, 지도 검색, 노선 찾기 등은 여전히 지역 생활 서비스의 기본이다. 챕터 수를 줄이기 위해 유한상태기계 시리즈와 동적계획법의 일부를 합쳐 지도 및 지역 생활 검색에 관한 하나의 장으로 구성했다.

2008년 9월 23일 구글, 티모바일(*T-Mobile*), HTC는 최초로 오픈소스 운영

체제 안드로이드(*Android*) 기반 3G 스마트폰 G1을 발표했다. 이 휴대폰은 외관이나 사용자 경험 면에서 1년 전에 애플이 출시한 첫 번째 아이폰(*iPhone*)만 못했고 가격도 큰 차이가 없었지만, 그럼에도 적잖은 사람들이 사용했다. G1의 필살기는 GPS를 이용한 글로벌 내비게이션(*Global Navigation*)이었다. 위성항법 기능은 2000년 전후부터 이미 차량 탑재 설비로 사용되었지만 판매가가 비쌌다. 2004년 내가 구입한 마젤란 휴대용 GPS는 가격이 1,000달러 정도(지금은 200~300달러면 산다)였고, 이후 일부 스마트폰도 이 기능을 개발했지만 기본적으로 사용이 불가능했다. 안드로이드폰의 이 기능은 당시 이미 위성항법 장치에 필적할 수 있었고 주소 인식 기술(유한상태기계 적용)은 위성항법 장치의 주소 매칭 기술(철자 하나만 잘못 입력해도 안 된다)보다 훨씬 좋아, 결과적으로 G1 발표 당일 마젤란 등 내비게이션 업체는 주가가 40% 폭락했다.

스마트폰의 위치 확인 및 내비게이션 기능의 핵심 기술은 사실 딱 3개다. 첫째, 위성항법을 이용한다. 이것은 전통적인 항법 장치도 모두 가능한 기술이므로 소개하지 않겠다. 둘째는 주소 인식이다. 이 장 첫 부분에서 소개하겠다. 셋째는 사용자가 입력하는 출발점과 도착점을 근거로 지도에서 최단 노선이나 가장 빠른 노선을 계획하는 것이다. 이 장 두 번째 부분에서 소개하겠다.

1. 지도 분석 및 유한상태기계

주소 인식 및 분석은 지역 검색의 필수 기술이다. 주소의 정확성을 판단하는 동시에 해당 지리 정보[성(省), 시, 거리, 건물 번호 등]를 정확하게 추출한다. 간단해 보이지만 실제로는 번거롭다. 예를 들어 선전(深圳)에 위치한 텐센트에서 내가 받은 우편물과 소포에는 다음과 같이 다양한 주소가 있었다.

> 광둥성 선전시 텐센트 빌딩
>
> 광둥성 518057 선전시 난산구 과학기술단지 텐센트 빌딩
>
> 선전시 518057 과학기술단지 텐센트 빌딩
>
> 선전시 난산구 과학기술단지 텐센트
>
> 선전시 난산구 과학기술단지 텐센트 본사 518000(정확한 우편번호를 몰랐던 듯
> 하다)
>
> 광둥성 선전시 과학기술단지 중이로 텐센트

주소들이 조금씩 부정확하지만 우편물과 소포를 다 무사히 받았다는 것은 집배원이 인식할 수 있다는 의미다. 그러나 프로그래머에게 파서를 작성해 이 주소의 설명을 분석하라고 한다면 아마 쉽지 않은 일일 것이다. 주소를 설명한다는 것이 보기엔 간단하지만 꽤 복잡한 문맥과 관계하기 때문이다. 예를 들어 다음 두 주소를 살펴보자.

> 상하이시 베이징둥로 xx호
>
> 난징시 베이징둥로 xx호

인식기가 '베이징둥로'를 스캔할 때 베이징둥로와 뒤의 건물 번호가 정확한 주소를 구성하는지 여부를 판단하려면 문맥, 즉 도시명을 봐야 한다. 앞에서 얘기했듯이 문맥과 관계하는 문법 분석은 복잡하고 시간도 많이 들며, 파서도 작성하기 어렵다. 훌륭한 모델이 없다면 파서가 보기 싫게 작성되는 것은 차치하고, 적용할 수 없는 경우도 많다. 이를테면 다음과 같은 설명이다.

(선전시) 선전대로와 난산대로 교차로 서쪽 100미터[1]

다행히 주소 문법은 문맥 관련 문법 중 비교적 간단한 유형이라 인식 및 분석 방법이 많다. 그러나 가장 효과적인 것은 유한상태기계(*finite-state machine*)다.

유한상태기계는 특수한 방향성 그래프로(9장 '그래프 이론' 참고) 상태들(노드)과 그 상태들을 연결하는 유향변을 포함한다. 〈그림 12.1〉은 중국 주소를 인식하는 유한상태기계의 간단한 예다.

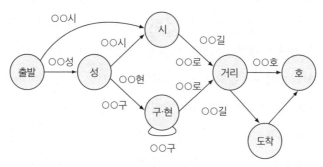

그림 12.1 주소 인식 유한상태기계

유한상태기계는 모두 하나의 출발 상태와 하나의 도착 상태 그리고 몇 개의 중간 상태가 있다. 각 변은 한 상태에서 다음 상태로 들어가는 조건을 가진다. 위 그림에서 현재 상태가 '성'인 경우 구·현 이름과 관계하는 문구를 만나면 '구·현' 상태로 들어가고, 시와 관계하는 문구를 만나면 '시' 상태로 들어가는 식이다. 주소가 상태기계의 출발 상태에서 여러 중간 상태를 거쳐 도착 상태로 갈 수 있다면 그 주소는 유효하고, 그렇지 않으면 그 주소는 무

1 　실제로 많은 상점에서 이런 식으로 자신의 주소를 설명한다.

효하다. 예를 들어 '베이징시 쌍칭로 83호'는 위 유한상태기계에서 유효하지만 '상하이시 랴오닝성 마자쫭'은 무효하다('시'에서 출발해 '성'으로 돌아갈 수는 없기 때문이다).

유한상태기계를 사용한 주소 인식의 관건은 두 가지 문제를 해결하는 것이다. 즉 유효한 주소들을 통해 상태기계를 구축하고 유한상태기계 하나를 부여한 뒤 주소 문자열 검색 알고리즘(matching algorithm)을 적용하는 것이다. 다행히 이 두 문제 모두 이미 사용하는 알고리즘이 있다. 주소에 관한 유한상태기계가 있으면 그것을 써서 웹페이지를 분석하고 웹페이지 중 주소 부분을 찾아내어 현지 검색을 위한 데이터베이스를 구축할 수 있다. 마찬가지로 사용자가 입력하는 질문을 분석해 그중 주소를 설명하는 부분을 골라낼 수도 있다. 물론 나머지 키워드는 사용자가 찾고자 하는 내용이다. 예를 들면 사용자가 '베이징시 쌍칭로 근처 술집'을 입력하는 경우, 현지 구글이 '베이징시 쌍칭로'와 찾고자 하는 대상 '술집'을 자동 인식한다.

유한상태기계에 기반한 인식 방법은 실제 사용에서 몇 가지 문제가 있다. 사용자가 입력하는 주소가 표준에 맞지 않거나 틀린 글자가 있으면 유한상태기계는 속수무책이다. 유한상태기계는 엄격하게 매칭만 하기 때문이다[사실 컴퓨터과학에서 유한상태기계가 초기에 성공적으로 응용된 것은 프로그래밍 언어 컴파일러(compiler) 설계 분야다. 운영 가능한 프로그램은 문법상 오류가 없어야 하므로 근사 문자열 매칭(approximate string matching)이 필요 없다. 반면 자연어는 자유분방하므로 간단한 문법으로 설명되지 않는다].

이 문제를 해결하기 위해 우리는 근사 문자열 매칭이 가능해진 정확한 주소를 위한 문자열을 제시할 가능성을 보고 싶었다. 과학자들은 이 목표를 달성하려고 확률에 기반한 유한상태기계를 제안했다. 확률 기반 유한상태기계는 이산적 연속체의 형식을 갖는 마르코프 연쇄와 기본적으로 효과가 같다.

1980년대 이전에는 확률 기반 유한상태기계를 쓰는 사람이 적지 않았지만 모두 자신의 응용 설계 전용 유한상태기계 프로그램이었다. 1990년대 이후 유한상태기계가 자연어 처리에서 폭넓게 응용되며 많은 과학자들이 통용 유한상태기계 프로그램 작성에 힘썼다. 그중 가장 성공한 사람이 AT&T 연구소의 세 과학자 메리아 모리(Mehryar Mohri), 페르난도 페레이라, 마이클 라일리(Michael Riley)다. 세 사람은 오랜 시간을 들여 확률에 기반한 통용 유한상태기계 C언어 라이브러리를 작성했다. AT&T는 학술계에 각종 프로그래밍 툴을 무료로 제공하는 좋은 전통이 있었기에 세 사람도 다년간 심혈을 기울인 결과물을 동종업계 종사자들과 공유했다. 안타깝지만 호시절은 오래가지 않았다. AT&T 연구소는 내리막길을 걸었고 세 사람 모두 AT&T를 떠났다. 모리는 뉴욕대학교 교수가 되었고, 페레이라는 펜실베이니아대학교 컴퓨터학과 주임으로 부임했다가 구글 연구 총괄자가 되었으며, 라일리는 곧장 구글 연구원이 되었다. 한동안 AT&T 연구소의 새 주인은 더 이상 유한상태기계 C언어 라이브러리를 무료로 제공하지 않았다. 그전에 모리 등이 그들의 자세한 알고리즘[2]을 발표하긴 했지만 실행 세부 사항은 빠뜨렸다. 그렇기 때문에 학술계에선 같은 기능의 라이브러리를 재작성할 수 있는 과학자가 꽤 있었지만 AT&T 라이브러리의 효율(즉 연산 속도)에 도달하긴 어려웠다. 참 유감스러운 일이었다. 그런데 최근 오픈소스 소프트웨어의 세계적 영향력이 점점 커지면서 AT&T가 이 툴의 소스코드를 다시 개방했다. 유한상태기계 프로그램은 작성하기가 만만하지 않다. 프로그래머가 내부 원리와 세부 기술을 이해해야 하고 프로그램 능력도 탄탄해야 한다. 그러니 오픈소스코드를 바로 적용하는 것이 좋다.

---

2 http://www.cs.nyu.edu/~mohri/pub/csl01.pdf

한 가지 짚고 넘어갈 것이 있다. 유한상태기계는 주소와 같은 상태 서열을 분석하는 것 이외에도 용도가 많고 광범위하다. 구글의 차세대 제품 중 유한 상태기계를 전형적으로 응용한 것이 스마트폰의 개인 정보 기반 서비스 소프트웨어 구글 나우(*Google Now*)다. 구글 나우의 핵심인 유한상태기계는 개인의 지리 위치 정보, 달력 및 기타 정보(유한상태기계에 대응하는 상태) 및 사용자의 현재 사용 언어나 문자 입력을 근거로 개인의 질문에 대답하며, 사용자가 찾는 정보를 제공하거나 해당 서비스를 제공한다(지도를 열어 내비게이션을 작동하거나 전화를 거는 등). 구글 나우 엔진은 AT&T의 유한상태기계 라이브러리와 기능상 완전히 동일하다.

2. 글로벌 내비게이션과 동적계획법

글로벌 내비게이션의 핵심 알고리즘은 컴퓨터과학 그래픽 이론의 동적계획법(*dynamic programming, DP*)이다.

그래프 이론에서 추상적인 그래프는 노드들과 그것들을 연결하는 변으로 구성된다. 각 변의 길이 또는 가중치를 다시 감안하면 그래프는 가중치 그래프(*weighted graph*)가 된다. 중국 도로망은 '가중치 그래프'의 좋은 예다. 각 도시는 노드이고 도로는 변이다. 그래프에서 변의 가중치는 지도상 거리 또는 차량 운행 시간, 도로 통행료 등에 대응한다. 그래프 이론에서 흔히 접하는 문제는 그래프에서 두 지점 간 최단 노선(*shortest path*)을 찾는 일이다. 이를테면 베이징에서 광저우까지 최단 운행 노선이나 가장 빠른 노선을 찾는 것이다. 물론 가장 직접적이지만 어리석은 방법은 가능한 모든 노선을 한 번 둘러본 후 최선책을 찾는 것이다. 노드가 한 자릿수인 그래프라면 가능한 방법이지만 노드(도시)가 수십 개에 달하면 계산 복잡도가 사람, 심지어 컴퓨터도 감당하지 못할 수준이 된다. 노드 수가 늘어나면 가능한 모든 루트의 수가 기하급수적으로 늘어나기 때문이다. 즉 도시 하나가 늘어날 때마다 복잡도는 2배가 된다. 내비게이션 시스템이 이렇게 어리석은 방법을 쓸 리 만무하다. 내비게이터나 내비게이션 소프트웨어는 몇 초 만에 최상의 운행 노선을 찾아낸다.

모든 내비게이션 시스템은 동적계획법을 적용한다. 여기에서 프로그래밍이란 단어는 컴퓨터 '프로그램'이 아니라 수학적 의미의 '계획'이다. 동적계획법의 원리는 간단하다. 위에서 든 예를 보면, 베이징에서 광저우까지 최단 노선을 찾는 경우, 먼저 이 문제를 뒤집어 생각해보는 것이 좋다. 원하는 최단 노선(노선 1이라고 하자)을 이미 찾았다고 가정하고, 그것이 정저우를 경유한다면 베이징에서 정저우까지의 서브노선[예를 들면 베이징→바오딩(保定)→스자좡→정저우, 서브노선 1이라 하자] 역시 필연적으로 베이징에서 정저우까지 모든 노선

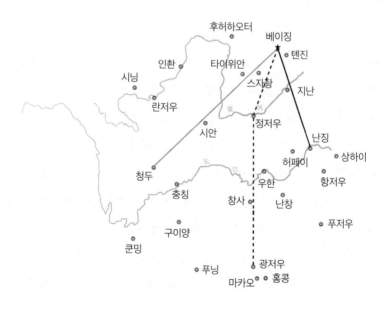

그림 12.2 중국 도로 맵은 특수한 가중치 그래프다.

중 가장 짧다. 그렇지 않다면 베이징에서 정저우까지 더 짧은 노선이 존재한 다고 가정할 수 있고[베이징→지난→쉬저우(徐州)→정저우, 서브노선 2라 하자] 이 서브노선 2를 서브노선 1로 대체하면 베이징에서 광저우로 가는 전 코스의 최단 노선(노선 2라 하자)을 찾을 수 있으며, 이는 우리가 베이징에서 광저우 까지의 최단 노선이라 한 노선 1과 모순된다. 이 모순의 근원은 가정을 세운 서브노선 2가 존재하지 않거나 서브노선 1보다 더 긴 것이다.

이 알고리즘을 구체적으로 실행하려면 문제를 다시 원점으로 돌려 해결해 야 한다. 다시 말해 베이징에서 광저우까지 최단 노선을 찾으려면 먼저 베이 징에서 정저우까지의 최단 노선을 찾는 것이다. 물론 스마트한 독자들은 여 기에서 허점을 발견했을 것이다. 전 코스의 최단 노선을 아직 찾지 못했으므 로 그것이 반드시 정저우를 경유하리라 확신할 수 없다는 점이다. 하지만 상 관없다. 그래프를 가로로 가로지르면 〈그림 12.3〉처럼 베이징에서 광저우까지 의 어느 노선이든 반드시 둘로 나뉜다.

그러면 광저우에서 베이징까지의 최단 노선은 반드시 그 선상에 있는 도 시(우루무치, 시닝, 란저우, 시안, 정저우, 지난)를 지나게 되어 있다. 베이징에서 출 발해 이 선상의 모든 도시에 이르는 최단 루트를 먼저 찾으면 마지막에 얻는 전 코스의 최단 노선은 반드시 이 국부 최단 노선 중 하나를 포함한다. 이렇 게 해서 '전 코스 중 최단 노선' 문제를 국부에서 최단 노선을 찾는 작은 문 제들로 분해할 수 있다. 광저우에 도착할 때까지 가로선을 베이징에서 광저우 로 옮기면 전 코스 중 최단 노선이 찾아진다. 이것이 바로 동적계획법의 원 리다. 동적계획법을 적용하면 최단 루트의 계산 복잡도가 많이 줄어든다. 위 의 예에서 선상에 평균 10개 도시가 있다면 가로선 하나를 추가할 때마다 광저우에서 베이징까지 최대 15개 도시를 경유한다. 그러면 동적계획법을 적 용할 경우 계산량은 $10 \times 10 \times 15$인 반면, 무차별적으로 모든 노선을 아우르는

그림 12.3 베이징에서 광저우까지 노선은 반드시 그래프 중 굵은 선상의 도시를 지나게 되어 있다.

어리석은 방법을 적용하면 계산량이 10의 15제곱으로 1조 배나 차이가 난다.

계산량이 커 보이는 문제의 계산 복잡도를 확 줄일 수 있는 것이 올바른 수학 모델이다. 이것이 수학의 신기한 효과다.

3. 추가 읽기 유한상태변환기

독자 배경지식: 그래프 이론

유한상태기계는 주소 인식 여러 곳에도 응용된다. 현대 음성인식 디코더 (*decoder*)는 기본적으로 유한상태기계 원리를 토대로 한다. 또한 컴파일러 원리, 디지털 회로 설계에서 중요하게 쓰이므로 여기에선 유한상태기계의 엄격한 수학 모델을 제시해보겠다.

> 정의(유한상태기계) 유한상태기계는 Σ, S, s_0, δ, f로 구성되는 5-튜플이다.
> 여기에서
> Σ는 입력 부호의 집합이다.
> S는 비어 있지 않은 유한 상태의 집합이다.
> s_0은 S의 특수한 상태이며 초기 상태다.
> δ는 공간 $S \times \Sigma$에서 S까지의 사상함수(mapping function)다. 즉 $\delta : S \times \Sigma \to S$다.
> f는 S의 특수한 상태며 최종 상태다.

여기에서 사상함수 δ는 변수들, 즉 상태와 입력 부호의 조합에 적합한 대응 상태(함숫값)가 없다. 다시 말해 몇몇 상태에서 어떤 부호는 〈그림 12.1〉의 예에 수용되지 못하고, 도시 상태에 들어간 후 '성(省)'처럼 입력하면 새로운 상태로 들어간다. 이때 유한상태기계는 오류 신호를 내보낸다. 유한상태기계에서 상태 서열이 s_0에서 시작해 몇몇 상태를 거쳐 최종 상태 f로 갈 수 있다

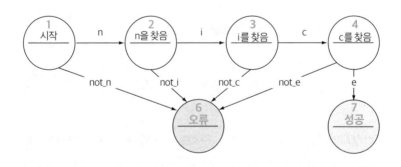

그림 12.4 유한상태기계 중 일부 상태가 입력 부호의 조합과 적합한 대응 상태가 없는 경우, 그것을 오류 상태에 대응시킬 수 있다.

면, 이 상태 서열은 이 유한상태기계가 생성하는 합법적인 서열이 될 수 있고, 반대의 경우는 합법적인 서열이 될 수 없다.

유한상태기계는 음성인식과 자연어 이해에서 매우 중요한 역할을 하지만, 이 분야들은 가중 유한상태변환기(*weighted finite state transducer, WFST*)라는 특수한 유한상태기계를 사용한다. 아래에서 WFST 및 그 구조와 사용법을 소개하겠다.

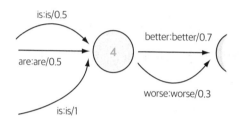

그림 12.5 유한상태변환기

유한상태변환기(*finite state transducer*)는 〈그림 12.5〉와 같이 유한상태기계의 각 상태가 입력 및 출력 부호로 정의된다는 특수성이 있다.

상태 4의 정의는 '입력은 is 또는 are, 출력은 better 또는 worse'인 상태다. 전체 부호 서열의 앞뒤가 어떻든지, 특정 시각 전후 부호가 is/are와 better/worse의 조합이면 이 상태로 들어갈 수 있다. 상태에는 다양한 입력과 출력이 있을 수 있으며 입력과 출력의 가능성이 다르다면, 즉 상이한 가중치를 부여하면 그에 상응하는 유한상태변환기가 가중된다. 2장 '자연어 처리'에서 언급한 바이그램 모델과 비교하면, 단어 앞뒤의 2-튜플은 모두 WFST의 한 상태에 대응될 수 있다는 사실을 발견할 수 있을 것이다. 따라서 WFST는 태생적으로 자연어 처리 분석 툴인 동시에 디코딩 툴이다.

음성인식에서 인식되는 각 문장들은 모두 한 WFST로 표시할 수 있다.

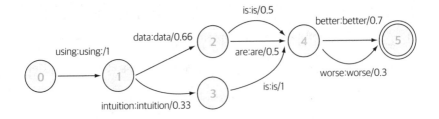

그림 12.6 표현한 말의 음성인식 결과. 문구의 뜻은 '데이터를 사용하면 좋고 직감을 사용하면 나쁘다'이다.

WFST의 각 루트가 후보 문구이며, 그중 확률이 가장 큰 루트가 이 문구의 인식 결과다. 또한 이 알고리즘의 원리는 앞에서 소개한 동적계획법이다.

4. 갈무리하며

유한상태기계와 동적계획법은 주소 인식, 내비게이션 등 지도 서비스 관련 분야에 그치지 않고 매우 광범위하게 응용된다. 음성인식, 철자 및 문법 오류 수정, 철자 입력법, 산업용 제어(*industrial control*) 및 생물학 서열 분석 등 분야에서도 매우 중요하게 응용된다. 특히 철자 입력법에 대한 응용은 뒤에서 다시 소개하겠다.

구글 AK-47 설계자 - 아밋 싱할 박사

가장 유명한 경화기를 꼽으라면 AK-47 소총이다. 탄피가 막히는 법이 없어
잘 망가지지 않기 때문에 어떤 환경에서도 사용할 수 있고 신뢰성이 좋으며,
살상력도 강하고 조작이 간편하다. 구글 제품은 바로 이 원칙에 따라 설계되었다.

총기 애호가, 혹은 니콜라스 케이지(*Nicolas Cage*)가 주연한 영화 〈로드 오브
워(*Lord of War*)〉를 본 독자라면 영화 시작 부분에 나오는 말을 기억할 것이다.
"(모든 경화기 중) 가장 유명한 건
AK-47 소총[1]이다. 탄피가 막히
는 법이 없어 잘 망가지지 않
기 때문에 어떤 환경에서도 사
용할 수 있어 신뢰성이 좋으며

사진 13.1 AK-47 소총

---

1 중국 56식 소총의 원형으로 전 세계에서 총 7,500만 정이 만들어졌고, '겸용' 소총도 1억 정 제조되
었다.

살상력이 강하고 조작이 간단하다."

1. 공학적으로 간단한 정렬 알고리즘 설계

컴퓨터과학 분야의 훌륭한 알고리즘은 AK-47 소총처럼 간단하고 효과적이며 확실하고 쉽게 이해할 수 있어야(쉽게 조작할 수 있어야) 하며, 뭔가 있어 보이듯 간단한 것을 일부러 어렵게 만들어선 안 된다고 생각한다. 구글 AK-47의 설계자는 구글 펠로(*Google Fellow*)이자 미국공학한림원 회원인 아밋 싱할 박사다. 구글 내부 정렬 알고리즘 Ascorer(에스코러)의 A는 바로 아밋 싱할의 이름 첫 글자를 딴 것이다.

나는 구글에 합류한 첫날부터 싱할과 유쾌한 협력을 했고 4년간 죽 그랬다. 그는 줄곧 나의 좋은 스승이자 유익한 친구였다. 싱할, 맷 커츠(*Matt Cutts*)(일부 유저는 맷 커츠를 *FBI* 특수요원으로 오인하고 있는데, 당연히 아니다), 마틴 카스키엘(*Martin Kaszkiel*)과 나, 네 사람은 인터넷 검색 스팸(*spam*)[2] 문제를 함께 연구하고 해결했다. 우리는 대다수 스팸 검색에 어느 정도는 상업적 의도가 있다는 것을 발견했다. 그도 그럴 것이, 이익이 걸려 있기 때문이다. 그래서 우리는 검색의 상업적 의도 여부를 정확히 구분하기 위한 분류기를 구축할 필요가 있었다.

그전까지 계속 공부와 일만 했던 나는 모든 일에 완벽한 솔루션을 구하려 애썼다. 사용 가능하고 훌륭한 분류기를 설계하는 것은 내게 어려운 일이 아니었지만 정작 그것을 실행하고 학습시키는 데는 3~4개월이나 걸렸다. 당시는 구글에 맵리듀스 같은 병렬 컴퓨팅 툴도 없던 시절이라 복잡한 머신러닝

2　스팸 방지(anti-spam)에 대해서는 나중에 따로 설명하겠다.

에 시간이 많이 소요됐다. 한편 간단하고 효과적인 방법을 찾으면 그만이라고 생각한 싱할은 내게 가장 단순하고 사용 가능한 분류기를 만드는 데 대략 몇 시간이 걸리느냐고 물었고, 나는 주말[3]이면 충분할 것이라고 말했다. 나는 월요일에 분류기를 완성했고, 완벽한 솔루션을 실행하기 위해 더 시간을 들여야 하는지 싱할에게 물었다. 싱할은 결과를 보더니 "충분해요, 충분해. 공학적으로 간단하고 실용적인 방법이 최곱니다"라고 했다. 우리는 이 원칙에 따라 다른 문제들에서도 간단하고 실용적인 방법을 찾았고, 그 결과 1~2개월 만에 스팸 수는 절반으로 줄었다.

당시 우리는 엔지니어링 담당 부사장 웨인 로싱(Wayne Rosing)과 내기를 했다. 우리가 스팸을 40% 줄이면 그가 우리에게 엔지니어링상을 주고 우리 네 가정(네 직원이 아니라)을 하와이로 5일 휴가를 보내주기로 했다. 이 스팸 방지 알고리즘이 가동된 후 로싱은 정말로 약속을 지켰다. 세르게이 브린은 내게 어떻게 그리 짧은 시간에 그런 기능을 구현했냐고 물었다. 나는 아주 간단한 방법이라고 말했다. 브린이 말했다. "아, AK-47 자동 소총과 비슷하네." 분류기는 작고 정교하게 설계되었고(차지하는 메모리가 작다) 운행 속도가 빨라(서버 몇 대로 전 세계 검색 분류를 처리할 수 있다) 지금까지 잘 운행되고 있다. 내가 구글을 떠난 뒤에도 계속 사용하고 있다. 이 기술은 구글이 스팸 방지 분야에서 취득한 최초의 미국 특허이기도 하다.

이후에도 나와 싱할은 한국어, 중국어, 일본어 정렬 신규 알고리즘 설계 및 실행을 포함한 여러 프로젝트를 함께 완성했다. 2002년 구글은 70여 종의 언어 검색을 지원했지만 모든 언어에 적용하는 정렬 알고리즘은 딱 하나였다. 당시 글로벌화 작업은 번역 인터페이스와 문자 부호화(character encoding)

---

3 구글 창업 초기에 우리는 보통 주말에도 쉬지 않았다.

에만 국한되어 있었다. 싱할은 내게 새로운 한국어, 중국어, 일본어 검색 알고리즘을 함께 만들자고 제의했다. 솔직히 당시 나는 특정 언어 검색에 흥미가 없었지만, 사내에 자연어 처리를 공부한 중국인은 나밖에 없었고 당시 한국, 중국, 일본 검색 결과는 영어에 비해 너무 '형편이 없어' 이 일이 내게로 떨어졌다.

한 번 경험한 터라 나는 이번에도 아예 바로 '간단한' 방안을 썼다. 이 방법은 효과는 좋았지만 메모리를 많이 차지했다. 물론 구글은 지금만큼 서버 수가 많지 않았고 총 트래픽 점유율이 10%도 안 되는 한, 중, 일 세 언어를 위해 서버를 추가할 순 없었다. 싱할은 서버를 추가하지 않는 대신 적합식(fitting function)으로 메모리 소모가 큰 언어 모델을 대체하자고 제안했다. 하지만 그러면 검색 품질 향상 폭이 대규모 모델을 적용했을 때의 80%밖에 되지 않았다. 나는 조금 찜찜했다. 그렇게 하면 적어도 2개월 일찍 이 알고리즘을 중국 사용자에게 공급할 수 있고 사용자 경험도 질적으로 향상되니, 시기적절한 방법이라는 게 싱할의 설명이었다. 나는 싱할의 제안을 받아들여 2003년 초 한, 중, 일 언어를 위해 특별 설계한 최초의 검색 알고리즘을 발표했다. 1년 후 구글 서버 수도 조금 증가했다. 또 모델 압축도 개선되는 시점에 완벽한 한, 중, 일 언어 검색 알고리즘을 발표했다.

먼저 사용자 문제 80%를 해결한 후 나머지 20% 문제를 서서히 풀어가는 싱할의 일 처리 철학은 산업계에서의 성공 비결 중 하나다. 수많은 실패는 사람이 우수하지 못해서가 아니라 일 처리 방법이 잘못된 데서 기인한다. 처음부터 너무 크고 완벽한 해결책을 추구하다 보면 오랫동안 완성하지 못해 결국 흐지부지되어버린다.

구글에서 싱할이 늘 간단하고 효과적인 해결책 찾기를 고수한 것은 단순함을 추구하는 그의 철학 때문이었다. 하지만 유능한 인재가 넘쳐나는 구글이란 회사에서 그런 방법은 종종 반대에 부딪혔다. 경력 있는 엔지니어들은 간단한 방법의 효율성을 저평가하는 경향이 있기 때문이다. 2003~2004년 구글은 세계적으로 유명한 연구소와 대학, 이를테면 MITRE,[4] AT&T 연구소나 IBM 연구소에서 자연어 처리 과학자들을 끌어모았다. 여러 사람이 정밀하고 복잡한 방법으로 싱할이 설계한 'AK-47'을 개선하려 시도했지만 대부분은 싱할의 단순한 방법이 가장 훌륭한 해결책에 근접하고 속도도 빠르다는 사실을 깨달았다. '헛수고만 한' 이들 중에는 우디 만버(Udi Manber) 등 세계적 인물도 포함되어 있었다.

2006년 여름 우디 만버가 구글에 합류했다. 세계 최초로 검색을 연구한 학자 중 하나인 만버는 대학교수, 야후 수석 과학자 및 알고리즘 최고 책임자(Chief Algorithm Officer, 조금 따분한 직책이다), 아마존 검색엔진 A9 CEO를 역임했다. 만버는 오자마자 과학자와 엔지니어 십수 명을 불러 모아 머신러닝 방법을 이용해 싱할의 간단한 모형을 개선했다. 반년의 노력 끝에 만버는 자신이 헛된 짓을 하고 있음을 깨닫고, 1년 후 그 방면의 노력을 집어치운 후 인사관리직으로 전향했다.

2008년 구글은 큰 대가를 치르고 세계적으로 유명한 음성언어 및 자연어 처리 전문가, 펜실베이니아대학교 컴퓨터학과 주임 페르난도 페레이라를 합류시켰다. 페레이라는 AT&T 시절, 싱할의 직속 상사이며 유명한 유한상태기계 AT&T FST 툴을 만든 장본인 중 하나다. 페레이라는 컴퓨터 검색에 대한 인식이 싱할과 전혀 달랐다. 최고의 컴퓨터 검색 알고리즘이라면 먼저 텍스트 의미를 이해한 후 정확한 검색을 할 수 있어야 한다는 것이 페레이라의 견해였다. 따라서 검색 품질 향상의 관건은 텍스트 구문 분석이었다. 싱할은

---

4 세계적으로 유명한 정보처리 연구소로 주로 미국 국방부, 국가안보국(NSA) 등 기관을 위해 정보처리 연구 및 비밀 정보(classified) 처리를 수행한다.

비행기가 새처럼 비행할 필요가 없는 것처럼 컴퓨터가 사람의 방법을 학습할 필요가 없다고 생각했다.

구글에서 두 사람의 관계는 이미 역전됐고, 싱할이 주역으로 부상했다. 원래 싱할은 페레이라가 회사의 기존 토대를 바탕으로 검색 품질 향상을 도와주길 기대했지만 페레이라의 기술 노선은 싱할과 확연히 달랐다. 두 기술을 어떻게 결합할 것인가는 골치 아픈 과제였고, 결국 두 사람은 타협을 봤다. 페레이라는 구글이 다운로드 및 색인하는 모든 텍스트의 구문 분석을 맡았다. 그 결과를 자원으로 삼아 구글 색인에 넣고(작업량이 어마어마하다) 사업별 엔지니어가 구문 분석이 제공하는 정보의 적용 여부를 결정했다. 이후 내가 맡은 자동 QA 사업을 포함해 몇몇 검색 이외의 사업에서 페레이라의 구문 분석 정보를 이용했다. 그러나 구문 분석은 여전히 웹페이지 검색에 그다지 큰 도움을 주지 못했다.

싱할이 간단한 방법을 고수한 또 다른 이유는 단계별 및 방법별로 그 이면의 이치가 쉽게 설명된다는 점이다. 그러면 문제의 디버그(debug)가 용이하고 추후 개선할 목표도 쉽게 찾아졌다. 십여 년 전 페이지와 브린이 검색 연구를 시작할 당시에 비하면 현재 전 업계의 검색 품질은 이미 많이 향상되어 큼직하게 개선할 부분은 없어졌다. 거의 모든 개선 작업은 자잘한 부분에서 진행된다. 보통 한 유형의 검색에 대한 개선 방법은 다른 유형의 검색에 약간 부정적 영향을 끼친다. 이런 때는 '그렇게 된 까닭'을 분명히 밝혀야 그 방법이 부정적 영향을 끼치는 원인과 상황을 찾아내고, 그 발생을 막을 수 있다. 그런데 복잡한 방법, 특히 블랙박스처럼 머신러닝에 기반한 방법의 경우는 이것이 불가능하다. 또한 모든 개선에는 득과 실이 따르며, 심지어 득실의 차이가 별로 없는 경우도 있다. 이렇게 오래가면 검색 품질이 딱히 업그레이드되지 않는다.

싱할은 검색 품질 개선 방법은 확실한 이유를 설명할 수 있어야 하고, 이유를 명확히 말할 수 없는 개선은 효과적으로 보일지라도 향후 뒤탈이 생길 수 있으므로 채택하지 말라고 요구했다. 마이크로소프트, 야후가 검색 품질 업그레이드를 블랙박스로 여기는 것과 전혀 달랐다. 싱할의 방법은 장기적으로 봤을 때 구글 검색 품질이 안정적으로 향상될 수 있도록 보장해주었다. 물론 구글이 축적하는 검색 관련 각종 데이터 양이 점점 많아지므로 머신러닝 방법으로 검색엔진의 여러 매개변수를 조정하는 것이 수동 디버깅보다 훨씬 효과적인 것은 분명하다. 2011년 이후 싱할도 점점 더 머신러닝 및 빅데이터를 통한 검색 품질 개선을 추진했지만, 항상 엔지니어에게 머신러닝에서 나오는 매개변수와 공식에 대해 반드시 합리적으로 물리적 설명을 제시할 것을 요구했고, 그러지 못하면 신규 모델과 매개변수는 가동할 수 없었다.

물론 싱할이 그렇게 간단하고 효과적인 방법을 찾을 수 있었던 것은 직감에 의존하거나 운이 좋아서가 아니라 풍부한 연구 경험 때문이다. 젊은 시절 싱할은 검색의 대가 제럴드 솔턴 교수에게 사사했고, 졸업 후 AT&T 연구소에 취업했다. 그곳에서 두 동료와 반년간 중간 규모의 검색엔진을 구축했다. 그 엔진은 색인에 포함된 웹페이지 수에서는 상업용 엔진과 비교할 수 없었지만 정확성만큼은 매우 훌륭했다. AT&T 시절부터 싱할은 검색 문제의 여러 디테일을 면밀히 연구했고, 간단하면서 효과적인 그의 해결책은 쓸모없는 것은 버리고 알맹이만 남기는 결과인 경우가 많았다. 또한 싱할은 매일같이 바람직하지 않은 검색 결과 사례들을 분석해 1차 자료를 확보했고, 구글 펠로가 된 후에도 이 작업을 꾸준히 했다. 검색 연구에 종사하는 젊은 엔지니어들이 본받을 만한 점이다. 사실 나는 검색 일을 하는 중국 엔지니어 대부분이 바람직하지 않은 결과 분석에 쓰는 시간이 그 유명한 싱할보다 훨씬 적다는 것을 발견했다.

싱할은 젊은이들에게 실패를 두려워하지 말고 담대히 도전하라고 독려한다. 한번은 갓 졸업한 엔지니어가 오류가 있는 프로그램을 구글 서버에 출시해놓고 종일 불안에 떨었다. 싱할은 "내가 구글에서 저지른 최대의 실수는 모든 웹페이지의 관련성 점수를 전부 0으로 바꿔 모든 검색 결과가 랜덤이 되어버렸던 것이죠"라며 그녀를 위로했다. 실수를 저질렀던 그 엔지니어는 후에 구글에서 많은 훌륭한 제품을 개발했다.

싱할은 AT&T 연구소에서 일하며 학술계에서 위상을 확립했지만 연구소에 박혀 논문 쓰는 것에 만족할 수 없어 당시 직원이 겨우 100명이었던 구글로 갔다. 구글에서 싱할은 마음껏 재능을 펼치며 구글의 정렬 알고리즘을 재작성하고 끊임없이 개선했다. 싱할은 두 아이를 내버려 둘 수 없어 각종 회의에 잘 빠지곤 했지만, 그럼에도 학술계에서 당시 가장 권위 있는 네트워크 검색 전문가로 인정받았다. 2005년 싱할은 우수 학우 자격으로 모교 코넬대학교 컴퓨터학과의 초청을 받아 학과 40주년 기념회에서 발표를 했다. 이런 특별한 영예를 누린 사람 중에는 명성 높은 미국공학한림원 회원이자 컴퓨터 RAID[5]를 발명한 랜디 카츠(Randy Katz) 교수도 있었다.

싱할은 성격과 생활 습관이 나와 많이 달랐다. 싱할은 채식주의자여서 최소한 과거에 나는 그 집 음식을 그다지 좋아하지 않았다. 하지만 우리에겐 아주 비슷한 점이 하나 있었는데, 바로 단순함의 철학을 따른 것이다.

2012년 싱할은 미국공학한림원 회원으로 발탁되었고 구글 검색 담당 부사장을 맡았다. 같은 해에 싱할은 나를 구글로 다시 불렀고, 내게 딱 한 가지를 요구했다. 마이크로소프트보다 5년 앞선 프로젝트를 가동하라는 것이었다.

---

5 하드 디스크 중복 배열 장치.

코사인법칙과 뉴스의 분류

14장

컴퓨터는 뉴스를 이해하지 못하지만 정확히 분류할 수는 있다.
그것을 가능케 하는 수학 툴은 전혀 상관없어 보이는 코사인법칙이다.

세상에는 상상을 초월하는 일들이 종종 있다. 코사인법칙과 뉴스 분류는 서로 아무런 관계도 없어 보이지만 아주 긴밀히 연결되어 있다. 구체적으로 말하면 뉴스 분류는 많은 부분 코사인법칙에 의존한다.

2002년 여름, 구글은 자체 '뉴스' 서비스를 출시했다. 기존 매체와 달리 구글 뉴스는 기자가 쓰는 것도 아니고 인위적으로 편집한 것도 아니었다. 컴퓨터가 뉴스 사이트들의 내용을 정리, 분류, 취합을 한 다음 전부 자동으로 생성했다. 뉴스 자동 분류가 그 핵심 기술이다.

1. 뉴스의 고유벡터

　뉴스 분류 또는 넓은 의미의 텍스트 분류는 비슷한 뉴스를 한 카테고리로 묶는 것이다. 편집자에게 뉴스를 분류하라고 하면 편집자는 틀림없이 먼저 뉴스를 읽어 이해한 후 주제를 찾고, 마지막에 주제별로 뉴스를 분류할 것이다. 그러나 컴퓨터는 뉴스를 읽어 이해하는 것 자체를 못 한다. 일부 사업가들이나 학식 뽐내길 좋아하는 컴퓨터 전문가들은 컴퓨터가 뉴스를 읽을 수 있다고 떠들지만 컴퓨터는 본질적으로 빠른 계산만 할 줄 안다. 컴퓨터가 뉴스를 '계산하게' 하려면(뉴스를 읽게 하는 것이 아니라) 먼저 문자로 된 뉴스를 계산 가능한 숫자로 바꾼 다음, 알고리즘을 설계해 랜덤 뉴스 두 편의 유사성을 계산해주어야 한다.

　먼저 숫자 그룹(또는 벡터)을 찾아 뉴스를 설명하는 방법을 살펴보자. 뉴스는 정보를 전달하는 것이고 단어는 정보의 매개체다. 뉴스의 정보와 단어의 의미는 서로 연결되어 있다. 러시아 문호 톨스토이가 《안나 카레니나》 첫머리에 쓴 말[1]을 적용하면 '같은 유형의 뉴스는 엇비슷한 단어를 사용하고, 다른 유형의 뉴스가 사용하는 단어는 제각기 다르다'. 물론 뉴스 한 편에 들어 있는 많은 단어 중 어떤 단어는 전달하는 뜻이 중요하고, 어떤 단어는 상대적으로 덜 중요하다. 그러면 중요하고 덜 중요한 것을 어떻게 정할까? 내포하고 있는 풍부한 의미를 직접 알려주는 실사(實辭)가 '~의, ~하게'와 같은 조사 또는 허사(虛辭)보다 더 중요하다는 것은 직감적으로 알 수 있는 확실한 사실이다. 그러면 실사의 중요성을 좀 더 자세히 살펴보자. 11장 '웹페이지와 질문의 관련성을 결정하는 방법'에서 소개한 TF-IDF 개념을 기억해보자. 한 편

1　"행복한 가정은 모두 엇비슷하고, 불행한 가정은 불행한 이유가 제각기 다르다."

의 글에서 중요한 단어는 TF-IDF 값이 크다. 뉴스 주제와 관련 있는 실사의 출현 빈도가 높아 TF-IDF 값이 클 것임을 쉽게 예측할 수 있다.

이제 뉴스 한 편에 속한 모든 실사의 TF-IDF 값을 계산해냄으로써 뉴스 주제를 설명하는 숫자 그룹을 찾는다. 이 값을 어휘표에서 그에 대응하는 실사의 위치 순서에 따라 정렬해 벡터를 얻는다. 예를 들어 어휘표에 64,000개 단어[2]가 있고, 번호와 단어는 〈표 14.1〉과 같다.

단어 번호	중국어 단어
1	阿(아)[3]
2	啊(아)[4]
3	阿斗(아두)[5]
4	阿姨(아주머니)
…	…
789	服装(의복)
…	…
64000	做作(꾸미다)

표 14.1 통계 어휘표

특정 뉴스에서 이 64,000개 단어의 TF-IDF 값은 〈표 14.2〉와 같다.

단어 번호	TF-IDF 값
1	0
2	0.0034
3	0

---

2 사전 수록 규모가 65,535단어 이내라면 컴퓨터에서 2바이트로 한 단어를 표시할 수 있다.
3 역주: 형제자매의 순서나 아명, 성씨 등의 앞에 붙어 친밀함을 나타낸다.
4 역주: 감탄사.
5 역주: 유비(劉備)의 아들인 후주(後主) 유선(劉禪)의 아명. 나약하고 무능한 사람을 비유함.

4	0.00052
…	…
789	0.034
…	…
64000	0.075

표 14.2 뉴스에 대응하는 TF-IDF 값

어휘표에서 뉴스에 나오지 않는 단어의 대응 값은 0이고, 64,000개 수는 64,000차원 벡터를 구성한다. 이 벡터를 사용해 뉴스를 나타내고, 이를 뉴스의 고유벡터(*feature vector*)라고 한다. 각각의 뉴스는 이렇게 하나의 고유벡터에 대응할 수 있고, 벡터 중 각 차원의 크기는 뉴스 주제에 대한 각 단어의 기여도를 의미한다. 뉴스가 문자에서 숫자로 바뀌면 컴퓨터가 뉴스들의 유사성 여부를 '따져볼' 가능성이 생긴다.

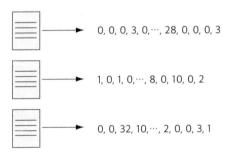

그림 14.1 글이 숫자로 바뀌는 과정

2. 벡터 거리 측정

세계 각국의 '국어(*language art*)' 작문 시간에는 교사가 특정 주제엔 특정한 설명어를 사용하라고 강조한다. 인간은 수천 년에 걸쳐 이런 작문 습관을 들였다. 따라서 같은 유형의 뉴스는 특정 주제어를 많이 사용하고 다른 단어들은 적게 사용하기 마련이다. 금융 신문의 경우 **주식, 이자, 채권, 펀드, 은행, 물가, 인상**과 같은 단어의 출현 빈도가 높고 **이산화탄소, 우주, 시, 목수, 노벨, 만두** 같은 단어의 출현 빈도는 낮다. 각 뉴스의 특징을 반영할 때 두 뉴스가 같은 유형에 속할 경우, 몇몇 차원에서 두 뉴스의 고유벡터 값은 크고 다른 차원에서의 값은 작다. 반대로 두 뉴스가 같은 유형에 속하지 않는 경우, 사용하는 단어가 다르므로 고유벡터 값이 큰 차원들은 겹칠 수 없다. 따라서 두 뉴스의 주제가 근접한지 여부가 고유벡터의 '유사성' 여부를 결정한다는 사실을 정성적으로 인식할 수 있다. 물론 두 고유벡터 간의 유사성을 정량적으로도 측정해야 한다.

벡터 대수를 배운 사람이라면 벡터는 실제로 다차원 공간에서 원점으로부터 출발하는 유향선분이라는 점을 알 것이다.

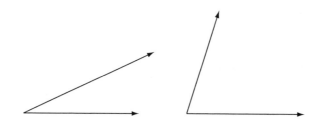

그림 14.2 벡터 협각은 두 벡터의 근사성을 측정하는 단위다.
왼쪽은 두 벡터의 거리가 가깝고, 오른쪽은 두 거리가 멀다.

뉴스별로 텍스트 길이가 다르기 때문에 고유벡터의 차원별 수치도 다르다. 10,000자 분량의 텍스트는 각 차원의 수치가 500자 텍스트보다 크므로, 단순히 각 차원의 크기만 비교하는 것은 그다지 큰 의미가 없다. 하지만 벡터의 방향은 큰 의미가 있다. 두 벡터의 방향이 같다면 해당 뉴스가 사용하는 단어 비율이 대체로 일치함을 의미한다. 따라서 두 벡터의 협각을 계산해서 대응하는 뉴스 주제의 근접성을 판단할 수 있다. 두 벡터의 협각을 계산하면 코사인법칙에 사용할 수 있다. 〈그림 14.2〉의 경우 왼쪽은 두 벡터의 협각이 작아 거리가 '가까운' 편이고, 반대로 오른쪽은 두 벡터의 협각이 크므로 거리가 '멀다'.

모두에게 낯설지 않은 코사인법칙은 삼각형 중 한 각과 세 변의 관계를 설명한다. 다시 말해 삼각형의 세 변이 주어지면 코사인법칙으로 삼각형 세 각의 각도를 구할 수 있다. 삼각형 세 변을 a, b, c로, 대응하는 세 각을 A, B, C로 가정하자.

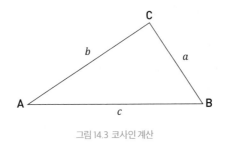

그림 14.3 코사인 계산

∠A의 코사인은 다음과 같다.

$$\cos A = \frac{b^2 + c^2 - a^2}{2bc} \tag{14.1}$$

삼각형의 두 변 b와 c를, A를 기점으로 하는 두 벡터로 보면 위 공식은 다음과 같다.

$$\cos A = \frac{<b,c>}{|b| \cdot |c|} \tag{14.2}$$

여기에서 분모는 두 벡터 b와 c의 길이를 나타내고 분자는 두 벡터의 스칼라 곱(scalar product)을 나타낸다. 구체적으로 예를 들면, 뉴스 X와 뉴스 Y가 대응하는 벡터는 각각 다음과 같다.

$$x_1, x_2, \cdots, x_{64000}$$
$$y_1, y_2, \cdots, y_{64000}$$

그러면 협각의 코사인은 다음과 같다.

$$\cos\theta = \frac{x_1 y_1 + x_2 y_2 + \cdots + x_{64000} y_{64000}}{\sqrt{x_1^2 + x_2^2 + \cdots + x_{64000}^2} \cdot \sqrt{y_1^2 + y_2^2 + \cdots + y_{64000}^2}} \tag{14.3}$$

벡터의 각 변수가 모두 정수이므로 코사인 값은 0과 1 사이이다. 즉 협각이 0도에서 90도 사이다. 두 뉴스의 벡터 협각 코사인이 1이면 두 벡터의 협각은 0이고 두 뉴스는 완전히 동일하다. 협각 코사인이 1에 가까우면 두 뉴스는 비슷하므로 한 카테고리에 넣을 수 있다. 또한 협각 코사인이 작을수록 협각은 커지며 두 신문은 관계가 없다. 두 벡터가 직각으로 교차하면(90도) 협각 코사인은 0이고 두 뉴스는 아예 동일한 주제어가 없는, 전혀 관계가 없는 글이다.

이제 문자로 이뤄진 뉴스가 사전 순서에 따라 구성된 숫자(고유벡터)가 되었고 유사도를 계산할 공식도 생겼으니, 이를 토대로 뉴스 분류 알고리즘을 논할 수 있게 되었다. 구체적인 알고리즘은 두 경우로 나뉜다. 하나는 비교적 간단하다. 몇몇 뉴스 카테고리의 고유벡터 $x_1, x_2, \cdots, x_k$를 이미 안다고 가정하자. 그러면 분류되는 뉴스 Y 및 카테고리별 뉴스 고유벡터의 코사인 유사도(거리)가 쉽게 계산되고, 그것을 해당 카테고리에 넣을 수 있다. 카테고리별 뉴스의 고유벡터는 수동 구축도 가능하고(작업량이 많고 부정확하다) 자동 구축도 가능하다(이후에 소개하겠다). 두 번째 경우는 조금 번거롭다. 즉 사전에 카테고리별 뉴스의 고유벡터를 확보하지 못한 경우다. 존스홉킨스대학교 시절 친구 라두 플로리안(*Radu Florian*)[6]과 야로브스키 교수는 상향식으로 끊임없이 합치는 방법을 제시했다. 대략적 개념은 다음과 같다.

1. 모든 뉴스를 둘씩 짝지었을 때 유사성을 계산하고, 유사성이 역치보다 큰 뉴스를 소분류(subclass)로 합친다. 그러면 N편의 뉴스는 N_1개의 소분류로 합쳐지고 $N_1<N$ 이다.

2. 소분류의 모든 뉴스를 하나로 보고 소분류의 고유 벡터를 계산한 다음, 둘씩 짝지은 소분류의 코사인 유사도를 계산하고 더 큰 소분류로 합친다. N_2개가 있다면 $N_2<N_1$이다.

이렇게 계속 해나가면 카테고리 수는 점점 적어지고 각 카테고리의 규모는 점점 커진다. 카테고리가 너무 크면 그 안의 뉴스들은 유사성이 작아지므로, 이때 위의 반복 과정을 멈춘다. 이렇게 하면 자동 분류가 끝난다. 아래 그림은 플로리안이 제시한 실제 텍스트 분류 반복 및 취합 과정이다. 왼쪽의 각 점은 글 한 편을 나타낸다. 개수가 너무 많아 촘촘하게 한 덩어리로 연결되어 있다. 매회 반복을 통해 하위분류 개수가 계속 줄어들고, 하위분류 개수가 적으면 하위분류를 명확히 볼 수 있다.

물론 그 안에는 기술적으로 많은 디테일이 있다. 관심 있는 독자는 관련 논문을 참고하길 바란다.

플로리안과 야로브스키가 1998년에 이 작업을 하게 된 동기가 재미있다.

---

6 지금은 IBM 왓슨연구소 과학자.

당시 야로브스키는 한 국제회의에서 프로
그램위원회 위원장을 맡고 있어서, 제출된
수백 편의 논문을 전문가들에게 보내 심사
하고 채택 여부를 결정해달라고 해야 했다.
심사의 권위를 보증하려면 연구 방향별로

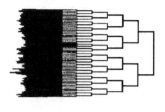

그림 14.4 실제 텍스트의 분류 및 취합 과정

논문을 해당 분야의 가장 권위 있는 전문가에게 맡겨야 한다. 논문 방향은
논문 저자 본인이 정하지만 범위가 너무 광범위해 가이드라인이 될 수 없다.
1,000편에 이르는 논문을 훑어보고 전문가들에게 보낼 시간이 없었던 야로
브스키는 논문 자동 분류 방법을 생각했고, 그의 학생 플로리안이 곧 실행
에 옮겼다. 그 후 몇 년간 회의를 위해 이런 식으로 모두 심사 전문가를 선정
했다. 이 사례에서 미국인의 일 처리 습관을 엿볼 수 있다. 미국인은 기계(컴
퓨터)로 사람의 작업을 대체해 임무를 완수하는 경향이 있다. 단기간 내에 시
간 외 근무를 해야 하지만 장기적으로 보면 많은 시간과 비용을 절약할 수
있다.

코사인법칙은 이렇게 뉴스 고유벡터를 통해 뉴스 분류와 연결된다. 중학
교에서 코사인법칙을 배울 땐 그것을 뉴스 분류에 사용할 수 있을지 상상도
못 했다. 여기에서 수학의 쓰임새를 다시 한번 깨닫는다.

3. 추가 읽기 벡터 코사인 계산 스킬

독자 배경지식: 수치 해석(numerical analysis)

3.1 데이터 양이 많은 경우의 코사인 계산

앞의 공식 〈14.2〉를 이용해 두 벡터 협각을 계산하면 계산량은 $O(|a|+|b|)$

다. 그중 한 벡터가 더 길며 일반성을 잃지 않고 $|a| > |b|$라 가정하면 복잡도는 $O(|a|)$다. 뉴스 한 편과 다른 모든 뉴스 N편의 관련성을 비교하면 계산 복잡도는 $O(N \cdot |a|)$다. 모든 기사 N편을 둘씩 짝지었을 경우 그 관련성을 비교하면 계산 복잡도는 $O(N^2 \cdot |a|)$다. 이것은 1회만 반복한 결과임에 주의하자. 따라서 계산량이 매우 크다. 어휘표의 규모가 10만이라 가정하면 벡터 길이도 그만큼 크고, 분류해야 하는 뉴스가 10만 편이라 가정하면 총 계산량은 10^{15} 자릿수다. 1대당 계산 능력이 1초당 1억 회인 서버 100대를 사용한다면 매회 반복 시 계산 시간은 10만 초, 즉 약 1일이다. 수십 회 반복하려면 2~3개월이 걸린다. 속도가 참 느리다.

여기에서 단순화할 만한 부분이 많다. 첫째, 분모 부분(벡터의 길이)은 중복 계산이 필요 없다. 벡터 a와 벡터 b의 코사인을 계산한다면 벡터들의 길이를 저장해두었다가 벡터 a와 벡터 b의 코사인을 계산할 때 바로 a의 길이를 쓰면 된다. 그러면 위의 계산량이 3분의 2나 절감된다. 즉 공식 〈14.2〉의 분자 부분만 둘씩 계산하면 된다. 물론 그래도 알고리즘의 복잡도가 근본적으로 줄어들지는 않는다.

둘째, 〈14.2〉의 분자, 즉 두 벡터의 스칼라 곱을 계산할 때 벡터에서 0이 아닌 원소만 고려하면 된다. 계산 복잡도는 두 벡터 중 0이 아닌 원소 개수의 최솟값에 달려 있다. 뉴스 한 편의 길이가 보통 2,000단어를 넘지 않는다면 0이 아닌 원소도 보통 1,000단어 정도다. 그러면 계산 복잡도가 약 100배 줄어들 수 있고, 계산 시간은 '일(日)' 단위에서 십수 분 단위로 줄어든다.

셋째, 허사를 제거할 수 있다. 여기에서 허사란 '은/는', '와/과' 및 '왜냐하면', '그래서', '매우' 등의 접속사, 부사, 전치사 등 검색 시 꼭 남기지 않아도 되는 단어를 말한다. 앞에서 분석했듯이 같은 유형의 뉴스라야 용어 중복성이 크고, 상이한 유형의 뉴스는 용어가 별로 일치하지 않는다. 따라서 이 허사들을 제거하면 다른 유형의 뉴스는 벡터에 0이 아닌 원소가 많더라도 공통된 0이 아닌 원소는 많지 않으므로 실시해야 하는 곱셈이 많지 않다. 대부분 경우 건너뛸 수 있다(0 아닌 원소에 0을 곱하면 결과는 0이기 때문이다). 그러면 계산 시간이 몇 배나 단축된다. 그러므로 10만 편의 뉴스를 둘씩 비교하면 계산 시간이 몇 분에 불과하다. 이를 수십 회 반복하면 하루 안에 계산을 끝낼 수 있다.

특히 허사를 삭제하면 계산 속도를 높일 수 있을 뿐 아니라 뉴스 분류의 정확성에도 큰 이점이 있다. 허사의 가중치는 사실 일종의 잡음이므로 분류의 정상 진행을 방해하기 때문이다. 이것은 통신에서 저주파수 잡음을 필터링하는 것과 같은 원리다. 이를 통해 자연어 처리와 통신의 여러 논리가 통한다는 사실을 알 수 있다.

3.2 위치의 가중

검색 관련성 계산과 마찬가지로 텍스트의 단어는 등장하는 위치에 따라 분류 시 중요성도 각기 다르다. 주제에 대한 기여도 측면에선 당연히 제목에 등장하는 단어가 뉴스 본문에 등장하는 단어보다 중요하다. 또 본문에서도 글 시작과 끝에 나오는 단어가 중간에 나오는 단어보다 중요하다. 중학교 국어 수업 시간과 대학교 영문학 수업 시간에 선생님들은 늘 독해를 할 때 첫 단락과 마지막 단락 그리고 매 단락의 첫 문장에 특별히 주의를 기울이라고 강조한다. 이 규칙은 자연어 처리에서도 유용하다. 따라서 텍스트 분류의 정확성을 높이려면 제목 및 중요한 위치에 있는 단어에 추가 가중치를 부여해야 한다.

4. 갈무리하며

이 장에서 소개한 뉴스 분류 방법은 정확성이 높아 분류된 텍스트를 백만 자릿수로 취합하는 데 적용한다. 억 자릿수까지 커지면 계산 시간이 길어진다. 더 큰 규모의 텍스트 처리에 대해선 다음 장에서, 속도는 더 빠르지만 상대적으로 조잡한 방법을 소개하겠다.

행렬 연산과 텍스트 처리의 두 가지 분류 문제

어휘 클러스터링과 텍스트 분류는 모두 선형 대수의 행렬 특잇값 분해를 통해 수행할 수 있다. 이로써 자연어 처리 문제가 숫자 문제로 바뀐다.

대학교에서 선형대수를 배울 때는 이 과목이 선형 방정식을 푸는 방법을 알려주는 것 외에 또 다른 용도가 있을 것이란 생각은 전혀 못 했다. 고윳값 (*eigenvalue*) 등 행렬 개념들은 더더욱 일상생활과 거리가 멀었다. 이후 수치 해석에서 행렬의 여러 근사 알고리즘도 배웠지만, 여전히 응용할 만한 부분이 보이지 않았다. 당시 그런 과목들을 선택한 건 순전히 악바리처럼 공부해 학위를 따기 위함이었고, 아마 요즘 대학생들도 대부분 그럴 것이다. 다른 친구들도 비슷한 경험이 있을 것이라 생각한다. 나중에 장기적으로 자연어 처리 연구를 하게 되어서야 수학자들이 제안한 행렬 개념과 알고리즘이 실생활에서 의미 있게 응용된다는 사실을 깨달았다.

1. 텍스트와 어휘의 행렬

자연어 처리에서 가장 흔한 분류 문제 두 가지는 텍스트를 주제에 따라 분류하는 것(예를 들면 올림픽을 소개하는 모든 뉴스를 스포츠 카테고리에 넣는 것)과, 어휘표의 단어를 의미에 따라 분류하는 것(예를 들면 각종 스포츠 항목 명칭을 스포츠 카테고리로 분류하는 것)이다. 이 두 분류 문제는 행렬 연산을 통해 한 번에 원만하게 해결할 수 있다. 행렬이란 툴을 이용해 이 두 문제를 해결하는 방법을 설명하기 위해 14장에서 소개한 코사인법칙과 뉴스 분류의 본질을 살펴보자.

뉴스 분류, 나아가 각종 텍스트 분류는 사실 클러스터링 문제로, 뉴스 두 편의 유사 정도를 계산하는 것이 핵심이다. 이 과정을 마무리하려면 뉴스를 그 내용을 나타내는 실사로 바꾼 후 숫자 그룹, 구체적으로 벡터로 바꾸고 이 두 벡터의 협각을 구해야 한다. 두 벡터의 협각이 작으면 뉴스는 관련이 있고, 두 벡터가 직각으로 교차하면 뉴스는 무관하다. 이론적으로 보면 이 알고리즘은 매우 훌륭하다. 그러나 모든 뉴스를 둘씩 짝지어 계산해야 하고 여러 번 반복해야 하므로 많은 시간이 소요되며 특히 뉴스 개수가 많고 어휘표도 클 때는 어마어마한 시간이 든다. 우리는 한 번에 모든 뉴스의 관련성을 계산할 수 있는 방법을 원했다. 한 번에 끝나는 이 방법은 행렬 연산의 특잇값 분해(*singular value decomposition, SVD*)를 이용한다.

이제 특잇값 분해가 무엇인지 살펴보자. 먼저 큰 행렬로 수많은 글과 수십, 수백만 개 단어의 관련성을 설명해야 한다. 이 행렬에서 각 행은 글에, 각 열은 단어에 대응한다. N개의 단어, M편의 글이 있으면 아래처럼 $M \times N$ 행렬을 얻는다.

$$A = \begin{bmatrix} a_{11} & \cdots & a_{1j} & \cdots & a_{1N} \\ \cdots & & & & \cdots \\ a_{i1} & \cdots & a_{ij} & \cdots & a_{iN} \\ \cdots & & & & \cdots \\ a_{M1} & \cdots & a_{Mj} & \cdots & a_{MN} \end{bmatrix} \quad (15.1)$$

여기에서 i행, j열의 원소는 a_{ij}로 사전에서 j번째 단어가 i편 글에 나오는 가중 단어 사용 빈도다(예를 들면 사용한 단어의 TF-IDF 값). 이 행렬이 엄청나게 크다는 것을 짐작할 수 있을 것이다. 예를 들면 $M=1,000,000$, $N=500,000$의 경우 100만 곱하기 50만 즉 5,000억 개 원소로, 10.5포인트로 인쇄하면 항저 우에 있는 시후(西湖, 서호) 2개 크기다!

특잇값 분석은 〈그림 15.1〉처럼 이렇게 큰 행렬을 3개의 작은 행렬로 나눠 곱하는 것이다. 위에서 예로 든 행렬을 100만 곱하기 100 행렬인 X, 100 곱 하기 100인 행렬 B, 100곱하기 50만인 행렬 Y로 나눠보자. 이 세 행렬의 원 소 총 개수를 합쳐도 1억 5,000으로 처음의 3,000분의 1도 안 된다. 이에 해 당하는 저장 용량과 계산량은 세 자릿수 이상이다.

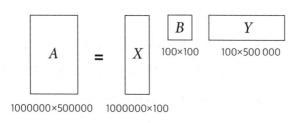

그림 15.1 큰 행렬을 작은 행렬 3개로 나누는 과정

세 행렬은 아주 명확한 물리적 의미를 담고 있다. 첫 번째 행렬 X는 텍스 트를 분류한 결과다. 행은 텍스트에 대응하고 열은 주제에 대응한다. 열의 각 원소는 여러 주제에서 텍스트 관련성을 나타낸다. 4×2의 작은 행렬로 설명

해보자.

$$X = \begin{bmatrix} 0.7 & 0 \\ 0.15 & 0.92 \\ 0.22 & 0.08 \\ 0.39 & 0.53 \end{bmatrix}$$ (15.2)

이 행렬에는 4편의 텍스트, 2개의 주제가 있다. 첫 번째 텍스트는 명확하게 첫 번째 주제에 해당한다. 두 번째 텍스트는 두 번째 주제와는 관련이 많지만(관련성 0.92) 첫 번째 주제와는 관련이 약간 있다(0.15). 세 번째 텍스트는 두 주제와 모두 관련성이 적고, 비교하면 첫 번째 주제와 조금 더 관계가 있다. 네 번째 텍스트는 두 주제 모두와 어느 정도 관련성이 있지만 두 번째 주제와 좀 더 가깝다. 각 열에 최댓값만 남기고 나머지 모두를 0으로 바꾸면 텍스트들은 모두 한 유형의 주제로만 분류된다. 즉 첫째, 셋째 텍스트는 첫 번째 주제에 해당하고 둘째, 넷째 텍스트는 두 번째 주제에 속한다. 14장에서 코사인법칙을 이용한 분류와 비슷한 결과로, 각 텍스트가 한 주제로 분류된다.

마지막 행렬 Y는 단어를 분류한 결과다. 열은 단어를 나타내고 행은 의미가 비슷한 단어 유형을 나타낸다. 의미유형이라 약칭하기도 한다. 이 열에서 0이 아닌 원소는 의미유형에서 해당 단어의 중요성(또는 관련성)을 나타내며, 수치가 클수록 관련성이 크다. 2×4의 작은 행렬을 예로 설명해보겠다.

$$Y = \begin{bmatrix} 0.7 & 0.22 & 0 & 0.3 \\ 0.15 & 0.49 & 0.92 & 0.03 \end{bmatrix}$$ (15.3)

이 행렬에는 4개의 단어, 2개의 의미유형이 있다. 첫 번째 단어는 첫 번째 의미유형과는 비교적 관련이 있고(관련성 0.7) 두 번째 의미유형과는 별로 관련이 없다(관련성 0.15). 두 번째 단어는 정반대다. 세 번째 단어는 두 번째 의미유형과만 관련이 있고 첫 번째와는 무관하다. 네 번째 단어는 모든 유형과 별로 관련이 없다. 그에 대응하는 두 원소 0.3과 0.03이 크지 않기 때문이다. 그러나 상대적으로 비교하면 첫 번째 유형과 좀 더 관련이 있고 두 번째 유형과는 대체로 무관하다.

가운데 행렬은 단어의 유형과 글의 유형 간 관련성을 나타낸다. 아래의 2×2 행렬로 설명해보자.

$$B = \begin{bmatrix} 0.7 & 0.21 \\ 0.18 & 0.63 \end{bmatrix}$$ (15.4)

행렬 B에서 첫 번째 단어의 의미유형은 첫 번째 주제와는 관련이 있고, 두 번째 주제와는 관련이 별로 없다. 두 번째 단어의 의미유형은 그 반대다.

따라서 관련 행렬 A에 대해 특잇값 분석을 1회 실시하면 유의어 분석과 텍스트 분류를 동시에 끝낼 수 있다. 또한 각 주제와 각 단어의 의미유형 간의 관계성도 얻을 수 있다. 참으로 대단한 결과다.

이제 어떻게 컴퓨터로 특잇값 분석을 진행하느냐 하는 문제만 남았다. 이때 행렬의 고윳값, 수치 해석의 여러 알고리즘 등 선형대수의 여러 개념이 전부 유용하게 쓰인다. 몇만 곱하기 몇만처럼 크지 않은 행렬은 컴퓨터 수학 툴 매트랩(MATLAB)으로 계산할 수 있다. 그러나 100만 곱하기 100만처럼 더 큰 행렬의 특잇값 분해는 계산량이 엄청나 여러 대의 컴퓨터로 병렬 처리해야 한다. 구글에는 예전부터 맵리듀스 등 병렬 컴퓨팅 툴이 있었지만 특잇값 분해로는 관계없는 부분식(subexpression)으로 분해할 수 없으므로, 예전에는 구글 내부에서도 병렬 컴퓨팅의 강점을 활용해 행렬을 분해하지 못했다.

2007년에 구글차이나의 장즈웨이(張智威) 박사가 몇몇 중국 엔지니어 및 인턴을 데리고 특잇값 분해 병렬 알고리즘을 구현했고, 이는 구글차이나의 세계적 공헌이다.

2. (추가 읽기) 특잇값 분해 방법 및 응용

독자 배경지식: 선형대수학

이 부분에선 특잇값 분해 알고리즘을 대략적으로 소개하겠다. 엄격한 수학적 의미의 특잇값 분해는 '행렬 A는 세 행렬의 스칼라 곱으로 분해할 수 있다'고 정의된다.

$$A_{MN} = X_{MM} \times B_{MN} \times Y_{NN} \tag{15.5}$$

여기에서 X는 유니테리 행렬(*unitary matrix*)이고 Y는 유니테리 행렬의 켤레행렬(*conjugate matrix*)이다. 켤레행렬의 전치행렬을 구해 곱셈을 하면 단위행렬이 되는 것이 유니테리 행렬이므로, 유니테리 행렬과 그 켤레행렬은 모두 정사각행렬이다. 반면 B는 대각행렬이다. 즉 대각선상에만 0이 아닌 값이 있다. 위키백과에서는 다음과 같은 실례를 제시한다.

$$A = \begin{bmatrix} 1 & 0 & 0 & 0 & 2 \\ 0 & 0 & 3 & 0 & 0 \\ 0 & 0 & 0 & 0 & 0 \\ 0 & 4 & 0 & 0 & 0 \end{bmatrix} \tag{15.6}$$

$$X = \begin{bmatrix} 0 & 0 & 1 & 0 \\ 0 & 1 & 0 & 0 \\ 0 & 0 & 0 & -1 \\ 1 & 0 & 0 & 0 \end{bmatrix}, \quad B = \begin{bmatrix} 4 & 0 & 0 & 0 & 0 \\ 0 & 3 & 0 & 0 & 0 \\ 0 & 0 & \sqrt{5} & 0 & 0 \\ 0 & 0 & 0 & 0 & 0 \end{bmatrix},$$

$$Y = \begin{bmatrix} 0 & 1 & 0 & 0 & 0 \\ 0 & 0 & 1 & 0 & 0 \\ \sqrt{0.2} & 0 & 0 & 0 & \sqrt{0.8} \\ 0 & 0 & 0 & 1 & 0 \\ -\sqrt{0.8} & 0 & 0 & 0 & \sqrt{0.2} \end{bmatrix} \qquad (15.7)$$

X와 Y가 유니테리 행렬임이 쉽게 확인된다.

이 공식을 보면 근사(近似)하지 않은 특잇값 분해로는 앞에서 살펴본 것처럼 행렬 차원이 줄어들지 않는다. 그러나 대각행렬 B 대각선상 원소의 여러 값이 다른 값보다 작거나 0이므로 생략할 수 있다. 따라서 특잇값 분해 후 어마어마하게 컸던 행렬이 작은 행렬 3개의 스칼라 곱으로 바뀐다.

특잇값 분해는 보통 두 단계로 진행한다. 먼저 행렬 A를 이중대각행렬(*dual-diagonal matrix*)[1]로 바꾼다. 이 과정의 계산량은 $O(MN^2)$이다. 여기에선 $M > N$이라 가정하고, 그렇지 않으면 $O(NM^2)$이다. 물론 행렬 A의 희소성을 이용해 계산 시간을 많이 줄일 수 있다. 2단계는 이중대각행렬을 특잇값 분해의 세 행렬로 바꾸는 것이다. 이 단계의 계산량은 1단계의 자투리에 불과하므로 계산하지 않고 생략할 수 있다.

텍스트 분류에서 M은 텍스트 수에 대응하고 N은 사전 크기에 대응한다. 특잇값 분해의 계산 복잡도와 코사인법칙을 이용한 텍스트 유사도(1회 반복) 계산 시간을 비교하면, 둘 다 자릿수는 똑같지만 전자는 반복을 수차례 할

---

[1] 두 대각선 원소는 0이 아니고 나머지는 모두 0인 행렬.

필요가 없어 계산 시간이 훨씬 짧다. 특잇값 분해의 또 다른 큰 문제는 큰 저장 용량이다. 이는 행렬 전체가 메모리 안에 있어야 하기 때문이며, 코사인 법칙을 이용한 클러스터링은 그럴 필요가 없다.

3. 갈무리하며

14장에서 소개한 텍스트 고유벡터 코사인을 이용한 거리 상향식 분류 방법에 비해 특잇값 분해는 반복을 계속할 필요가 없기 때문에 결과를 빨리 얻을 수 있다는 강점이 있다(실제 응용에서). 그러나 이 방법으로 얻는 분류 결과는 조금 조잡하므로 규모가 큰 텍스트를 큼직큼직하게 분류하는 경우에 적합하다. 실제 응용에선 먼저 특잇값 분해를 해 대략적 분류 결과를 얻은 다음, 이 결과를 토대로 벡터 코사인을 계산하고 몇 차례 반복해 비교적 정확한 결과를 얻는다. 두 방법을 차례로 결합하면 두 방법의 강점을 충분히 활용할 수 있어서 시간이 절약되고 정확성도 높일 수 있다.

정보 지문과 응용

세상 만물은 모두 '고유 식별'이 가능한 특징을 지니며 정보도 마찬가지다.
모든 정보는 특정한 지문을 가지고 있으며, 그 지문을 통해 다른 지문과 구별된다.

1. 정보 지문

앞에서 문자 한 단락에 포함된 정보가 바로 문자의 정보 엔트로피라고 얘기했다. 이 정보를 무손실 압축 코딩하면 이론상 코딩 후 최단 길이가 정보 엔트로피다. 물론 실제 코딩 길이는 정보 엔트로피 비트 수보다 조금 길다. 그러나 두 단락의 문자나 이미지만 구분하려고 하는 경우엔 코딩이 그리 길 필요가 없다. 어떤 정보든(문자, 음성, 영상, 이미지 등 포함) 그리 길지 않은 난수(*random number*)에 대응할 수 있으므로, 해당 정보를 다른 정보와 구분하는 지문(*fingerprint*)으로 삼는다. 알고리즘만 잘 설계하면 사람의 지문처럼 두 랜덤 정보는 지문이 중복되기 어렵다. 정보 지문은 암호화, 정보 압축 및 처리에서 폭넓게 응용된다.

9장 '그래프 이론과 웹 크롤러'에서 같은 웹페이지의 중복 다운로드를 막기 위해 해시테이블에 방문했던 웹사이트 주소(URL)를 기록해야 한다고 언급했다. 그러나 해시테이블에 문자열 형식으로 바로 웹사이트 주소를 저장하면 메모리 공간이 소모되고 검색 시간도 낭비된다. 요즘 웹사이트는 주소가 대개 길다. 구글이나 소소, 바이두에서 '吳軍 數學之美(우쥔 수학의 아름다움)'를 검색하면 그에 대응하는 웹사이트 주소는 모두 길이가 100문자 이상이다. 아래는 바이두의 링크다.

http://www.baidu.com/s?ie==gb2312&bs=%CA%FD%D1%A7%D6%AE%C3%C0&sr=&z=&c1=3&f=8&wd=%CE%E2%BE%FC+%CA%FD%D1%A7%D6%AE%C3%C0%&ct=0

2010년에 인터넷상의 웹페이지는 총 5,000억 개 규모가 되었다. 웹페이지 평균 길이가 100문자라 가정하면 웹페이지 5,000억 개만 저장해도 최소 50TB, 즉 5,000만조 바이트의 용량이 필요하다. 해시테이블의 저장 효율은 보통 50% 정도에 불과하므로 실제 필요한 메모리는 100TB 이상이다. 서버 1대 메모리가 50GB(2010년 수준)라면, 이 내용들을 저장하는 데도 서버 2,000대가 필요하다. 또한 이렇게 많은 서버가 있다 해도 웹사이트 주소를 메모리에 넣으면 주소 길이가 고정적이지 않으므로 문자열 형식으로 검색 시 효율이 매우 낮다.

따라서 함수를 찾을 수 있으면 이 웹페이지 5,000억 개를 랜덤으로 128비트 이진법, 즉 16바이트 정수 공간에 반영할 수 있다. 예를 들면 위의 긴 바이두 링크를 아래 난수에 대응한다.

893249432984398432980545454543

  그러면 웹사이트 주소 하나는 처음의 100바이트가 아니라 16바이트만 차지하면 된다. 이로써 웹사이트 주소를 저장할 메모리 수요량이 처음의 6분의 1 이하로 떨어진다. 이 16바이트 난수를 해당 웹사이트 주소의 정보 지문이라고 한다. 난수를 생성하는 알고리즘만 충분히 좋으면 두 사람의 지문이 똑같을 가능성이 없는 것처럼, 두 문자열의 지문이 동일할 가능성은 거의 없다. 지문은 고정된 128비트 이진법 정수이므로 문자열에 비해 검색 비용이 훨씬 적게 든다. 웹 크롤러는 웹사이트를 다운로드할 때 방문했던 웹사이트 주소를 정보 지문으로 하나하나 바꿔 해시테이블에 저장한다. 새로운 웹사이트 주소를 만날 때마다 컴퓨터는 그 지문을 계산하고 그 지문이 해시테이블에 이미 있는지 여부를 검색해 그 웹사이트를 다운로드할지 말지를 결정한다. 이렇게 정수를 검색하는 것이 원래 문자열을 검색하는 것보다 수십 배 빠르다. 요구가 그리 높지 않은 웹 크롤러라면 64비트 이진법만 적용해도 충분하며, 그러면 저장 공간과 연산 시간을 더 절약할 수 있다.

  위에서 예로 든 바이두 웹사이트 주소(문자열) 정보 지문의 계산 방법은 일반적으로 두 단계로 나뉜다. 1단계는 문자열을 특수하고 긴 정수로 취급하는 것이다. 모든 문자는 컴퓨터에서 정수로 저장되기 때문에 매우 중요한 단계다. 그다음 정보 지문 생성의 핵심 알고리즘인 의사 난수 발생기(*pseudo-random number generator, PRNG*)를 써야 한다. 의사 난수 발생기를 통해 임의의 긴 정수를 특정 길이의 의사 난수로 바꾼다. 최초의 PRNG 알고리즘은 컴퓨터의 아버지 폰 노이만이 제안했다. 노이만의 방법은 아주 간단하다. 한

수의 제곱을 거두절미하고 중간 자릿수만 취하는 것이다. 4비트 이진법 수 1001(십진법의 9에 해당)의 경우, 그 제곱은 01010001(십진법의 81)이다. 거두절미하면 나머지 중간 네 자리는 0100이다. 물론 이 방법으로 생성되는 숫자가 아주 랜덤은 아니다. 다시 말해 상이한 두 정보가 동일한 지문을 가질 가능성이 높다. 0100(십진법의 4)의 경우, 이 방법으로 생성한 지문도 0100이다. 요즘 잘 사용하는 메르센 트위스터(Mersenne Twister) 알고리즘이 훨씬 낫다.

정보 지문은 웹사이트 주소 중복 삭제 외에도 용도가 다양하다. 비밀번호는 정보 지문의 쌍둥이 형제 격이다. 정보 지문의 특성 중 하나는 비가역성이다. 다시 말해 정보 지문을 근거로 원래 정보를 제공할 수 없다. 이것은 네트워크 암호화 전송에 딱 필요한 성질이다. 예를 들어 한 사이트가 사용자 현지 클라이언트 쪽 쿠키(cookie)를 근거로 여러 사용자를 식별하면 이 쿠키가 바로 정보 지문이다. 그러니 웹사이트는 정보 지문을 근거로 사용자의 신분을 파악할 순 없으므로 사용자의 프라이버시를 보호할 수 있다. 하지만 쿠키 자체는 암호화되어 있지 않기 때문에 쿠키를 분석하면 어떤 컴퓨터가 어떤 사이트를 방문했는지를 알 수 있다. 암호화의 신뢰성은 동일한 지문을 가진 정보를 인위적으로 찾기 어려운지 여부에 달려 있다. 이를테면 해커가 특정 사용자의 쿠키를 생성할 수 있는지 여부다. 암호화의 각도에서 보면 메르센 트위스터 알고리즘도 미흡하다. 이 알고리즘이 생성하는 난수도 어느 정도 관련성을 지니므로, 하나가 풀리면 대량으로 풀리는 셈이기 때문이다.

인터넷상의 암호화의 경우는 암호학적으로 안전한 의사 난수 발생기(cryptographically secure pseudo-random number generator, CSPRNG)를 사용해야 한다. 흔히 사용하는 알고리즘에는 MD5나 SHA-1 등이 있으며, 이 알고리즘들은 길이가 고정적이지 않은 정보를 길이가 고정적인 128비트 또는 160비트 이진법 난수로 바꿀 수 있다. 전에는 SHA-1이 허점이 없다고 여겨졌으나, 중국의 왕샤오윈(王小雲) 교수가 허점이 존재함을 증명했다. 그러나 해커가 정말로 사용자의 회원가입 정보를 뚫는 것과는 별개의 일이니 당황할 필요 없다.

2. 정보 지문의 용도: 스팸·복제 방지

정보 지문은 긴 역사를 가지고 있지만 제대로 광범위하게 응용된 것은 인터넷이 생긴 이후로, 최근 10년 사이에 서서히 유행하기 시작했다.

앞에서 웹 크롤러에서 정보 지문을 이용하면 웹사이트의 다운로드 여부를 빠르고 경제적으로(서버 절약) 판단할 수 있다고 얘기했다. 정보 지문은 인터넷과 자연어 처리에서도 다양하게 응용된다. 여기에 일일이 열거할 순 없으므로(그럴 필요도 없고) 대표적인 몇 가지 예만 소개하겠다.

2.1 집합이 동일한지 여부 판단

웹사이트를 검색할 때 두 질문의 용어가 완전히 동일한지 여부를 판단해야 할 경우가 있다(순서는 동일하지 않을 수 있다). 예를 들어 '베이징 중관춘(中關村) 스타벅스'와 '스타벅스 베이징 중관춘'은 용어가 완전히 동일하다. 더 보편적인 표현으론 두 집합이 동일한지 여부를 판단하는 것이다(예를 들면, 한 사람이 이메일을 보내는데 2개의 중복된 아이디로 같은 그룹 사람들에게 스팸메일을 보냈는지 여부). 이 문제를 해결하려면 여러 방법이 있고 절대적으로 옳거나 틀린 건 없지만, 바람직한 방법과 어리석은 방법의 차이는 있다.

가장 직접적이지만 우둔한 방법은 해당 집합의 원소를 하나하나 비교하는 것이다. 이 방법의 계산 시간 복잡도는 $O(N^2)$이고, 여기에서 N은 집합의 크기다. 만약 누군가 면접에서 이렇게 대답한다면 나는 절대 그 사람을 통과시키지 않을 것이다.

좀 더 괜찮은 방법은 두 집합의 원소를 각각 정렬한 다음 순서대로 비교하는 것이다. 그러면 계산 시간 복잡도는 $O(N\log N)$으로 앞의 방법보다는 훨씬 낮지만 이 정도로는 부족하다. 이에 맞먹는 방법은 첫 번째 집합을 해시테이블에 넣고 두 번째 집합의 원소를 해시테이블의 원소와 일일이 비교하는 것이다. 그러면 시간 복잡도가 $O(N)$으로 최상에 달한다.[1] 그러나 $O(N)$ 공간을 추가 사용해야 하고 코드도 복잡해 완벽한 방법은 아니다.

완벽한 방법은 두 집합의 지문을 계산한 다음 바로 비교하는 것이다. 집합 $S=\{e_1, e_2, \cdots, e_n\}$의 지문 $FP(S)=FP(e_1)+FP(e_2)+\cdots+FP(e_n)$이라 정의하며, 여기에서 $FP(e_1)$, $FP(e_2)$, $\cdots$, $FP(e_n)$은 각각 S의 원소들과 대응하는 지문이다. 덧셈의 교환율에 따라 집합의 지문은 원소의 출현 순서에 의해 바뀌지 않고, 두 집합 원소가 같으면 지문은 반드시 동일하다. 물론 원소가 상이하면 지문이 동일할 확률이 굉장히 낮아 공학적으로 무시해도 된다.

이와 비슷한 응용 사례가 많다. 예를 들어 온라인에서 어떤 노래가 다른 사람 것을 불법 복제했는지 여부를 확인하려면 두 음원 파일의 정보 지문만 따져보면 된다.

2.2 집합이 기본적으로 동일한지 여부 판단

생각에 빠지길 좋아하는 독자라면 스팸메일을 보내는 사람이 2개의 아이디로 보낸 스팸메일의 수신인이 다 같게 할 만큼 멍청하겠느냐고, 한두 개만 조금 바뀌면 위의 방법은 역할을 발휘하지 못하는 것이 아니냐고 질문을 던질 수도 있겠다. 이 문제를 해결하려면 두 집합이 기본적으로 동일한지를 신속히 판단할 수 있어야 하며, 사실 위의 방법을 조금만 변경하면 된다.

---

[1] 어쨌든 N개 원소를 모두 한 번 스캔해야 하기 때문에 $O(N)$이라는 시간 복잡도는 극복할 수 없다.

2개의 아이디로 단체 발송한 이메일의 수신 주소 리스트(*e-mail address list*)에서 같은 규칙으로 메일 주소 몇 개씩을 무작위로 고를 수 있다. 예를 들면 끝자리가 24인 주소를 선택한다. 이들의 지문이 동일하다면 2개 아이디로 메일을 단체 발송한 이메일 주소 리스트는 기본적으로 동일할 것이다. 선택한 메일 개수는 제한적이고 보통 한 자릿수이므로 80% 또는 90% 중복되는지 여부를 쉽게 판단할 수 있다.

이처럼 집합이 기본적으로 동일한지 여부를 판단하는 알고리즘은 실제 상황에서 다양하게 응용된다. 웹사이트 검색 시 두 웹사이트가 중복되는지를 판단하는 것 등이 그 예다. 두 웹사이트(의 본문)를 처음부터 끝까지 계산하는 시간이 너무 긴 경우는 계산을 할 필요도 없다. 각 웹페이지에서 단어 몇 개를 골라 그 단어들이 구성하는 웹사이트의 특징어를 모으기만 하면 된다. 그다음 특징어 집합의 정보 지문을 계산하고 비교하면 된다. 비교되는 두 웹사이트에서 눈에 잘 띄는 단어는 대개 본문에 출현하므로 두 글의 특징으로 삼을 수 없다. 딱 한 번만 나오는 단어는 잡음일 가능성이 높으므로, 이 역시 고려하지 않는다. 나머지 단어에서 IDF가 큰 단어는 감별 능력이 강하므로 각 웹사이트에서 IDF가 최대인 단어 몇 개만 찾아 그 정보 지문만 계산하면 된다. 이렇게 계산한 두 웹사이트의 정보 지문이 동일하면, 그 둘은 기본적으로 동일한 웹사이트다. 어느 정도의 오류 발생을 허용하기 위해 구글은 심해시(*Simhash*)라는 특화된 정보 지문을 적용했다. 심해시의 원리는 추가 읽기에서 소개하겠다.

위에 언급한 알고리즘은 조금 변경하면 글이 다른 글을 표절했는지도 판단할 수 있다. 구체적인 방법은 문장을 작은 단편으로 자른 다음 위의 방법으로 단편들의 특징어를 선별해 집합하고 그 지문을 계산하는 것이다. 지문들을 비교하면 큰 단락에서 동일한 문자를 찾을 수 있고, 시간 순서에 따라

오리지널과 표절한 것을 찾아낼 수 있다. 구글 연구소는 이 원리를 이용한 카피캣(*CopyCat*)이라는 프로젝트를 통해 원문과 전재(카피)한 글을 정확히 찾아낼 수 있다.

2.3 유튜브의 불법복제 방지

구글 산하의 유튜브(*YouTube*)는 세계 최대의 동영상 사이트다. 일반 동영상 사이트와 달리 유튜브는 콘텐츠를 자체적으로 제공하거나 업로드하지 않고 사용자 자신이 자유롭게 제공한다. 사용자는 NBC, 디즈니처럼 전문 미디어업체도 있고 개인 사용자도 있다. 개인 사용자의 동영상 업로드에 대해 규제가 강하지 않아 일부 사람들은 전문 미디어업체의 콘텐츠를 업로드하기도 한다. 이 일이 해결되지 않으면 유튜브의 생존 기반은 흔들릴 것이다.

수많은 동영상에서 한 동영상이 다른 동영상의 해적판인지 여부를 찾아내는 것은 쉬운 일이 아니다. 몇 분짜리 동영상은 수조에서 십수조 바이트 크기의 파일이고 압축도 되어 있어, 1초당 30프레임짜리 영상으로 복원하면 데이터 양이 어마어마하다. 따라서 두 동영상을 직접 비교해 그 유사성을 정하는 사람은 없다.

동영상 매칭에는 키 프레임(*key frame*) 추출과 특징 추출, 두 가지 핵심 기술이 있다. MPEG 동영상(*NTSC* 방식 디스플레이에서 재생)은 1초당 영상이 30프레임이지만 프레임들 간의 차이가 크지 않다(차이가 크다면 시청할 때 영상이 연결되지 않는다). 일반적으로 1초 혹은 수초에 한 프레임이어야 온전한 영상이며, 이런 프레임을 키 프레임이라고 한다. 나머지 프레임에 저장된 것은 키 프레임과 비교하는 차잇값에 불과하다. 동영상에서 키 프레임은 뉴스에서 주제어만큼 중요하다. 따라서 동영상 화면 처리 시 먼저 키 프레임을 찾고, 그 다음 정보 지문으로 그 키 프레임을 나타낸다.

정보 지문이 있으면 해적판 여부를 확인하는 작업은 두 집합 원소의 동일성 여부를 비교하는 작업과 비슷하다. 구글이 유튜브를 인수한 후 구글 연구실에서 영상 처리를 연구하는 과학자들이 개발한 불법복제 방지 시스템은 효과가 매우 좋다. 동일한 동영상의 오리지널과 카피를 찾아낼 수 있기 때문에 구글은 재미있는 광고 분배 전략을 세웠다. 모든 동영상에 광고를 삽입할 순 있지만 광고 수익은 전부 오리지널 동영상에 제공하는 것이다. 광고가 카피 동영상에 삽입되어 있다 해도 말이다. 이렇게 하면 모든 카피와 다른 사람의 동영상을 업로드한 사이트는 수익을 얻을 수 없다. 경제적 이익이 없으므로 해적판과 카피가 많이 줄어들었다.

3. 　추가 읽기　 정보 지문의 중요성과 심해시

독자 배경지식: 확률론, 조합론

3.1 정보 지문의 중복 가능성

정보 지문은 의사 난수를 통해 생성한다. 의사 난수인 만큼 상이한 두 정보가 같은 지문을 생성할 수 있다. 이런 가능성은 이론적으로 확실히 존재하지만 매우 낮다. 그 가능성이 얼마나 되는지 분석해보자.

의사 난수의 생성 범위를 0~N-1, 총 N개라고 가정하자. 128비트 이진법인 경우 $N=2^{128}$로 거대한 숫자다. 임의로 두 지문을 선정하면, 두 지문이 중복될 가능성은 1/N, 중복되지 않을 가능성은 $\frac{N-1}{N}$이다. 첫 번째에서 둘 중 아무거나 걸리면 두 번째는 N-1밖에 선택의 여지가 없기 때문이다. 임의로 세 지문을 고르고 중복되지 않게 하려면 세 번째는 N-2밖에 선택의 여지가 없다. 따라서 세 지문이 중복되지 않을 확률은 $\frac{(N-1)(N-2)}{N^2}$이다. 이런 방식으로 유추하면 k개 지문이 중복되지 않을 확률은 $P_k = \dfrac{(N-1)(N-2)\cdots(N-k+1)}{N^{k-1}}$ 이다.

P_k는 k가 증가함에 따라 작아진다. 즉 생성되는 지문이 일정 수준까지 많아지면 중복될 가능성이 생긴다. $P_k < 0.5$면 k개 지문이 1회 중복될 수학적 기댓값은 1이 넘는다. 이때의 최댓값을 추정해보자.

위의 부등식은 아래 공식과 등가다.

$$P_{k+1} = \frac{(N-1)(N-2)\cdots(N-K)}{N^k} < 0.5 \tag{16.1}$$

$N \to \infty$면 다음과 같다.

$$P_{k+1} \approx e^{-\frac{1}{N}} e^{-\frac{2}{N}} \cdots e^{-\frac{k}{N}} = \exp(-\frac{k(k+1)}{2N}) \tag{16.2}$$

이 확률은 0.5보다 작아야 하므로 다음과 같다.

$$P_{k+1} \approx \exp(-\frac{k(k+1)}{2N}) < 0.5 \tag{16.3}$$

이 식은 다음 식과 등가다.

$$k^2 + k + 2N \ln 0.5 > 0.5 \tag{16.4}$$

$k > 0$이므로 위 부등식의 유일한 해는 다음과 같다.

$$k > \frac{-1 + \sqrt{1 + 8N\log2}}{2}$$

(16.5)

다시 말해 N이 큰 경우 k는 큰 숫자다. MD5 지문을 사용하면(단점이 있긴 하지만) 128비트 이진법이 있으므로 $k > 2^{64} \approx 1.8 \times 10^{19}$다. 즉 1,800만조 번에 한 번 중복되므로 상이한 정보가 동일한 지문을 생성할 가능성은 거의 0이다. 64비트 지문을 적용해도 중복될 가능성은 여전히 낮다.

3.2 심해시

특수한 정보 지문인 심해시는 모세 차리카르(*Moses Charikar*)가 2002년에 제안했지만,[2] 제대로 중시되기 시작한 것은 구글이 웹 크롤러에 심해시를 사용하고 그 결과를 WWW회의에 발표한 이후다.[3] 차리카르의 논문은 설명이 난해한 편이지만 사실 심해시의 원리는 복잡하지 않다. 웹사이트 다운로드 시 중복 웹사이트를 체크한 구글의 사례를 들어 설명하겠다.

한 웹사이트에 몇 개 단어 $t_1, t_2, \cdots, t_k$가 있다고 가정하면 그 가중치(예를 들어 TF-IDF 값)는 $w_1, w_2, \cdots, w_k$다. 먼저 이 단어들의 정보 지문을 계산한다. 설명의 편의를 위해 8비트 이진법 정보 지문만 사용한다고 가정하자. 물론 실제 작업에선 중복도가 너무 높기 때문에 이렇게 짧은 것을 사용할 수 없다. 심해시 계산은 두 단계로 나뉜다.

나는 1단계를 확장이라고 부른다. 8비트 이진법 지문을 8개의 실수로 확장하는 것인데 $r_1, r_2, \cdots, r_8$로 나타내며, 이 실수들의 값은 아래처럼 정한다.

우선 실수의 초깃값을 0으로 설정한 다음 t_1의 지문(8비트)을 본다. t_1의 i번

---

2 자세한 사항은 참고 문헌 16장의 1 참고.

3 자세한 사항은 참고 문헌 16장의 2 참고.

째가 1이면 r_i에 w_1을 더하고, 0이면 r_i에서 w_1을 뺀다. 예를 들어 t_1의 지문이 10100110이면(임의로) 이렇게 t_1을 처리한 후 r_1에서 r_8까지 값은 다음과 같다.

$r_1 = 1$	w_1
$r_2 = 0$	$-w_1$
$r_3 = 1$	w_1
$r_4 = 0$	$-w_1$
$r_5 = 0$	$-w_1$
$r_6 = 1$	w_1
$r_7 = 1$	w_1
$r_8 = 0$	$-w_1$

표 16.1 첫 번째 단어를 처리한 후 r_1에서 r_8까지 값

이어서 두 번째 단어 t_2를 처리한다. 지문을 넣으면 00011001이므로 1을 만나면 더하고 0을 만나면 빼는 위의 원칙에 따른다. 첫 번째 자리가 0이므로 r_1에서 t_2를 뺀 가중치는 w_2여야 하고, 그러면 $r_1 = w_1 - w_2$다. 이런 식으로 $r_2, \cdots, r_8$을 처리한 결과는 〈표 16.2〉와 같다.

r_1	$w_1 - w_2$
r_2	$-w_1 - w_2$
r_3	$w_1 - w_2$
r_4	$-w_1 - w_2$
r_5	$-w_1 - w_2$
r_6	$w_1 - w_{21}$
r_7	$w_1 - w_2$
r_8	$-w_1 + w$

표 16.2 첫 번째, 두 번째 단어를 처리한 후 r_1에서 r_8까지 값

모든 단어의 설명이 끝나면 마지막 8개의 수 $r_1, \cdots, r_8$을 얻을 수 있고, 1단

계 확장 과정이 끝난다. 확장 후 $r_1, r_2, \cdots, r_8$의 값이 〈표 16.3〉과 같다고 가정하자.

r_1	−.052	0
r_2	−1.2	0
r_3	0.33	1
r_4	0.21	1
r_5	−0.91	0
r_6	−1.1	0
r_7	−0.85	0
r_8	0.52	1

표 16.3 모든 단어를 처리한 후 r_1에서 r_8까지 값과 양수는 1로, 음수는 0으로 바꾼 결과

2단계는 수축이라고 부른다. 8개 실수를 8비트 이진법 수로 바꾸는 것이다. 이 과정은 아주 간단하다. $r_i > 0$이면 해당하는 이진법 수의 i번째 자리를 1로 설정하고, 그렇지 않으면 0으로 설정한다. 그러면 해당 글의 8비트 심해시 지문이 얻어진다. 위 예의 경우 이 글의 심해시=00110001이다.

심해시의 특징은 두 웹사이트의 심해시 차이가 작을수록 두 웹사이트의 유사성이 높아진다는 것이다. 두 웹사이트가 동일하면 심해시도 반드시 같다. 두 웹사이트에서 가중치가 작은 몇몇 단어만 동일하지 않고 나머지는 동일한 경우엔 심해시도 동일하다고 거의 확정할 수 있다. 두 웹사이트의 심해시는 다르지만 차이가 작으면 대응하는 웹사이트도 매우 비슷하다. 64비트 심해시로 비교하면 차이가 1~2자리인 경우 대응하는 웹사이트 내용이 중복될 가능성은 80% 이상이다. 이렇게 각 웹사이트의 심해시를 기록하고 신규 웹사이트의 심해시가 이미 나왔던 것인지를 판단하면 내용이 중복되는 웹사이트를 찾을 수 있으므로, 색인을 중복으로 구축하며 컴퓨터 자원을 낭비하지 않아도 된다.

정보 지문은 원리가 간단하고 사용하기 편리해서 매우 광범위하게 쓰이며, 현재 대용량 데이터 처리에 없어서는 안 될 툴이다.

4. 갈무리하며

정보 지문은 정보(문자, 이미지, 음원, 동영상 등)를 다차원 이진법 공간의 한 점(이진법 숫자)에 랜덤으로 반영하는 것이라고 이해할 수 있다. 이 무작위 함수만 잘 만들면 여러 정보에 대응하는 점들이 겹쳐지지 않고, 따라서 이진법 숫자들은 원래 정보가 가졌던 유일무이한 지문이 된다.

중국 드라마 〈암산〉에서 떠올린 암호학의 수학 원리

17장

암호학의 뿌리는 정보이론과 수학이다. 정보이론의 바탕이 없는
암호는 쉽게 풀린다. 정보이론이 암호학에 응용될수록 암호는 안전해진다.

2007년에 본 드라마 〈암산(暗算)〉[1]은 아이디어와 배우들 연기가 참 좋았다. 드라마에는 암호학에 관한 에피소드가 있다. 스토리 자체는 좋았는데 조금 포장된 면이 없지 않다. 그래도 한 가지 맞게 그린 것이 있다. 현대 암호학이 수학을 기초로 한다는 사실이다(뒤에서 이 드라마 얘기를 여러 번 할 예정이라, 시청하지 않은 독자는 인터넷 소개를 참고하면 좋겠다).

---

1 역주: 중국어로 '음모', '음해'라는 뜻.

1. 암호의 탄생

암호학의 역사는 2,000년 전으로 거슬러 올라갈 수 있다. 고대 로마의 명장 율리우스 카이사르(*Julius Caesar*)가 적에게 정보를 빼앗기지 않기 위해 암호를 사용해 정보를 전달했다고 전해진다. 카이사르가 쓴 방법은 간단하다. 〈표 17.1〉처럼 20여 개 로마자에 대응하는 표를 만들었다.

부호	암호
A	B
B	E
C	A
D	F
E	K
...	...
R	P
S	T
...	...

표 17.1 카이사르의 암호 대응표

그림 17.1 시중에서 파는 '카이사르' 놀잇감

이렇게 하면 코드북(*code book*)을 모르는 경우 정보를 빼앗아도 이해할 수가 없다. ABKTBP라는 신호를 받았다면 적이 보기엔 아무 의미가 없는 글자지만, 코드북을 통해 분석하면 CAESAR, 즉 카이사르의 이름이 된다. 이 부호화 방법을 역사적으로 카이사르 암호라고 하며, 〈그림 17.1〉처럼 요즘도 놀잇감이 유통된다.

물론 정보이론을 공부한 사람이라면 정보를 많이 확보해(암호화되어 있을지라도) 철자의 빈도를 통계 내면 암호를 풀 수 있다는 것을 잘 안다. 아서 코난 도일(*Arthur Ignatius Conan Doyle*)은 그의 저서 《셜록 홈즈의 모험》 중 〈춤추는 인형〉 사건에서 작은 테크닉을 소개한다(〈그림 17.2〉). 최근 스파이를 소재로 한 드라마의 작가들은 아직도 수준 낮은 암호를 종종 사용한다. 예를 들면 요리 값(숫자)으로 정보를 전달하고, 그 숫자들은 중국 청나라 때 출판된《강희자전(康熙字典)》의 페이지 수나 글자 순서에 대응되는 식이다. 정보이론을 공부한 사람이라면 이 정도 암호는 코드북 없이도 풀 수 있다. 정보만 몇 차례 수집하면 해독할 수 있다.

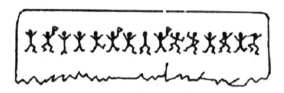

그림 17.2 춤추는 인형. 미스터리해 보이지만 숨겨진 암호를 쉽게 풀 수 있다.

카이사르 시대부터 20세기 초에 이르는 오랜 기간 동안 암호 설계자들은 기술을 느릿느릿 개선했다. 그들의 작업은 기본적으로 경험에 의존했고, 수학 원리를 응용해야 한다는 자각도 없었기 때문이다(물론 당시엔 정보이론도 없었다). 사람들은 해독자가 암호에서 부호의 규칙을 통계 낼 수 없어야 훌륭한 부호화 방법이라는 점을 서서히 인식하기 시작했다. 경험이 있는 부호 설계자는 상용 단어를 여러 암호에 대응해 해독자가 어떤 규칙도 통계 낼 수 없도록 만든다. 예를 들어 중국어의 是(시)[2]를 코드 0543 딱 하나에만 대응시키면 해독자는 0543이 굉장히 많이 나온다는 사실을 발견할 것이다. 그러나 이 단어를 0543, 0373, 2947 등 10개의 암호에 대응하고 매번 랜덤으로 하나를 선택해 사용하면, 암호별로 나오는 횟수가 그리 많지 않고 해독자도 이 암호들이 사실 한 글자에 대응한다는 사실을 알 길이 없다. 여기에는 이미 소박한 확률론 원리가 포함되어 있다.

---

2 역주: '~이다', '~그렇다'라는 의미.

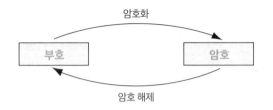

그림 17.3 암호화와 암호 해제는 함수와 역함수 관계다.

홀륭한 암호라면 이미 알려진 명문(明文)과 암호문의 대응을 바탕으로 새로운 암호문 내용이 나오지 않을 것임을 추론할 수 있어야 한다. 암호화 과정은 함수의 연산 F로, 암호 해제 과정은 역함수의 연산으로 볼 수 있다. 부호는 독립변수고 암호는 함숫값이다. 제2차 세계대전 전에는 이것이 잘 안됐다. 역사상 이 분야에서 암호 설계가 꼼꼼하지 않은 사례가 많았다. 예를 들어 제2차 세계대전 중 일본군의 암호 설계는 큰 문제였고, 미국군은 일본의 많은 암호를 확보했다. 미드웨이 해전 전에 미국군이 확보한 일본군의 비밀 전보에 AF라는 지명이 자주 등장했다. 태평양의 한 섬인 것은 확실한데 어떤 섬인지 알 수가 없었다. 그래서 미국군은 본인들이 통제하는 섬과 관련이 있는 가짜 뉴스를 하나씩 발표했다. '미드웨이 급수 시스템이 고장 났다'는 가짜 뉴스를 내보낸 후 미국군은 확보해둔 일본 정보에서 또 AF가 들어 있는 전문을 봤고(일본군 정보 내용은 'AF 급수에 문제가 생겼다'였다), AF가 바로 미드웨이라고 판단했다. 이 판단이 옳았음이 사실로 증명됐고, 미국군은 그곳에서 일본 연합함대를 기습하는 데 성공했다.

작고한 미국 정보 전문가 허버트 야들리(Herbert Osborne Yardley, 1889~1958)는 제2차 세계대전 때 중국 충칭에서 중국 정부를 도와 일본의 암호를 푼 적이 있다. 야들리가 충칭에서 지낸 2년 동안 가장 성공적으로 한 일이 바로 일본군과 충칭 스파이 간에 오간 통신 수천 부를 해독해 스파이 사건을 해결한 것이다. 당시 국민당 내부 첩자 '외팔 해적'이 일본군에게 충칭의 기상 정보를 제공했다. 야들리(와 중국 여성 쉬전)의 노력으로 일본군의 충칭 폭격으로 인한 손해가 크게 줄었다. 야들리는 미국으로 돌아간 후 《중국의 블랙체임버(*The Chinese Black Chamber*)》[3]라는 책을 써서 그동안의 경험을 소개했지만, 이 책은 1983년에야 보안 해제를 허가받아 출간됐다. 책 내용을 보면 당시 일본의 암호 설계에 심각한 결함이 있었음을 알 수 있다. 일본군과 충칭 스파이가 정해둔 코드북은 미국의 유명 작가 펄 벅(*Pearl S. Buck*)이 쓴 1938년 노벨문학상 수상작 《대지(*The Good Earth*)》였다. 워낙 찾기 쉬운 책이라, 암호화된 전보를 받은 사람은 암호를 해독할 때 이 책을 가져다 암호를 풀기만 하면 됐다. 암호가 있는 페이지 수는 아주 간단한 공식이었다. 전보를 친 날짜의 달에 일수를 더하고 거기에 10을 더하는 것이었다. 3월 11일에 전보를 쳤다면 암호는 3+11+10=24쪽이다. 이 암호 설계는 앞서 소개한 '암호화 함수는 몇몇 독립변수와 함숫값을 통해 함수 자체가 나오면 안 된다'는 원칙에 어긋나며, 이런 암호는 암호문 하나를 해독하면 이후 모든 암호문을 해독할 수도 있다.

《중국의 블랙체임버》에는 일본이 보안 기술 원리에 대해 아는 바가 매우 적었다는 내용도 담겨 있다. 한번은 일본 주마닐라 대사관에서 외부에 전보를 치는데, 절반 정도 보내다 기계가 먹통이 되더니 그대로 한 번 더 발송하곤 끝나버렸다. 동문 전보는 암호학에선 큰 금기 사항이다(현재 VPN 로그인용 보안키와 마찬가지로 암호 장치로 암호화할 때 매번 자동 교체되어 같은 보안키가 중복 사용되는 것을 방지한다. 따라서 같은 전보문을 두 번 발송하더라도 암호문은 달라야 한다). 또한 일본 외교부가 차세대 암호 장치로 교체할 때 본토에서 멀리 떨어진 일본 대사관은 새 기계가 늦게 도착하는 바람에 기존 기계로 전보를 발송했다.

---

3 허버트 야들리 지음, 옌둥둥(嚴冬冬) 옮김, 《중국의 블랙체임버-잘 알려지지 않은 중일 스파이전》, 지린원시(吉林文史)출판사, 2011.

그래서 새 기계와 기존 기계를 혼용하는 상황이 발생했고, 미국은 똑같은 내용을 신규, 기존 두 암호문으로 받았다. 일본의 암호는 이미 많이 해독된 터라 결과적으로 새 암호가 나왔어도 기밀이라 할 수 있는 게 없었다. 결국 제2차 세계대전에서 일본의 정보는 미국에 해독되기 일쑤였고, 일본 해군 명장 야마모토 이소로쿠(山本五十六, 출생 당시 아버지가 56세여서 이름을 이렇게 지었다)도 이 때문에 목숨을 잃었다.[4] '뒤처지면 맞는다'는 말을 종종 하는데, 수학을 사용할 줄 몰라도 맞아야 한다.

2. 정보이론 시대의 암호학

제2차 세계대전 시기에 정보이론을 제안한 섀넌을 비롯한 여러 정상급 과학자들이 미국군 정보부처를 위해 일했고, 정보이론은 사실상 정보학의 직접적 산물이다. 섀넌의 정보이론은 암호학 발전에 새로운 기운을 불어넣었다. 정보이론에 의하면 암호의 최고 경지는 적군이 암호를 탈취해갔는데도 상대군에 대해 아는 것이 전혀 늘지 않는 것이다. 정보이론 전문 용어로 표현하면 정보량이 증가하지 않는 것이다. 일반적으로 암호들이 고르게 분포하고 통계가 독립적이면 제공되는 정보량이 적다. 고르게 분포되면 적군이 통계를 낼 수 없고, 통계가 독립적이면 적군이 암호화 알고리즘을 알아내고 일부 암호와 부호를 봤다 하더라도 다른 암호를 해독할 수 없다. 내가 이해한 바에 따르면 드라마 〈암산〉에서 전통적인 암호 해독자 라오천이 비밀 보고를 해독하고도 보급할 수 없던 것도 이 때문이다. 반면 수학자 황이이는 적군의 새 암호 시스템으로 작성된 암호문의 통계가 독립적인 것을 알고 이런 결과를 예

---

4 미국은 일본의 암호를 풀고 야마모토 이소로쿠가 탄 항공기의 경로를 파악해 전투기로 격추했다.

견했다.

정보이론이 생기면서 암호 설계에 이론적 기초가 마련됐고, 현재 통용되는 공개키(*public key*) 방법, 〈암산〉의 '광복1호' 암호는 바로 이 이론을 토대로 한 것이다.

공개키 뒤엔 여러 구체적인 암호화 방법이 있다. 초기의 RSA 알고리즘〔1977년 리베스트(*Rivest*), 샤미르(*Shamir*), 아델만(*Adleman*), 세 발명자의 이름 첫 글자를 따 명명함〕, 라빈 알고리즘〔1979년 발명자 라빈(*Rabin*)의 이름을 따 명명함〕과 이후에 나온 엘가말 알고리즘〔1984년 발명자 엘 가말(*El Gamal*)의 이름을 따 명명함〕, 타원곡선 알고리즘〔*elliptic curve algorithm*, 1985년 닐 코블리츠(*Neal Koblitz*)와 빅터 밀러(*Victor Miller*)가 제안함〕은 기본 원리가 일치하고 복잡하지 않다. 이 알고리즘들은 다음과 같은 공통점이 있다.

1. 모두 전혀 다른 형식을 지니며 하나는 암호화에, 하나는 암호 해제에 사용된다.
2. 무관해 보이는 두 키가 수학적으론 핵심이다.

비교적 간단한 RSA 알고리즘으로 공개키의 원리를 설명하고 단어 Caesar를 암호화 및 암호 해제하는 예를 살펴보자. 먼저 단어를 숫자로 바꾼다. 이를테면 단어의 ASCII 코드 $X=067097101115097114$(각 자릿수는 하나의 철자를 나타냄)로 부호화하자. 이제 암호 시스템을 설계해 이 부호를 암호화한다.

1. 두 큰 소수 P와 Q를 찾는다. 100자리처럼 클수록 좋다. 그다음 그 곱을 계산한다.

$$N = P \times Q \tag{17.1}$$
$$M = (P - 1) \times (Q - 1) \tag{17.2}$$

2. M과 서로소(coprime)인 정수 E를 찾는다. 즉 M과 E는 1 이외에 공약수를 갖지 않는다.

3. 정수 D를 찾아 E×D에서 M을 나눠 1이 남게 한다. 즉 E×D mod M=1이다.

이제 선진적이면서 가장 많이 사용하는 암호 시스템의 설계가 끝났다. 여기에서 E는 공개키이므로 누구든지 암호화에 사용할 수 있다. 공개키라는 단어는 바로 이런 의미에서 유래했다. D는 개인키이므로 암호 해제에 사용하고, 반드시 스스로 잘 보관해야 한다. 공개키와 개인키를 연결하는 곱셈 N은 공개된 것이므로 적군이 알아도 상관없다.

이제 아래 공식으로 X를 암호화해 암호 Y를 얻는다.

$$X^E \bmod N = Y \tag{17.3}$$

이제 암호키 D가 없으니 신선이라 해도 Y에서 X를 복원할 수 없다. D를 알면 페르마의 작은 정리[5]를 근거로 아래 공식만 따르면 쉽게 Y에서 X를 얻을 수 있다.

$$Y^D \bmod N = X \tag{17.4}$$

이 과정을 대략적으로 정리하면 다음과 같다.

---

[5] '페르마의 작은 정리'는 두 가지로 설명할 수 있다. 첫째, 소수 P는 정수 N에 대해 N, P가 서로소면 $N^{P-1} \equiv 1 \pmod{P}$다. 둘째, 소수 P는 정수에 대해 $N^P \equiv N \pmod{P}$다.

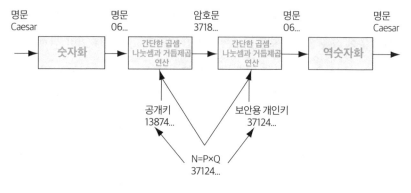

그림 17.4 공개키 설명도

공개키는 다음과 같은 장점이 있다.

1. 간단하다. 곱셈과 나눗셈만 하면 된다.
2. 확실하다. 공개키 방법은 생성하는 암호문의 통계가 독립적이고 분포가 고르다. 다시 말해 명문과 그에 대응하는 암호문을 얼마나 제시하든 이미 알려진 명문 및 암호문의 대응에 근거해 암호문을 해독할 수 없다. 중요한 건 N, E가 누구에게든 암호화용으로 공개될 순 있지만 보안키 D를 확보해야만 암호를 해제할 수 있고, 암호화한 사람 본인도 암호를 해제할 수 없다. 이 때문에 암호화를 한 사람이 붙잡혀 배신을 해도 전체 암호 시스템은 여전히 안전하다(카이사르의 암호화 방법은 코드북을 아는 사람이 누설하면 전체 암호 시스템이 공개된다).
3. 유연하다. 공개키 E와 개인키 D의 조합을 많이 만들어 여러 암호화 담당자에게 줄 수 있다.

마지막으로 암호 해독의 난도를 살펴보자. 세상에 영원히 풀지 못할 암호는 없음을 먼저 밝혀둔다. 관건은 암호의 유효 기간이 얼마나 길 것인가의 문제다. 공개키의 암호화 방식을 풀려거든, 현재까지의 연구 결과에 따르면 가장 원천적인 방법은 역시 큰 수 N을 인수분해하는 것이다. 즉 N을 통해 반대로 P와 Q를 찾으면 암호가 풀린다. 그런데 P와 Q를 찾으려면 현재는 딱 한 가지 어리석은 방법밖에 없다. 컴퓨터로 가능한 모든 숫자를 한 번씩 시도해보는 것이다('시도'에도 똑똑한 방법과 어리석은 방법이 있다. 그러나 똑똑한 시도라 해도 시도해야 하는 숫자가 아주아주 많다). 이것은 사실상 컴퓨터의 속도와 겨루는 것이며, P와 Q가 모두 커야 하는 것도 이 때문이다. 암호화 방법은 50년 내에 컴퓨터로 풀리지 않아야 만족할 수 있다. 몇 년 전에 풀린 RSA-158 암호는 다음과 같이 인수분해된다.

$$
\begin{aligned}
&39505874583265144526419767800614481996020776460304936\\
&45413937605157935562652945068360972784246821953509354\\
&43058704902519956553357102097992264849779494429556039\\
&=33884958374667213943683932046721815228158303686049930\\
&48084925840555281177 \times 1165882340667125990314837655838\\
&32708181310122581463926004395209941313443341629245361\,39
\end{aligned}
$$

공개키의 다른 알고리즘, 특히 라빈 알고리즘은 원리상 RSA 알고리즘과 유사한 점이 많다. 그래도 어찌 됐든 다른 알고리즘이므로 암호를 푸는 방법도 다르다. 구체적인 공개키 알고리즘은 어떤 것이든 완벽히 푸는 것은 매우 어렵다. 유감스럽게도 공개키는 원리적으로는 신뢰할 수 있지만, 공학적으로 구현할 때 적잖은 허점을 드러내는 암호 체계가 많았다. 따라서 알고리즘 공격에서 구현 방법 공격으로 전략을 바꾸는 공격자들이 많다. 'RSA를 공격한 20년'이란 글은 이런 상황을 잘 분석했다.[6]

이제 〈암산〉으로 돌아가보자. 황이이가 처음 찾은 결과는 여러 번 계산을 거쳐 0이 될 수 없음이 밝혀졌다. 즉 부진수였다. 1960년대에는 공개키 암호화 계산이 없던 시대지만 작가와 연출자는 후에 나온 암호 해독 통용 방법을 참고한 것이 틀림없다. 황이이는 큰 수 N을 분해하려 시도했겠지만 성공하지 못했다. 2차 계산 결과가 0이 되었다는 것은 황이이가 $N=P×Q$라는 분해 방법을 찾았다는 뜻이다. 물론 주산으로 할 수 없는 일이므로, 작가와 연출자가 조금 과장이 심했다는 느낌이 들었다. 또 이 드라마에는 모호하게 얘기하고 넘어간 구석이 한 군데 있다. 바로 '광복1호' 암호의 오차 문제다. 암호는 오차가 있을 수 없다. 오차가 있으면 보안키가 있어도 암호를 해제할 수 없다. 작가와 연출자는 암호를 구축할 때 구현상 허점이 있고, 이때 암호의 보안성이 많이 떨어진다는 것을 얘기하려 했던 것 같다. 앞에서 인용한 'RSA를 공격한 20년'에서 저자는 암호 체계에서 원리는 빈틈이 없는데 구현할 때 허점이 있는 사례들을 제시한다. 또 이 드라마는 폰 노이만을 언급하며 그가 현대 암호학의 조상이라고 하는데, 이것은 완전히 잘못된 정보다. 암호학의 조상은 섀넌이다. 폰 노이만의 공헌은 현대 전자컴퓨터를 발명하고 게임이론(Game Theory)을 제안한 것이며, 암호와는 무관하다.

어찌 됐든 현재 우리가 사용하는 가장 확실하다고 하는 암호화 방법 이면의 수학 원리는 사실 이렇게 간단하며 조금도 신비할 게 없다. RSA이든, 라빈 알고리즘이든, 이후 등장한 엘가말 알고리즘이든, 큰 소수 몇 개를 찾아 곱셈과 나눗셈, 거듭제곱 연산을 하는 것에 불과하다. 하지만 이렇게 간단한 수학 원리로 제2차 세계대전 이후 암호는 거의 풀리지 않고 있다. 냉전 시기에 미국과 구소련은 상대의 정보를 캐내는 데 역사상 유례가 없을 만큼 많은 에너지를 쏟아부었지만 암호가 풀려 누설된 중대 사건은 터진 적이 없다.

---

6   Dan Boneh, Twenty Years of Attacks on the RSA Cryptosystem.
    http://www.ams.org/notices/199902/boneh.pdf

3. 갈무리하며

　정보이론을 소개할 때 정보를 이용해 시스템의 불확실성을 없앨 수 있다고 얘기했다. 이미 확보한 정보를 이용해 시스템의 불확실성을 없애는 것이 바로 암호 해제다. 정보 암호 체계의 구체적 설계 방법은 '술(術)'의 범주에 속하므로 여러 개가 있을 수 있고, 앞으로도 끊임없이 발전할 것이다. 그럼에도 암호학의 최고 경지는 적군이 암호문을 얼마나 확보하든 아군 정보 시스템의 불확실성을 제거할 수 없게 하는 것이다. 이 목적을 달성하려면 암호문끼리 서로 관련이 없게 만드는 한편, 암호문 서열이 완벽히 랜덤으로 보이게 해야 한다. 이 개념은 '도(道)'에 속한다. 정보이론이 탄생한 후 과학자들은 이런 사고방식에 따라 훌륭한 암호 체계를 설계했고, 공개키는 현재 가장 흔히 사용하는 암호화 방법이다.

반짝인다고 다 금은 아니다
- 검색엔진 스팸 방지와 검색 결과의 권위성 문제

18장

검색엔진 앞쪽을 차지한 웹페이지라고 해서 더 유용한 건 아니다.
웹페이지 스팸을 제거하는 원리는 통신에서 잡음을 걸러내는 원리와 같다.
정보처리와 통신의 여러 원리는 서로 통한다.

검색엔진 사용자들은 모두 문자적으로만 관련 있어 보이는 웹사이트가 아니라 유용하면서도 권위 있는 정보를 원한다. 아쉽게도 검색 결과는 모두 완벽하지 않으며, 어느 정도 잡음이 있기 마련이다. 어떤 잡음은 인위적으로 만들어진 것이며, 그중 가장 주된 잡음은 검색엔진 웹사이트 정렬을 겨냥한 스팸이다. 또 다른 잡음은 사용자가 인터넷 활동을 하면서 만들어내는 것으로, 사용자나 엄격하지 않은 편집자가 만드는 불확실한 대량 정보가 그 예다. 이러한 잡음들을 백 퍼센트 피할 순 없지만, 우수한 검색엔진이라면 잡음을 최대한 제거해서 사용자가 검색한 정보와 관련되면서도 정확한 결과를 제공해야 한다.

이번 장에서는 두 부분으로 나눠 검색엔진 스팸 방지와 검색 결과의 권위성 문제를 얘기하겠다.

1. 검색엔진의 스팸 방지 기술

검색엔진이 생기면서부터 검색엔진을 겨냥한 스팸이 생겼다. 그 결과 사용자는 검색엔진 앞쪽에 나오는 웹사이트가 꼭 품질 높고 찾는 내용과 관련이 있는 것이 아니라 상업적 냄새가 물씬 풍기는 스팸 웹페이지라는 사실을 깨달았다. 옛말을 빌리면 "반짝인다고 다 금은 아니다".

검색엔진을 겨냥한 스팸은 방법은 여러 가지지만 목적은 단 하나다. 정당하지 않은 수단으로 해당 웹사이트의 랭킹을 높이는 것이다. 초창기 가장 흔한 스팸 방법은 키워드 중복이었다. 디지털 카메라 판매 사이트의 경우 니콘, 캐논, 코닥 등 각종 디지털 카메라 브랜드를 반복 나열했다. 좀 더 똑똑한 스팸은 독자가 짜증 나는 키워드들을 보지 않도록 작은 폰트를 사용하고 배경과 같은 색으로 키워드를 덮었다. 사실 검색엔진에서 쉽게 발각되어 시정될 방법들이다.

그림 18.1 "1만 달러를 내면 당신의 웹사이트를 구글 첫 페이지에 올려드려요."

페이지랭크가 생긴 이후 스팸 제작자는 인용되는 링크가 많을수록 웹페이지가 앞쪽에 랭크된다는 것을 발견했고, 전문적으로 링크를 매매하는 사업이 등장했다. 예를 들면 실질적 내용이 없는 수많은 웹사이트를 만들어 클라이언트 웹사이트에 링크만 걸어주는 것이다. 이 방법은 키워드 중복보다 훨씬 훌륭하다. 자신은 뒤에 숨고, 클라이언트 웹사이트 내용 자체에는 별다른 문제가 없으니 쉽게 발각되지 않기 때문이다. 하지만 이런 수법도 간파당할 수 있다. 다른 사이트의 랭크 상향을 도와준다고 하는 웹사이트들은 사업 유지를 위해 링크를 대량 판매하므로 쉽게 정체가 탄로 나기 때문이다(위조지폐를 만드는 것과 비슷하다. 위조지폐는 유통량이 많아지면 쉽게 덜미가 잡힌다). 이후에도 가지각색의 스팸 방식이 생겼는데, 여기에 일일이 늘어놓진 않겠다.

2002년에 내가 구글에 들어가 처음 한 일이 바로 온라인 스팸 제거였다. 당시 검색엔진을 겨냥한 스팸들의 행태가 너무 심각했기 때문이다. 그때는 전 세계에 스팸 방지 작업을 해본 사람이 없었고, 스팸 제작자도 우리가 그들을 없애려고 하는 것을 몰랐다. 우리 몇 사람이 벌인 수개월의 노력 끝에 스팸 제작자 절반을 일격에 제거했고, 이어서 스팸 대부분을 없앴다(물론 그 후에는 스팸 잡는 효율이 그렇게까지 높지 않았다). 스팸 제작자는 우리가 그들을 없앴다는 생각을 전혀 하지 못했다. 그중 일부 웹사이트는 그로부터 '개과천선'했지만, 다른 방법으로 바꿔 계속 스팸을 만드는 사이트가 여전히 많았다. 예견한 결과였으므로 우리도 후속 조치를 준비하고 그들을 기다렸다. 그래서 스팸 단속은 장기적인 '고양이 쥐 잡기' 게임이 되었다. 한 방에 스팸 문제를 해결할 방법은 지금도 없지만 구글은 이미 알려진 스팸 방법에 대해선 일정 시간 내에 발견하고 제거하며, 이로써 스팸 사이트 개수를 적은 범위 내로 통제한다.

일을 처리하는 방법에는 '도'와 '술' 두 경지가 있고, 검색 스팸 방지도 마찬가지다. '술' 측면의 방법은 스팸 사례를 발견하면 그것을 분석하고 제거하는 것이 대부분이다. 이 방법을 쓰면 문제를 해결할 수 있고 머리도 많이 써야 하지만, 작업량이 많아 개별 현상에서 보편적인 규칙으로 올라가기 어렵다. '인위적인' 것을 숭상하는 검색엔진 기업들은 이 방법을 선호한다. 반면 '도'

측면에서 스팸 문제를 해결하는 경우엔 구체적인 스팸 사례를 꿰뚫어 스팸의 동기와 본질을 찾는다.

통신 모델은 검색 스팸 방지에도 적용된다. 통신에서 잡음 간섭 문제 해결의 기본 방향은 두 가지다.

1. 정보 발생원에서 출발해 통신(코딩) 자체의 간섭 방지 능력을 강화한다.
2. 전송 측면에서 잡음을 여과하고 정보를 복원한다.

검색엔진 스팸은 본질적으로 보면 (검색) 랭킹 정보에 잡음을 넣는 것이므로, 스팸 방지의 첫 단계는 정렬 알고리즘의 잡음 방지 능력을 강화하는 것이다. 두 번째는 신호처리에서 잡음을 제거하듯이 진짜 랭킹을 복원하는 것이다. 엔진이 시끄러운 자동차에서 휴대폰으로 전화를 걸면 상대가 잘 듣지 못한다. 그러나 자동차 엔진의 주파수를 알면 엔진 잡음 주파수와 동일하고 진폭은 반대인 신호를 추가해 엔진 잡음을 쉽게 제거할 수 있고, 그러면 전화를 받는 사람이 자동차 잡음을 전혀 들을 수 없다. 이것은 정보이론을 공부하고 신호처리 경험을 지닌 독자라면 아는 내용일 것이다. 사실 일부 프리미엄 휴대폰은 이렇게 잡음을 체크하고 제거하는 기능을 이미 갖추고 있다. 잡음 제거 프로세스는 다음과 같이 요약할 수 있다.

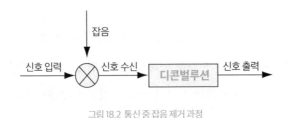

그림 18.2 통신 중 잡음 제거 과정

〈그림 18.2〉에는 초기 신호에 잡음이 섞여 있다. 수학으로 치면 두 신호의

콘벌루션(*convolution*)에 해당한다. 잡음 제거는 디콘벌루션(*deconvolution*) 과정이다. 신호처리에선 어려운 문제가 아니다. 첫째, 자동차 엔진은 주파수가 고정적이다. 둘째, 주파수 잡음은 반복적으로 나타나며, 몇 분간 신호를 수집해 처리하면 된다. 넓은 의미에서 보면 잡음은 완벽히 랜덤은 아니고 전후 관련성이 있으면 측정해 제거할 수 있다[사실상 완벽히 랜덤이고 관련 없는 가우스 잡음(*Gaussian white noise*)은 제거하기 어렵다].

검색엔진 스팸 제작자가 하는 일은 휴대폰 신호에 잡음을 넣는 것처럼 검색 결과 랭킹을 뒤죽박죽 만드는 것이다. 하지만 스팸 제작자가 쓰는 방법은 랜덤일 수 없기 때문에(랜덤이면 순위를 높일 수 없다) 이들이 넣는 잡음은 제거하기 어렵지 않다. 또한 스팸 제작자는 매일 방법을 바꿀 수도 없다. 즉 스팸 방법은 시간과 관계한다. 따라서 검색엔진 정렬 알고리즘을 다루는 사람은 일정한 시간의 스팸 정보를 수집한 후 스팸 제작자를 잡아 기존 랭킹을 복원할 수 있다. 물론 자동차 엔진 잡음을 수집할 때 시간이 드는 것처럼 이 과정은 시간이 소요되며, 해당 시간 동안 스팸 제작자가 재미를 볼 수도 있다. 따라서 어떤 사람들은 자신의 웹사이트가 최적화(실제로는 스팸)를 거쳐 단기간에 앞 순위에 놓이는 것을 보며, 그 최적화라는 것이 효과적이라 착각한다. 그러나 얼마 못 가 순위가 확 떨어지는 것을 발견한다. 이것은 예전에는 너그러웠던 검색엔진이 지금은 엄격해진 것이 아니라, 스팸을 잡는 데 일정 시간이 필요하고, 예전에는 이런 스팸을 체크하는 웹사이트가 없었을 뿐이다.

스팸을 만드는 동기를 보면, 스팸 제작자들은 자기 웹사이트를 앞쪽에 올리고 상업적 이익을 얻기를 기대한다. 다른 사람의 스팸을 도와주는 사람(그들은 자칭 검색엔진 최적화 담당자, *search engine optimizer*, SEO라고 한다)도 그 과정에서 이익을 챙긴다. 동기를 파악하면 그 동기에 맞게 예방 조치를 취할 수 있다. 잡음이 많은 환경에 간섭 방지 픽업(*pickup*)을 적용하면 약한 소리에도 좋은 효과를 볼 수 있는 것처럼, 상업과 관련 있는 검색에는 '간섭 방지' 기능이 강한 검색 알고리즘을 적용한다. 링크 판매 웹사이트들은 대량의 아웃링크(outlink)를 가지고 있다. 아웃링크의 특징은 스팸 행위를 하지 않는 웹사이트의 아웃링크와 많이 다르다(본인들은 그렇게 생각하지 않겠지만). 각 웹사이트가 다른 웹사이트로 이동하는 아웃링크 개수를 하나의 벡터로 볼 수 있고, 이 벡터는 해당 웹사이트 고유의 특징이다. 벡터인 만큼 코사인 거리를 계산할 수 있다(코사인법칙이 또 유용하게 쓰이는 순간이다!). 우리는 일부 웹사이트의 아웃링크 간 코사인 거리가 거의 1이고, 이 웹사이트들은 대개 한 사람이 구축했다는 것을 깨달았다. 목적은 딱 하나, 링크를 파는 것이다. 우리는 이 규칙을 발견한 후 페이지랭크 알고리즘을 개선해, 판매한 링크가 역할을 발휘하지 못하게 만들었다.

스팸 방지에서 사용하는 또 하나의 툴은 그래프 이론이다. 그래프에 몇몇 노드가 둘씩 연결되어 있는 경우를 클리크(clique)라고 한다. 스팸 웹사이트는 자신의 랭킹을 높이려면 서로 링크되어야 한다. 따라서 인터넷이라는 큰 그래프에서 클리크들을 형성한다. 그래프 이론에는 전문적으로 클리크를 발견하는 방법이 있어 스팸 방지에 바로 응용할 수 있다. 여기에서 다시 한번 수학의 역할을 살필 수 있다. '술'의 차원에선 방법이 많다. 스팸을 겨냥한 자바스크립트[1] 페이지 이동의 경우, 해당 자바스크립트 내용만 분석하면 된다.

마지막으로 강조할 것이 몇 가지 있다. 첫째, 구글의 스팸 방지 및 웹사이

---

[1] 스팸 웹사이트들의 랜딩 페이지(landing page)는 콘텐츠 품질은 높지만 다른 상업 웹사이트로 이동할 수 있는 자바스크립트 페이지 이동 기능이 숨겨져 있다. 따라서 사용자가 이 웹사이트에 들어가면 랜딩 페이지 사이트가 잠깐 나타났다 없어지고 바로 스팸 사이트로 들어간다. 검색엔진 크롤러는 이 웹사이트를 다운로드한 후 그 고품질 콘텐츠에 따라 색인을 구축한다. 사용자가 정보를 검색할 때 이 랜딩 페이지들은 콘텐츠가 좋기 때문에 앞쪽에 배치되지만, 사용자는 검색하려는 것과 무관한 내용을 보게 된다.

트 기존 랭킹 복원 과정은 휴대폰 잡음 제거와 마찬가지로 자동이다(개인의 호불호가 개입되지 않는다). 앞쪽에 놓이고 싶은 웹사이트는 내용을 잘 갖추고 스팸 사이트들과 확실히 선을 그어야 한다. 둘째, 검색엔진 최적화 프로그램과 다른 사람을 도와 스팸을 제작하는 사람들은 대부분 시장점유율이 최대인 검색엔진 알고리즘을 겨냥해 스팸을 만든다. 스팸 사이트 제작도 비용이 들기 때문에 시장점유율이 5% 미만인 엔진을 상대로 스팸 사이트를 만들면 경제적으로 도저히 수지가 맞지 않는다. 따라서 소규모 검색엔진은 스팸 사이트는 적지만, 그렇다고 스팸 방지 기술이 약하다는 건 아니며, 스팸 행위를 하는 사람이 적을 뿐이다.

최근 주류 검색엔진이 스팸 방지 작업에 끊임없이 투자함에 따라 세계 대다수 국가에서 스팸 제작 비용이 갈수록 높아지고 있으며, 검색엔진에 광고하는 비용을 따라잡거나 추월하고 있다. 요즘 웹사이트 랭킹을 높이고자 하는 업체들은 스팸 제작보다는 검색광고를 구매하는 방식으로 트래픽을 확보하는 경향이 있다. 또한 체면을 중시하는 일부 사이트들도 스팸 제작자와 분명히 선을 긋는다. 그러나 중국은 이런 추세와 정반대로 가고 있다. 정부 웹사이트를 포함해 일부 사이트들은 사소한 이익을 위해 링크를 팔고, 그렇기 때문에 링크 매매로 비합법적 부수입을 챙기는 중간 업체들이 생겼다. 물론 여우가 숲을 지나가면 흔적과 냄새를 남겨 사냥꾼들이 쫓아가 잡을 실마리를 주는 법이다.

검색엔진 기업에 웹사이트 검색 스팸 방지는 장기적 업무다. 스팸 사이트 제작의 본질은 웹사이트 랭킹 신호에 잡음을 넣는 것이므로 스팸 방지의 핵심은 잡음 제거다. 이런 맥락을 따라가면 검색 알고리즘을 통해 스팸 대항 능력을 근본적으로 높여 힘을 적게 들이고도 큰 효과를 볼 수 있다. 반면 머리가 아프면 머리를 치료하고 다리가 아프면 다리를 치료하는 식으로, 단지 스팸의 구체적 특징에 따라 표면적 현상만 해결하려다 보면 스팸 제작자에게 쉽게 끌려간다.

2. 검색 결과의 권위성

사용자가 검색엔진을 사용하는 목적은 보통 두 가지다. 첫째는 내비게이션이다. 즉 검색엔진을 통해 원하는 방향의 웹사이트를 찾는 것이며, 이 문제는 이미 잘 해결되었다. 둘째는 정보 검색이다. 요즘 검색엔진은 거의 모든 질문에 많은 정보를 제공할 수 있지만, 이 정보들이 정말 믿을 만한지가 문제다. 특히 의료 분야 등 사용자의 질문 내용이 전문가가 진지하게 대답해야 하는 문제인 경우 더욱 그렇다. 인터넷의 규모가 점점 커지면서 부정확한 각종 정보들도 계속 늘어나고 있다. 그렇기 때문에 많은 정보원에서 어떻게 가장 권위 있는 정보를 찾느냐가 최근 검색엔진 기업이 직면한 난제로 떠올랐다. 이것은 내가 2012년 두 번째로 구글에 들어가서 해결을 시도한 문제이기도 하다.

구글은 페이지랭크 등 웹페이지 내용 품질을 평가하는 수단이 있지 않느냐고, 그걸로 검색 결과의 권위성 문제를 해결할 수 없는 것이냐고 묻는 독자도 있을 것이다. 먼저 짚고 넘어갈 것은, 페이지랭크나 다른 웹페이지 품질 평가 방식으론 검색 결과의 권위성을 측정하긴 어렵다는 점이다. 매체의 경우 정확한 정보 제공보다는 엔터테인먼트에 주된 목적이 있을 수 있다. 이런 매체들은 문장력도 있고 인지도도 높으며 페이지랭크도 높지만, 가십이나 엔터테인먼트를 다루기 때문에[미국의 유명 주간지 《피플(people)》의 웹사이트 people.com이나 중국의 〈톈야룬탄(天涯論壇, tianya.cn)〉 등] 내용에 권위가 있다고 할 순 없다.

또한 인터넷상에서 같은 문제를 놓고 제시하는 답이 충돌하는 경우가 많다. 예를 들면 오바마의 출생지에 대해 약 100개의 대답이 나온다. 오바마의 정적(政敵)들은 오바마가 케냐에서 태어났다고 하고, 공식 채널에선 하와이라고 한다. 대체 어느 것이 권위 있는 답변일까? 어느 정도 배경지식이 있는 사람이라면 정적의 비난은 곧이곧대로 믿을 것이 못 된다는 것을 알지만, 오바마의 정적이 누구인지 컴퓨터가 어떻게 알까? 전문성이 강한 문제의 경우 서로 모순되거나 애매모호한 답을 자주 접하게 되며, 이런 문제들은 유명한 뉴스 사이트라 해도 권위 있는 답을 제공한다는 보장이 없다. 예를 들어 모두가 큰 관심을 갖는 '휴대폰 전자파가 암을 유발하는가'라는 문제에 대해 미국 CNN은 '휴대폰을 사용하면서 암에 걸릴 위험성이 증가했다'[2]라고 밝혔고, 이 글은 세계보건기구(WHO) 연구 결과를 인용해 신뢰성을 크게 얻었다. 그러나 세계보건기구의 해당 연구보고서를 찾아보면 이런 내용이 나온다. "휴대폰 전자파는 Group B 유형에 속하여, Group B의 전자파는 암을 유발할 가능성이 있다. …… 그러나 현재까지는 휴대폰 사용이 암을 유발한다는 증거가 아직 없다." 세계보건기구 연구보고서는 휴대폰 사용이 암을 유발할 가능성이 있다고만 설명하고 있으며, 확실히 암을 유발하는지 또는 유발할 가능성이 얼마나 높은지에 대해선 결론을 내리지 않았다. 따라서 이 연구보고서는 중립적 입장을 취하고 있는 셈이다. CNN의 관련 기사도 확고부동한 입장은 아니지만, 뉘앙스로는 휴대폰을 사용하면 암에 걸릴 것 같은 느낌을 준다. 따라서 '휴대폰 전자파가 암을 유발하는지'의 문제를 검색할 때 CNN은 권위성 있는 사이트라 할 수 없다. 사실 미국암협회(cancer.org)와 메이오클리닉(Mayo Clinic)[3]은 이 문제에 대해 아주 신중하게 답변하며 명확한 결론을 내리지는 않았지만, 독자가 스스로 판단하도록 많은 정보를 제공하고 있다. 앞의

---

2 Cell phone use can increase possible cancer risk, http://www.cnn.com/2011/HEALTH/05/31/who.cell.phones/
3 이름은 클리닉(의원)이지만 실제 미국에서 규모가 가장 크고 가장 좋은 병원으로 꼽는다.

두 예에서 알 수 있듯이 관련성을 고려하든 검색 품질을 감안하든 '오바마가 케냐에서 태어났다'나 '휴대폰은 암을 유발할 수 있다'는 정보는 틀렸다고 할 순 없지만 권위성이 부족하다.

그러면 권위성을 어떻게 측정할까? 이 점을 설명하기에 앞서 '언급(mention)' 이란 개념을 도입해보자. 예를 들어 한 기사에 다음과 같은 설명이 있다.

> 세계보건기구 연구에 따르면 흡연은 인체에 유해하다.

또는 다음과 같다.

> 존스홉킨스대학교 교수는 간접흡연도 마찬가지로 사람에게 해를 끼친다고 밝혔다.

'흡연의 위험성'이란 주제를 논하면서 '세계보건기구'와 '존스홉킨스대학교' 를 '언급'했다. 여러 뉴스, 학술 논문이나 웹사이트 정보 섹션에서 '흡연의 위험성' 주제를 다룰 때 이 두 기관이 정보 출처로 여러 번 '언급'되면, 이 두 기관이 '흡연의 위험성' 주제를 다룰 권위 있는 기관이라고 믿을 만한 이유가 충분하다.

그런데 이런 정보에 대한 '언급'은 웹사이트 간 하이퍼링크처럼 한눈에 들어오는 것이 아니라 텍스트의 자연어 구문 속에 숨어 있어 자연어 처리 방식을 통해 분석해야 하며, 훌륭한 알고리즘이 있어도 계산량이 방대하다.

웹사이트 또는 웹페이지의 권위성을 계산하는 데 또 다른 난점은 일반 웹사이트 품질(페이지랭크 등)과 달리 검색하려는 권위도가 주제와 관련이 있다는 것이다. 위에서 얘기한 세계보건기구, 모야클리닉, 미국암협회는 의학 분야에선 그들의 견해가 상당한 권위성을 지니지만 금융 분야에선 그렇지 않다. 반대로 CNN은 의학 분야에선 권위성을 보장할 수 없지만 여론, 정치 관점, 종합 뉴스 등 분야에선 비교적 권위적일 수 있다. 이러한 특징, 즉 검색 키워드와의 관련성 때문에 권위성은 저장량이 매우 크다. M개의 웹사이트, N개의 검색 키워드가 있다면 $O(M \cdot N)$개 결과를 계산하고 저장해야 한다. 반면 일반 웹사이트 품질 계산은 훨씬 쉽다. M개 결과만 계산하고 저장하면 된다. 따라서 지금처럼 클라우드 컴퓨팅과 빅데이터 기술이 있어야 권위성 계산이 가능하다.

권위성을 계산하는 단계는 다음과 같이 정리할 수 있다.

1. 각 웹사이트 본문(제목 포함)의 모든 문장을 분석하고(분석 방법은 뒤에서 자세히 소개하겠다) 주제에 관련된 단어(phrases, 예를 들어 '흡연의 위험성')와 정보 출처에 대한 설명(예를 들어 세계보건기구, 모야클리닉 등)을 찾는다. 이렇게 해서 '언급'된 정보를 확보한다. 웹사이트 수십억 개의 문장들을 분석하려면 계산량이 어마어마하지만, 다행히 현재 피에르의 지도로 개발한 구글 파서는 속도가 빠르고 많은 서버의 지원을 받아 이 작업이 가능하다.

2. 상호정보량을 이용해 주제 단어와 정보 출처의 관련성을 찾는다. 이 방법은 앞에서 소개했다.

3. 주제 단어를 취합한다. '흡연의 위험성', '흡연은 암을 유발하는가', '담배의 위험성', '콜타르의 위험성' 등 글자만 보면 달라 보이지만 의미는 같은 단어가 많다. 이런 단어들을 분류별로 묶으면 검색 주제를 얻을 수 있다. 분류할 때는 앞에서 얘기한 행렬 연산 방법을 적용하면 된다.

4. 마지막으로 웹사이트 페이지를 취합한다. 예를 들어 한 웹사이트의 페이지를 서브도메인(subdomain) 또는 서브디렉터리(subdirectory)별로 분류한다. 왜 이 단계가

필요할까? 권위성이 있는 웹사이트라 해도 하위 서브도메인이나 서브디렉터리가 권위성이 있다고 장담할 수 없기 때문이다. 존스홉킨스대학교 웹사이트의 경우 하위 서브도메인이나 그 내용은 의학과 무관할 수 있으며, 의과대학 학생 과외 활동과 관련된 서브디렉터리가 그런 경우에 해당된다. 따라서 권위성 측정은 서브도메인이나 서브디렉터리 수준에서 구축할 수밖에 없다.

이 네 단계 작업을 마치면 여러 주제, 어떤 정보 출처(웹사이트)에 권위성을 갖는 근접행렬(incidence matrix)을 얻을 수 있다. 물론 근접행렬을 계산할 때도 페이지랭크를 계산할 때처럼 권위도가 높은 웹사이트의 '언급' 관계가 더 높은 가중치를 부여하며, 반복 알고리즘을 통해 수렴 후 권위도 근접행렬을 얻는다. 권위도 근접행렬을 구하면 검색 결과에서 정보 출처의 권위가 높은 결과들이 위로 올라가 사용자가 검색 결과에 더 안심할 수 있다.

우리는 권위도를 계산할 때 이 책 다른 부분에서 소개한 문장 분석, 상호 정보량과 단어(구)의 클러스터링 등 방법을 적용했고, 그 이면에는 모두 수학이 존재한다. 따라서 검색 결과의 권위성 측정은 전적으로 여러 수학 모델을 기초로 구축된다고 말할 수 있다.

3. 갈무리하며

잡음은 어떤 통신 시스템에도 존재하며, 훌륭한 통신 시스템은 잡음을 여과하고 진짜 신호를 복원할 수 있어야 한다. 특수한 통신 시스템인 검색엔진도 잡음에서 자유로울 수 없으며, 스팸 방지 및 권위성 확인은 잡음을 제거하는 과정이다. 그리고 이 과정은 수학적 방법으로 지원된다.

수학 모델의 중요성

과학과 공학에서 올바른 수학 모델은 매우 중요하지만, 올바른 수학 모델을 찾는 길엔 우여곡절이 많다. 올바른 수학 모델은 보통 형식이 간단하다.

1. 뛰어난 수학 모델은 간단하고 쉽다

'수학의 아름다움' 연재 글을 관심 있게 읽은 독자라면 우리 연구자들이 어떤 문제든 늘 그에 해당하는 정확한 수학 모델을 찾는다는 사실을 발견했을 것이다. 모델의 중요성을 설명하기 위해 2006년 7월에 구글차이나 사내에서 검색 기본 원리를 강의한 적이 있다. 총 30시간밖에 안 되는 과정이었지만 2시간을 꽉 채워 수학 모델 수업을 했다. 2010년 텐센트에 들어가서 제일 처음 한 사내 기술 강좌도 같은 내용이었다.

코페르니쿠스(*Nikolaus Kopernikus*), 갈릴레오 갈릴레이(*Galileo Galilei*), 뉴턴(*Isaac*

그림 19.1 위대한 천문학자 프톨레마이오스

그림 19.2 나일 강의 홍수를 활용한 고대 이집트 농업 문명은 천문학의 탄생을 촉발했다.

Newton)을 비롯한 모든 천문학자 가운데 내가 가장 존경하는 인물은 지구중심설(천동설)을 체계화한 프톨레마이오스(Klaudios Ptolemaeos)다.

천문학은 고대 이집트에서 유래했다. 나일강은 매년 홍수가 범람하여 하류에 비옥하고 관개가 용이한 땅이 있었고, 덕분에 인류 최초의 농업 문명이 태동했다. 매번 홍수가 지나가면 이집트인은 홍수가 물러간 땅을 경작해 풍성한 수확을 이룰 수 있었다. 이런 생산 방식은 나일강 하류에 토지를 관개할 홍수가 없어진 1960년대까지 이어졌다. 나일강에 아스완하이댐(Aswan High Dam)이 축조되었기 때문이다(수천 년간 지속된 이집트 농업도 이 댐으로 인해 망가졌다). 시리우스와 태양의 동시 출현을 기준틀(reference frame)로 삼는 것이 태양계만 기준틀로 삼는 것보다 더 정확하다는 점이 사실로 증명되었다. 고대 이집트인은 홍수가 들이닥치는 경계와 시간을 정확히 판단할 수 있었다.

인류 문명의 두 번째 중심인 메소포타미아가 발흥하면서 이 지역의 고대 바빌로니아인이 천문학을 더욱 발전시켰다. 이들의 역법(曆法)에는 달과 사계절 개념이 있었다. 또 이들은 5대 행성(금성, 목성, 수성, 화성, 토성. 천왕성과 해왕성은 육안으로 보이지 않음)이 단순히 지구 주위를 도는 것이 아니라 물결 모양으로 움직인다는 것을 관측했다. 서구 언어에서 행성(planet)이란 단어는 '떠다니는 별'이란 뜻이다. 고대 바빌로니아인은 행성이 원일점보다 근일점에서 더 빨리 움직인다는 사실도 관측했다[〈그림 19.3〉은 지구에서 본 금성의 운동 궤도다. 《다빈치 코드》를 읽어 봤다면 금성이 4년에 한 번씩 하늘에서 오각성(五角星)을 그린다는 것을 알 것이다].

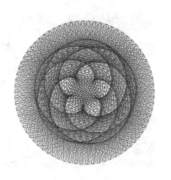

그림 19.3 지구에서 본 금성의 운동 궤도

하지만 현재와 같은 의미의 천문학을 확립하고 여러 천체 운행 궤적을 계산한 것은 약 2,000년 전 고대 로마 시대의 프톨레마이오스다. 태양이 지구 주위를 돈다는 등의 간단한 잘못을 비웃을 수도 있지만, 프톨레마이오스의 공헌을 제대로 이해하는 사람이라면 그에게 숙연한 마음이 들 것이다. 지난 수십 년간 정치적 필요에 의해 프톨레마이오스는 중국에서 잘못된 이론의 상징으로 비판받았고, 중국인은 그가 인류 천문학에 비할 데 없는 공헌을 한 사실을 대체로 모른다. 나 자신도 미국에서 과학사 관련 책을 읽고 나서야 그의 위대함을 알았다. 수학자와 천문학자로서 프톨레마이오스는 많은 발명과 공헌을 했고, 그중 하나만으로도 과학 역사상 중요한 인물로 자리매김하기 충분하다. 프톨레마이오스는 구면 좌표를 발명하고(현재도 사용한다) 적도 및 0도 자오선을 포함한 경선과 위선(현재 지도는 이렇게 구획되었다)을 정의했다. 또 황도(黃道)[1]를 제안하고 호도법(弧度法, 중학생이 이것을 배울 때는 조금 추상적으로 느껴질 것이다)도 발명했다.

물론 프톨레마이오스의 가장 위대하고 가장 논쟁이 되는 공헌은 지구중심설을 체계화한 것이다. 우리는 지구가 태양 주위를 움직인다는 것을 알지만, 당시 사람들은 관측을 통해 지구가 우주의 중심이라고 쉽게 결론을 내렸다.

---

1 역주: 지구가 태양을 도는 큰 궤도.

그림 19.4 프톨레마이오스의 지구중심설 모델   사진 19.1 지구중심설 모델과 흡사한 장형의 혼천의(渾天儀)

유명한 중국 고대 천문학자 장형(張衡)이 제기한 혼천설(渾天說)은 사실 지구 중심설이지만, 장형은 정량적으로 설명하지는 않았다. 위 두 도판에서 두 개념이 매우 유사하다는 것을 알 수 있다. 다만 장형은 중국인의 자랑이라 며 역사책에서 늘 긍정적으로 홍보된 반면, 프톨레마이오스는 중국에서 유심론의 상징으로 여겨졌다. 사실 천문학에서 프톨레마이오스의 위상은 유클리드의 기하학, 뉴턴의 물리학에 견줄 만하다.

물론 지구에서 보면 행성의 운동 궤적은 불규칙적이므로, 프톨레마이오스의 위대한 점은 〈그림 19.5〉처럼 큰 원에 40~60개의 작은 원을 부여하는 방법으로 모든 행성 운동 궤적을 정확히 계산한 것이다. 피타고라스의 관점을 일부 계승한 프톨레마이오스도 원은 가장 완벽한 기하 도형이라 생각했고, 따라서 원으로 행성의 운행 규칙을 설명했다.

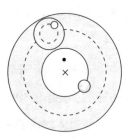

그림 19.5 주전원(epicycle, 행성이 도는 작은 원 궤도)이 큰 원 궤도를 따라 돈다고 주장한 프톨레마이오스의 지구중심설

후대의 모든 과학자들은 프톨레마이오스 모델의 높은 정밀도에 감탄해 마지않았다. 컴퓨터의 도움을 받는 지금도 40개가 한 세트로 된 원 방정식은 풀기 어렵다. 이 점을 떠올릴 때마다

나는 프톨레마이오스에게 진심으로 탄복한다. 프톨레마이오스의 계산을 근거로 율리우스력이 만들어졌다. 즉 1년은 365일이고 4년에 한 번씩 윤년이 돌아와 하루가 늘어난다. 1,500년 동안 사람들은 그의 계산에 따라 농사철을 결정했다. 그런데 1,500년이 지나면서 태양 운동에서 오차가 쌓여 그 일수가 10일로 커졌다. 이 10일의 차이는 유럽의 농업 생산에 거의 한 절기의 차이를 만들어 농경에

사진 19.2 바티칸 성 베드로 대성당의 그레고리오 무덤. 교황 그레고리오가 손에 새 역법을 들고 있다.

지장을 초래했다. 1582년 교황 그레고리오 13세가 율리우스력을 기초로 10일을 삭제하고 1세기 마지막 1년의 윤년을 평년으로 바꾼 후 400년마다 윤년을 다시 한번 넣었다. 이것이 우리가 현재 사용하는 달력이며, 이 달력은 오차가 거의 없다. 그레고리오 13세를 기념하기 위해 현재의 달력을 그레고리력이라고도 부른다.

그레고리오 13세는 400년마다 율리우스력에서 윤년 3번을 빼 정확한 역법을 '끄집어내긴' 했지만 이론적으로 이유를 밝히지는 못했다. '끄집어내는' 방법으론 하나에서 많은 것을 유추할 수 없기 때문이다. 그레고리오 역법은 지구 운동 주기를 정확히 반영했지만 다른 행성의 운동 규칙에는 아무 도움도 주지 못했다. 한편 지구중심설의 오류를 교정하려면 프톨레마이오스의 40개 원에 원 몇 개를 더 부여하는 것으로는 불가능했고, 제대로 진리를 탐색해야 했다. 폴란드 천문학자 코페르니쿠스는 태양을 중심으로 별의 운행을 설명하면 8~10개의 원만으로도 한 행성의 운동 궤적을 계산할 수 있다는 사실을 깨닫고 태양중심설(지동설)을 제기했다. 아쉽게도 코페르니쿠스의 올바른 가설은 프톨레마이오스보다 더 좋은 결과를 얻지 못했고, 그의 모델은 프톨레

마이오스 모델보다 오차가 더 컸다. 생전에 코페르니쿠스는 태양중심설이 교회의 노여움을 살까 봐 학설을 발표하지 않고 미적거리다 임종 직전에 발표했다. 교회는 초기에 이 새로운 학설의 혁명성을 미처 인식하지 못하고 금하지 않았다. 그러나 후에 이 학설이 창세기에 도전할 수 있는 내용을 담고 있음을 깨닫고 금지하기 시작했다. 당시 태양중심설의 부정확성도 교회 및 당시 사람들이 코페르니쿠스 학설을 그릇된 이론으로 치부한 중요한 이유였다. 사람들이 진심으로 받아들이게 하려면 태양중심설은 행성 운동을 더 정확히 설명할 수 있어야 했다.

이 사명을 완수한 천문학자가 요하네스 케플러(*Johannes Kepler*)다. 모든 일류 천문학자를 통틀어 케플러는 자질이 떨어지는 편이고 평생 저급한 오류를 무수히 범했다. 하지만 그에겐 다른 사람에게 없는 두 가지가 있었다. 스승 티코 브라헤에게 물려받은 많은, 게다가 당시 가장 정확한 관측 데이터와 운이었다. 케플러는 운 좋게 행성이 태양 주위를 도는 궤도가 실제로는 타원형이라는 사실을 발견했다. 그러면 큰 원에 여러 작은 원을 부여할 필요 없이 타원형 하나만으로 별의 운동 규칙을 명확히 설명할 수 있었다. 여기에서 케플러는 3법칙[2]을 제기했다. 케플러 3법칙은 딱 세 마디로, 형식이 매우 간단하다. 다만 케플러의 지식 수준으론 행성 궤적이 왜 타원형인지를 설명하기에 부족했다.

행성 운동 궤도가 왜 타원형인지를 설명하는 영광스럽고도 막중한 임무는 결국 위대한 과학자 뉴턴이 만유인력 법칙으로 확실히 완수했다.

이야기가 여기에서 끝날 수도 있었지만 몇 년 후 다시 작은 파란이 일었

---

2 케플러 제1법칙: 행성이 항성 주위를 도는 운동 궤적은 타원형이며, 항성은 이 타원형의 초점이다.
케플러 제2법칙: 행성이 항성과 연결되는 단위 시간은 단위 면적을 스치고 지나간다.
케플러 제3법칙: 행성이 태양을 도는 공전 주기의 제곱은 타원 궤도의 긴반지름의 세제곱에 비례한다.

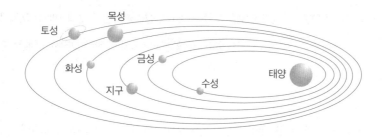

그림 19.6 케플러의 행성 모델

다. 1821년 프랑스 천문학자 알레시 부봐르(*Alexis Bouvard*)는 천왕성의 실제 궤적이 타원 모델로 계산한 것과 썩 맞지 않음을 발견했다. 물론 작은 원을 큰 원에 걸치는 게으른 방법으로 수정할 수도 있었지만, 여러 진지한 과학자들은 진짜 원인을 찾으려 애썼다. 영국의 존 애덤스(*John Couch Adams*)와 프랑스의 위르뱅 르 베리에(*Urbain Le Verrier*)는 1861~1862년에 각자 독자적으로 천왕성을 끌어들여 궤도를 벗어나게 만드는 해왕성을 발견했다.[3]

강좌가 끝날 때쯤 나는 구글차이나와 텐센트 엔지니어들에게 다음 몇 가지 결론을 정리해주었다.

1. 올바른 수학 모델은 형식이 간단해야 한다(프톨레마이오스 모델은 너무 복잡하다).
2. 올바른 모델은 처음엔 정밀하고 섬세하게 설계한 잘못된 모델보다 정확하지 않을 수 있다. 하지만 커다란 방향이 옳다고 인정되면 끝까지 밀고 나가야 한다(태양중심설은 처음엔 지구중심설보다 정확하지 않았다).
3. 연구에는 정확하고 많은 데이터가 중요하다(이 책 31장 '빅데이터의 위력' 참고).

---

3 사실 천문학자 갈릴레이가 1612년과 1613년에 해왕성을 두 번 관측했지만, 그는 그것을 항성이라 오인하고 해왕성을 발견할 기회를 놓쳤다.

4. 올바른 모델도 잡음의 간섭을 받을 수 있고 부정확해 보일 수 있다. 이때는 끼워 맞추기 식으로 수정해 보완하지 말고 잡음의 근원을 찾아야 한다. 그러면 중대한 발견으로 이어갈 수 있다.

네트워크 검색 연구 개발에서는 앞에서 얘기한 TF-IDF와 페이지랭크를 네트워크 검색의 '타원 모델'이라 볼 수 있다. 둘 다 간단하고 이해하기 쉽다.

달걀을 한 바구니에 담지 말라 - 최대 엔트로피 모델

최대 엔트로피 모델은 완벽한 수학 모델이다. 여러 정보를 한 모델에 통합할 수 있어 정보처리 및 머신러닝에서 광범위하게 응용된다. 형식은 매우 간단하고 우아하지만 구현하려면 탄탄한 수학 기초와 뛰어난 테크닉이 필요하다.

투자라 하면 사람들은 '모든 달걀을 한 바구니에 넣지 말아야 리스크를 줄일 수 있다'는 말을 자주 한다. 정보처리에도 이 원리가 적용된다. 수학에 서는 이 원리를 최대 엔트로피 원리(*maximum entropy principle*)라고 한다. 재미 있지만 심오한 제목이다. 그 원리를 대략적으로만 소개하겠다.

네트워크 검색 랭킹에 사용하는 정보는 수백 가지다. 텐센트에서 근무할 때 엔지니어가 이 정보들을 어떻게 결합해 잘 사용할 수 있느냐는 질문을 종종 해왔다. 더 보편적으로 얘기하면 정보처리에서 우리는 각양각색인, 하 지만 완벽히 확실하진 않은 정보를 알고 있고, 단일화된 모델로 이 정보들을 종합해야 한다. 어떻게 잘 종합할 것인가는 큰 학문이다.

한어병음(漢語拼音)[1]을 중국어로 바꾸는 간단한 예를 살펴보자. 입력한 병음이 'Wang-Xiao-Bo'라면 언어 모델을 이용해 제한적인 문맥(예를 들어 앞 두 단어)에 따라 가장 흔한 두 이름 '王小波(왕샤오보)'와 '王曉波(왕샤오보)'를 제시할 수 있다. 그러나 정확히 어떤 이름인지 딱 하나를 제시하긴 어렵다. 더 긴 문맥을 이용해도 불가능하다. 물론 전체가 문학을 소개하는 글이면 작가 王小波(왕샤오보)일 가능성이 크고, 양안관계(兩岸關係)를 논하는 글이면 타이완 학자 王曉波(왕샤오보)일 가능성이 크다. 이 예에서는 두 가지 정보, 즉 주제 정보와 문맥 정보만 종합하면 된다. 수많은 여러 주제로 나눠 별도로 처리하거나 각 정보의 역할을 가중평균 하는 등 끼워 맞출 수 있는 방법은 여러 가지 있지만, 이런 방법으론 문제를 정확하고 원만하게 해결할 수 없다. 앞에서 얘기한 행성 운동 모델에서 큰 원에 작은 원을 부여하는 임시방편과 마찬가지다. 많은 응용 분야에서 수십, 심지어 수백 가지 정보를 종합해야 하므로 큰 원에 작은 원을 부여하는 방법은 통하지 않는다.

1. 최대 엔트로피의 원리와 최대 엔트로피 모델

수학에서 위 문제를 가장 멋있게 푸는 방법은 최대 엔트로피(*Maximum Entropy*) 모델이며, 행성 운동의 타원 모델에 해당한다. '최대 엔트로피'라는 단어는 심오하게 들리지만 원리는 간단하며, 우리가 매일 사용한다. 본질적으로 말하면 전체의 부정확성은 보류하고 리스크를 최소화하는 것이다. 아래에서 실례를 살펴보자.

한번은 AT&T 연구소로 최대 엔트로피 모델에 관한 발표를 하러 가면서

---

1 역주: 중국어 한자음을 로마자로 표기하는 발음부호.

주사위를 하나 들고 갔다. 나는 청중에게 '각 면이 위를 향할 확률이 얼마씩일까?'를 물었고 모두들 확률이 같다, 즉 각각의 확률이 모두 6분의 1이라고 대답했다. 물론 맞는 추측이다. 나는 청중에게 그 이유를 물었고, 한결같은 대답이 돌아왔다. "이 주사위에 대해서 '아는 것이 아무것도 없으니' 각 면이 위를 향할 확률이 모두 같다고 가정하는 것이 가장 안전한 방법입니다."[김용(金庸)의 《녹정기(鹿鼎記)》 속 주인공 위소보(韋小寶)의 주사위[2]처럼 납을 부은 주사위라고 주관적으로 가정해서는 안 된다.] 투자의 각도에서 보면 이것은 리스크를 최소화하는 방법이다. 정보이론의 각도에서 보면 최대 불확실성을 보류하는 것, 즉 엔트로피를 최대에 이르게 하는 방법이다. 이어서 나는 청중에게 이렇게 말했다. "제가 그 주사위에 특수 처리를 해서 4점이 위로 갈 확률이 3분의 1이라는 사실을 이미 알고 있다고 하면, 각 면이 위를 향할 확률은 얼마일까요?" 대부분 사람들이 4점의 확률 3분의 1을 제하면 나머지는 모두 15분의 2라고 생각했다. 다시 말해 이미 알고 있는 조건(4점의 확률 3분의 1)은 반드시 충족해야 하고 나머지 각 점의 확률은 아직 모르므로 모두 같다고 생각할 수밖에 없다. 이렇게 다른 두 상황에서의 확률 분포를 추측할 때 모두 아무런 주관적 가정을 추가하지 않았다(예를 들면 4점의 반대 면이 3이 아니라 1이다 등). 이런 직감에 의한 추측이 정확할 수 있는 것은 최대 엔트로피 원리와 맞아떨어졌기 때문이다.

최대 엔트로피 원리에선 랜덤 사건의 확률 분포를 예측할 때 그 예측이 이미 알고 있는 모든 조건에 충족해야 하며, 알지 못하는 상황에 대해선 어떠한 주관적 가정도 하지 않는다(주관적 가정을 하지 않는다는 점이 중요하다). 이 경우 확률 분포가 가장 균등하고 예측 리스크가 가장 적다. 이때 확률 분포의

---

2 역주: 기원에서 자란 위소보는 주사위를 늘 몸에 지니고 다니면서 난관에 봉착하면 주사위를 던져서 점을 쳤다.

정보 엔트로피가 최대이므로 이 모델을 '최대 엔트로피 모델'이라 한다. 사람들은 모든 달걀을 한 바구니에 넣지 말라는 말을 잘 하는데, 이것이 바로 최대 엔트로피 원리를 설명하는 가장 쉬운 표현이다. 불확실성을 만나면 여러 가능성을 보류해야 하기 때문이다.

한어병음을 중국어로 바꾸는 예로 돌아가 보자. 우리는 두 가지 정보를 알고 있다. 첫째, 언어 모델에 의해 Wang-Xiao-Bo는 '王小波(왕샤오보)'와 '王曉波(왕샤오보)'로 전환할 수 있다. 둘째, 주제에 따라 王小波(왕샤오보)는 작가(《황금시대》의 작가)고, 王曉波(왕샤오보)는 양안관계를 연구하는 타이완 학자다. 따라서 두 정보의 특징을 동시에 충족하는 최대 엔트로피 모델을 구축할 수 있다. 이제 문제는 그런 모델이 존재하느냐는 것이다. 헝가리의 유명한 수학자이자 정보이론 분야 최고의 상인 섀넌상을 수상한 임레 취사르(Imre Csiszár)는 앞뒤가 모순되는 정보의 경우 최대 엔트로피 모델이 존재하며 하나밖에 없다는 사실을 증명했다. 또 그런 모델은 지수함수라는 아주 간단한 형식을 지닌다. 아래 공식은 문맥(앞 두 단어)과 주제에 따라 단어를 예측한 최대 엔트로피 모델로, w_3은 예측한 단어[王小波(왕샤오보) 또는 王曉波(왕샤오보)], w_1과 w_2는 그 앞의 두어 글자(예를 들면 '출판'과 '소설가')다. 즉 문맥상 대략 추측한 것이고 s는 주제를 나타낸다.

$$P(W_3|W_1,W_2,S) = \frac{1}{Z(W_1,W_2,S)} e^{\lambda_1(w_1,w_2,w_3)+\lambda_2(s,w_3)} \tag{20.1}$$

여기에서 Z는 정규화 상수(normalization constant)로 확률을 더하면 1이 되도록 한다.

위 공식에서 매개변수 λ와 Z가 있고, 이것들은 데이터 관측을 통해 학습시켜야 한다. 최대 엔트로피 모델의 매개변수를 학습시키는 방법은 추가 읽기에서 소개하겠다.

최대 엔트로피 모델은 형식상 가장 멋지고 완벽한 통계 모델로, 자연어 처리 및 금융 분야에서 다양하고 흥미롭게 응용된다. 초기에는 최대 엔트로피 계산량이 커서 과학자들은 주로 최대 엔트로피 모델과 비슷한 근사 모델을 썼다. 그런데 이 근사 때문에 최대 엔트로피 모델의 완벽함이 무너지리라고는 아무도 몰랐다. 결과적으로 임시방편으로 끼워 맞춘 방법이 얼마나 시원찮았을지 상상이 간다. 그래서 여기에 열중했던 많은 학자들이 이 방법을 포기했다. 실제 정보처리 응용에서 최대 엔트로피 모델의 강점을 최초로 검증한 사람은 펜실베이니아대학교 마커스 교수의 수제자 라트나파르키(*Adwait Ratnaparkhi*)다. IBM과 마이크로소프트 연구원이었고 현재는 미국의 음성인식 엔진 개발 회사 뉘앙스(*Nuance*)의 과학자다. 라트나파르키는 최대 엔트로피 모델을 근사 처리하는 대신 품사 태깅과 문장 분석처럼 최대 엔트로피 모델에 가장 적합하면서 계산량이 상대적으로 크지 않은 자연어 처리 문제 몇 개를 찾는 총명함을 발휘했다. 라트나파르키는 문맥 정보, 품사(명사·동사·형용사) 및 주어·동사·목적어 등 문장 성분을 최대 엔트로피 모델로 결합해 당시 세계 최고의 품사 태깅 시스템과 파서를 만들었다. 라트나파르키의 논문에 사람들은 눈이 번쩍 뜨였다. 라트나파르키의 품사 태깅 시스템은 지금까지도 단일 방법을 사용하는 시스템 중 효과가 가장 좋다. 과학자들은 라트나파르키가 거둔 성과에서 최대 엔트로피 모델로 복잡한 문자 정보처리 문제를 해결할 수 있는 희망을 봤다.

2000년 전후 컴퓨터 속도 향상과 학습 알고리즘 개선으로 문장 분석, 언어 모델, 기계번역을 비롯한 여러 복잡한 문제들에 최대 엔트로피 모델을 적용할 수 있게 되었다. 최대 엔트로피 모델은 단순히 특성을 조합한 모델에 비해 수백 퍼센트 포인트나 효과를 높일 수 있다. 제품 품질을 그다지 중시하지 않는 사람이나 회사 입장에선 수백 퍼센트 포인트로는 사용자에게 확연한 느낌을 주기에 부족한 수치겠지만, 투자 수익의 경우엔 1%만 늘어도 수억의 이익을 얻는다. 따라서 월스트리트에선 새로운 기술을 사용해 거래 수익 늘리기를 가장 좋아한다. 또 증권(주식, 채권 등) 거래에선 여러 복잡한 요소를 고려해야 하므로, 헤지펀드들이 최대 엔트로피 모델을 쓰기 시작했고 좋은 효과를 거두고 있다.

2. 추가 읽기 최대 엔트로피 모델 학습

최대 엔트로피 모델은 형식은 간단하지만 구현하기가 굉장히 복잡하고 계산량이 크다. 검색 정렬에 20가지 특성 $\{x_1, x_2, \cdots, x_{20}\}$을 고려해야 하고, 정렬 대기 웹사이트를 d라고 가정하면 이 특성들이 서로 독립적이라 해도 그에 대응하는 최대 엔트로피 모델이 '매우 길다'.

$$P(d|x_1, x_2, \cdots, x_{20})$$
$$= \frac{1}{Z(x_1, x_2, \cdots, x_{20})} e^{\lambda_1(x_1, d) + \lambda_2(x_2, d) + \cdots + \lambda_{20}(x_{20}, d)} \tag{20.2}$$

여기에서 정규화 상수는 다음과 같다.

$$Z(x_1, x_2, \cdots, x_{20}) = \sum^{d} e^{\lambda_1(x_1, d) + \lambda_2(x_2, d) + \cdots + \lambda_{20}(x_{20}, d)} \tag{20.3}$$

이 모델에는 모델 학습을 통해 확보해야 하는 매개변수 λ가 여러 개 있다. 가장 원시적인 최대 엔트로피 모델 학습 방법은 GIS(*generalized iterative scaling*)라는 반복 알고리즘이다. GIS의 원리는 복잡하지 않으며, 대략 다음

몇 단계로 요약할 수 있다.

1. 0회 반복 시 초기 모델이 고르게 분포하는 등확률(equiprobability)이라고 가정한다.
2. N회 반복하는 모델을 이용해 정보 특성이 학습 데이터에서 어떻게 분포하는지 추정한다. 실제를 넘어서면 해당 모델 매개변수를 줄이고, 반대의 경우 매개변수를 늘린다.
3. 수렴될 때까지 2단계를 반복한다.

대록(J. N. Darroch)과 라트클리프(D. Ratcliff)가 1970년대에 처음 제안한 GIS는 전형적인 기댓값 최대화(EM) 알고리즘이다. 그러나 두 사람은 이 알고리즘의 물리적 의미를 제대로 설명하지는 않았고, 후에 수학자 취사르가 명확히 설명했다. 따라서 사람들은 이 알고리즘을 얘기할 때면 대록, 라트클리프 및 취사르의 논문 두 편을 함께 인용하곤 한다. GIS 알고리즘은 매회 반복 시간이 길고, 여러 번 반복해야 수렴할 수 있으며 그리 안정적이지도 않아 64비트 컴퓨터에서도 오버플로(overflow)가 나타난다. 실제 응용에선 GIS를 사용하는 사람이 별로 없고, 다들 GIS를 통해 최대 엔트로피 모델 알고리즘을 이해하는 데 그친다.

1980년대 천부적 재능의 소유자인 쌍둥이 형제 델라 피에트라가 GIS 알고리즘을 두 측면에서 개선해 반복 알고리즘 IIS(improved iterative scaling)를 제안했다. 덕분에 최대 엔트로피 모델의 학습 시간이 1~2자릿수 단축됐고, 최대 엔트로피 모델은 실용성이 생겼다. 그럼에도 당시에는 최대 엔트로피 모델을 사용할 여건이 되는 곳은 IBM밖에 없었다.

따라서 최대 엔트로피 모델은 계산량이 여전히 난관이다. 나는 존스홉킨스대학교에서 박사 공부를 할 때 최대 엔트로피 모델 계산량을 어떻게 간소화할까 하는 문제를 고민하는 데 많은 시간을 썼다. 오랫동안 위대한 중국 수학자이며 전형적 공붓벌레인 천징룬(陳景潤)과 똑같이 매일 펜 한 자루, 종이 한 뭉치를 가지고 끊임없이 공식을 전개했다. 드디어 어느 날 나는 지도교수에게 이렇게 말했다. "최대 엔트로피 모델의 대부분 훈련 시간을 IIS의 기초에서 두 자릿수 줄일 수 있는 수학 변환을 발견했습니다." 나는 한 시간 넘게 칠판에 공식을 적었고, 지도교수는 내 공식에서 아무런 허점도 찾지 못했다. 지도교수는 돌아가서 며칠 생각한 후 내 알고리즘이 옳다고 인정했다.

이후 나는 커다란 최대 엔트로피 모델들을 구축했다. 이 모델들은 임시방편으로 끼워 맞추는 방법보다 훨씬 나았다. 나는 속도가 빠른 학습 알고리즘을 찾은 후에도 문맥 정보, 주제 정보, 문법 정보를 포함하는 언어 모델(language model)을 학습시키기 위해 당시 가장 빠른 SUN 워크스테이션 20대를 병렬 사용하고도 계산하는 데 3개월이나 걸렸다.[3] 최대 엔트로피 모델이 얼마나 복잡한지 가늠할 수 있다. 최대 엔트로피 모델의 신속한 알고리즘은 구현하기 복잡하다. 지금도 이 알고리즘을 효과적으로 구현할 수 있는 사람이 세계에서 100명도 안 된다. 최대 엔트로피 모델 구현에 관심 있는 독자는 내 논문을 참고하기 바란다.[4]

최대 엔트로피 모델은 간단함과 복잡함이 공존하는 모델이다. 형식은 간단한데 구현하기가 복잡하다. 기계번역 등 구글의 여러 제품은 직간접적으로 최대 엔트로피 모델을 사용했다.

이쯤 되면 독자들은 최대 엔트로피 모델 알고리즘을 처음 개선한 델라 피에트라 형제는 그동안 아무것도 안 했냐고 물을 수도 있겠다. 1990년대 초

3　지금은 맵리듀스 툴을 사용해 컴퓨터 1,000대로 병렬 컴퓨팅하면 하루에 끝낼 수 있다.

4　www.cs.jhu.edu/~junwu/publications.html

젤리넥이 IBM을 떠난 후 이들도 학술계를 떠나 금융계로 옮겨 한껏 실력을 뽐냈다. 두 사람은 음성인식을 담당하는 IBM 동료들과 함께 당시엔 크지 않았지만 현재 세계적으로 성공한 헤지펀드 회사 르네상스 테크놀로지스로 갔다. 다들 알다시피 주식의 등락을 결정하는 요소는 수십, 수백 가지 있지만, 최대 엔트로피 방법을 쓰면 수천, 수만 가지 조건을 동시에 충족할 수 있는 모델을 찾을 수 있다. 그곳에서 델라 피에트라 형제는 과학자들이 최대 엔트로피 모델과 다른 선진적인 수학 툴을 이용해 주식 동향을 예측하기 시작하면서 큰 성공을 거뒀다. 1988년 창립 시부터 지금까지 이 펀드 사의 순 투자 수익률은 매년 평균 34%에 달한다. 다시 말해 1988년에 이 펀드 사에 1위안을 투자했다면 20년 후인 2008년에는 약 200위안을 벌었을 것이다. 주식의 신 워런 버핏의 거점 회사인 버크셔 해서웨이(Berkshire Hathaway)를 훨씬 뛰어넘는 실적이다. 같은 기간 버크셔 해서웨이의 총 투자 수익률은 16배였다. 금융위기가 일어난 2008년에 전 세계 증시가 폭락했지만 르네상스 테크놀로지스의 투자 수익률은 80%에 달했다. 수학 모델의 위엄을 짐작할 수 있다.

3. 갈무리하며

최대 엔트로피 모델은 여러 정보를 단일화된 모델로 통합할 수 있다. 최대 엔트로피 모델은 바람직한 특성이 많다. 형식적인 측면에서 보면 간단하고 아름다우며, 효과적인 측면에서 보면 각각 정보원의 제한적 조건을 충족하면서 평활성(smooth)도 확보할 수 있는 모델이다. 최대 엔트로피 모델은 이런 특성들 때문에 응용 범위가 매우 광범위하다. 그러나 최대 엔트로피 모델은 계산량이 방대하므로 공학적으로 구현하는 방법의 좋고 나쁨이 모델의 실용성 여부를 결정한다.

언어 입력법의 수학 모델

21장

한자 입력 과정은 그 자체가 사람과 컴퓨터의 통신이다. 좋은 입력법은
의식적 또는 무의식적으로 통신의 수학 모델을 따른다. 물론 가장 효과적인
입력법을 만들려면 의식적으로 정보이론을 가이드라인 삼아야 한다.

골칫거리였던 아시아 언어 및 모든 비로마 알파벳 언어(*non-Roman languages*)
입력 면에서 최근 20년간 중국을 필두로 한 아시아 국가들의 입력법은 장족
의 발전을 거두었고, 이제 입력법은 컴퓨터 사용에 장애가 되지 않는다. 중
국어의 경우, 지난 24년간 입력법은 기본적으로 자연 음절 코드 입력에서 부
수와 자획을 조합한 입력으로 갔다가 다시 자연 음절 입력으로 회귀하는 과
정을 거쳤다. 모든 사물의 발전과 마찬가지로 이 나선식 회귀는 단순한 반복
이 아니라 일종의 승화다.

입력법을 통해 중국어 한자를 입력할 때 속도는 한자 코드의 평균 길이에
달려 있다. 쉽게 말하면 키보드 타이핑 횟수로 그 키를 찾는 데 드는 시간을

나누는 것이다. 단순히 코드 길이를 줄인다고 해서 입력 속도를 높일 수 있는 것은 아니다. 키를 찾는 시간이 길어질 수 있기 때문이다. 입력법의 효율을 높이려면 이 두 가지를 동시에 최적화해야 하며, 이를 위해서는 탄탄한 수학 기초가 바탕이 된다. 수학적 방법으로 한자 하나를 입력하는 데 키를 평균 몇 번 눌러야 하는지, 입력법 코딩을 어떻게 설계해야 한자 입력 시 키 누르는 평균 횟수가 이론상 최솟값에 가까워지는지 설명할 수 있고, 아울러 키를 찾는 시간이 너무 길어지지 않도록 하는 방법을 모색할 수 있다.

1. 언어 입력법과 코딩

사각형 모양의 한자 하나를 컴퓨터에 입력하는 것은 본질적으로 인위적으로 약속한 신호 기록 코드인 한자를 컴퓨터가 약속한 코드(유니코드 또는 *UTF-8* 코드)로 변환하는 정보 변환 과정이다. 키보드는 입력 도구다. 물론 라이팅 패드(*writing pad*)나 마이크처럼 다른 입력 도구도 있을 수 있다. 일반적으로 키보드에서 한자 코드에 사용할 수 있는 기본 키는 26개 자모에 10개 숫자키가 전부이며, 그 밖에 특수키가 몇 개 있다. 따라서 가장 직접적인 코딩 방식은 이 26개 자모를 병음에 대응시키는 것이며, 발음이 같은 글자가 여럿 존재하는 한자의 문제를 해결하려면 숫자키 10개를 사용해 애매성을 없애야 한다.

여기에서 한자 코딩은 병음 코딩(한어병음 표준을 참고하면 된다)과 애매성 제거 코딩 두 부분으로 나뉜다. 한자의 코드 길이는 이 두 코딩에 달려 있으며, 두 코드가 축소돼야 한자 입력 속도가 빨라질 수 있다. 초기 입력법은 첫 번째 부분만 중시하고 두 번째 부분은 소홀히 하는 경우가 많았다.

전체 병음을 모두 입력하는 취안핀(全拼, QuanPin) 입력법은 한어병음 표준과 일치하기 때문에 배우기 쉽지만, 초창기 병음 입력법에선 병음 코드를 줄이기 위해 취안핀보다 솽핀(雙拼, ShuangPin) 입력법[2]을 먼저 사용했다. 솽핀 입력법에선 모든 성모(聲母)[3]와 운모(韻母)[4]를 자판 하나로 표현할 수 있다. 중국에서 제일 처음 한자 입력이 가능했던 것은 마이크로컴퓨터 중화학습기(中華學習機, CEC-I)와 창청(長城) 0520으로 각각 애플 시리즈와 IBM 시리즈에 대응하며, 둘 다 솽핀 입력법을 적용했다. 타이완에서 사용하는 주음자모(注音字母)[5]도 솽핀과 효과가 같다. 업체별로 솽핀을 자판 자모에 대응하는 방식은 조금씩 다르며, 마이크로소프트의 초기 솽핀 입력법을 예로 들면 다음과 같다.

운모	iu	ua	er, uan, van	ue	uai	uo	un, vn	ong, iong
자판 자모	q	w	r	t	y	o	p	s
운모	uang, inag	en	eng	ang	an	ao	ai	ing
자판 자모	d	f	g	h	j	k	l	;
운모	ei	ie	iao	ui, ue	ou	in	iam	
자판 자모	z	x	c	v	b	n	m	

표 21.1 성모-자판 자모 대응표

---

1 역주: 발음을 영어 알파벳으로 입력하면 밑에 창이 떠서 한자를 사용 빈도 순으로 보여주고 그중에서 선택해 입력하는 방식.
2 역주: 발음의 영어 알파벳 첫 자를 입력한 뒤 자판에 배치된 모음을 타이핑해 한자를 만드는 방식. 모든 한자를 타이핑 두 번으로 찾을 수 있다.
3 역주: 중국어 음절 첫머리에 나타나는 자음.
4 역주: 중국어 음절에서 성모를 제외한 나머지 부분.
5 역주: 1918년 중국 정부가 제정한 표음 기호로 주음부호라고도 한다.

이 입력법들은 코드 길이를 조금 줄여주는 듯 보이지만 입력 속도는 전혀 빠르지 않다. 부분만 최적화하느라 전체를 해친 결과다. 첫째, 솽핀 입력법은 코드의 애매성을 늘렸다. 자판의 자음·모음 키는 26개밖에 없지만 중국어 성모와 운모는 총 50여 개다. 위 표에서 볼 수 있듯이 같은 자음·모음 키를 공유할 수밖에 없는 운모가 여러 개다. 애매성이 증가된 결과로 더 많은 후보 한자에서 입력하고자 하는 글자를 찾아야 한다. 즉 애매성 제거 코드 길이가 늘어나 '페이지 넘기기, 스캔 후 글씨 이어 쓰기' 과정을 계속 반복해야 한다. 둘째, 1회 타이핑 시간이 늘어났다. 솽핀 입력법은 취안핀 방법보다 독음(讀音)을 성모와 운모 코드로 쪼개는 과정이 하나 더 있어 부자연스럽다. 인지과학 연구에 따르면 원고 작성을 끝내놓고 내용을 입력할 때 글자를 쪼개는 과정이 사고를 느리게 만든다. 셋째, 솽핀은 독음에 대한 오류 허용성이 좋지 않다. 앞에서 나는 전비음(前鼻音) an, en, in과 그에 대응해 뒤에서 나는 후비음(後鼻音) ang, eng, ing, 권설음(捲舌音) ch, sh, zh와 그에 상응하는 평설음(平舌音, 비권설음)은 코드 유사성이 전혀 없기 때문이다. 베이징 주변 지역을 제외한 대부분의 중국인은 전비음과 후비음, 권설음과 비권설음을 잘 구분하지 못한다. 그래서 운모와 성모를 입력할 때 몇 페이지를 넘겨도 원하는 글자를 찾지 못하는 경우가 종종 발생한다. 왜냐하면 애초에 운모나 성모를 잘못 선택했기 때문이다. 사용자가 모든 글자의 발음을 정확히 읽도록 요구한다면 좋은 입력법이라 할 수 없다. 일반 카메라가 사용자에게 조리개와 셔터 속도 설정에 정통하길 요구해서는 안 되는 것과 같은 이치다.

이런저런 이유로 초기 병음 입력법은 성공적이지 않았고, 이런 상황은 다른 입력법의 빠른 성장을 촉진하는 계기가 되었다. 곧이어 각종 중국어 입력법이 우후죽순처럼 쏟아져 나왔다. 어떤 기사는 수천 종류라 보도하고, 어떤 기사에선 3,000여 종이라 보도했다. 1990년 초에 이미 각종 입력법에 대한 특허가 수천 건이었고, 일부 전문가들은 중국 소프트웨어 산업이 향상되지 못하는 것은 다들 입력법만 만들기 때문이라고까지 얘기할 정도였다.

병음 입력법을 개선한 몇몇 방법을 제외하고 대부분 입력법은 26개 자모와 10개 숫자로 한자 데이터베이스(당시엔 대개 2급 국제한자만 고려함) 중 자주 접하는 6,300개 정도 글자를 직접 코딩했다. 26개 자모만으로 코딩해도 세 키의 조합으로 $26^3 \approx 17,000$개 한자를 표시할 수 있다. 따라서 이 코딩 방법들은 저마다 2~3개 키로 한자 하나를 입력할 수 있고 상용한자는 2개 키, 비상용한자는 3개 키면 충분하다고 공언했다. 사실 뭔가 특별한 학문이 있는 건 아니고 쉽게 할 수 있는 일이다. 하지만 이 복잡한 코드를 사람이 기억하기란 거의 불가능하다. 그래서 코드와 한자의 부수, 획수 또는 독음을 결합해 사람들에게 기억하도록 하는 것이 관건이다. 물론 모든 코딩 방법들이 다른 방법보다 더 합리적이고 입력이 더 빠르다고 자칭했다. 정보이론의 관점에서 보면 이 입력법들의 코딩 방법은 다 같은 수준이며, 누가 더 우위랄 것도 없기 때문이었다.

하지만 자신의 방법이 다른 방법보다 더 빠름을 증명하기 위해 모두 계속 비뚤어졌고 단순히 타이핑 횟수 줄이기만 좇았다. 가장 직접적인 방법은 구를 코딩하는 것이지만 그렇게 하면 사용자는 더 기억을 못 하고, 그 입력법을 시연하는 자만 기억할 수 있다. 이렇게 되면 더 이상 기술 대결이 아니라 시장 경쟁이다. 마지막으로 왕융민(王永民)의 오필(五筆) 입력법[6]이 잠시 승리를 거뒀지만, 그의 코딩 방법이 더 합리적이라기보다는 다른 발명자들(대부분이 책벌레다)보다 시장을 잘 알았던 덕분이다. 지금은 오필 입력법도 시장이 얼마 없어, 이 발명자들은 전군이 전멸했다고 할 수 있다.

---

6 역주: 한자의 기본 5획을 키에 배열해 한자를 쓰는 순서대로 키를 눌러 입력하는 방법.

1세대 입력법의 문제는 한자별 타이핑 횟수를 줄이느라 자판 찾는 시간을 소홀히 한 것이다. 일반 사용자에게 이 입력법의 모든 한자 코드를 암기하라고 요구하는 것은 비현실적이다. GRE 단어 6,000개 암기보다 더 어렵다. 따라서 이 입력법을 쓸 때는 규칙에 따라 '글자를 쪼개야' 한다. 즉 글자의 코드 조합을 찾아야 하는데, 그러려면 시간도 길고 원고를 다 쓴 후 타이핑할 때 생각이 무참히 끊긴다. 이 책 첫 부분에서 통신 코딩 수단으로서의 언어와 문자를 강조했는데, 그 중요한 목적이 사고와 기억을 돕는 것이다. 사람의 사고 과정을 중단시키는 입력법은 사람의 자연스러운 행위에 어긋난다. 사람은 마음을 동시에 두 군데에 쓰지 않는다는 사실이 인지과학에서 증명된 바 있다. 전에 음성인식을 연구할 때 사용자를 상대로 많은 테스트를 해보니, 복잡한 코드 입력법을 사용하는 사람이 원고를 다 쓴 후 타이핑을 하는 속도는 원고를 보며 타이핑할 때의 2분의 1에서 4분의 1 수준이었다. 따라서 한자별 평균 타이핑 횟수는 적지만 자판을 두드리는 속도도 느려, 전체적으로 전혀 빠르지 않았다. 그렇기 때문에 중국의 많은 컴퓨터 사용자들이 이 입력법을 별로 인정하지 않는 것은 자연스러운 결과다.

　결국 사용자는 병음 입력법을 선택했고, 그것도 한자 코드가 긴 취안핀 입력법을 택했다. 이 방법으로 한자를 입력하려면 몇 글자를 더 쳐야 하는 것처럼 보이지만, 이 방법에는 입력 속도가 느려지지 않게 하는 세 가지 장점이 있다. 첫째, 전문적인 공부가 필요 없다. 둘째, 입력이 자연스러워 생각이 중단되지 않는다. 즉 자판을 찾는 시간이 짧다. 셋째, 코드가 길기 때문에 여분의 정보가 있고 오류 허용성이 좋다. 전비음 an, en, in과 후비음 ang, eng, ing을 구분하지 못하는 사람이 zhan(占)이라는 자를 입력하는 경우, 그는 병음이 후비음 zhang이라고 생각하더라도 절반 정도 입력했을 때 이미 자신이 찾으려는 글자를 보고 멈추므로, 오류가 허용되지 않는 쌍핀의 문제를 피할 수 있다. 이로써 병음 입력법에서 풀어야 하는 문제는 발음이 같은 여러 글자의 애매성 제거만 남는다. 이 문제가 해결되면 병음 입력법도 타이핑 횟수나 글자를 쪼개는 방법과 비슷한 수준이 될 수 있으며, 이것은 요즘 여러 병음 입력법이 주로 추진하는 작업이기도 하다. 이제 한자 하나를 입력하는 데 타이핑을 평균 최소 몇 번 해야 하는지 분석해보자.

2. 한 글자 입력에 필요한 타이핑 횟수: 섀넌 1법칙

이론적으로 분석하면 한자를 얼마나 빨리 입력할 수 있을까? 여기에선 정보이론의 섀넌 1법칙을 써야 한다.

중국에서 국가 표준으로 널리 사용되고 있는 GB2312 간체 부호집에는 총 6,700여 개의 상용한자가 있다. 한자 빈도 분포를 고려하지 않은 채 자판의 26개 자모로 한자를 코딩하면 자모 2개를 조합해 코딩할 수 있는 한자는 676개에 불과하며, 6,700여 개 한자를 코딩하려면 자모 3개를 조합해야 하므로 코드 길이가 3이다. 물론 총명한 독자들은 더 자주 접하는 글자에 더 짧은 코드를 사용하고, 자주 접하지 않는 글자는 긴 코드를 사용해 평균을 내면 한자별 코드 길이를 줄일 수 있다는 점을 바로 알 것이다. 각 한자가 출현할 상대 빈도는 다음과 같다.

$$p_1, \ p_2, \ p_3, \cdots, p_{6700} \tag{21.1}$$

그 코드 길이는 다음과 같다.

$$L_1, \ L_2, \ L_3, \cdots, L_{6700} \tag{21.2}$$

그러면 평균 코드 길이는 다음과 같다.

$$p_1 \cdot L_1 + p_2 \cdot L_2 + p_3 \cdot L_3 + \cdots + p_{6700} \cdot L_{6700} \tag{21.3}$$

섀넌 1법칙에 따르면 한 정보의 코드 길이는 정보 엔트로피보다 작지 않다. 따라서 위의 평균 코드 길이 최솟값이 바로 한자의 정보 엔트로피고, 어떤 입력법이든 정보 엔트로피가 부여한 한계를 깰 수 없다. 입력법의 문자 코드를 국제 GB2312에서 규모가 더 큰 GBK로 확장하는 경우, 후자는 비상용한자의 출현 빈도가 매우 낮아 평균 코드 길이가 GB2312보다 얼마 크지 않으므로 이 책에서는 GB2312 부호집을 기준으로 하겠다.

이제 한자의 정보 엔트로피를 떠올려보자(6장 '정보의 단위와 역할' 참고)

$$H = -p_1 \cdot \log p_1 - p_2 \cdot \log p_2 - \cdots - p_{6700} \cdot \log p_{6700} \tag{21.4}$$

문맥 관련성을 고려하지 않고 각 글자를 통계 내면 그 값이 10비트 이내라고 추정할 수 있다. 물론 이는 어떤 코퍼스를 사용해 추정하느냐에 따라 결정된다. 입력법이 26개 자모만 사용해 입력할 수 있다고 가정하면 각 자모는 $\log_2 6 \approx 4.7$비트 정보를 나타낼 수 있다. 다시 말해 한자 하나를 입력하는 데 $10/4.7 \approx 2.1$회 타이핑을 해야 한다.

한자로 단어를 구성하고 단어 단위로 정보 엔트로피를 통계 내면 한자별 평균 정보 엔트로피가 줄어들 것임을 알 수 있다. 그러면 평균 한 글자를 입력할 때 0점 몇 회 타이핑을 덜 해도 된다. 단어의 문맥 관련성을 고려하지 않고 단어 단위로 통계를 내면 한자의 정보 엔트로피는 약 8비트다. 다시 말해 단어 단위로 한자 하나를 입력하는 데 $8/4.7 \approx 1.7$회만 타이핑하면 된다.

현재 모든 입력법이 단어를 기반으로 입력하는 근본 원인이 여기에 있다. 물론 문맥 관련성을 고려해 중국어에 대한 단어 기반 통계언어 모델을 구축하면(3장 '통계언어 모델' 참고) 한자 하나당 정보 엔트로피를 6비트 정도로 줄일 수 있고, 그러면 한자 하나를 입력할 때 6/4.7≈1.3회만 타이핑하면 된다. 이 것을 구현할 수 있는 입력법이 있다면 한자 입력은 영어보다 훨씬 빨라질 것이다.

그러나 실제로는 이 효율에 근접할 수 있는 입력법이 없다. 여기에는 두 가지 이유가 있다. 첫째, 정보이론이 부여한 한계에 근접하려면 단어 사용 빈도에 따라 한자 구를 특수하게 코딩해야 한다. 하지만 앞에서 얘기했듯이 너무 특수한 코드는 기대한 효과를 얻기 어렵다. 둘째, 퍼스널 컴퓨터에는 큰 언어 모델을 설치하기 어렵다. 따라서 이 코딩 방법은 이론적으론 효과적이지만 실용적이지 않다.

이제 취안핀 입력법으로 한자 하나를 입력할 때 평균 타이핑 횟수를 살펴보자. 중국어 전체 병음의 평균 길이는 2.98이다. 병음 입력법을 토대로 문맥을 이용할 수 있어야 발음이 같은 여러 글자가 존재하는 문제를 제대로 해결할 수 있고, 한자 하나 입력 시 평균 타이핑 횟수는 3회 이내, 분당 100글자를 입력해야 목적에 도달할 수 있다. 문맥 관련성을 더 많이 활용할 수 있는 경우, 문장 중 한 한자의 병음 일부를 타이핑하면 그 한자가 나타난다. 따라서 취안핀 입력법의 평균 타이핑 횟수는 3 이하다.

그다음 해야 할 일은 문맥을 어떻게 활용할 것인가다. 10년 전의 병음 입력법[쯔광(紫光)으로 대표되는]선 이 문제를 해결하기 위한 방법으로 큰 렉시콘(lexicon)을 구축했다. 그 결과 단어가 점점 많고 길어져, 나중에는 당시(唐詩) 전체를 하나의 단어로 취급했다. 이 방법으로 문제가 어느 정도는 해결됐지만 통계를 내보면 그리 큰 도움이 되지 않음을 알 수 있다. 중국어에는 수십만 개에 이를 만큼 긴 단어가 많지만 한 글자짜리 단어와 두 글자짜리 단어가 텍스트의 대부분을 차지한다. 그런데 발음이 같은 여러 글자에서 한 글자짜리 단어와 두 글자짜리 단어가 상황이 가장 심각하다. 예를 들어 'zhi'는 275개(구글 병음 입력법 통계), 두 글자짜리 단어 'shi-yan'은 14개다. 이는 단순히 사전 사이즈를 늘려 해결될 문제가 아니다. 사전을 늘리는 것은 어느 정도 경험과 직감에 의한 자발적 행위로, 지구중심설이 행성 불규칙 운동 궤적을 설명할 수 없었을 때 큰 원에 작은 원들을 부여하는 방법으로 결과를 짜냈던 것과 마찬가지다. 이 문제를 해결하기 위해 최근 유행하는 입력법들을 포함한 여러 입력법은 자주 접하는 구와 단어의 조합[예를 들면 '나는~이다(我是)']을 사전에 넣었다. 하지만 중국어에는 상용하는 한 글자짜리 단어와 두 글자짜리 단어가 4~5만 개 있고 이 단어들을 합리적으로 조합한 것만 해도 수천, 수만에서 수억에 달하므로, 계속 사전에 넣을 수는 없는 노릇이다. 따라서 작은 원에 더 작은 원들을 걸치듯이 단어 조합을 열거하는 방법은 진리에 더 가까워질 수는 있어도 여전히 진리는 아니다.

문맥을 활용하는 가장 좋은 방법은 언어 모델의 도움을 받는 것이다. 확률론을 인정하면 언어 모델이 병음의 한자 변환(발음이 같은 여러 글자 문제 해결) 효과가 가장 좋다는 것을 부인할 수 없다. 크기 제한이 없고 정보이론이 부여한 한계 입력 속도에 달할 수 있는 언어 모델이 있다고 가정하자. 그런데 제품에서 사용자의 메모리 공간을 너무 많이 차지할 순 없으므로 각종 입력법은 사용자에게 엄청나게 압축된 언어 모델만 제공할 수 있다. 어떤 입력법은 차지하는 메모리 공간을 줄이기 위해 또는 병음의 한자 변환 디코딩 스킬을 전혀 확보하지 못해 언어 모델이 아예 없는 경우도 있다. 그래서 요즘 입력법은 한계 입력 속도에 비해 아직은 업그레이드할 여지가 꽤 많다. 현재 각 업체의 병음 입력법[구글, 텐센트, 써우거우(搜狗)]은 기본적으로 같은 수준이며,

향후 기술적으로 좀 더 업그레이드하려면 누가 정확하면서 효과적인 언어 모델을 구축하느냐가 관건이라 하겠다. 물론 언어 모델로 병음 문자열을 한 자로 자동 변환하려면 적절한 알고리즘이 있어야 한다. 이제 이 문제에 대해 얘기해보자.

병음→한자 변환 알고리즘은 내비게이션에서 최단 경로를 찾는 알고리즘과 마찬가지로 동적계획법이다. 억지로 갖다 붙인 느낌이 조금 있을 것이다. 병음 입력법이 내비게이션과 무슨 관계가 있을까?

중국어 입력을 통신 문제로 볼 수 있고, 그러면 입력법은 병음 문자열을 한자 문자열로 바꾸는 변환 장치다. 각각의 병음은 여러 한자에 대응할 수 있고, 병음 문자열에 대응하는 한자를 왼쪽에서 오른쪽으로 연결하면 유향 그래프가 된다. 이를 네트워크 그래프 또는 격자(lattice) 그래프라고 하며 형식은 다음과 같다.

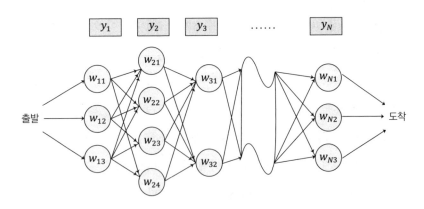

그림 21.1 병음의 한자 변환 디코딩 네트워크 그래프

여기에서 $y_1, y_2, y_3, \cdots, y_n$은 사용자가 입력하는 병음 문자열이고 w_{11}, w_{12}, w_{13}은 첫 번째 음 y_1의 후보 한자다(뒤에 나올 공식에서 변수 w_1로, 세 후보 한자를 나타낸다). $w_{21}, w_{22}, w_{23}, w_{24}$는 y_2에 대응하는 후보 한자고 변수 w_2로 나타내며, 계속 이런 식으로 진행한다. 첫 글자에서 마지막 글자까지로 아주 많은 문장을 구성할 수 있으며, 각 문장은 그래프의 경로와 하나씩 대응한다. 병음 입력법은 문맥에 따라 주어진 병음 조건에서 최적의 문장을 찾는 것이다. 즉 다음과 같다.

$$w_1, w_2, \cdots, w_N$$
$$= \arg\max_{w \in W} P(w_1, w_2, \cdots, w_N | y_1, y_2, \cdots, y_N) \tag{21.5}$$

위 그래프에 대응해보면 출발에서 도착까지 최단 경로를 찾는 것이 된다. 최단 경로를 찾으려면 먼저 그래프의 두 노드 간 거리를 정의해야 한다. '은닉 마르코프 모델' 설명에서 위 공식의 간략화 방법을 소개했던 내용을 회상해보자.

$$w_1, w_2, \cdots, w_N$$
$$= \arg\max_{w \in W} P(y_1, y_2, \cdots, y_N | w_1, w_2, \cdots, w_N) \cdot P(w_1, w_2, \cdots, w_N)$$

$$\approx \arg\max_{w \in W} \prod_{i=1}^{N} P(w_{i1} | w_{i-1}) \cdot P(y_i | w_i) \tag{21.6}$$

위 공식의 확률에 대수를 구하고 뒤집으면, 즉 $d(w_{i-1}, w_i) = -\log P(w_i | w_{i-1}) \cdot P(y_i | w_i)$라 정의하면 위의 연이은 곱셈은 덧셈이 되고, 최대 확률을 구하는 문제가 최단 경로 찾기 문제가 된다. 그러면 동적계획법 알고리즘을 바로 써서

병음 입력법에서 가장 중요한 병음의 한자 변환 문제를 구현할 수 있다. 위성 항법에서 두 지점 간 최단 거리를 찾는 것과 비교해보면, 두 개념을 완벽히 대응할 수 있음을 알게 된다. 항법 그래프에서 노드(도시) 사이는 진짜 거리 인 반면, 병음 문자열의 한자 변환 그래프에선 두 노드(단어) w_{i-1}과 w_i 간 거리는 추이 확률과 생성 확률의 곱 $-\log P(w_i|w_{i-1}) \cdot P(y_i|w_i)$이라는 것이 유일한 차이점이다.

이 병음 입력법 사례는 12장 '유한상태기계와 동적계획법: 지도 및 지역 검색의 핵심 기술'에서 언급한 내비게이션 시스템과 별 관계가 없어 보이지만, 그 이면의 수학 모델은 똑같다. 수학의 묘미는 수학의 모든 도구가 상당한 보편성을 지니며 다양한 응용 분야에서 큰 역할을 발휘한다는 것이다.

4. 추가 읽기 개성화된 언어 모델

독자 배경지식: 확률론

기존 한어병음 입력법은 정보이론이 부여한 한계와 큰 차이가 있어 업그레이드할 여지가 크며, 점점 더 사용하기 편한 입력법이 계속 나오고 있다. 물론 속도는 입력법을 평가하는 한 기준이지만 유일한 기준은 아니며, 입력 속도가 일정 한곗값을 넘어서면 사용자 경험이 더 중요해질 것이다.

이론적으로 보면 언어 모델이 충분히 커야 병음 입력법의 평균 타이핑 횟수가 정보이론이 부여한 한곗값에 근접할 수 있다. 입력법을 클라우드 컴퓨팅에 넣는 것은 백 퍼센트 구현 가능한 일이지만, 고객(예를 들어 PC) 쪽에서 이런 작업을 하는 것은 비현실적이다. 다행히 고객은 고객 나름의 강점이 있다. 예를 들면 개성화된 언어 모델(prsonalized language models)을 구축할 수 있다.

개성화는 사람마다 평소 글쓰기 주제가 다르고, 문화 수준의 차이에 의해 어휘 사용 습관도 다르며 말하기와 글쓰기 수준도 다르므로, 저마다 자신만의 언어 모델을 가져야 한다는 개념에서 출발한다.

구글 통계에서 발견한 사실이 있다. 이 가설은 옳으며, 주제 의미를 표현하는 실사가 사람마다 다른 것은 물론이고 지역, 문화 배경 및 교육 수준이 다른 사람은 사용하는 허사도 전혀 다르다는 점이다. 따라서 사람마다 자신만의 언어 모델이 있으면 병음으로 입력할 때 후보 단어의 순서가 통용 입력법보다 훨씬 편리하게 배열될 것이다.

이어서 해결해야 할 문제가 두 가지 있다. 하나는 개성화된 언어 모델을 어떻게 학습시킬 것인가이고, 또 하나는 그 모델과 통용 언어 모델의 관계를 어떻게 잘 처리할 것인가다.

개인을 위한 특정 언어 모델을 학습시키려면 해당 개인이 쓴 문자를 충분히 많이 모으는 것이 최선이다. 그러나 한 사람이 평생 쓴 것으로도 언어 모델을 학습시키기엔 불충분하다. 어휘량이 수만 개인 바이그램 모델을 학습시키려면 수천만 단어의 언어자료가 필요하며, 전업 작가나 기자라 해도 평생 그렇게 많은 글을 쓸 수는 없다. 충분한 학습 데이터가 없으면 학습된 (고차원) 언어 모델은 별로 쓸모가 없다. 물론 유니그램 모델 하나를 학습시키는 데는 그리 많은 데이터가 필요치 않으며, 일부 입력법은 (자발적으로) 사용자 사전이라는 노하우를 찾아냈다. 이 사전은 사실상 소규모 유니그램 모델에 아주 소량의 튜플(예를 들면 사용자가 정의한 단어 *ABC*, 실제로는 트라이그램)을 합한 것이다.

더 좋은 방법은 사용자가 자주 입력하는 내용과 단어 사용 습관 언어자료를 많이 찾아 사용자에게 특화된 언어 모델을 훈련시키는 것이다. 여기에서 관건은 조건에 맞는 언어자료를 어떻게 찾느냐다. 이번에도 코사인법칙과 텍스트 분류 기술을 써야 한다. 사용자 특화 언어 모델 학습 단계는 다음과 같다.

1. 훈련시킬 언어 모델의 텍스트를 주제에 따라 여러 카테고리로 나눈다. 1,000개인 경우 $C_1, C_2, \cdots, C_{1000}$이 된다.

2. 각 카테고리에 대한 고유벡터(TF-IDF) $X_1, X_2, X_3, \cdots, X_{1000}$을 찾는다. 이 두 가지는 앞에서 얘기한 내용이다.

3. 개인이 입력한 텍스트를 통계 내어 그 사람이 입력한 단어의 고유벡터 Y를 구한다.

4. Y와 $X_1, X_2, \cdots, X_{1000}$의 코사인(거리)을 계산한다.

5. K와 Y 거리가 가장 가까운 카테고리에 대응하는 텍스트를 선택해 특정 사용자 언어 모델의 학습 데이터로 삼는다.

6. 한 사용자에게 특화된 언어 모델 M_1을 학습시킨다.

대부분 경우 특정 사용자의 입력에 대해 M_1이 통용 모델 M_0보다 낫다. 그러나 상대적으로 생소한 내용의 경우 M_1의 효과는 통용 모델 M_0에 훨씬 못 미친다. M_1의 학습 데이터가 M_0의 학습 데이터보다 1~2자릿수 적어 반영하는 언어 현상이 훨씬 적기 때문이다. 따라서 더 좋은 방법은 이 두 모델을 종합하는 것이다.

최대 엔트로피 모델에서 소개했듯이 여러 특징을 한데 모은 최선의 방법은 최대 엔트로피 모델을 적용하는 것이다. 물론 이 모델은 복잡하고 학습 시간도 길어, 개인별로 모델을 하나씩 구축하려면 비용이 많이 든다. 따라서 선형 보간법(linear interpolation)이라는 단순화 모델을 적용할 수 있다.

M_0과 M_1은 둘 다 바이그램 모델이며, 이 모델로 계산한 (w_{i-1}, w_i)의 조건부 확률은 각각 $P_0(w_i|w_{i-1})$과 $P_1(w_i|w_{i-1})$이다. 신규 모델을 M'이라 하면 계산한

조건부확률은 다음과 같다.

$$P'(w_i|w_{i\text{-}1})=\lambda(w_{i\text{-}1})\cdot P_0(w_i|w_{i\text{-}1})+(1\text{-}\lambda(w_{i\text{-}1}))\cdot P_1(w_i|w_{i\text{-}1})$$

여기에서 $0<\lambda(w_{i\text{-}1})<1$은 보간법 매개변수다. 정보 엔트로피(언어 모델에 대응하는 복잡도)가 볼록함수이므로[7] 선형 조합 P'의 엔트로피는 P_0과 P_1 엔트로피의 선형 조합보다 작다. 따라서 신규 조합 모델은 불확실성이 작은 더 좋은 모델이다. 다시 말해 개성화 모델과 기존 통용 모델을 조합해 얻은 신규 모델이 더 좋다.

이 선형 보간법 모델은 최대 엔트로피 모델보다 효과는 조금 떨어지지만 약 80%의 수익을 거둘 수 있다(최대 엔트로피 모델 대비 기존 통용 모델을 개선한 수익이 100%인 경우). 말이 나온 김에 얘기하면 구글 병음 입력법의 개성화된 언어 모델은 바로 이렇게 구현된다.

5. 갈무리하며

한자 입력은 그 과정 자체가 사람과 컴퓨터의 통신이다. 좋은 입력법은 의식적으로든 무의식적으로든 통신의 수학 모델을 따른다. 물론 가장 효과적인 입력법을 만들려면 의식적으로 정보이론을 사용해 가이드라인으로 삼아야 한다.

---

7 볼록함수의 정의: 함수 f가 조건 $f(\tau x_1+(1\text{-}\tau)x_2)<\tau f(x_1)+(1\text{-}\tau)f(x_2)$를 충족하면, 이 함수를 볼록함수라고 한다.

자연어 처리의 대부 마커스와 그의 수제자들

22장

자연어 처리 연구 방법이 규칙 기반에서 통계 기반으로 바뀐 것에는
미치 마커스 박사의 공이 크다. 마커스는 현재 학술계에서 널리 사용되는
LDC 코퍼스를 설립하여 많은 엘리트 인재를 양성했다.

1. 미치 마커스

자연어 처리 연구 방법을 규칙 기반에서 통계 기반으로 바꾼 것에 가장 크게 공헌한 두 인물이 있다. 한 사람은 앞에서 소개한 선구자적 인물 젤리넥이고, 또 한 사람은 이 연구 방법을 더 발전시킨 미치 마커스다. 젤리넥과 달리 마커스는 직접적 발명이 아니라 전 세계 연구자들을 행복하게 한 펜실베이니아대학교 LDC 코퍼스 및 많은 훌륭한 제자들을 통해 이 분야에 기여했다. 훌륭한 제자들 중에는 젊고 유망한 과학자 마이클 콜린스(*Michael Collins*), 에릭 브릴(*Eric Brill*), 데이비드 야로브스키, 라트나파르키 그리고 MIT

와 존스홉킨스대학교 등 세계 일류 대학 및 IBM 등 기업 연구소에서 종신 교수나 연구원으로 재직 중인 과학자가 있다. 무협소설에 나오는 것처럼 제자들이 각 문파의 일인자가 되었으니, 사부는 틀림없이 대단한 사람일 것이다. 아니나 다를까 마커스는 제1저자로서 발표한 논문은 많지 않지만 여러 관점에서 볼 때 자연어 처리 분야의 대부라고 할 수 있다.

사진 22.1 창의적인 공학자를 길러내는 미치 마커스

젤리넥과 마찬가지로 마커스도 MIT를 졸업했고 산업계(AT&T 벨 연구소)에서 학술계(펜실베이니아대학교)로 전향한 경력이 있다. 펜실베이니아대학교에 갓 부임했을 때 마커스는 통계를 이용한 문장 분석에서 적잖은 성과를 거뒀다. 이 분야는 마침 젤리넥이나 IBM 과학자들이 접근하지 않았다. 마커스 이전에 통계 기반 자연어 처리가 언어 학술계에서 지탄받았던 것은 통계를 적용한 방법으론 '철저한' 분석이 어려웠기 때문이었으나, 마커스는 통계 방법이 규칙 방법보다 자연어를 철저하게 분석하는 데 더 적합함을 증명했다. 그러나 작업에 깊게 들어가고 연구를 계속 추진하면서 마커스는 두 난제에 봉착했다. 연구에 사용할 통계 데이터가 턱없이 부족했고, 각국 과학자들이 사용하는 데이터가 달라 논문에 발표한 결과를 비교할 수 없었다.

마커스는 자연어 처리 연구에서 표준 코퍼스의 중요성을 다른 동료들보다 훨씬 일찍 깨달았다. 그래서 자신의 영향력을 이용해 미국 국립과학재단(National Science Foundation, NSF)과 미국 방위고등연구계획국(Defense Advanced Research Projects Agency, DARPA)의 출연을 이끌어내고 여러 대학교 및 연구기관과 접촉해 언어학 데이터 컨소시엄(Linguistic Data Consortium, LDC)을 만들었다. 그중 가장 유명한 것이 PTB(Penn Tree Bank)[1]다. 처음에 이 코퍼스는 진짜 문어체 영어(《월스트리트저널》) 문구들을 수집해 품사 태깅이나 구문 트리 구축을 인위적으로 실시하며 전 세계 자연어 처리 학자들이 연구와 실험을 진행하는 통합 코퍼스였다. 이후 널리 인정을 받으며 미국 국립과학재단이 지속적으로 투자를 늘려 여러 언어(중국어 포함)를 아우르는 코퍼스를 구축하기 시작했다. 언어별로 대표적 문장을 수십만에서 수백만 자 보유하며, 문장별로 품사 태깅, 구문 트리 등을 갖추고 있다. 이후 LDC는 언어, 기계번역 등 여러 데이터베이스를 구축해 전 세계 자연어 처리 과학자들과 공유하고 있다. 현재 자연어 처리 분야에서 발표하는 논문은 거의 대부분 LDC 코퍼스를 기반으로 한 테스트 결과를 제공한다.

지난 20년간 머신러닝과 자연어 처리 분야의 80% 성과는 데이터 양의 증가에서 비롯됐다. 이 분야 데이터에 대한 마커스의 기여는 독보적이라 할 수 있다. 물론 마커스가 대부라는 지위를 얻게 된 것은 데이터에 대한 기여 때문만은 아니다. 마커스는 일본 바둑계의 기타니 미노루(木谷實)[2]와 조금 비슷하다. 그는 제자들 덕분에 영향력을 펼친 경향이 다분하다.

본인은 상관하지 않고 박사과정 학생들에게 스스로 흥미 있는 과제를 연구하게 한 것이 마커스의 제자가 전 세계에 넘치게 된 원인으로 꼽을 수 있다. 마커스 문하생들의 연구 주제는 자연어 처리의 많은 분야를 망라하며, 각 주제들 간의 관련성도 거의 없다. 마커스가 지정해준 것이 아니라 학생들이 스스로 찾은 주제들이기 때문이다. 마커스의 스타일은 중국 대부분의 박사

---

1   펜실베이니아대학교를 UPenn 또는 Penn이라고도 부르고, 이 대학 주도로 만들어진 데이터베이스이기 때문에 Penn Tree Bank라는 이름이 붙여졌다. Tree Bank의 직접적 의미는 (문법) 나무 은행이며, 대량의 구문 트리라는 함축적 의미를 지닌다.

2   일본의 유명한 바둑 교육가. 그의 제자 이시다 요시오(石田芳夫), 가토 마사오(加藤正夫), 다케미야 마사키(武宮正樹), 고바야시 고이치(小林光一), 조치훈은 1970~2000년 30년간 일본 바둑계를 지배했다.

과정 지도교수와 완전히 다르다. 마커스는 거의 모든 자연어 처리 분야에 독보적 견해를 가지고 있으며, 학생 스스로 관심 있는 과제를 제안하도록 해서 기존 경비로 학생을 지원하거나 학생들의 프로젝트를 위해 경비를 신청한다. 마커스는 통찰력 있게 바라볼 수 있는 위치에 있기 때문에 연구 방향이 옳은지를 재빨리 판단해 문하생들이 무의미한 시행착오에 들이는 시간을 줄여준다. 그래서 마커스의 박사 졸업생들은 실력도 좋고 박사학위도 빨리 취득한다.

여유로운 관리 방식 때문에 마커스가 배출한 문하생들은 연구 및 생활 면에서 개성도 다양하다. 간접적이고 신속한 방법과 쉽게 성과를 내는 주제를 찾는 데 능한 사람도 있고, 어렵고 힘든 임무를 수행하는 데 이골이 난 사람도 있다. 3~4년 만에 박사학위를 따 교수가 되는 사람도 있고, 7~8년간 학교를 떠나지 않고 '버티다' 막판에 훌륭한 박사논문을 내놓는 사람도 있다. 저마다 특징을 지닌 이 젊은 학자들은 다양한 문화를 지닌 여러 대학과 기업에 잘 적응한다.

마커스 교수는 AT&T 연구소에서 그를 대신할 페르난도 페레이라를 찾은 2002년까지 오랫동안 펜실베이니아대학교 컴퓨터학과 주임으로 재직했다. 마커스는 관리자로서 전공 개설에 선견지명을 드러내, 펜실베이니아대학교에서 규모가 작은 컴퓨터학과를 학술계에서 명성과 영향력이 강한 학과로 성장시켰다. 세계 대학원 순위에선 대개 여러 학과를 고루 갖춘 규모가 큰 학부가 소규모 학부보다 훨씬 유리하다. 마커스는 학과 규모를 확대하는 대신 학과를 강하게 만들었다. 몇 년 전 인터넷에서 인기 있는 여러 대학에서 인터넷 연구를 진행하면서 생물정보학(*bioinformatics*)의 중요성을 포착한 마커스는 펜실베이니아대학교에 이 전공을 개설했고, 다른 대학들이 미처 인식하기 전에 이 분야 교수를 초빙하기 시작했다. 또한 마커스는 후에 과 주임이 된 페레이라를 비롯한 관련 분야 교수들에게 생물정보학 쪽으로 에너지를 쏟아달라고 조언했다. 인터넷 거품이 꺼진 후 여러 대학의 컴퓨터학과들은 생물정보학으로 전향하기 시작했지만, 이 분야의 우수한 교수를 찾기가 이미 어렵다는 것을 깨달았다.

나는 존스홉킨스대학교 컴퓨터학과 자문위원회에서 여러 해 동안 마커스 교수와 함께 일하는 행운을 누리며, 1년에 두 번 컴퓨터학과의 연구 방향을 함께 논의했다. 펜실베이니아대학교와 비슷하게 존스홉킨스대학교 컴퓨터학과도 규모가 작아 발전하는 데 같은 문제에 직면해 있었다. 모든 전공을 완벽히 갖춘 학과가 되기보다는 세계에서 가장 좋은 전공 몇 개를 개설하자는 것이 마커스의 일관된 주장이었다. 나는 현재 중국 대학에 가장 필요한 것이 바로 마커스처럼 선견지명을 가진 관리자라고 생각한다.

2. 펜실베이니아대학교 출신 엘리트들

현재 자연어 처리 분야의 세계적인 젊은 세대 전문가들 중 상당수가 펜실베이니아대학교 연구소의 마커스 문하생들이다. 이들은 됨됨이나 일하는 스타일은 각기 다르지만 젊고 유망하다는 공통점이 있다. 그중 완전히 다른 스타일의 대표자 격인 두 사람, 마이클 콜린스와 에릭 브릴을 소개하겠다.

2.1 완벽을 추구하는 정신, 마이클 콜린스

나는 '수학의 아름다움' 블로그 강좌에서, 좋은 방법은 형식이 간단해야 한다고 늘 강조했다. 그러나 사실상 자연어 처리 분야에는 특별한 사례도 있다. 이를테면 한 문제를 최고 경지에 이를 때까지 연구하고 완전무결한 수준에 이르기도 하는 학자들이 있다. 이런 작업은 동료들이 참고할 가치가 높기 때문에 과학 연구에선 이런 학자가 필요하다. 자연어 처리 분야의 신세대 정상급 인물인 마이클 콜린스가 바로 이런 사람이다.

콜린스는 1993년 케임브리지대학교에서 석사를 마친 후 마커스 문하에 들어갔다. 5년 정도 걸려 박사논문을 완성하고 펜실베이니아대학교에서 박사학위를 받았다. 그의 선후배 중에서 3년 만에 박사학위를 받은 야로브스키보다는 오래 걸렸지만, 학교를 떠나지 않고 버틴 제이슨 아이스너(Jason Eisner)보다는 훨씬 빨랐다. 콜린스보다 시간이 길었든 짧았든, 그처럼 논문을 잘 쓴 사람은 없었다.

콜린스가 박사과정 재학 기간에 작성했고 이후 그의 이름으로 명명된 자연어 파서(Sentence Parser)는 모든 문어체 문장에 대한 정확한 분석이 가능하다. 앞에서 얘기했듯이 문장 분석은 여러 자연어 응용의 기초로 여겨진다. 콜린스의 선배인 브릴과 라트나파르키, 후배 아이스너가 상당히 훌륭한 언어 문법 분석기를 완성했기 때문에 이치대로라면 콜린스는 성과를 내기 어려운 이 과제를 선택하지 말아야 했다. 그러나 기술 잠재력을 극치까지 파려는 성격인 콜린스는 스티브 잡스가 최고의 제품을 만들려 애쓰듯 이 분야를 파고들었다. 그의 선후배들은 자신의 이론을 검증하기 위해 이 주제를 택했다. 브릴은 '변환 기반' 머신러닝 방법의 유효성을 증명하기 위해, 라트나파르키는 최대 엔트로피 모델을 증명하기 위해, 아이스너는 유한상태기계를 증명하기 위해서였다. 선후배들과 달리 콜린스가 파서를 만든 출발점은 이론을 검증하려는 것이 아니라 세계 최고의 파서를 만드는 것이었다.

이런 생각으로 콜린스는 꽤 오랜 시간에 걸쳐 세계 최고의 파서를 만들어냈다. 콜린스의 성공은 파서의 모든 세부 사항을 세심하게 연구한 것이 핵심이었다. 콜린스가 사용한 수학 모델도 훌륭해 전체 작업이 완벽했다. 내 연구에 필요한 일로 나는 콜린스에게 그가 만든 파서의 소스 프로그램을 부탁

한 적이 있는데, 콜린스는 시원스럽게 넘겨주었다. 나는 그의 프로그램을 특정 응용 분야에 맞게 수정하려 시도했지만, 더 이상 최적화하기 어려울 정도로 디테일이 너무 많았다. 콜린스는 파서를 성공적으로 만든 첫 번째 사람도 아니고, 심지어 두 번째나 세 번째 사람도 아니다. 그러나 마지막 사람이라고 할 순 있다. 지난 7~8년 동안 콜린스가 이 분야에서 계속 개선하고 획기적인 발전을 이루려 노력해, 다른 과학자들은 더 이상 파서를 만들 필요가 없는 지경에 이르렀다.

콜린스의 박사논문은 자연어 처리 분야의 모범이라 일컬어진다. 훌륭한 소설처럼 모든 일의 전후 관계를 명확히 소개해, 컴퓨터나 자연어 처리 지식이 전혀 없는 사람도 그의 복잡한 방법을 쉽게 이해할 수 있다.

콜린스는 졸업 후 AT&T 연구소에서 3년간 행복한 시간을 보냈다. 이 동안 콜린스는 은닉 마르코프 모델의 차별성 훈련 방법, 자연어 처리 중 상승 커널의 응용 등 세계 정상급 연구 작업을 여러 건 완수했다. 3년 후 AT&T는 자연어 처리 분야 연구를 중단했고, 콜린스는 운 좋게 MIT에서 교편을 잡게 되었다. MIT에서 보낸 7년의 짧은 기간에 콜린스는 EMNLP 최우수 논문상을 3번, UAI 최우수 논문상 2번과 CoNLL 최우수 논문상을 1번 수상했다. 일류 과학자라도 최우수 논문상을 평생 2~3번 받는 게 일반적인데, 콜린스에게 수상은 일상다반사였다. 다른 동료들과 비교할 때 세계에서 유일무이한 성과였다. 콜린스는 일을 끝까지 물고 늘어지는 기질이 있다. '자질구레함의 철학'을 좋아하는 사람이 있다고 한다면, 콜린스가 바로 그런 부류다.

콜린스가 MIT에서 종신 교수직을 얻은 후 2011년 컬럼비아대학교는 비크람 팬디트(*Vikram Pandit*)[3] 좌 석좌교수[4]로 콜린스를 스카우트했다.

---

3 씨티은행 CEO.

2.2 단순한 것이 아름답다, 에릭 브릴

연구 방법상 콜린스와 반대편에 선 대표적 인물은 그의 선배 에릭 브릴, 라트나파르키, 야로브스키 등이며 라트나파르키와 야로브스키는 앞에서 이미 소개했다. 콜린스가 산업계에서 학술계로 간 것과 반대로 브릴은 학술계에서 산업계로 직업 노선을 바꿨다. 콜린스는 학술계에서 대학교로 옮겼고 브릴도 산업계로 간 후 회사를 옮겼다. 콜린스의 연구 방법과 반대로 브릴은 늘 더 이상 간단할 수 없는 간단한 방법을 찾으려 시도했다. 하지만 둘 다 직위가 점점 높아진 것은 같다. 브릴의 출세작은 변환 규칙 기반 머신러닝 방법(*transformation rule based machine learning*)이다. 이름은 복잡해 보이지만 사실 아주 간단하다. 병음의 한자 변환을 예로 들어 설명하겠다.

1단계 각 병음에 대응하는 한자에서 가장 자주 접하는 것을 찾아 1회 변환 결과로 삼는다. 물론 결과에는 오류가 적지 않다. 예를 들면 '常識(chang-shi)'가 '長識(chang-shi)'로 바뀌는 식이다.

2단계 '거짓된 것은 버리고 진실은 남기는' 단계다. 문맥에 근거해 컴퓨터로 모든 동음 글자 교체 규칙을 열거한다. 예를 들어 chang이 '長'으로 표시되더라도 뒤에 나오는 한자가 '識'이면 '長'이 '常'으로 바뀐다.

3단계 '형편없고 쓸모없는 것은 버리고 훌륭하고 유용한 것은 취하는' 단계다. 모든 규칙을 사전에 표시해둔 언어자료에 응용해 유용한 것은 골라내고 쓸데없는 것은 삭제한다. 그다음 유용한 것이 찾아지지 않을 때까지 2, 3단계를 반복한다.

---

4 유럽과 미국의 일부 대학은 개인 또는 기관 명의로 유명한 교수를 초빙해 임용한다. 케임브리지대학교의 유명한 루카스좌 석좌교수(Lucasian Mathematics Professor)에는 뉴턴, 폴 디랙(Paul A. M. Dirac), 스티븐 호킹(Stephen W. Hawking)이 임명됐었다.

브릴은 이렇게 간단한 방법으로 여러 자연어 연구 분야에서 거의 최고라 할 만한 결과를 얻었다. 방법이 너무나 간단하기 때문에 많은 사람이 따라 했다. 브릴은 내가 미국에 있을 때 이어진 첫 번째 은사라고 할 수 있다. 우리 두 사람은 이렇게 간단한 방법으로 품사 태깅을 만들었다. 즉 문장 내 단어의 품사를 식별해 명사, 동사 등으로 태그를 붙이는 것으로, 오랫동안 이것을 뛰어넘는 사람이 나타나지 않았다(결국 우리를 뛰어넘은 사람은 이후 구글에 입사한 네덜란드 엔지니어였다. 마찬가지 방법을 이용했지만 훨씬 정교하게 만들었다).

브릴은 학술계를 떠난 후 마이크로소프트 연구소에 들어갔다. 첫해에 혼자서 1년간 끝낸 작업이 다른 모든 팀원들이 여러 해 동안 한 작업을 합친 것보다 많았다. 그 후 브릴은 다시 새로운 팀에 들어갔지만 여전히 생산성이 높은 과학자였다. 그의 작업이 마이크로소프트에서 중시된 것은 구글에 감사할 일이라고 여겨진다. 구글이 있었기에 마이크로소프트가 인적·물적 방면에서 브릴을 아낌없이 지원할 수 있었고, 덕분에 브릴은 마이크로소프트 검색 연구의 리더가 될 수 있었기 때문이다. 연구 면에서 브릴은 어떻게 해야 하는지를 바로 포착하지 못하는 때도 있었지만, 불가능한 방안은 바로 부정하는 능력이 있었다. 이것은 간단함을 추구하는 그의 연구 방법과 관련이 있다. 브릴은 어떤 방법의 장단점을 단시간에 대략적으로 파악했다.

콜린스가 '순도 높은 정밀함을 추구하는' 깊이 있는 전문가라면 브릴은 '큰 그림을 보는' 다재다능한 인재다. 마이크로소프트 연구소에서 브릴은 데이터 마이닝 및 검색 연구 분야를 구축하고, 이를 바탕으로 연구소를 마이크로소프트 인터넷 서비스 연구센터(Internet Service Research Center)로 탈바꿈시켰다. 그 후에는 사장으로서 마이크로소프트 애드센터 랩(Microsoft AdCenter Lab)을 관리했다. 2009년 브릴은 마이크로소프트를 떠나 이베이에서 CTO 겸 연구 담당 부사장을 맡았다.

브릴은 간단하지만 효과적인 방법을 찾는 데 능하고 자신의 방법을 숨기는 법이 없어, 나를 포함한 여러 사람들에게 쉽게 추월당하곤 한다. 다행히 브릴은 이를 전혀 개의치 않고 다른 사람에게 추월당하는 것을 즐긴다. 한 연구 방향에서 사람들이 그를 추월한다는 것은 그가 개척한 분야가 의미 있다는 뜻이고, 그는 이미 다른 방향으로 뱃머리를 돌렸기 때문이다. 2005년 구글이 상장한 후 마이크로소프트는 검색 분야에 대한 투자 강도를 높였고, 나와 브릴은 위치가 맞바뀌었다. 마이크로소프트가 구글의 추격자가 되었기 때문이다. 내가 브릴에게 우리 위치가 뒤바뀌었다고 말하니, 브릴은 내가 자신을 영원히 따라잡을 수 없는 일이 한 가지 있는데, 바로 그가 나보다 먼저 작은아들이 생긴 것이라고 응수했다.

블룸 필터의 원리

23장

일상생활에서 원소가 집합에 있는지 판단해야 하는 경우가 종종 있다.
블룸 필터는 컴퓨터공학에서 이 문제를 해결한 최고의 수학 툴이다.

1. 블룸 필터의 원리

일상생활에서나 소프트웨어 개발 등 작업을 할 때 원소(元素)가 집합에 있
는지 여부를 판단해야 하는 경우가 종종 있다. 이를테면 문서 작성 프로그
램에서 영어 단어 철자가 올바른지 검사한다든지(즉 이미 알고 있는 단어가 사전
에 있는지 살펴보는 것), FBI에서 용의자 이름이 이미 용의자 명단에 있는지 확
인한다든지, 웹 크롤러에서 웹사이트 주소가 이미 방문했던 곳인지 검색해
본다든지 하는 작업 등이다.

가장 직접적인 방법은 집합의 모든 원소가 들어 있는 컴퓨터가 새로운 원

소를 만났을 때 그것을 집합 내 원소와 직접 비교하는 것이다. 일반적으로 컴퓨터에 있는 집합은 해시테이블을 사용해 저장하며, 신속하고 정확하다는 장점과 저장 공간이 소비된다는 단점이 있다. 집합이 작은 경우에는 이런 문제가 두드러지지 않지만, 집합 규모가 크면 해시테이블의 낮은 저장 효율 문제가 드러난다.

예를 들면 야후(Yahoo), 핫메일(Hotmail), 지메일(Gmail)과 같은 대중적인 이메일 제공업체는 방법을 강구해 스팸메일 발송자(spamer)가 보내는 스팸메일을 걸러내야 한다. 한 가지 방법은 스팸메일을 발송한 이메일 주소를 기록하는 것이다. 스패머들은 새로운 주소로 계속 회원가입을 하므로 전 세계에 스팸메일 발송 주소가 적어도 수십억 개는 되며, 이 주소를 모두 저장하려면 많은 서버가 필요하다. 해시테이블을 적용하면 이메일 주소 1억 개를 저장할 때마다 1.6GB 메모리가 필요하다(해시테이블을 사용하는 구체적 방법은 이메일 주소 하나당 8바이트 정보 지문을 대응시킨 후 그 정보 지문을 해시테이블에 저장하는 것이다. 해시테이블의 저장 효율은 대개 50% 수준이므로 이메일 주소 하나가 16바이트를 차지하게 된다. 주소 1억 개면 약 1.6GB, 즉 16억 바이트 메모리가 필요하다). 따라서 수십억 개의 이메일 주소를 저장하려면 수백 GB 메모리가 필요할 것이다. 슈퍼컴퓨터가 아닌 이상 일반 서버로는 저장이 불가능하다.

이번에는 블룸 필터(Bloom filter)라는 수학 툴을 소개하겠다. 블룸 필터는 해시테이블의 8분의 1에서 4분의 1 크기로 같은 문제를 해결할 수 있다.

블룸 필터는 버턴 블룸(Burton Bloom)이 1970년에 제안했다. 사실 블룸 필터는 긴 이진법 벡터와 랜덤 사상함수다. 위의 예로 작동 원리를 설명해보자.

이메일 주소 1억 개를 저장한다고 가정하고 먼저 16억 비트, 즉 2억 바이트 벡터를 만든 후 이 16억 비트를 전부 리셋한다. 각 이메일 주소 X에 대해 8개의 난수 발생기($F_1, F_2, \cdots, F_8$)로 8개 정보 지문($f_1, f_2, \cdots, f_8$)을 생성한다. 다시 난수 발생기 G로 정보 지문 8개를 1~16억 중 자연수 8개 $g_1, g_2, \cdots, g_8$에 사상 (*mapping*)한다. 이제 8비트 자릿수를 전부 1로 설정한다. 1억 개의 이메일 주소를 이와 같이 처리하면 이 이메일 주소를 위한 블룸 필터가 만들어진 것이다. 다음 그림을 보자.

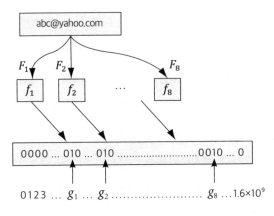

그림 23.1 블룸 필터의 사상 방법

이제 블룸 필터로 의심스러운 이메일 주소 Y가 블랙리스트에 있는지 여부를 검사하는 방법을 살펴보자. 동일한 8개 난수 발생기($F_1, F_2, \cdots, F_8$)로 주소에 대해 지문 정보 8개 $s_1, s_2, \cdots, s_8$을 생성하고, 이 8개 지문들을 블룸 필터의 8비트 자릿수에 대응시킨다. 각각 $t_1, t_2, \cdots, t_8$이 된다. Y가 블랙리스트에 있으면 $t_1, t_2, \cdots, t_8$에 대응하는 8비트 값은 당연히 1이다. 이렇게 해서 블랙리스트에 있는 이메일 주소를 다시 만나면 정확하게 발견할 수 있다.

블룸 비트는 블랙리스트의 어떤 의심스러운 주소 하나도 절대 빠트리지 않는다. 그러나 블룸 비트도 부족한 점이 있다. 아주 낮긴 하지만, 블랙리스트에 없는 이메일 주소도 블랙리스트에 있는 것으로 판단할 가능성이 있다. 멀쩡한 이메일 주소가 블룸 필터가 대응시키는 8개 자릿수에서 '공교롭게도'

(다른 주소에 의해) 1로 설정될 가능성이 있기 때문이다. 다행히 이런 가능성은 아주 낮다. 이것을 오인식률이라 한다. 앞에서 든 예에서 오인식률은 1만분의 1 이하다. 오인식 이론 분석은 추가 읽기에서 소개하겠다.

블룸 필터는 신속하고 공간이 절약된다는 장점이 있지만 어느 정도 오인식률이 있다. 이때 흔히 취하는 보완책은 소규모의 화이트리스트를 다시 만들어 오판될 가능성이 있는 이메일 주소를 저장하는 것이다.

2. 추가 읽기 블룸 필터의 오인식 문제

독자 배경지식: 확률론

앞에서 얘기했듯이 블룸 필터의 부족한 점은 집합에 없는 원소를 집합에 있는 원소로 오판할 가능성이 있는 것이다. 스팸 검사에서는 이를 '긍정 오류(*false positive*)'라고 한다. 확률은 작지만 대체 얼마나 작을까? 무시해도 될까?

긍정 오류 확률을 추정하는 것은 어렵지 않다. 블룸 필터에 m비트가 있고 n개 원소가 있다고 가정하면, 각 원소는 정보 지문 k개의 해시함수에 대응한다. 물론 m비트에는 1도 있고 0도 있다. 먼저 비트가 0일 확률을 살펴보자. 예를 들면 이 블룸 필터에 한 원소를 끼워 넣으면, 이 원소의 첫 번째 해시함수는 필터의 한 비트를 1로 치환한다. 따라서 한 비트가 1로 치환될 확률은 $1/m$이며, 그것이 계속 0일 확률은 $1-\frac{1}{m}$이다.

필터 중 한 특정 위치에 대해 이 원소의 k개 해시함수가 원소를 1로 설정하지 않으면, 그 확률은 $(1-\frac{1}{m})^k$이다. 필터에 삽입한 두 번째 원소의 특정 위치가 1로 설정되지 않으면, 그 확률은 $(1-\frac{1}{m})^{2k}$이다. n개 원소를 삽입해도 한 위치가 1로 설정되지 않으면, 그 확률은 $(1-\frac{1}{m})^{kn}$이다. 반대로 n개 원

표 23.1 m/n 비율이 다르고 k가 각기 다른 경우 블룸 필터의 오인식 확률

m/n	k	k=1	k=2	k=3
2	1.39	0.393	0.400	
3	2.08	0.283	0.237	0.253
4	2.77	0.221	0.155	0.147
5	3.46	0.181	0.109	0.092
6	4.16	0.154	0.0804	0.0609
7	4.85	0.133	0.0618	0.0423
8	5.55	0.118	0.0489	0.0306
9	6.24	0.105	0.0397	0.0228
10	6.93	0.0952	0.0329	0.0174
11	7.62	0.0869	0.0276	0.0136
12	8.32	0.08	0.0236	0.0108
13	9.01	0.074	0.0203	0.00875
14	9.7	0.0689	0.0177	0.00718
15	10.4	0.0645	0.0156	0.00596
16	11.1	0.0606	0.0138	0.005
17	11.8	0.0571	0.0123	0.00423
18	12.5	0.054	0.0111	0.00362
19	13.2	0.0513	0.00998	0.00312
20	13.9	0.0488	0.00906	0.0027
21	14.6	0.0465	0.00825	0.00236
22	15.2	0.0444	0.00755	0.00207
23	15.9	0.0425	0.00694	0.00183
24	16.6	0.0408	0.00639	0.00162
25	17.3	0.0392	0.00591	0.00145
26	18	0.0377	0.00548	0.00129
27	18.7	0.0364	0.0051	0.00116
28	19.4	0.0351	0.00475	0.00105
29	20.1	0.0339	0.00444	0.000949
30	20.8	0.0328	0.00416	0.000862
31	21.5	0.0317	0.0039	0.000785
32	22.2	0.0308	0.00367	0.000717

(자료 출처: http://pages.cs.wisc.edu/~cao/papers/summary-cache/node8.html)

k=4	k=5	k=6	k=7	k8
0.160				
0.092	0.101			
0.0561	0.0578	0.0638		
0.0359	0.0347	0.0364		
0.024	0.0217	0.0216	0.0229	
0.0166	0.0141	0.0133	0.0135	0.0145
0.0118	0.00943	0.00844	0.00819	0.00846
0.00864	0.0065	0.00552	0.00513	0.00509
0.00646	0.00459	0.00371	0.00329	0.00314
0.00492	0.00332	0.00255	0.00217	0.00199
0.00381	0.00244	0.00179	0.00146	0.00129
0.003	0.00183	0.00128	0.001	0.000852
0.00239	0.00139	0.000935	0.000702	0.000574
0.00193	0.00107	0.000692	0.000499	0.000394
0.00158	0.000839	0.000519	0.00036	0.000275
0.0013	0.000663	0.000394	0.000264	0.000194
0.00108	0.00053	0.000303	0.000196	0.00014
0.000905	0.000427	0.000236	0.000147	0.000101
0.000764	0.000347	0.000185	0.000112	7.46e-05
0.000649	0.000285	0.000147	8.56e-05	5.55e-05
0.000555	0.000235	0.000117	6.63e-05	4.17e-05
0.000478	0.000196	9.44e-05	5.18e-05	3.16e-05
0.000413	0.000164	7.66e-05	4.08e-05	2.42e-05
0.000359	0.000138	6.26e-05	3.24e-05	1.87e-05
0.000314	0.000117	5.15e-05	2.59e-05	1.46e-05
0.000276	9.96e-05	4.26e-05	2.09e-05	1.14e-05
0.000243	8.53e-05	3.55e-05	1.69e-05	9.01e-06
0.000215	7.33e-05	2.97e-05	1.38e-05	7.16e-06
0.000191	6.33e-05	2.5e-05	1.13e-05	5.73e-06

소가 삽입된 후 한 비트가 1로 치환될 확률은 $1-(1-\frac{1}{m})^{kn}$이다.

이제 n개 원소가 블룸 필터에 넣어졌고 집합에 없는 원소 하나가 새로 들어왔다고 가정하면, 그 정보 지문의 해시테이블은 모두 랜덤이므로 첫 번째 해시함수 값이 1이 될 수밖에 없는 확률은 위와 같다. 집합에 없는 원소가 집합에 있는 것으로 오인식되려면 모든 해시함수가 대응하는 비트 값이 모두 1이어야 하며, 그 확률은 다음과 같다.

$$\left(1-[1-\frac{1}{m}]^{kn}\right)^k \approx \left(1-e^{-\frac{kn}{m}}\right)^k \tag{23.1}$$

이 공식을 단순화하면 다음과 같다.

$$p = \left(1-e^{\frac{\ln\left(\frac{m}{n}\,ln2\right)^{\frac{1n}{n}}}{m}}\right)^{\left(\frac{m}{n}\,ln2\right)} \tag{23.2}$$

n이 큰 경우 다음과 같이 근사할 수 있다.

$$\left(1-e^{-k(n+0.5)/(m-1)}\right)^k \approx \left(1-e^{-\frac{kn}{m}}\right)^k \tag{23.3}$$

한 원소가 16비트를 사용한다고 가정하면 $k=8$이고, 그러면 긍정 오류 확률은 1만분의 5다. 대부분의 응용 상황에서 감당할 수 있는 수준이다. 앞의 표는 m/n 비율이 다르고 k가 각기 다른 값인 경우의 긍정 오류 확률이다[표는 위스콘신대학교 매디슨캠퍼스에 재직하다 현재는 구글에 있는 차오페이(曹培, *Pei Cao*) 교수가 제공했다].

3. 갈무리하며

블룸 필터는 완벽히 랜덤인 두 숫자가 서로 충돌할 때 확률이 작다는 수학 원리를 이용한 것이다. 따라서 오인식률이 작은 상황에선 작은 공간에 많은 정보를 저장할 수 있다. 오인식을 보완하는 가장 흔한 방법은 소규모의 화이트리스트를 다시 만들어 오판될 가능성이 있는 정보를 저장하는 것이다. 블룸 필터에는 간단한 산술 연산만 있으므로 속도가 빠르고 사용이 간편하다.

마르코프 연쇄의 확장 - 베이지안 네트워크

24장

베이지안 네트워크는 가중되는 유향 그래프이며 마르코프 연쇄의 확장이다.
인식론 차원에서 보면 마르코프 연쇄의 기계적 선형 구속을 극복해 관련 있는
사건을 그 틀 밑으로 통합할 수 있다. 베이지안 네트워크는 생물 통계, 이미지 처리,
의사결정 지원 시스템 및 게임이론에 널리 응용된다.

1. 베이지안 네트워크

앞에서 여러 번 언급한 마르코프 연쇄는 상태 시퀀스(state sequence)를 설명하며, 각 상탯값은 직전의 유한 상태(finite-state)에 따라 결정된다. 여러 실제 문제에서 보면 이것은 대략적으로 단순화된 모델이다. 현실 생활에서 사물의 상호 관계는 연쇄 하나로 엮을 수 없으며 교차하거나 복잡하게 뒤얽혀 있기도 하다. 예를 들면 다음 그림처럼 심혈관 질환과 그 원인의 관계는 매우 복잡해서 하나로 나타낼 수 없다.

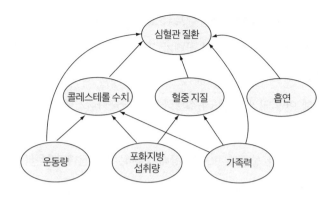

그림 24.1 심혈관 질환과 그 원인을 설명하는 간단한 베이지안 네트워크

위의 유향 그래프는 하나의 네트워크로 볼 수 있고, 각 원은 상태를 나타낸다. 상태 간 연결선은 인과관계를 나타낸다. 예를 들어 심혈관 질환에서 출발해 흡연으로 가는 곡선은 심혈관 질환이 흡연과 관계있음을 나타낸다. 이 그래프에서 마르코프 가정이 성립한다고 가정하면, 즉 각 상태가 그것과 직접 연결된 상태와만 관계가 있고 간접적으로 연결된 상태와는 직접적 관계가 없는 경우에는 베이지안 네트워크(Bayesian network)가 된다. 하지만 두 상태 A 와 B 간에 직접적인 유향변 연쇄가 없으면 두 상태 간 직접적 인과관계가 없음을 설명할 뿐, 상태 A가 다른 상태를 통해 간접적으로 상태 B에 영향을 끼치지 않음을 나타내지는 않는다. 그래프 중 A에서 B로 가는 노선만 있으면 두 상태는 간접적인 관련성이 있는 것이다. 이런 모든 (인과) 관계는 베이지안 네트워크 변에서 추가 가중치가 있을 수 있다. 마르코프 가정은 베이지안 네트워크의 계산 편의성을 보장한다. 이 네트워크를 통해 한 사람이 심혈관 질환에 걸릴 가능성을 추정할 수 있다.

네트워크에서 각 노드의 확률은 베이즈 공식으로 계산할 수 있다. 그렇기 때문에 베이지안 네트워크라는 이름이 붙여졌다. 네트워크의 각 변은 모두 신뢰도를 갖기 때문에 베이지안 네트워크를 믿음 네트워크(*belief network*)라고도 한다. 위의 예를 단순화하여 상태가 '심혈관 질환', '고지혈증', '가족력' 3개만 있다고 가정하자. 이 단순화된 예로 이 네트워크의 일부 확률이 베이즈 공식을 통해 어떻게 계산되는지 설명하겠다. 단순화하기 위해 〈그림 24.2〉처럼 각 상태가 취하는 값이 '유(有)', '무(無)' 두 가지만 있다고 가정하자. 그림에서 세 가지 표는 각 상태 및 조합된 상태가 다른 값을 취할 경우의 조건부확률을 나타낸다. 예를 들어 오른쪽 표는 가족력이 있을 때 고지혈증 가능성은 0.4이고, 가족력이 없을 때 고지혈증 가능성은 0.1밖에 안 된다는 뜻이다.

가족력/심혈관 질환, 고지혈증	유	무
유, 유	0.9	0.1
유, 무	0.4	0.6
유, 유	0.4	0.6
유, 무	0.1	0.9

가족력/고지혈증	유	무
유	0.4	0.6
무	0.1	0.9

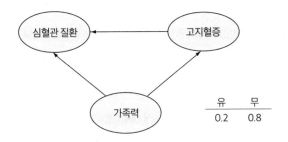

유	무
0.2	0.8

그림 24.2 단순화된 베이지안 네트워크

'가족력', '고지혈증', '심혈관 질환' 세 가지 상태의 결합확률분포를 계산하려면 베이즈 공식을 이용할 수 있다.

$$P(\text{가족력, 고지혈증, 심혈관 질환}) = P(\text{심혈관 질환|가족력, 고지혈증}) \times P(\text{고지혈증|가족력}) \times P(\text{가족력}) \tag{24.1}$$

표의 수치만 대입하면 확률을 계산할 수 있다.

심혈관 질환이 가족력으로 발생할 가능성이 얼마나 되는지도 베이지안 네트워크를 통해 계산할 수 있다.

$$P(\text{가족력 있음|심장병 있음}) = P(\text{가족력 있음, 심장병 있음}) / P(\text{심장병 있음}) \quad (24.2)$$

여기에서 다음 두 공식이 나온다.

$$P(\text{가족력 있음, 심장병 있음}) = P(\text{가족력 있음, 심장병 있음, 고지혈증 없음})$$
$$+ \ P(\text{가족력 있음, 심장병 있음, 고지혈증 있음}) \quad (24.3)$$

$$P(\text{심장병 있음}) = P(\text{가족력 있음, 심장병 있음, 고지혈증 없음}) + P(\text{가족력 있음,}$$
심장병 있음, 고지혈증 있음) $+ \ P(\text{가족력 없음, 심장병 있음, 고지혈증 없음}) + P(\text{가족력 없음,}$
심장병 있음, 고지혈증 있음) $\quad (24.4)$

위 두 공식은 〈24.1〉을 통해 계산할 수 있고, 〈그림 24.2〉의 값을 대입하면 확률은 다음과 같다.

$$P(\text{가족력 있음, 심장병 있음}) = 0.18 \times 0.4 + 0.12 \times 0.4$$
$$= 0.12$$
$$P(\text{심장병 있음}) = 0.12 + 0.18 \times 0.4 + 0.72 \times 0.1$$
$$= 0.12 + 0.144$$
$$= 0.264$$

결과를 〈24.2〉에 대입하면 P(가족력 있음|심장병 있음)=45%를 얻는다.

따라서 가족력이 있는 사람은 인구의 20%에 불과하지만 이들이 심장병 질환 인구의 45%를 차지하므로 가족력이 없는 사람보다 발병률이 훨씬 높다.

위에서 베이지안 네트워크의 각 상태가 취하는 값을 계산할 때 직전 상태 하나만 고려했고, 이것은 마르코프 연쇄와 같다. 그러나 베이지안 네트워크의 위상학적 구조(topological structure)는 마르코프 연쇄보다 유연하므로, 마르코프 연쇄의 연쇄형 구조의 구속을 받지 않는다. 따라서 사건 간 관련성을 더 정확히 설명할 수 있다. 마르코프 연쇄는 베이지안 네트워크의 특수한 사례이고, 베이지안 네트워크는 마르코프 연쇄의 확장이라고 말할 수 있다.

베이지안 네트워크를 사용하려면 먼저 이 네트워크의 위상학적 구조를 정한 다음 각 상태 간 관련 확률, 즉 〈그림 24.2〉의 표를 알아야 한다. 위상학적 구조와 이 매개변수들을 얻는 과정을 구조 학습과 매개변수 학습이라고 하며, 학습이라 통칭한다. 마르코프 모델을 학습시키는 것과 마찬가지로 베이지안 네트워크를 학습시키려면 이미 아는 데이터들을 활용해야 한다. 위의 네트워크를 훈련시키는 경우 심혈관 질환과 흡연, 가족력 등 관련 상황을 알아야 한다. 마르코프 연쇄에 비해 베이지안 네트워크 학습이 더 복잡하다. 이론적으로 보면 베이지안 네트워크 학습은 NP-완전(NP-complete) 문제다. 즉 현재의 컴퓨터로 계산할 수 없다. 그러나 일부 응용 분야에선 이 학습 과정을 단순화해 컴퓨터에서 구현할 수 있다.

특히 IBM 왓슨연구소의 제프리 츠바이크(Geoffrey Zweig) 박사와 워싱턴대학교의 제프 빌메스(Jeff Bilmes) 교수는 그래피컬 모델 툴키트(graphical models toolkit, GMTK)를 완성해 베이지안 네트워크에 관심 있는 연구자에게 무료 제공하고 있다.

베이지안 네트워크는 이미지 처리, 문자 처리, 의사결정 지원 등 분야에서 다양하게 응용된다. 문자 처리 분야에서는 의미가 비슷한 단어 간 관계를 베이지안 네트워크로 설명할 수 있다. 베이지안 네트워크를 사용해 유사어 및 관련 단어를 찾아낼 수 있으며, 구글 검색 및 구글 광고에 직접 응용할 수 있다.

2. 단어 분류에서 베이지안 네트워크의 응용

통계 기반 모델을 사용해 텍스트를 분석함으로써 개념을 뽑고 주제를 분석할 수 있다. 이런 모델을 주제 모델(topic model)이라 할 수 있다. 앞에서 얘기했듯이 글 한 편에서 고유벡터를 얻은 다음, 코사인 유사성(거리)을 통해 그 고유벡터를 주제의 고유벡터에 대응하는 작업이 바로 일종의 통계 주제 모델이다. 이번에는 베이지안 네트워크를 통해 구축한 또 다른 모델, 구글의 리필(Rephil)을 소개하겠다. 세부 사항을 너무 많이 공개하기엔 여의치 않으므로 여기에서는 필자 본인의 말로 풀어서 원리를 소개하려고 한다. 이 주제의 발표를 들어보거나 관련 영상을 본 독자라면 표현 방식이 조금 다름을 깨달을 것이다. 하지만 원리는 똑같다.

구글의 리필을 소개하기 전에 먼저 텍스트 분류를 회상해보자. 텍스트 1억 편이 있다면 (텍스트 및 키워드) 근접행렬의 특잇값 분해를 사용하거나 코사인 거리의 클러스터링을 사용해 텍스트를 1만 카테고리로 분류할 수 있다. 물론 카테고리 개수는 엔지니어가 결정할 수 있다. 글 한 편은 한 카테고리 또는 몇 개의 카테고리에 넣을 수 있다. 같은 카테고리 글은 여러 키워드를 공유한다. 키워드를 생성하는 방법은 인위적으로 선정하는 등 여러 가지가 있을 수 있다. 그러나 대규모 데이터 처리는 자동 방법이 필요하다. 이렇게 다양한 글은 키워드를 통해 관계가 형성되고, 이 관계는 문장들이 동일 유형에 속하는지 그렇지 않은지 여부를 나타낸다.

텍스트와 키워드의 근접행렬을 90도 회전해 특잇값 분해를 하거나 각 단어에 대해 텍스트를 차원으로 삼아 벡터를 구축한 다음 벡터 클러스터링을 실시하면 텍스트에 대한 분류가 아니라 단어에 대한 분류가 구해진다. 분류된 유형들을 개념이라고 한다.

한 개념은 여러 단어를 포함할 수 있고, 한 단어도 여러 개념에 속할 수 있다. 이와 비슷하게 글 한 편은 여러 개념에 대응할 수 있고, 한 개념도 여러 글에 대응할 수 있다. 이제 베이지안 네트워크를 이용해 글, 개념, 키워드 간의 연결을 만들 수 있다.

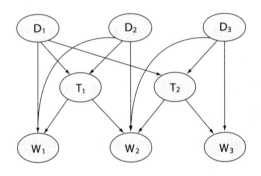

그림 24.3 글(D), 주제(T), 키워드(W)를 설명하는 베이지안 네트워크

〈그림 24.3〉에서 글과 키워드는 그 자체에 직접적 관련성이 있고, 둘 다 개념과도 직접적 관련성이 있으며 주제를 통해 간접적으로도 관련된다. 앞에서 심혈관 질환과 가족력의 관계를 찾을 수 있었던 것처럼, 위 네트워크를 통해 각 개념과 각 단어의 관련성, 단어와 단어 간 관련성을 찾을 수 있다. 다만 그 관련성이 꼭 조건부확률인 것은 아니다.

2002년 구글 엔지니어들은 베이지안 네트워크를 이용해 글, 개념, 키워드의 연결을 만들고 키워드 수백만 개를 몇 가지 개념의 클러스터링으로 취합했다. 이를 필 클러스터(Phil cluster)라고 한다. 이 프로젝트는 처음엔 어디에 응용할 것인지도 고려하지 않았고, 개념을 추출해두면 향후 정보처리에 도움이 될 것이라는 생각뿐이었다. 맨 처음 응용된 것은 광고 매칭 확장이었고, 이는 필 클러스터가 완성된 후 수개월간에 일어난 일이었다. 초기에는 키워드와 텍스트의 관계만 고려하고 키워드 문맥 관계에 대해서는 별로 고려하지 않았기 때문에 개념 클러스터링이 너무 광범위했다. 예를 들면 컴퓨터와 주식이 같은 유형으로 분류되고 자동차와 미국 대통령 이름이 함께 분류됐다. 이런 상황은 구글 프로젝트팀의 필 클러스터 수용도에 심각한 영향을 끼쳤다. 2004년 구글은 필 클러스터를 리모델링하기 시작했다. 이번에는 처음보다 수백 배 많은 데이터를 적용하고, 고려하는 키워드 유사성도 원래 텍스트 중 동시발생에서 문맥 중 동시발생으로 확장하는 한편, 다양한 입자의 개념을 지원했다. 리모델링했기 때문에 프로젝트 이름을 리필이라고 바꿨다. 리필은 약 1,200만 개 단어를 모아 수백만 개의 개념으로 취합했다. 개념 하나에 단어가 보통 십여 개에서 수백 개까지 있다. 리필 품질이 전보다 많이 향상되어 광고에서 검색까지 그 성과가 활용되었다. 오랜 시일이 지나 필 클러스터를 아는 사람은 거의 없어졌다. 리필은 네트워크 구조가 기존 필 클러스터보다 훨씬 복잡하지만 원리는 비슷하다.

3. **추가 읽기** 베이지안 네트워크 학습

독자 배경지식: 확률론

베이지안 네트워크를 사용하려면 먼저 그 구조를 정해야 한다. 앞에서 든 심혈관 질환 사례처럼 간단한 문제는 전문가가 바로 구조를 제시하면 된다.

그러나 좀 더 복잡한 문제는 인위적으로 구조를 제시할 수가 없으므로 머신 러닝을 활용해야 한다.

베이지안 네트워크 구조를 최적화하면 생성된 서열(예를 들면 '가족력→고지 혈증→심혈관 질환'은 하나의 서열이다)이 처음부터 끝까지 이를 가능성이 최대화 되며, 확률을 이용해 측정하면 사후확률(*posterior probability*)이 최대화된다. 물 론 서열 하나가 생성되면 여러 경로가 있을 수 있고, 이론적으로 보면 완전 탐색(*exhaustive search*)이 필요하다. 즉 모든 경로를 고려해야 전역 최적해(*global optimum*)를 얻을 수 있다. 하지만 그러면 계산 복잡도가 NP-난해(*NP-hard*, 부 록 참고)가 되므로 일반적으로 탐욕 알고리즘(*greedy algorithm*)을 적용한다. 다 시 말해 매 단계에 화살표 방향을 따라 단계별 유한수를 찾는다. 물론 그러 면 국부 최적해(*local optimum*)에 빠져 결국 전역 최적해에서 멀어진다. 국부 최 적해에 빠지지 않으려면 몬테카를로(*Monte Carlo*) 방법을 적용한다. 베이지안 네트워크에서 여러 난수로 시험하며 국부 최적해에 빠지는지 살펴보는 것이 다. 이 방법은 계산량이 큰 편이다. 최근 새로운 방법은 정보이론을 이용하는 것이다. 노드를 둘씩 짝지었을 때 상호정보량을 계산하고, 상호정보량이 큰 노드의 직접 연결만 남겨둔다. 그다음 단순화된 네트워크에 완전 탐색을 실 시해 전역 최적화 구조를 찾는다.

베이지안 네트워크 구조를 확정한 후 노드 간 변의 가중치를 결정하고, 조 건부확률을 사용해 그 가중치를 측정한다고 가정하자. 그러려면 학습 데이 터들이 필요한데, 베이지안 네트워크 매개변수를 최적화해 관찰되는 데이터 들의 확률(즉 사후확률) $P(D|\theta)$가 최대에 이르도록 하면 된다. 이 과정이 앞 에서 소개한 EM과정이다.

사후확률을 계산할 때는 조건 X와 Y 결과 간 근접확률 $P(X, Y)$를 계산 한다. 학습 데이터가 $P(X, Y)$ 간의 제한조건을 제공하고, 학습된 모델은 이

제한조건을 충족해야 한다. '최대 엔트로피 모델' 부분에서 소개한 내용을 회상해보면, 이 모델은 주어진 조건의 최대 엔트로피 모델을 충족해야 한다. 따라서 최대 엔트로피 모델과 관련한 학습 방법을 여기에서 모두 사용할 수 있다.

마지막으로 구조 학습과 매개변수 학습은 대개 교대로 진행해야 한다. 다시 말해 먼저 매개변수를 최적화한 다음 구조를 최적화하고 다시 매개변수를 최적화한다. 수렴되거나 오차가 충분히 작은 모델을 얻을 때까지 이 과정을 반복한다.

베이지안 네트워크에 특별히 흥미가 있는 독자는 빌메스와 츠바이크가 공동 발표한 논문을 사이트에서 찾아보기 바란다(*http://ssli.ee.washington.edu/~bilmes/pgs/sort_date.html*).

이 분야 지식을 더 체계적으로 이해하고 싶다면 스탠퍼드대학교 대프니 콜러(*Daphne Koller*) 교수가 쓴 거작 《확률적 그래픽 모델: 이론과 테크닉(*Probabilistic Graphical Models: Principles and Techniques*)》을 읽어보기 바란다. 1,000페이지가 넘고 가격도 저렴하지 않아 전문가에게 적합한 서적이다.

'수학의 아름다움 번외편: 평범하면서도 신기한 베이즈 방법'이란 연재 글에서도 베이지안 네트워크에 대한 더 많은 응용 사례를 접할 수 있다.

4. 갈무리하며

수학 차원에서 보면 베이지안 네트워크는 가중되는 유향 그래프이며 마르코프 연쇄의 확장이다. 인식론 차원에서 보면 베이지안 네트워크는 마르코프 연쇄의 기계적 선형 구속을 극복해 관련 있는 사건을 그 틀 밑으로 통합할 수 있다. 따라서 베이지안 네트워크는 다양하게 응용될 수 있다. 앞에서 소개한 텍스트 분류 및 개념 추출 외에 생물 통계, 이미지 처리, 의사결정 지원 시스템 및 게임이론에서도 널리 응용된다. 베이지안 네트워크는 설명이 간단하고 이해하기 쉽지만, 도출되는 모델은 매우 복잡하다.

조건부 무작위장 구문 분석 및 기타 확률 예측

조건부 무작위장은 예측에 사용하는 매우 유연한 통계 모델로 자연어 처리, 특히 문장 분석에 효과적으로 응용할 수 있다. 이 밖에도 모델 인식, 머신러닝, 생물 통계 및 범죄 예방 등 분야에서도 성공적으로 응용된다.

조건부 무작위장(*conditional random field*)은 결합확률분포 계산에 효과적인 모델이고, 문장의 구문 분석은 영어 수업에서 영어 선생님이 가르치는 것과 같은 내용이다. 이 둘에 어떤 연관성이 있을까? 구문 분석의 발전 과정부터 얘기해보자.

1. 구문 분석: 컴퓨터 알고리즘의 발전

자연어 문장 분석(*sentence parsing*)이란 일반적으로 한 문장을 문법에 따라 분석해 문장의 구문 트리를 구축하는 구문 분석을 말한다. 때로는 문장 각 성분의 의미를 분석해 문장 의미에 대한 일종의 설명[내포된 틀 구조 또는 의미의 나무(semantic tree) 등]을 구하는 의미 분석을 일컫기도 한다. 이 장에서 얘기할 것은 첫 번째, 즉 문장의 구문 분석이다. 이 분야의 기존 연구는 형식언어학의 영향을 받아 규칙 기반 방법을 적용했다. 그래서 구문 트리를 구축하는 과정은 계속 규칙을 사용해 트리 말단 노드를 한 단계 한 단계씩 최상위 노드(root node)까지, 즉 문장 전체에 이를 때까지 합치는 것이다. 이 방법은 밑에서 위로 올라가는 것이고, 물론 꼭대기에서 아래로 진행할 수도 있다. 어떤 방식이든 피할 수 없는 문제가 있다. 규칙을 선택할 때 한 번의 선택으로 적중할 가능성이 없다는 것이다. 어떤 단계가 갈림길에 이르면 여러 단계를 되돌아 올라가야 한다. 따라서 이 두 방법은 계산 복잡도가 엄청나고, 복잡한 문장은 분석할 수도 없다.

1980년대 이후 브라운대학교 컴퓨터학과의 컴퓨터 언어학자 유진 차니악(Eugene Charniack)은 문법 규칙 확률을 통계 내면서 문법 규칙을 선택할 때 분석되는 문장의 구문 트리 확률을 최대화한다는 원칙을 고수했다. 이 방법은 간단하고 직접적으로 보이지만 구문 분석 계산량을 단번에 많이 줄이는 한편 정확성은 크게 올라간다. 차니악은 의도치 않게 수학과 구문 분석 사이에 다리를 하나 놓았다. 다리를 놓은 두 번째 인물은 마커스의 제자 라트나파르키다.

마커스의 또 다른 수제자 브릴의 말을 빌리면, 라트나파르키는 대단히 똑똑한 사람이다. 그러나 내가 개인적으로 접해본 라트나파르키의 더 큰 장점은 극강의 추진력이다. 라트나파르키는 참신한 각도에서 구문 분석 문제를 대했다. 그는 구문 분석을 괄호로 묶는 과정으로 봤다.

앞에서 살펴본 예로 라트나파르키의 방법을 설명해보자.

벤 버냉키 미국 연방준비제도 의장은 구제 자금 7천억 달러를 수백 개의 은행, 보험회사와 자동차업체에 빌려줄 것이라고 어제 언론에 전했다.

먼저 이 문장의 형태소를 분석해보자.

벤 버냉키 | 미국 | 연방 | 준비 | 제도 | 의장 | 은 | 구제 | 자금 | 7 | 천 | 억 | 달러 | 를 | 수 | 백 | 개 | 의 | 은행 | , | 보험 | 회사 | 와 | 자동차 | 업체 | 에 | 빌려 | 줄 | 것 | 이라고 | 어제 | 언론 | 에 | 전 | 했다.

그다음 형태소들을 왼쪽에서 오른쪽으로 한 번 스캔하며 괄호로 묶어 구를 만든다.

벤 버냉키 | (미국 연방준비제도 의장은) (구제 자금) | (7천억 달러) | 를 | (수백 개의) | (은행, 보험회사 와 자동차업체에) (빌려 줄 것이라고) | 어제 | 언론에 | 전 했다.

그리고 라트나파르키는 각 괄호당 문장 성분을 하나씩 부여했다. 예를 들어 '미국 연방준비제도 의장'은 명사 단어다.

[벤 버냉키 | (미국 연방준비제도 의장은] [(구제 자금) | (7천억 달러) | 를] [(수백 개의) | (은행, 보험회사 와 자동차업체에)] (빌려 줄 것이라고) | 어제 | 언론에 | 전했다.

문장 전체가 큰 괄호로 묶일 때까지 이런 식으로 진행한다. 괄호 하나가 문장의 한 성분이고, 괄호끼리의 내포관계는 여러 차원의 문장 성분의 구성 관계다.

라트나파르키는 매번 왼쪽에서 오른쪽으로 문장의 형태소(또는 문장 성분)를 스캔할 때 다음 세 가지 동작 중 하나에 해당하는지 여부만 판단하면 됐다.

A1. 새로운 왼쪽 괄호가 시작되었는지. 예) '미국 연방준비제도'에서 새 괄호가 시작됨.

A2. 그 괄호 안에 계속 머물러 있는지. 예) '보험회사'의 위치는 괄호 안에 계속 머물러 있음.

A3. 한 괄호가 끝났는지, 즉 오른쪽 괄호가 표시됐는지. 예) '자금'의 위치는 한 괄호의 끝임.

어떤 동작이 적용됐는지를 판단하기 위해 라트나파르키는 통계 모델 $P(A|prefix)$를 구축했다. 여기에서 A는 행동을 나타내고, 접두사 $prefix$는 문장 처음부터 현재 위치까지 모든 단어 및 문법 성분이다. 마지막으로 라트나파르키는 최대 엔트로피 모델로 이 모델을 구현했다. 물론 라트나파르키는 문장 성분 유형을 예측하기 위해 통계 모델도 사용했다.

이 방법은 속도가 매우 빠르다. 한 번 스캔할 때마다 문장 성분 개수가 일정한 비율로 줄어든다. 따라서 훑어보는 횟수는 문장 길이의 대수함수이므로, 전체 알고리즘이 문장 길이에 비례한다는 것이 쉽게 증명된다. 알고리즘 복잡도 측면에서 보면 이 알고리즘은 계산 시간이 이미 최적화되어 있다.

라트나파르키의 방법은 간단해 보이지만 생각해보면 참 대단하다(역시 좋은 방법은 형식상 간단한 경우가 많다). 라트나파르키는 문장의 구문 분석과 수학 모델을 제대로 연계한 중심인물이라 할 수 있다. 이때부터 대부분의 구문 분석 방법이 경험적(*heuristic*) 검색에서 괄호 묶기로 바뀌었다. 한편 구문 분석의 정확성은 많은 부분 통계 모델의 우수성 및 접두사 *prefix*에서 추출하는 특징의 유효성에 달려 있다. 앞에서 마커스의 박사생 콜린스의 박사논문이 매우 훌륭했다고 얘기했는데, 특징 추출에서 깊이 있는 연구를 진행했기 때문이었다.

1970년대 통계언어학과 통계언어 모델이 등장한 시기부터 1990년대 라트나파르키 등이 통계 모델을 통해 수학과 구문 분석을 결합했을 때까지《월스트리트저널》 문장에 대한 구문 분석처럼 매우 '규칙'적인 문구는 정확도가 80% 이상으로, 대체로 보통 사람의 수준에 달했다. 2000년 이후 인터넷이 보급되면서 독자는 전문가가 신중하게 쓴 글을 벗어나 네티즌들이 마음대로 창작한 내용을 많이 접하게 되었다. 이렇게 '썩 잘 쓰지 않은' 문장 또는 문법적으로 심각한 오류가 있는 문장은 콜린스가 만든 파서를 포함해 기존 파서들을 적용할 경우 정확도가 50%에도 못 미친다.

다행히 자연어 처리 응용 분야들은 문구에 대한 깊은 분석이 필요하지 않고, 얕은 층의 분석(*shallow parsing*)만 하면 된다. 이를테면 문장에서 주요 구와 그들 사이의 관계만 찾으면 된다. 그래서 과학자들은 연구 중점을 문구 심층(深層) 분석에서 문구 천층(淺層) 분석으로 전환했다. 1990년대 이후 컴퓨터 계산 능력이 강화되면서 과학자들은 새로운 수학 모델 툴인 조건부 무작위장을 적용해 문구 천층 분석의 정확도를 크게 높였다. 정확도가 95%에 달하면서 구문 분석은 기계번역 등 여러 제품에 응용되고 있다.

2. 조건부 무작위장

은닉 마르코프 모델에서는 $x_1, x_2, \cdots, x_n$으로 관측값 서열을 나타내고 $y_1, y_2, \cdots, y_n$으로 은닉된 상태의 서열을 나타낸다. 그러면 x_i는 그것을 생성하는 상

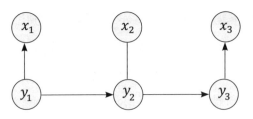

그림 25.1 은닉 마르코프 모델에서 출력은 상태와만 관계한다.

태 y_i에 의해서만 결정되고 전후 상태 y_{i-1}, y_{i+1}과는 무관하다. 하지만 여러 응용 상황에서 관측값 x_i는 전후 상태와 관련이 있을 수 있으므로 x_i와 y_{i-1}, y_i, y_{i+1}을 모두 고려하면, 그에 대응하는 모델은 다음과 같다.

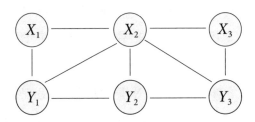

그림 25.2 보편적 의미의 조건부 무작위장

이런 모델이 바로 조건부 무작위장이다.

조건부 무작위장은 은닉 마르코프 모델이 확장된 것으로 그림에서 $y_1, y_2, \cdots$ 등 상태 서열이 마르코프 연쇄인 것처럼, 은닉 마르코프 모델의 특성들을 보존하고 있다. 더 넓은 의미에서 보면 조건부 무작위장은 특수한 확률 그래프 모델(probabilistic graph model)이다. 이 그래프에서 정점은 x_1, y_1처럼 무작위 변수를 나타내고, 정점 사이의 변은 변수들 상호 간 의존관계를 나타낸다. 보통 확률분포를 적용하며 $P(x_1, y_1)$ 등으로 설명한다. 이 모델은 변수들이 마르코프 가정을 따라야 한다는 특징이 있다. 즉 각 상태의 전이확률은 이웃한 상태에 의해서만 결정되며, 이 점은 앞에서 소개한 또 하나의 확률 그래프 모델, 베이지안 네트워크와 동일하다. 두 모델에 다른 점이 있다면 조건부 무작위장은 비방향성(무향) 그래프이고 베이지안 네트워크는 방향성(유향) 그래프라는 것이다.

대부분 응용 상황에서 조건부 무작위장의 노드는 상태 노드의 집합 Y와 관찰 변수 노드의 집합 X로 나뉜다. 조건부 무작위장의 정량적 모델 전체가 이 두 집합의 결합확률분포 모델 $P(X, Y)$다.

$$P(X, Y) = P(x_1, x_2, \cdots, x_n, y_1, y_2, \cdots, y_m) \tag{25.1}$$

이 모델은 변수가 굉장히 많기 때문에 대수의 법칙을 활용해 충분히 많은 데이터를 확보하는 방식으로 바로 추정할 수 없으며, $P(x_1)$, $P(y_2)$, $P(x_1, y_3)$처럼 일부 주변분포(marginal distribution)를 통해서만 이 모든 조건에 부합하는 확률분포 함수를 찾을 수 있다. 물론 이런 함수가 하나만 있는 것은 아니다(대개 그렇다). 최대 엔트로피 원칙에 따라 우리는 모든 주변분포에 부합해 엔트로피를 최대화하는 모델을 찾기를 기대한다. 앞에서 소개했듯이 이 모델은 지수함수다. 각 주변분포는 지수 모델의 한 특성 f_i(feature)에 대응한다. 예를 들어 대응하는 주변분포의 특성은 다음과 같다.

$$f_i(x_1, x_2, \cdots, x_n, y_1, y_2, \cdots, y_m) = f_i(x_1) \tag{25.2}$$

이 특성은 주변분포와 그 외의 변수와 무관함을 나타내기 때문이다. 어떤 특성함수가 대응하는 변수들의 값이 0이라면 그 특성함수는 변수에 역할을 발휘하지 못함을 의미한다. 이 특성들을 모델에 대응하면 아래 공식을 얻는다.

$$P(x_1, x_2, \cdots, x_n, y_1, y_2, \cdots, y_m) = \frac{e^{f_1 + f_1 + \cdots + f_k}}{Z} \tag{25.3}$$

천층 구문 분석을 예로 들어 이 조건부 무작위장 모델의 작동법과 학습법을 설명하겠다.

X를 관찰한 대상이라 가정하면 천층 분석에서 X는 문장 중의 단어, 단어별 품사 등이고, Y는 도출하려는 것이라 가정하면 Y는 단어, 동사 단어, 시간 단어 등 문법 성분이다. 앞에서 든 가장 간단한 예문 '쉬즈모는 린후이인을 좋아한다'로 천층 분석 모델을 설명해보자. 여기에서 관찰한 서열은 '쉬즈모/명사, 좋아한다/동사, 린후이인/명사'이고 찾고자 하는 상태 서열은 '명사단어, 동사 단어'다. 〈그림 25.3〉처럼 채널 모델(channel model)로 이 분석 과정을 설명해보자.

Y = 명사 단어, 동사 단어   X = 쉬즈모/명사, 좋아한다/동사, 린후이인/명사

그림 25.3 통신 모델로 본 구문 분석 과정

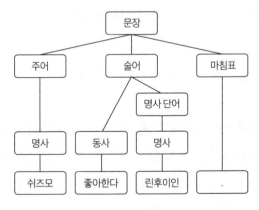

그림 25.4 파스 트리

〈그림 25.4〉에서 파스 트리의 특성은 각각의 노드, 같은 차원 노드의 순서 조합, 다른 차원 노드의 조합 등이다. 같은 차원 노드의 순서 조합은 '쉬즈모-좋아한다', '동사-명사' 등이 될 수 있고, 다른 차원 노드 조합은 '명사 단어'를 '명사'로, '동사 단어'를 '동사, 명사 단어'로 재작성(*rewrite*)하는 것과 같이 서브 트리들이다. 몇몇 특성을 고려한 후 아래 공식으로 이 조건부 무작위장의 확률을 계산할 수 있다.

$$
\begin{aligned}
P(&쉬즈모/명사, 좋아한다/동사, 린후이인/명사, 명사\ 단어, 동사\ 단어)= \\
&= \exp\{f_1(쉬즈모, 명사) \\
&\quad + f_2(좋아한다, 동사) + f_3(린후이인, 명사) \\
&\quad + f_4(쉬즈모, 명사, 명사\ 단어) + f(명사, 명사\ 단어) \\
&\quad + f_5(좋아한다, 동사, 린후이인, 명사, 동사\ 단어) \\
&\quad + f_6(명사\ 단어, 동사\ 단어) + f_7(명사\ 단어) \\
&\quad + f_8(동사\ 단어) + f(동사, 명사, 동사\ 단어)\}
\end{aligned} \tag{25.4}
$$

여기에서 특성별 $f()$의 매개변수는 앞에서 얘기한 최대 엔트로피 모델 학습 방법으로 구할 수 있다.

맨 처음 조건부 무작위장을 적용해 문장 천층 분석을 진행한 것은 펜실베이니아대학교 박사과정의 사페이(沙飛, Fei Sha)와 그의 지도교수(중 하나) 페레이라다. 이들은 라트나파르키의 방법을 계승해 문장 분석의 첫 번째 층, 즉 단어에서 구로의 자동 조합만 실시했다. 통계 모델을 개선한 덕분에 문장 천층 분석 정확도가 95% 정도까지 달했고, 자연어 처리에서 이는 아주 높은 수준이다.

2005년 리카이푸 박사는 구글에 온 후 주후이찬(朱會燦)과 내게서 중국어 검색 업무를 인수했고, 나는 회사 전체에 서비스를 제공하는 통용 문장 파서 G파서(Gparser) 개발 프로젝트를 통솔하게 됐다. 여기에서 G는 구글을 의미한다. 우리는 사페이, 페레이라와 비슷한 방법을 적용했다(당시 페레이라는 아직 구글에 합류하기 전이었다). 다른 점이 있다면 우리는 첫 번째 층을 분석했을 뿐 아니라, 라트나파르키처럼 문장 구문 트리 꼭대기까지 층층이 분석했다는 것이다. 그리고 여전히 조건부 무작위장을 기본 모델로 삼았다.

우리는 층별로 분석하면서 $P(X,Y)$ 모델을 만들었다. 여기에서 X는 문장의 단어 $w_1, w_2, \cdots, w_n$, 품사 $pos_1, pos_2, \cdots, pos_n$, 각 층별 문법 성분의 명칭 $h_1, h_2, \cdots, h_m$ 등이고 Y는 동작(왼쪽 괄호, 계속 괄호 안에 머물러 있음, 오른쪽 괄호) 및 새로운 층의 문법 성분 명칭이다. 풀어서 쓰면 다음과 같다.

$$P(w_1, w_2, \cdots, w_n, pos_1, pos_2, \cdots, pos_n, h_1, h_2, \cdots h_m, Y) \qquad (25.5)$$

온갖 것이 다 포함된 듯한 이 모델은 공학적으로 큰 문제가 있다. 첫째, 이 모델은 매우 복잡해서 학습시키는 것이 큰 문제다. 둘째, 여러 조건을 조합한 수가 천문학적 수치여서, 구글 데이터가 있어도 그중 한 조합이 몇 번 나오지 못한다. 따라서 다음 두 문제를 해결해야 한다.

첫째, 근사 처리를 통해 제한조건의 조합 $w_1, w_2, \cdots, w_n, pos_1, pos_2, \cdots, pos_n, h_1, h_2, \cdots, h_m$을 여러 서브 집합으로 쪼갠다. 이를테면 마지막 두 단어 w_{n-1}, w_n과 마지막 두 문장 성분 h_{m-1}, h_m 등의 경우 각 서브 집합과 예측하려는 동작(및 더 높은 차원의 문법 성분 명칭) 사이에서 신뢰할 수 있는 통계 관계를 찾을 수 있다.

둘째, 학습 데이터에서 통계량이 충분한 통계 관계를 제한조건으로 삼는다. 우리의 목표는 이 모든 제한조건에 부합하는 최대 엔트로피 모델을 찾는 것이다.

그러면 최대 엔트로피 모델 방법으로 파서를 얻을 수 있다.

이렇게 얻은 파서는 웹페이지 문장, 천층 분석 구조의 정확성 면에서 이미 사페이가 논문에 발표한 《월스트리트저널》 분석 정확도에 근접한다. 이 파서는 학술계의 동종 유형 툴보다 '더러운' 웹페이지 데이터를 더 잘 처리할 수 있어, 후에 구글의 여러 제품에 사용되었다.

3. 기타 분야에서 조건부 무작위장의 응용

조건부 무작위장의 응용은 당연히 자연어 처리 분야에 한정되지 않는다. 비전통적 산업에서도 조건부 무작위장의 응용은 기쁜 소식이다.

미국 대도시에서 범죄는 시민과 경찰을 골치 아프게 만드는 큰 문제다. 이를 해결하는 최선의 방법은 범죄가 발생한 후 사건을 해결하는 것이 아니라 범죄 행위를 사전에 막는 것이다. 물론 실행하기 쉽지 않고, 도시가 크고 인구가 많아 언제든 각종 돌발 사건이 일어날 상태에 있기 때문에 다음 범죄 행위가 어디에서 일어날지 아무도 모른다. 예전에 경찰은 거리를 따라 순찰하다 우연히 범인의 폭행 범죄를 만나면 제지하는 게 전부였다. 그것도 눈먼 고양이가 죽은 쥐를 만나듯 이런 '운 좋은' 상황은 소수였다. 하지만 이제는 수학 모델을 통해 빅데이터 분석을 하므로 경찰은 도시 어느 지역, 어느 시간에 어떤 범죄가 일어날지를 효과적으로 예측해 맞춤형 순찰을 함으로써 범죄 예방 목적을 달성할 수 있다.

이 아이디어를 제일 처음 제안한 것은 미국 로스앤젤레스 경찰국이었다. 경찰국은 UCLA에 이 일을 의뢰했고, UCLA는 지난 80년 동안 일어난 사건 약 1,300만 건(범죄율이 충분히 높다)을 근거로 조건부 무작위장에 기반한 수학 모델을 구축했다. 이 모델에서 예측하고자 하는 것은 '언제, 어디에서, 어떤 범죄가 발생할 확률'이며 l, t, c로 장소, 시간, 범죄 유형을 표시하면 수학 모델로 추정하려는 확률은 $P(l,t,c)$다.

위 모델에서 시간 t는 분으로 계산한 것이다. 위치 정보 l을 정확히 설명하기 위해 LA 경찰국은 수천 제곱미터의 도시를 약 $5m \times 5m$의 작은 격자들로 나눴다. 범죄 유형 c에 대해선 경찰국 나름의 분류 방법이 있었다. 물론 이 모델에선 인파, 행사(스포츠 경기, 콘서트 등), 날씨, 실업률 등 여러 요소도 고려해야 하므로, 이 모든 요소를 벡터 $X=(x_1, x_2, \cdots, x_n)$으로 표시하는 것이 좋다. 이제 이 요소들까지 고려하면 실제 추정하려는 확률은 각종 요소 X 조건에서 시간, 장소 및 범죄 유형의 분포 상황 $P(l,t,c|X)$다. 조건부확률 공식으로 이것을 전개하면 다음과 같이 된다.

$$P(l,t,c|X) = \frac{P(l,t,c,X)}{P(X)} \qquad (25.6)$$

공식 〈25.6〉에서 등식 우변의 분모 $P(X)$는 과거 데이터(historical data)를 근거로 추정한 것이라 이미 알고 있는 양이라 생각해도 되며, 따라서 위 모델의 관건은 등식 우변의 분자 $P(l,t,c,X)$다. 이 표현식과 〈25.1〉의 등호 좌변 표현식은 형식상 유사하다고 볼 수 있으므로 조건부 무작위장을 사용해 확률을 추정할 수 있다.

UCLA 교수들이 적용한 수학 모델이 바로 조건부 무작위장이다. 교수들은 먼저 선험적 확률분포를 적용해 모델 전체의 출발점으로 삼고, 이를 선험적 확률분포의 배경 확률(background probability)이라고 했다. 즉 외부 조건을 전혀 모르는 상황에서 특정 시간, 특정 장소의 범죄 상황 확률분포다. 물론 배경 확률이 정확하지는 않으므로 교수들은 과거 데이터를 근거로 공연과 절도의 관계, 강도와 유동 인구의 관계, 스포츠 경기와 음주운전의 관계[1] 등을 점진적으로 추출하고 이 특성을 조합하면 공식 〈25.4〉와 유사한 모델을 얻을 수 있다. 그다음 이 모델에 따라 발생 가능성이 있는 범죄를 예측한다. 물론 이 모델을 학습시키려면 많은 데이터가 필요하므로 LA 경찰은 과거에 기록된 전체 범죄 1,300만 건을 제공해 훈련을 거쳐 상당히 우수한 모델을 얻었다. 이 모델을 사용하면 발생 가능한 범죄를 어느 정도 예측할 수 있어 해당 지역 범죄율이 13%나 감소했음이 사실로 증명되었다. 이 발명은 2011년 《타임스 (The Times)》지가 선정한 '올해의 가장 우수한 발명'의 영예를 안았다.

4. 갈무리하며

조건부 무작위장은 예측에 사용하는 매우 유연한 통계 모델이다. 이 장에서는 자연어 처리, 특히 문장 분석에의 응용을 강조했지만, 사실 이 밖에도 여러 분야에 응용된다. 조건부 무작위장은 모델 인식, 머신러닝, 생물 통계 및 범죄 예방 등 분야에서도 성공적으로 응용되고 있다.

최대 엔트로피 모델과 마찬가지로 조건부 무작위장은 형식은 간단하지만 구현하기가 복잡하다. 다행히 최근 여러 오픈소스 소프트웨어들이 제공되고 있어 일반 엔지니어들이 사용하기엔 충분하다.

---

[1] 미국 대도시 젊은이들은 술집에 모여 스포츠 경기를 관람하길 즐기며, 스포츠 경기가 끝나면 한동안 술집 주변에 음주운전자가 있을 가능성이 평소보다 훨씬 높다.

비터비와 비터비 알고리즘

비터비 알고리즘은 현대 디지털 통신에서 가장 잘 사용하는 알고리즘이며
여러 자연어 처리에 적용하는 디코딩 알고리즘이다. 현대인의 생활에 가장 지대한
영향력을 끼친 과학자로 비터비를 꼽는 것은 그가 CDMA의 3G 이동통신
표준을 제정한 퀄컴의 설립자이기 때문이다.

앤드루 비터비(*Andrew Viterbi*)라 하면 통신업계 사람이 아니면 잘 모르겠
지만, 통신업계 종사자들은 그의 이름을 딴 비터비 알고리즘을 대부분 안
다. 비터비 알고리즘은 현대 디지털 통신에서 가장 잘 사용하는 알고리즘이
며 여러 자연어 처리에서 적용하는 디코딩 알고리즘이다. 비터비는 현대인의
생활에 영향력이 가장 큰 과학자 중 하나라 해도 과언이 아니다. CDMA의
3G 이동통신 표준이 비터비와 어윈 제이콥스(*Irwin Mark Jacobs*)가 설립한 퀄컴
(*Qualcomm*) 주도로 제정됐고, 퀄컴은 4G 시대에도 여전히 이동통신의 발전을
이끌고 있기 때문이다.

1. 비터비 알고리즘

비터비란 이름을 처음 들은 것은 1986년 그래프 이론 중 비터비 알고리즘을 공부하던 때다. 그해 비터비는 제이콥스 박사와 그들의 두 번째 회사인 퀄컴(1985년에 등록)을 막 설립했다. 그때까지만 해도 세계에서 비터비를 아는 곳은 학술계, 그것도 통신계와 컴퓨터 알고리즘 분야가 전부였다. 내가 음성인식 연구를 하며 처음 알고리즘을 시작한 1991년에 퀄컴은 이미 오늘날 3G 통신의 기초인 CDMA

사진 26.1 과학자이자 디지털 통신업계의 거물, 비터비

의 여러 프로토콜을 제안하고 정비했다. 1997년 여름 내가 존스홉킨스대학교에서 처음 비터비 박사를 만났을 때, 그는 이미 온 세상에 알려진 대가였다. 그해 비터비는 CLSP 고문 자격으로 연례회의에 참석해 우리가 소개하는 CLSP 작업 내용을 들었다. 비터비가 가장 관심을 기울인 것은 음성인식의 상업적 전망이었는데, 이제 그 성과를 볼 수 있게 되었다.

비터비 박사는 미국계 이탈리아 유대인 이민자로 본명은 안드레아 비터비 (*Andrea Viterbi*)다. 안드레아라는 이름은 영어권에서는 여자 이름이었기에 비터비는 자신의 이름을 앤드루로 바꿨다. MIT를 졸업하고 33세 이전까지 비터비의 직업은 모두 학술계 안에만 국한되어 있었다. 유명한 방위산업체 레이시언(*Raytheon*), 미국 제트추진연구소(*Jet Propulsion Laboratory, JPL*)에서 엔지니어로 일했고, 서던캘리포니아대학교에서 박사학위를 받았다. 그 후 캘리포니아대학교(*LA* 및 샌디에이고 캠퍼스)에서 교편을 잡고 막 발전하기 시작한 디지털 통신 연구를 수행했다. 그리고 몇 년 후인 1967년에 비터비 알고리즘을 발명했다.

본론으로 돌아와 과학자로서 비터비에게 명성을 안겨준 알고리즘을 살펴보자. 비터비 알고리즘은 특수하지만 널리 응용되는 동적계획법(12장 참조)이다. 동적계획법을 이용하면 그래프의 최단 경로 문제를 해결할 수 있다. 한편 비터비 알고리즘은 래티스(lattice, 격자)라는 특수한 그래프의 유향 그래프 최단 경로 문제를 위해 제안되었다. 현대 디지털 통신, 음성인식, 기계번역, 병음의 한자 전환, 형태소 분석 등 은닉 마르코프 모델로 설명하는 문제는 모두 비터비 알고리즘으로 디코딩하기 때문에 이 알고리즘이 중요하다. 가장 많이 사용되는 병음의 한자 전환 입력법을 통해 설명하겠다.

사용자(자판을 보지 않고 타이핑하는 경우)가 입력하는 병음은 $y_1, y_2, \cdots, y_N$, 대응하는 한자는 $x_1, x_2, \cdots, x_N$(실제 입력법 제품은 단어를 입력 단위로 하지만, 설명의 편의를 위해 글자 단위로 비터비 알고리즘을 설명하겠다)이라 가정하면 앞에서 소개한 툴에 따라 다음과 같다.

$$
\begin{aligned}
x_1, x_2, \cdots, x_N &= \arg\max_{x \in X} P(x_1, x_2, \cdots, x_N | y_1, y_2, \cdots, y_N) \\
&= \arg\max_{x \in X} \prod_{i=1}^{N} P(y_i | x_i) \cdot P(x_i | x_{i-1})
\end{aligned}
\tag{26.1}
$$

입력한 서열은 $y_1, y_2, \cdots, y_N$이고 생성되는 은닉 서열은 $x_1, x_2, \cdots, x_N$이다. 아래 그림으로 그 과정을 설명할 수 있다.

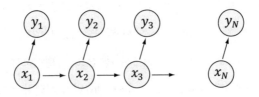

그림 26.1 비터비 알고리즘을 적용한 은닉 마르코프 모델

이것은 비교적 간단한 은닉 마르코프 연쇄로, 상태 점프도 없고 상태 자체 루프(*self-loop*)도 없다. $P(x_i|x_{i-1})$은 상태 간 전이확률이고 $P(y_i|x_i)$는 각 상태의 생성확률이다. 이제 이 마르코프 연쇄의 상태별 출력은 고정적이지만 각 상태의 값은 변할 수 있다. 예를 들어 독음이 'zhong'인 글자의 출력은 '中', '種' 등 여러 글자가 될 수 있다. 부호 x_{ij}로 상태 x_i의 j번째에 나올 가능성이 있는 값을 표시한다고 추상화해보자. 각 상태를 여러 값으로 전개하면 아래와 같은 래티스를 얻을 수 있다.

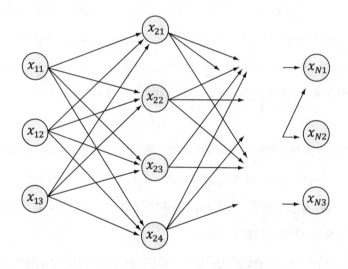

그림 26.2 래티스

그림에서 한 상태는 3개 또는 4개의 값을 가지며, 물론 실제 상황에선 임의 개의 값을 가질 수 있다.

첫 상태에서 마지막 상태까지의 모든 경로(*path*)가 우리가 관찰하는 출력 서열 Y를 생성할 수 있다. 물론 그 경로들의 가능성은 각기 다르며, 우리가 해야 할 일은 가장 가능성이 높은 경로를 찾는 것이다. 각 선에 주어진 경로에 대해 공식 〈26.1〉을 사용해 그 가능성을 계산할 수 있으며, 그 과정은 어렵지 않다. 하지만 경로 조합 수가 많아 서열 상태수가 기하학적으로 늘어날 수 있다는 번거로움이 따른다. 중국어에서 성조(聲調)가 없는 병음은 13개 정도의 국제 한자에 대응한다. 문장 길이가 10개 글자라 가정하면 경로 조합 수는 13^{10}~5×10^{14}이다. 경로별 확률을 계산하는 데 20회 곱셈(또는 덧셈, 프로그램 설계자가 똑똑하다면)이 필요하다고 가정하면 10^{16}회 계산해야 한다. 요즘 컴퓨터 프로세스[1]는 1초당 약 10^{11}회 계산할 수 있으므로 약 하루의 시간이 걸린다. 통신이나 음성인식에선 말 한 마디당 상태수가 수천, 수만이므로 이런 무차별적 대입 방법은 부적절하다. 따라서 상태 개수와 가장 비례할 수 있는 알고리즘이 필요하다. 이 알고리즘은 비터비가 1967년 처음 제안했으므로 그의 이름을 따 비터비 알고리즘으로 명명됐다.

비터비 알고리즘의 기초는 다음 세 가지로 요약할 수 있다.

1. 확률이 최대인 경로 P(또는 최단 경로)가 어떤 점을 경유하면(예를 들어 그림의 x_{22}) 그 노선의 출발점 S에서 x_{22}까지의 서브 노선 Q가 S에서 x_{22} 간의 최단 경로다. 그렇지 않으면 S에서 x_{22}까지의 최단 경로 R이 Q를 대체해 P보다 더 짧은 경로를 구성하므로, 이것은 명백히 모순이다.

2. S에서 E까지의 경로는 반드시 i번째 시점의 한 상태를 거쳐야 한다(평범한 말 같지만 핵심이다). i번째 시점에 k개 상태가 있다고 가정하면 S에서 i번째 상태까지의 k개 노드를 모두 기록하면 최종 최단 경로는 반드시 하나를 거쳐야 한다. 그러면 어떤 시점에서든 한정된 후보 경로만 고려하면 된다.

---

1   Intel Core i7 Extreme.

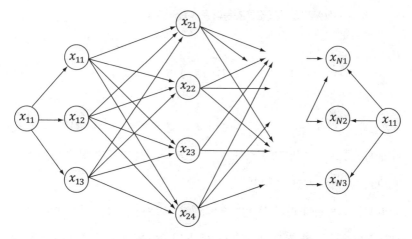

그림 26.3 출발에서 도착까지 경로는 반드시 i번째 시점의 한 상태를 거쳐야 한다.

3. 위 두 사항을 종합해 상태 i에서 상태 $i+1$로 진입할 때 S에서 상태 i의 노드별 최단 경로를 이미 찾아 그 노드에 기록했다고 가정하면, 출발점 S에서 $i+1$번째 상태에 이르는 노드의 최단 경로를 계산할 때 S에서 직전 상태 i의 모든 노드 k개의 최단 경로와 k개 노드에서 $x_{i+1,j}$까지의 거리만 계산하면 된다.

이 세 가지 사항을 토대로 비터비는 다음과 같이 알고리즘을 정리했다.

1단계 점 S에서 출발한다. 첫 번째 상태 x_1의 노드가 n_1개 있다고 가정하고 S에서 각 노드에 이르는 거리 $d(S, x_{1i})$를 계산한다. 여기에서 x_{1i}는 임의 상태 1의 노드다. 1단계밖에 없으므로 이 거리들이 S에서 각자에 이르는 최단 경로다.

2단계 알고리즘 전체를 이해하는 데 핵심이 되는 단계다. 두 번째 상태 x_2의 모든 노드에 대해 S에서 각 노드에 이르는 거리를 계산한다. 특정 노드 x_{2i}의 경우 S에서 x_{2i}까지 경로는 상태 1의 n_1 중 한 노드 x_{1i}를 경유할 수 있으며, 대응하는 경로 길이는 $d(S, x_{2i})=d(S, x_{1j})+d(x_{1j}, x_{2i})$다. j에는 n_1가지 가능성이 있으므로 하나

하나 계산한 다음 최솟값을 찾는다. 즉 다음과 같다.

$$d(S, x_{2i}) = \min_{j=1,\dots,n_1} d(S, x_{1j}) + d(x_{1j}, x_{2i}) \qquad (26.2)$$

이렇게 두 번째 상태의 모든 노드에 n_1회 곱셈 계산을 해야 한다. 이 상태에 n_2개의 노드가 있다고 가정하고 S 노드의 거리들을 모두 한 번씩 계산하면 $O(n_1 \cdot n_2)$회를 계산하게 된다.

이어서 위 방법에 따라 두 번째 상태에서 세 번째 상태로 간다. 이렇게 마지막 상태까지 가면 전체 네트워크 처음부터 끝까지의 최단 경로를 얻을 수 있다. 단계별 계산 복잡도는 이웃한 두 상태 S_i와 S_{i+1} 각각의 노드 개수 n_i, n_{i+1}의 곱과 비례한다. 즉 $O(n_i \cdot n_{i+1})$이다. 이 은닉 마르코프 연쇄에서 노드가 가장 많은 상태에 D개 노드가 있다고 가정하면, 즉 네트워크 전체 폭이 D라고 하면 한 단계의 복잡도는 $O(D^2)$를 초과하지 않으며, 네트워크 길이가 N이므로 비터비 알고리즘의 전체 복잡도는 $O(N \cdot D^2)$이다.

앞에서 얘기한 입력법 문제로 돌아가면 계산량은 기본적으로 $13 \times 13 \times 10 = 1690 \approx 10^3$으로 처음의 10^{16}과 어마어마한 차이가 난다. 더 중요한 것은 비터비 알고리즘이 길이와 비례한다는 사실이다. 통신에서든 음성인식이나 타이핑에서든 입력은 모두 스트림(*stream*) 방식으로 진행되므로, 각 상태별 시간 처리가 말하는 속도나 타이핑 속도보다 빠르면(이 부분은 쉽게 처리할 수 있다) 아무리 길게 입력해도 디코딩 과정은 늘 실시간으로 진행된다. 이것이 바로 수학이 멋진 이유다!

디지털 통신과 자연어 처리의 기초가 되는 알고리즘의 원리는 사실 이렇게 간단해 통신이나 컴퓨터를 전공하는 학생은 두 시간이면 충분히 배울 수 있지만, 1960년대에 이렇게 빠른 알고리즘을 생각해낼 수 있었다는 것은 대단한 일이다. 이 알고리즘 덕분에 비터비는 디지털 통신 분야에서 대체 불가능한 지위를 얻었다. 그러나 비터비는 알고리즘 자체에 만족하지 않고 그것을 보급하려 애썼다. 이를 위해 비터비는 두 가지 일을 했다. 이 알고리즘의 특허를 포기했고, 제이콥스 박사와 함께 1968년에 링카비트(Linkabit)라는 회사를 차리고 알고리즘을 칩으로 만들어 다른 통신업체에 판매했다.

이쯤 되자 비터비는 일반 과학자들과 거리가 한참 벌어졌다. 하지만 이것은 찬란한 비터비 인생의 첫걸음에 불과했다. 1980년대 비터비는 CDMA 기술을 무선통신에 응용하려고 힘썼다.

2. CDMA 기술: 3G 이동통신의 기초

애플이 아이폰을 출시하면서부터 3G 휴대폰과 모바일 인터넷이 과학기술계와 산업계의 핫 이슈로 부상했다. 이 중 가장 핵심적인 통신 기술이 바로 코드분할다중접 기술(code division multiple access, CDMA)이다. 이 기술의 발명과 보급에 가장 큰 기여를 한 사람은 오스트리아-헝가리 제국에서 출생한 미국계 유대인 헤디 라마(Hedy Lamarr)와 비터비다.

라마는 역사상 가장 아름다운 과학자로 꼽힌다. 사실 라마의 본업은 배우였고, 통신 주파수 기술 발명은 그녀의 부업이었다. 라마는 어릴 때(10세)부터 춤과 피아노를 배워 연예계에 입성했다. 피아노를 칠 때 라마는 피아노 건반들이 내는 여러 주파수를 이용해 신호를 암호화해보자는 생각을 떠올렸다. 수신인이 주파수 변조 서열을 알면 받은 신호의 암호를 풀 수 있고, 그 서열을 모르면 암호를

사진 26.2 CDMA 기술의 기반을 만든 헤디 라마

풀 수 없다. 쇼팽의 〈영웅 폴로네즈〉를 듣고 기록하면 연주곡이 무엇인지 알지만, 그렇지 않으면 어수선한 음표에 불과한 것과 마찬가지다. 라마는 그녀의 이웃이자 작곡가인 조지 앤타일(George Antheil)과 함께 '비밀통신시스템'이라는 주파수 변조 통신 기술을 발명했다. 이 기술에선 통신 신호의 반송 주파수(carrier frequency)가 빠르게 점프해 송신인과 수신인이 사전에 서열(일반적으로 의사 난수 서열)을 약속하기만 하면 된다. 중도에서 정보를 가로채려는 사람은 이 서열을 모르기 때문에 무력해진다. 처음에 라마는 피아노 88개 건반의 주파수로 반송 주파수를 만들고, 피아노 롤(piano roll)[2]에 약속해둔 주파수 변조 서열을 만들었다. 그러니 반송 주파수가 피아노 롤의 구멍 위치에 따라 변했다.

이 주파수 변조 기술이 현대 CDMA의 전신이며, 1941년 미국 특허를 획득했다. 미국 해군은 이 기술을 이용해 적군이 발견할 수 없는 무선 통제 어뢰를 구현하고자 했으나 반대 의견에 부딪혀 잠정 보류했다. 얼마 후 제2차 세계대전이 끝났고 1962년까지 이 기술은 구현되지 않았다. 베트남 전쟁 때 베트남군은 격추된 미국 조종사가 주파수를 확인할 수 없는 장비로 구조 요청하는 것을 발견했다. 베트남군은 이 장비를 빼앗았지만 그 원리를 이해할 수 없었고 장비에서 생성되는 신호를 푸는 법도 알 수 없어, 베트남을 지원하는 중국 자문단에 이 장비를 넘겼다. 칭화대학교 재학 시절 내 지도교수였던 왕쥐잉을 포함해 통신 전문가들이 있었던 중국 자문단은 이 장비가 극히 낮은 전력으로 넓은 주파수대에서 암호화된 신호를 송출할 수 있다는 사실을 발견했다. 중간에 정보를 가로채려고 시도하는 사람 입장에서 이 신호는 에너

---

2 피아노 롤은 피아노 연주를 자동 조종하는 종이 롤로, 초기 컴퓨터에 사용한 종이 테이프와 비슷하다. 위에 뚫린 구멍은 다양한 음표를 나타내고, 이를 통해 리더기가 음표를 파악하고 피아노를 조종할 수 있다. MIDI의 피아노 자동 연주기와 조금 비슷하다.

지가 매우 적어 확보하기 어렵다. 확보한다 해도 비밀번호를 모르니 암호를 풀 수 없다. 하지만 수신인은 적은 에너지를 축적해 송출된 신호를 확보할 수 있고, 암호키도 알기 때문에 암호를 풀 수 있다.

이런 전송 방식은 비교적 넓은 확산 대역폭에서 실시되므로, 대역확산전송 (*spread-spectrum transmission*)이라고 한다. 고정 주파수 전송에 비해 세 가지 뚜렷한 장점이 있다.

1. 간섭 방지 능력이 매우 강하다. 과거 한동안 중국은 국내에서 외국 방송 청취를 금지했다. 하지만 라디오는 어디에나 있어 쉽게 청취할 수 있었기에 금지 규정은 잘 지켜지지 않았다. 그래서 정부가 할 수 있는 일은 잡음으로 고정된 방송 주파수를 간섭하는 것이었다. 하지만 모든 대역을 간섭할 수 없기 때문에 대역확산전송에는 그것이 거의 불가능하다. 모든 대역을 간섭하면 전국의 통신이 중단된다.
2. 앞에서 얘기했듯이 대역확산전송 신호는 중간에 가로채기 어렵다.
3. 대역확산전송은 대역폭을 더 충분히 활용한다. 이 부분을 자세히 설명하려면 말이 길어지므로 간단히 얘기하겠다. 고정 주파수 통신을 인근 주파수가 상호 간섭하므로 주파수를 가로채는 주파수 포인트는 너무 빽빽이 분포할 수 없기 때문에 두 주파수 포인트 간 대역폭이 낭비된다. 대역확산 통신은 간섭 방지 능력이 강하므로 낭비되는 대역폭이 적다.

대역확산 기술과 주파수 변조 기술은 1960년대부터 군사에 응용되었지만 민간용으로 전환된 것은 1980년대 이후의 일이다. 그 공은 일차적으로 이동통신 수요에 돌려야 한다. 1980년대 이동통신이 빠르게 발전하기 시작하면서 사람들은 공중 주파수대로는 불충분하며 새로운 통신 기술을 적용할 필요성을 깨달았다. 또한 CDMA 자체로 보면 비터비의 공이 크다.

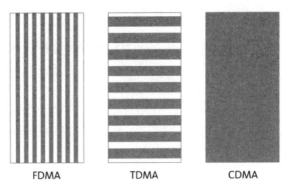

그림 26.4 FDMA, TDMA, CDMA의 주파수대 및 시간 이용률. 짙은 색은 이용 가능한 부분이고 색이 없는 가장자리 부분은 이용 불가능한 부분이다.

CDMA 이전에 이동통신은 주파수분할다중접속(*FDMA*)과 시분할다중접속(*TDMA*) 두 기술을 사용했다.

FDMA는 말 그대로 주파수를 분할해 통신별로 상이한 주파수를 사용하는 것이며, 소형 무전기는 바로 이 원리를 적용한다. 인근 주파수가 상호 간 섭하기 때문에 각 채널에 충분한 대역폭이 있어야 한다. 사용자 수가 늘면 총 대역폭도 늘어나야 한다. 공중의 주파수대 자원은 제한적이므로 통신자 수를 제한하거나 통신 품질을 낮춰야 한다.

TDMA는 한 주파수대를 시간에 따라 여러 개로 분할하는 것이다. 사람들의 (음성) 통신 데이터는 압축된 후 해당 주파수대의 $1/N$ 시간만 차지하게 되므로, 한 주파수대를 여러 사람이 동시에 사용할 수 있다. 2세대 이동통신 표준은 TDMA를 기반으로 한 것이다.

앞에서 말했듯이 주파수대 이용률은 대역확산전송이 고정 주파수 전송보다 더 높다. 따라서 세분화된 여러 주파수대를 합쳐 여러 채널의 정보를 동시에 전송하면 대역 이용률을 높일 수 있으며, 이로써 사용자 수를 늘릴 수 있다. 또는 사용자 수가 변하지 않으면 1인당 전송 속도를 높일 수 있다.

미국의 양대 무선통신업체 AT&T와 버라이즌(*Verizon*) 중 AT&T는 기지국

밀도와 신호 세기가 버라이즌에 뒤처지지 않지만 통화 품질과 데이터 전송 속도는 확연히 낮다. 왜냐하면 AT&T 네트워크는 전체적으로 TDMA를 계승한 반면 버라이즌은 백 퍼센트 CDMA 기반이기 때문이다.

송신인이 여러 주파수대를 차지하는 경우 동시에 여러 송신인이 신호를 송출하면 싸움이 나지 않을까? 상관없다. 송신인별로 비밀번호가 다르므로 수신인은 여러 신호를 받으면 비밀번호를 통해 암호를 풀 수 없는 신호는 걸러내고 자신의 비밀번호와 대응되는 신호만 남기면 된다. 이 방법은 여러 비밀번호로 구분 지어 송출하므로 CDMA라고 한다.

CDMA 기술을 이동통신에 사용한 것은 퀄컴이다. 1985년부터 1995년까지 퀄컴은 CDMA 통신표준 CDMA 1을 제정해 정비했고 2000년에는 세계 최초로 업계를 주도하는 3G 통신표준 CDMA 2000을 발표했다. 이후에 또 유럽, 일본 통신업체들과 함께 세계 두 번째 3G 표준 WCDMA를 제정했다. 2007년 비터비는 수학자 겸 컴퓨터과학자로서 미국 과학기술계 최고 영예상인 국가과학상(*National Medal of Science*)[3]을 받았다.

어쩌면 비터비의 막강한 기술 배경 덕분에 퀄컴이 순수한 기술 유전자를 가지게 되었는지도 모르겠다. 퀄컴은 현재 세계 최대 3G 모바일 프로세서 업체인 동시에 시가 최대의 반도체 회사지만 반도체를 연구 개발하고 설계할 뿐, 제조하지는 않았다. 퀄컴은 이익 중 많은 부분을 특허 로열티에서 얻는

사진 26.3 국가과학상을 받는 비터비 박사

---

3 http://www.nsf.gov/od/nms/recip_details.cfm?recip_id=5300000000446

사진 26.4 서던캘리포니아대학교 비터비 공대

다. 어쩌면 기술을 너무 강조한 나머지 2세대 이동통신 경쟁에서 유럽 업체들에 밀렸는지도 모르겠다. 당시 모바일 사용자들에겐 빠른 데이터 전송이 가장 필수적인 수요는 아니었기 때문이다. 하지만 퀄컴은 기술적 우위 덕분에 3세대 이동통신의 통치적 지위를 얻었다. 4G 시대에 퀄컴은 이동통신 분야의 선두주자일 뿐 아니라 인텔을 넘어 세계에서 시가가 가장 높은 반도체 기업이 되었다.

비터비를 수학자로 본다면 그는 역사상 세계에서 두 번째로 부유한 수학자일 것이다(가장 부유한 사람은 말할 것도 없이 르네상스 테크놀로지스의 창립자 제임스 사이먼스다). 비터비는 서던캘리포니아대학교의 최대 후원자[4]로, 이 학교 공과대학 명칭도 비터비의 이름을 따서 지었다. 비터비는 기술을 비즈니스로 전환하는 데 성공한 덕분에 자산가가 되었다.

3. 갈무리하며

세계 대다수 과학자의 최고 만족은 자신의 연구 성과가 해당 분야에서 인정받는 것이고, 실생활에 응용된다면 그 기쁨이 더할 나위 없을 것이다. 하지만 스스로 그 성과를 실생활에 응용할 수 있는 사람은 매우 적다. 과학자들에겐 녹록지 않은 일이기 때문이다. 그런 과학자에는 RISC[5]를 발명한 존

---

4   비터비는 서던캘리포니아대학교에 5,200만 달러를 기부했다.

5   reduced instruction set computer의 약자. CPU 안의 명령어를 최소화하여 만든 프로세서.

헤네시(*John Hennessey*)와 DSL[6]의 아버지 존 치오피(*John Cioffi*) 등이 있다. 이들은 이것만으로도 대단하지만, 한 산업에서 자신이 잘하는 부분만 한 것이지, 처음부터 끝까지 혁명을 이룬 것은 아니다. 반면 비터비가 한 일은 이 수준을 훨씬 능가한다. 비터비는 핵심적인 발명을 했고, 사회 전반적으로 그 효과를 최대화하기 위해 모든 부대 기술을 해결했다. 새로운 방법을 찾으려 시도한 모든 회사는 어떻게 해도 퀄컴 표준을 피해갈 수 없음을 발견한다. 생각할 수 있는 것은 퀄컴이 이미 전부 생각했기 때문이다.

---

6 디지털 가입자 회선(digital subscriber line), 즉 전화선을 이용해 고속 데이터 통신을 가능케 한 기술을 말한다.

신의 알고리즘 - 기댓값 최대화 알고리즘

27장

몇몇 학습 데이터만 있으면 최대화 함수를 재정의하고 EM 알고리즘을 적용해 컴퓨터로 몇 차례 반복을 거쳐 필요한 모델을 얻을 수 있다. 조물주가 일부러 계획해놓은 듯 참 신기하다. 그래서 나는 이것을 '신의 알고리즘'이라고 부른다.

앞에서 텍스트 자동 분류 문제를 여러 번 거론한 것은 여러 인터넷 제품과 응용 분야에서 이 기술을 써야 하기 때문이기도 하고, 이 기술이 사용자 분류, 형태소 분류, 제품 분류 및 생물학적 특성과 유전자 분류 등 거의 모든 분류에 응용될 수 있기 때문이기도 하다. 이번에는 텍스트 자동 분류 기술을 다시 소개하고 그를 토대로 머신러닝에서 가장 중요한 방법인 기댓값 최대화 알고리즘(expectation maximization algorithm)을 설명하겠다.

앞에서 두 가지 텍스트 분류 알고리즘을 소개했다. 즉 사전에 설정한 카테고리로 새로운 텍스트를 분류하는 것과, 밑에서 위로 텍스트를 둘씩 비교해 클러스터링하는 방법이다. 두 방법 모두 조금씩 유계성(*boundedness*)을 지닌다. 첫 번째 방법은 사전에 설정해둔 카테고리와 텍스트 중심(*centroids*)이 있어야 하고, 두 번째 방법은 계산 시간이 길다. 따라서 여기에서는 새로운 텍스트 분류법을 소개하겠다. 위의 두 방법과 달리 새로운 방법은 사전에 카테고리를 설정할 필요가 없고, 텍스트를 둘씩 비교해 클러스터링할 필요도 없다. 대신 카테고리의 중심을 무작위로 골라 그것을 최적화해 실제 클러스터링 중심과 최대한 일치(즉 수렴)시킨다. 물론 이 방법도 텍스트 TD–IDF 벡터 및 벡터 간 코사인 거리에 사용되며, 이미 앞에서 소개한 개념이므로 반복하지 않겠다.

자기 수렴 분류는 간단히 설명할 수 있다. N편의 텍스트가 N개 벡터 $V_1, V_2, \cdots, V_N$에 대응하고, 이것들을 K 카테고리에 분류하려 한다고 가정하자. K 카테고리의 중심은 $c_1, c_2, \cdots, c_K$다. 벡터건 중심이건 모두 공간의 점으로 볼 수 있다. 물론 텍스트 주제 카테고리가 100개밖에 없는 상황처럼 K는 고정된 수일 수도 있고, 텍스트 주제 카테고리가 몇 개이고 최종적으로 몇 개로 분류될지 모르는 상황처럼 K는 정해지지 않은 수일 수도 있다. 분류의 단계는 다음과 같다.

1. K개 점을 무작위로 선별하고 시작의 중심 $c_1(0), c_2(0), \cdots, c_K(0)$로 삼는다. <그림 27.1>의 경우 점들이 세 가지 카테고리에 속하며, 검은색 십자로 무작위로 지정한 카테고리의 중심을 표시한다.

그림 27.1 세 가지 카테고리에 대해 무작위로 생성한 초기 중심

2. 모든 점에서 클러스터링 중심까지의 거리를 계산하고, 아래 그림처럼 점들을 가장 가까운 카테고리에 넣는다.

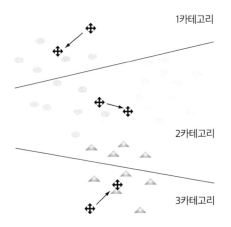

그림 27.2 중심에 따라 점들을 재분류하고 새로운 중심을 계산한다.

3. 카테고리별 중심을 재계산한다. 한 카테고리의 v와 각 점의 차원을 가정한다. 즉 다음과 같다.

$$v_1 = (v_{11}, v_{12}, \cdots, v_{1d})$$

$$v_2 = (v_{21}, v_{22}, \cdots, v_{2d})$$

$$\cdots$$

$$v_m = (v_{m1}, v_{m2}, \cdots, v_{md})$$

가장 간단한 방법은 이 카테고리들의 중심 $w = (w_1, w_2, \cdots, w_m)$을 그 중심으로 삼는 것이다. 여기에서 i차원 값은 다음과 같이 계산한다.

$$w_i = \frac{v_{1i} + v_{2i} + \cdots + v_{mi}}{m} \tag{27.1}$$

신규 클러스터링 중심은 처음 것과 비교해 변위가 일어난다. <그림 27.2>에서 화살표로 중심의 이동을 표시했다. 화살표가 가리키는 곳이 신규 클러스터링 중심이다.

4. 신규 중심과 기존 중심 간 이동 편차가 아주 작아질 때까지 위 과정을 반복한다. 즉 과정을 수렴한다.

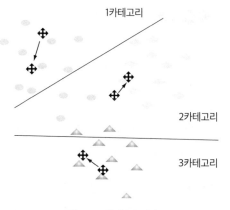

그림 27.3 2회 반복 후 결과

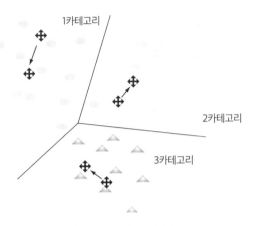

그림 27.4 3회 반복 후 어느 정도 수렴됐다.

위의 예는 무작위로 생성한 것이다. 이 그림들을 통해 클러스터링 과정은 몇 차례 반복을 거치면 수렴된다는 것을 알 수 있다. 이 방법은 인위적 간섭이나 선험적 경험(*prior experience*)이 필요 없는 순수한 수학 계산으로, 마지막에 완벽히 자동 분류된다. 믿어지지 않기 때문에 이렇게 하면 거리가 가까운 점을 클러스터링할 수 있느냐는 의문이 들 수도 있다. 가능하다면 그 이유는 뭘까?

2. 추가 읽기 기댓값 최대화와 수렴의 필연성

독자 배경지식: 머신러닝 또는 모델 분류

먼저 분명히 해둘 것이 있다. 우리의 거리 함수는 동일 카테고리의 상대 거리는 가깝게, 다른 카테고리의 상대 거리는 멀게 확보할 수 있을 만큼 충분히 훌륭하다. 우리가 최종적으로 바라는 분류 결과는 가까운 점이 모두 한 카테고리로 모이는 것이며, 그러면 동일 카테고리 내 각 점이 중심에 이르는 평균 거리 d는 가깝고, 다른 카테고리 중심 간 평균 거리 D는 멀다. 우리가 원하는 반복 과정은 매회 반복 시 d가 전보다 작아지고 D는 커지는 것이다.

1카테고리에서 K카테고리까지 각각 $n_1, n_2, \cdots, n_k$개 점이 있다고 가정하면, 카테고리별로 점에서 중심까지의 평균 거리는 $d_1, d_2, \cdots, d_k$이므로 $d = (n_1 \cdot d_1 + n_2 \cdot d_2 + \cdots n_k \cdot d_k)/k$다. i카테고리와 j카테고리 중심 간 거리가 D_{ij}라 가정하면 $D = \sum\limits_{i,j} \dfrac{D_{ij}}{k(k-1)}$이다. 카테고리별 크기, 즉 점의 개수까지 고려하면 D 가중평균 공식은 다음과 같다.

$$D = \sum_{i,j} \frac{D_{ij} n_i n_j}{n(n\text{-}1)} \tag{27.2}$$

점 x가 직전 1회 반복에선 i카테고리에 속했지만 다음 1회 반복에선 j카테고리와 거리가 더 가깝다고 가정하면, 알고리즘은 x를 j카테고리에 배치한다. $d(i+1) < d(i)$인 동시에 $D(i+1) > D(i)$임이 어렵지 않게 증명된다.

좋다. 단계별 반복을 알았으니 목표(최선의 분류)에 한 걸음 더 가까워졌고, 이제 최종적으로 최선의 분류에 도달하면 된다.

위의 개념을 더 일반적인 머신러닝 문제로 확장할 수 있다. 위의 알고리즘은 사실 두 과정과 목표 함수를 포함하고 있다. 두 과정은 다음과 같다.

1. 기존 클러스터링 결과에 따라 모든 데이터(점)를 재구분한다. 최종적으로 얻은 분류 결과를 수학 모델로 본다면, 클러스터링의 중심(값) 및 점과 클러스터링의 종속관계는 그 모델의 매개변수로 볼 수 있다.
2. 재구분한 결과에 따라 새로운 클러스터링을 얻는다.

목표 함수는 점에서 클러스터링까지의 거리 d와 클러스터링 간 거리 D이며, 전 과정이 목표 함수를 최대화하는 과정이다.

일반적인 문제에서 관측 데이터(점)가 매우 많다면 위 방법과 비슷하게 컴퓨터로 끊임없이 반복해 모델을 학습시킨다. 먼저 기존 모델에 따라 각 관측 데이터가 모델에 입력되었을 때의 계산 결과를 계산한다. 이 과정을 기댓값 계산 과정(expectation) 또는 E과정이라 한다. 그다음 모델 매개변수를 재계산해 기댓값을 최대화한다. 위의 예에선 D-d를 최대화했고, 이 과정을 최대화 과정(maximization) 또는 M과정이라 한다. 이런 유형의 알고리즘은 모두 EM 알고리즘이라고 한다.

은닉 마르코프 모델의 학습 방법 바움-웰치 알고리즘, 최대 엔트로피 모델의 학습 방법 GIS 알고리즘 등 앞에서 소개한 여러 알고리즘은 사실 모두 EM 알고리즘이다. 바움-웰치 알고리즘에서 E과정은 기존 모델에 따라 각 상태 간 전이 횟수(분숫값일 수 있음) 및 상태별로 출력을 생성하는 횟수를 계산하는 것이며, M과정은 이 횟수에 따라 은닉 마르코프 모델 매개변수를 재추정하는 것이다. 여기에서 최대화 목표 함수는 관측값의 확률이다. 최대 엔트로피 모델에서 통용하는 반복 알고리즘 GIS에서 E과정은 기존 모델에 따라 특성별 수학 기댓값을 계산하는 것이고, M과정은 이 특성에 따른 수학 기댓값과 실제 관측값의 비교를 통해 모델 매개변수를 조정하는 것이다. 여기에서 최대화 목표 함수는 엔트로피 함수다.

마지막으로 얘기할 것은 EM 알고리즘이 반드시 전역 최적해를 보장할 수 있는지 여부다. 최적화한 목표 함수가 볼록 함수면 전역 최적해를 보장할 수 있다. 다행히 우리의 엔트로피 함수는 볼록 함수다. N차원 공간에서 유클리드 거리(Euclidean distance)로 측정하면 클러스터링에서 최적화를 시도한 두 함수도 볼록 함수다. 그러나 텍스트 분류 중 코사인거리 등 여러 대응 상황에서 볼록 함수를 보장할 수 없으므로, EM 알고리즘은 전역 최적해가 아니라 국부 최적해를 제시할 가능성이 있다.

3. 갈무리하며

EM 알고리즘은 일부 학습 데이터만 있으면 최대화 함수를 정의하고 나머지는 컴퓨터에 넘기면 된다. 몇 차례 반복을 거치면 필요한 모델을 잘 학습시킬 수 있다. 조물주가 일부러 계획해놓은 듯 참 신기하다. 그래서 나는 이것을 신의 알고리즘이라고 부른다.

로지스틱 회귀와 검색광고

로지스틱 회귀 모델은 확률에 영향을 미치는 여러 요소를 결합한 지수 모델이다.
이 모델은 검색광고에서 중요한 역할을 발휘하며 생물 통계에도 널리 응용되고 있다.

검색광고가 전통적인 온라인 디스플레이 광고(*display ads*)보다 더 수익이 큰 것은 검색자의 의도가 명확하기 때문이기도 하지만, 더 중요한 건 사용자가 어떤 광고를 클릭할지 미리 예측해 검색 결과 페이지에 광고를 싣는 전략이 숨어 있기 때문이다.

1. 검색광고의 발전

검색광고는 대체로 3단계를 밟아왔다. 1단계는 초기 오버추어(*overture*)와 바이두 광고 시스템이 대표적이다. 광고주가 제시하는 가격의 높낮이에 따라 순위를 매기는 경쟁입찰식 리스팅 광고다. 간단히 말하면 돈을 많이 내는 사람의 광고를 우선적으로 노출한다. 이 방법을 지원하기 위해 야후는 단가를 감당할 수 있는 회사는 분명 잘되는 회사이므로 사용자 경험을 망치지 않을 것이라는 가설까지 내세웠다. 이 가설은 좋은 제품이 반드시 저질 제품을 퇴출시킬 것이라는 생각과 같지만, 사실은 그렇지 않다. 돈을 낼 수 있는 회사는 가짜 약을 팔아 폭리를 취하는 회사인 경우가 많다. 그래서 사용자 경험을 망치고, 얼마 안 있어 사용자는 그 광고를 클릭하지 않는다. 이런 일이 오래 지속되면 모든 광고가 등한시된다. 이런 상황이 여러 해 지속되면 클릭 수가 멈추고 광고업체도 발길을 끊으며 해당 산업은 위축된다.

많은 돈이 벌릴 것 같던 이 방법은 실제로 야후에 구글보다 더 많은 이익을 가져다주진 못했다. 단위 검색 수에 의한 수입(보통 1,000회 노출당 수익으로 측정하며 RPM이라고 함)이 구글의 절반에도 못 미쳤다. 구글은 단순하게 제시 가격이 높은 광고주를 앞에 노출시키지 않고, 클릭 수가 많을 광고를 예측해 제시 가격과 클릭률(click through rate, CTR) 등 요소를 종합해 광고 게재를 결정한다. 몇 년 후 야후와 바이두는 구글과의 차이를 깨닫고 구글을 모방해 '파나마(Panama) 시스템'과 '펑차오(鳳巢) 시스템'이란 것을 내놨다. 두 시스템은 구글의 첫 번째 버전에 해당하며, 검색광고의 2단계로 볼 수 있다. 그 핵심 기술은 사용자가 후보 광고를 클릭할 확률을 예측하는 것으로, '클릭률 예상'이라고도 부른다. 3단계는 한층 발전한 전역 최적화로, 이 장의 주제와 무관하므로 설명하지 않겠다.

클릭률을 예상하는 최고의 방법은 기존 경험값을 토대로 한 예측이다. 특정 질문에 대해 광고 A는 1,000회 노출, 18회 클릭되고 광고 B는 1,200회 노출, 30회 클릭됐을 경우 두 광고의 클릭률은 1.8%와 2.5%다. 두 광고가 비슷한 가격을 제시할 경우 광고 B를 우선 노출하는 것이 더 합리적인 듯하다.

하지만 실제 상황은 이렇게 단순하지가 않다. 우선 이 방법은 신규 광고에는 부적절하다. 신규 광고는 클릭에 대한 과거 데이터가 없기 때문이다.

둘째, 기존 광고라 해도 대부분의 경우 한 질문에 대응하는 특정 광고는 겨우 2~3회 클릭된다. 그러면 통계 데이터가 너무 부족해 3회 클릭된 광고가 2회 클릭된 광고보다 좋다고 말하기 어렵다. 건물 밑에 남자 2명, 여자 3명만 보인다고 해서 그 도시의 남녀 비율을 2:3이라고 할 수는 없는 것과 마찬가지다.

셋째, 광고 클릭 수는 노출 위치와 관련이 많다. 첫 행에 놓인 광고의 클릭 수가 당연히 2행 광고의 클릭 수보다 훨씬 높다. 따라서 클릭률을 예상할 때는 이 잡음을 제거해야 한다. 마지막으로 클릭률 예상 시 클릭 수에 영향을 끼치는 많은 요소들을 모두 고려해야 한다.

이제 문제가 번거로워졌다. 그렇게 많은 요소를 단일 수학 모델로 설명하는 것은 쉽지 않다. 게다가 우리는 데이터 양이 늘어날수록 이 모델이 정확해지기를 기대한다. 초기에 경험값을 수정하고 근사하는 여러 방법들이 있었지만 각 특성을 통합하니 효과가 별로였다. 이후 산업계에선 보편적으로 로지스틱 회귀 모델(*logistic regression* 또는 *logistic model*)을 적용했다.

2. 로지스틱 회귀 모델

로지스틱 회귀 모델이란 한 사건이 발생할 확률을 점점 로지스틱 곡선(*Logistic Curve*, 값의 범위는 0, 1 사이)으로 맞추는 것이다. 로지스틱 곡선은 S자 곡선으로 처음에는 변화가 빠르다가 점차 완만해지면서 마지막에 포화 상태에 이르는 특징이 있다. 간단한 로지스틱 회귀 함수는 다음과 같다.

$$f(z) = \frac{e^z}{e^z + 1} = \frac{1}{1 + e^{-z}}$$ (28.1)

다음 곡선에 대응한다.

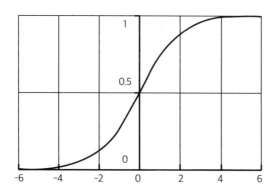

표 28.1 로지스틱 회귀 함수 곡선

로지스틱 회귀의 장점은 변수 범위가 −∞에서 +∞까지이며, 값의 범위가 0에서 1 사이로 제한된다는 것이다(물론 z가 [-6, 6]을 넘어서면 함숫값이 대체로 변하지 않으므로, 실제 응용에선 고려하지 않는다). [0, 1] 사이에 대응하는 함수는 확률 함수이므로, 로지스틱 회귀 함수는 확률분포와 연결된다. 또한 변수 z의 값이 (−∞, +∞)면, 그 신호를 조합했을 때 크기가 얼마이든 마지막엔 여전히 확률분포를 얻을 수 있다는 장점이 있다.

클릭률 예상 문제로 돌아가 클릭률에 영향을 끼치는 k개 변수 $x_1, x_2, \cdots, x_k$가 있다고 가정하자. 선형 방법으로 이 변수들을 조합하면 다음과 같다.

$$z = \beta_0 + \beta_1 x_1 + \beta_2 x_2 + \cdots + \beta_k x_k$$ (28.2)

여기에서 x_i는 변수라 하고 광고의 위치, 광고와 검색어의 관련성, 광고 노출 시간(예를 들면 광고 클릭률이 오후보다 밤 시간이 조금 높다) 등 확률 예측에 영향을 끼치는 각종 정보를 나타낸다. 그에 대응하는 β_i는 회귀 매개변수라 하고 해당 변수의 중요성을 표시한다. β_0은 특수한 매개변수로 어떤 변수와도 관련이 없으며, 아무 정보도 없을 때 안정적인 확률분포를 보장할 수 있다.

간단한 예를 살펴보자. 꽃 검색에 관한 광고 클릭률을 예측해보자. 클릭률에 영향을 끼치는 몇 가지 요소가 노출 1,000회당 클릭 수(또는 단위 클릭 수에 필요한 노출 수), 광고와 검색의 관련성(두 번째 변수 X_2에 대응), 타깃 층의 성별(세 번째 변수 X_3에 대응) 등이라 가정하자.

X_1은 단위 클릭에 필요한 노출 수에 대응하고 X_2는 광고와 검색의 관련성에 대응하며 0-1 사이에서 1은 '완벽 매칭', 0은 '전혀 관계없음'이라고 가정하자. X_3은 성별에 대응하며 1은 '남성', 0은 '여성'이라고 가정한다.

대응하는 매개변수 β_0=5.0, β_1=1.1, β_2=-10, β_3=1.5라 가정하자.

검색 키워드가 '꽃', 광고는 '장미'인 경우 대응하는 변숫값은 X_1=50, X_2=0.95, 사용자는 남성인 경우 Z=5+1.1×50+(-10)×0.95+1.5×1=52이고, 클릭률을 다음과 같이 예상할 수 있다.

$$P = \frac{1}{1+e^{-z}} = 0.019 = 1.9\%$$ (28.3)

여기에 두 가지 스킬이 있다. 첫 번째는 광고 클릭과 관련 있는 정보를 어떻게 선정하느냐다. 이것은 검색광고를 전문적으로 담당하는 엔지니어와 데이터 마이닝 전문가의 일이므로 여기에선 설명하지 않겠다. 대신 두 번째 스킬인 매개변수 β를 어떻게 정하느냐에 대해 집중적으로 소개하겠다.

위의 로지스틱 회귀 함수는 사실 한 층짜리 인공신경망(*artificial neural network*)이다. 학습이 필요한 매개변수 개수가 많지 않은 경우엔 모든 인공신경망 학습 방법을 적용할 수 있다. 그러나 검색광고 클릭률 예상과 같은 문제는 학습시켜야 할 매개변수가 수백만 개이므로 더 효과적인 학습 방법이 요구된다. 공식 〈28.1〉의 형태를 갖는 로지스틱 회귀 함수는 앞에서 소개한 최대 엔트로피 함수와 함숫값 및 형태상 공통점이 있어 학습 방법도 유사하다. 최대 엔트로피 모델을 학습시키는 IIS 방법은 로지스틱 회귀 함수의 매개변수 학습에 바로 쓸 수 있다.

광고 시스템에선 클릭률 예상 메커니즘의 우수성이 단위 검색당 광고 수입의 증대를 결정짓는다. 현재 구글, 텐센트 광고 시스템은 클릭률을 예상할 때 로지스틱 회귀 함수를 적용하고 있다.

3. 갈무리하며

로지스틱 회귀 모델은 확률에 영향을 미치는 여러 요소를 결합한 지수 모델이다. 학습 방법도 여러 지수 모델(예를 들면 최대 엔트로피 모델)과 비슷하게, 통용 반복 알고리즘 GIS와 개선된 반복 알고리즘 IIS를 적용해 구현할 수 있다. 로지스틱 회귀 모델은 정보처리뿐 아니라 생물 통계에도 널리 응용되고 있다.

각개격파 알고리즘과
구글 클라우드 컴퓨팅의 기초

29장

구글 클라우드 컴퓨팅에서 가장 중요한 맵리듀스의 신비한 툴의 원리는 컴퓨터
알고리즘에서 흔히 사용하는 '각개격파' 알고리즘이며, 그 원리는 아주 간단하다.
복잡한 큰 문제를 여러 작은 문제로 분해해 각각 해를 구한 후,
작은 문제의 해를 처음 문제의 해로 합치는 것이다. 생활에서 많이 쓰이고
진짜 유용한 방법은 단순하면서 소박한 경우가 많다.

2005년에는 큰 물음표였던 클라우드 컴퓨팅이 이제는 비IT 업계 사람도
얘기하는 주제가 되었다. 2011년 내가 참석한 클라우드 컴퓨팅 관련 세미나
나 표준 제정 회의만 해도 최소 7~8개였는데, 당시 모두들 클라우드 컴퓨팅
을 표면적으로는 많이 이해하고 있지만 기술적 핵심 포인트에 대해선 이해하
는 바가 별로 없다는 느낌을 받았다. 하지만 이제 사람들은 클라우드 컴퓨팅
에 대해 공통된 인식을 가지고 있다.

클라우드 컴퓨팅 기술은 저장, 컴퓨팅, 자원 배치에서 권한 관리 등에 이
르기까지 미치는 영역이 매우 넓다. 관심 있는 독자는 필자의 졸작《흐름의
정점》중 클라우드 컴퓨팅에 관한 내용을 참고하기 바라며, 여기에선 더 이

상 설명하지 않겠다. 클라우드 컴퓨팅의 관건은 방대한 계산 문제를 어떻게 계산 능력이 그리 강하지 않은 여러 컴퓨터에 자동 분해해 함께 완수하게 하느냐다. 이 문제를 위해 구글이 제시한 솔루션은 맵리듀스라는 프로그램이며, 그 근본 원리는 흔히 접하는 분할 정복 알고리즘(*divide-and-conquer*)이다. 나는 이것을 '각개격파' 방법이라고 부른다.

1. 분할 정복 알고리즘의 원리

분할 정복 알고리즘은 컴퓨터과학에서 가장 멋진 툴 중 하나다. 기본 원리는 복잡한 문제를 간단한 여러 하위 문제로 나눠 해결하는 것이다. 그다음 하위 문제의 결과를 합쳐 원래 문제에 대한 해를 구한다.

2. 분할 정복 알고리즘에서 맵리듀스까지

컴퓨터 알고리즘에 익숙한 독자라면 합치기 정렬(*merge sort*)의 원리를 잘 알 것이다. 길이가 N인 배열 $a_1, a_2, a_3, \cdots, a_N$의 순서를 정렬한다고 가정하자. a_i와 a_j를 둘씩 비교하는 방법을 적용하면[버블 정렬(*bubble sort*)] 복잡도가 $O(N^2)$으로 매우 굼뜨고(느리고), 배열이 너무 큰 경우에는(원소가 수천억 개인 경우) 컴퓨터 1대로 끝낼 수도 없다. 분할 정복 알고리즘을 사용하면 이 큰 배열이 몇 개로 나뉘어(예를 들면 1개가 둘로 나뉨) $a_1, a_2, \cdots, a_{N/2}$과 $a_{N/2+1}, a_{N/2+2}, \cdots, a_N$이 되고, 반반씩 순서를 정렬한다. 순서 정렬이 끝나면 두 하위 배열을 처음부터 끝까지 합쳐 처음 배열의 정렬 결과를 얻는다. 대응하는 크기가 처음 배열의 딱 절반이므로 4분의 1만 비교하면 된다. 물론 합치는 과정에서 추가 시간이 필요하지만, 시간 절약에 비해 자투리를 신경 쓰지 않아도 되는 것이 더 큰 장점이다. 같은 이치로 하위 배열에 원소가 2개만 남을 때까지 앞 절반 배열, 뒤 절반 배열을 더 작은 하위 배열로 계속 분해한다. 이 방법을 쓰면 전체적인 순서 정렬 시간이 크게 줄어들고, 복잡도가 원래의 $O(N^2)$에서 $O(N \cdot \log N)$[1]으로 단순화된다. N이 백만이면 계산 시간은 1만 배 넘게 단축된다. 이 순서 정렬 알고리즘에선 하위 배열들이 임무를 완수한 후 결과를 합쳐야 하므로, 합치기 정렬이라는 이름이 붙여졌다.

$$
\text{행렬 } A = \overset{A}{\begin{bmatrix} a_{11} & a_{12} & \cdots & a_{1N} \\ a_{21} & a_{22} & \cdots & a_{2N} \\ \cdots & \cdots & \cdots & \cdots \\ a_{N1} & a_{N2} & \cdots & a_{NN} \end{bmatrix}}, \quad \text{행렬 } B = \overset{B}{\begin{bmatrix} b_{11} & b_{12} & \cdots & b_{1N} \\ b_{21} & b_{22} & \cdots & b_{2N} \\ \cdots & \cdots & \cdots & \cdots \\ b_{N1} & b_{N2} & \cdots & b_{NN} \end{bmatrix}} \text{ 라}
$$

가정하고 그 곱셈 $C = A \times B$를 계산한다.

$$
c_{nm} = \sum_i a_{ni} \cdot b_{im} \tag{29.1}
$$

위 계산을 위해 행렬 A 중 n행의 모든 원소 및 행렬 B 중 m열의 모든 원소를 스캐닝한다.

$$
\begin{bmatrix} c_{11} & \cdots & c_{1j} & \cdots & c_{1N} \\ c_{i1} & \cdots & c_{ij} & \cdots & c_{iN} \\ \cdots & \cdots & \cdots & \cdots & \cdots \\ c_{N1} & \cdots & c_{N2} & \cdots & c_{NN} \end{bmatrix}
$$

---

[1] 도출 방식은 다음과 같다. N개 원소 배열의 합치기 정렬 알고리즘의 계산 시간이 $T(N)$이라 가정하면 $N/2$개 원소의 하위 배열 정렬 시간은 $T(N/2)$이며, 합병 과정의 계산 시간은 N의 선형 함수, 즉 $O(N)$이다. 따라서 $T(N)=2T(N/2)+O(N)$이다. 이 재귀적 방정식(recursion equation)을 풀면 $T(N)=O(N \cdot \log N)$이 된다.

$$= \begin{bmatrix} a_{11} & \cdots & a_{1j} & \cdots & a_{1N} \\ a_{i1} & \cdots & a_{ij} & \cdots & a_{iN} \\ \cdots & \cdots & \cdots & \cdots \\ a_{N1} & \cdots & a_{Nj} & \cdots & a_{NN} \end{bmatrix} \times \begin{bmatrix} b_{11} & \cdots & b_{1j} & \cdots & b_{1N} \\ b_{i1} & \cdots & b_{ij} & \cdots & b_{iN} \\ \cdots & \cdots & \cdots & \cdots \\ b_{N1} & \cdots & b_{Nj} & \cdots & b_{NN} \end{bmatrix} \quad (29.2)$$

서버 1대로 배열 전체를 저장하지 못하면 일이 번거로워진다. 이제 분할 정복 알고리즘이 어떻게 작동하는지 살펴보자. 먼저 행렬 A를 행별로 10개의 작은 행렬 A_1, A_2, $\cdots$, A_{10}으로 쪼개면 각각 $N/10$행이 생긴다.

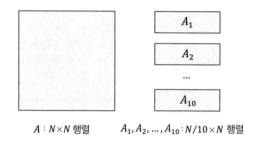

$A : N \times N$ 행렬 $A_1, A_2, ..., A_{10} : N/10 \times N$ 행렬

그림 29.1 행렬 A를 행별로 10개의 하위 행렬 A_1, A_2, $\cdots$, A_{10}으로 나눈다.

작은 행렬 A_1, A_2, $\cdots$, A_{10}과 B의 곱셈을 각각 계산한다. 일반성을 잃지 않고 A_1으로 설명하면 다음과 같다.

$$c^1_{nm} = \sum_i a^1_{ni} \cdot b_{im} \quad (29.3)$$

그러면 컴퓨터 1대에서 C 행렬 중 1/10행까지의 원소가 계산된다.

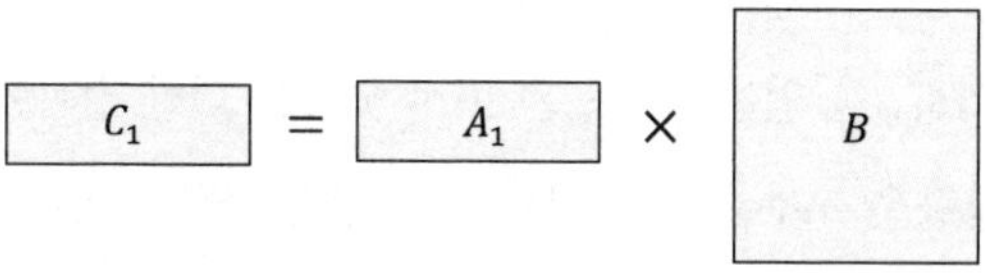

$$C_1 \quad = \quad A_1 \quad \times \quad B$$

그림 29.2 제1서버가 1/10까지의 계산량을 끝냄.

같은 방식으로 제2서버, 제3서버…에서 다른 원소가 계산된다. 꼼꼼한 독자들은 행렬 B가 행렬 A처럼 크면 서버 1대로 저장이 불가능함을 알아챘을 것이다. 하지만 상관없다. 마찬가지로 10대로 행렬 B를 쪼개면 서버별로 행렬 B의 1/10씩만 저장하면 된다. 위 공식을 바로 사용할 수 있으며, 이번에는 C_1의 1/10만 끝냈다.

따라서 이번에는 처음의 10대가 아니라 100대의 서버가 필요하며, 장치 하나로 해를 구할 수 없는 큰 문제는 작은 문제로 분해하면 해결된다.

그림 29.3 제1서버의 작업이 10대로 분배되었고, 그림은 그중 제5서버다.

위의 예에서 서버 수는 늘어났지만 각 원소 $C_{n,m}$의 절대적 계산 시간은 줄어들지 않았다(이 점은 합치기 정렬과 다르다). 하지만 일부 응용 상황에선 서버 수를 늘리면 절대 계산 시간이 줄어들기도 한다. C 행렬 전체가 아니라 C의 특정 원소만 구하는 경우가 그런 예에 해당하며, 링크 분석이나 로그 관리에서 때때로 이런 필요성이 생겨 10배의 기계로 계산 시간을 단축하길 기대한다. 이런 수요도 분할 정복 알고리즘을 통해 충족할 수 있으며, 구체적 해결 방안은 다음과 같다.

행렬 A는 행별로 나누고 행렬 B는 열별로 나눈다. A_1은 A의 첫 1/10행이고 A_2는 그다음 1/10이다. B도 마찬가지다. 같은 방법으로 계산해 10개의 중간 결과 $c_{nm}^1, \cdots, c_{nm}^{10}$를 얻는다. $C_{n,m}$은 10개 숫자를 더한 결과에 불과하다. 아래 결과별 계산량은 모두 최종 결과의 1/10이다. 이렇게 10배의 컴퓨터로 계산 시간을 10배 단축한다.

$$c_{nm}^1 = \sum_{i=1}^{\frac{N}{10}} a_{ni} \cdot b_{im}$$

$$c_{nm}^2 = \sum_{i=N/10+1}^{\frac{2N}{10}} a_{ni} \cdot b_{im} \qquad\qquad (29.4)$$

$$\cdots$$

$$c_{nm}^{10} = \sum_{i=9N/10+1}^{N} a_{ni} \cdot b_{im}$$

이것이 맵리듀스의 근본 원리다. 큰 임무를 작은 하위 임무로 쪼개 하위 임무의 계산을 완수하는 과정을 맵(*map*)이라 하고, 중간 결과와 최종 결과를 합치는 과정을 리듀스(*reduce*)라고 한다. 물론 큰 행렬을 자동 분해해 서버별 부하의 균형을 맞추고 반환값(*return value*)을 합치는 것, 이것이 바로 맵리듀스가 공학적으로 하는 일이다.

구글이 맵리듀스를 개발하기 전에 이 개념은 이미 강도 높은 계산에서 응용되고 있었다. 존스홉킨스대학교에서 최대 엔트로피 모델을 학습시킬 때 비슷한 문제를 접한 적이 있다. 나는 20대 정도의 서버를 동시에 작동시켜야 하는 경우가 종종 있었다(구글 클라우드 컴퓨팅이 나오기 전에 이런 작업은 매우 사치스러운 일이었다). 나의 작업 방식은 수동으로 큰 행렬을 쪼개 여러 서버에 밀어 넣고(*push*) 결과를 조합하는 것이었다. UC버클리는 운영 체제에서 각 하위 임무의 완수 상황을 체크하는 툴을 제공했다. 그래서 나는 일괄처리(*batch processing*) 루틴만 작성해 맵과 리듀스 두 과정을 끝냈다. 유일한 차이점은 맵리듀스가 있으면 모든 배치 작업이 자동으로 완성된다는 것이며, 그 전까지는 컴퓨터 배치 작업을 수동으로 실시해야 했다.

3. 갈무리하며

　구글 클라우드 컴퓨팅에서 가장 중요한 맵리듀스라는 신비한 툴의 원리는 컴퓨터 알고리즘에서 흔히 사용하는 '각개격파' 알고리즘이며, 그 원리는 아주 간단하다. 복잡한 큰 문제를 여러 작은 문제로 분해해 각각 해를 구한 후, 작은 문제의 해를 처음 문제의 해로 합치는 것이다. 이렇듯 생활에서 많이 쓰이고 진짜 유용한 방법은 단순하면서 소박한 경우가 많다.

구글 브레인과 인공신경망

30장

구글 브레인은 뭐든 생각할 수 있는 뇌가 아니라 계산 능력이 출중한
인공신경망이다. 따라서 구글 브레인은 똑똑하다기보다는 계산을 잘하는 것이다.
관점을 달리해서 보면, 계산 능력이 계속 향상되었기에 계산량이 커져도
간단한 수학으로 복잡한 문제를 해결하게 된 것이다.

2011년 말 구글은 딥러닝(*deep learning*) 기반의 '구글 브레인(*Google Brain*)'이라는 신기술을 발표했다. 대외적으로 '브레인'은 '생각'하는 속도가 굉장히 빠를 뿐 아니라 기존 컴퓨터보다 훨씬 '똑똑'하다고 홍보되었다. 그 똑똑함을 증명하기 위해 구글은 몇 가지 예를 나열했다. 예를 들어 구글 브레인 딥러닝을 거치면 음성인식 오류율이 13.6%에서 11.6%로 감소한다. 겨우 2% 포인트지만 얕볼 게 아니다. 전 세계 음성인식 전문가들이 2년 정도 노력해야 가능한 일이다. 구글은 음성인식 방법에선 새로운 연구를 하거나 더 많은 데이터를 사용하지도 않고, 새로운 브레인으로 기존 음향학 모델의 매개변수를 한 번 재학습시키는 것만으로 이를 이뤄냈다. 브레인의 똑똑함을 엿볼 수 있다. 그

러나 이 브레인을 열어 살펴보면 별로 신기하다 할 만한 것이 없다. 그냥 병렬 컴퓨팅 기술을 이용해 인공신경망 학습 방법을 재구현한 것뿐이다. 따라서 '구글 브레인'을 이해하려면 인공신경망이 무엇인지부터 설명해야 한다.

1. 인공신경망

언뜻 들으면 겁부터 나는 전문 용어들이 꽤 있다. '인공신경망'도 그중 하나다. 적어도 나는 이 단어를 처음 들었을 때 겁이 났다. 생각해보라. 사람들은 인간 뇌 구조도 제대로 알지 못하는데 '인공'신경망이 튀어나오다니, 아마도 컴퓨터로 인간 뇌를 모방한 것이리라 생각한다. 뇌 구조가 얼마나 복잡한지 생각해보면, 처음에 사람들은 인공신경망이 분명 매우 심오할 것이라는 반응을 보인다. 운 좋게 마음씨 좋고 표현력도 있는 과학자나 교수를 만나면, 그는 두어 시간쯤 들여 인공신경망의 내용을 쉽게 설명해주려 할 것이고 당신은 '아, 그런 거였구나' 할 것이다. 불행히도 과시하기 좋아하는 사람을 만나면, 그는 정색을 하고 '나는 인공신경망을 사용하고 있어'라든지 '내 연구 과제가 인공신경망이야'라고만 말해주고 끝일 것이다. 그러면 당신은 그 사람에게 존경심이 생기기도 하겠지만 슬며시 열등감도 들 것이다. 물론 마음씨는 좋지만 말주변이 없는 사람이 이 개념을 설명해주려 할 수도 있다. 그런 사람은 어려운 용어를 써가며 설명을 아리송하게 해서, 몇 시간을 듣고 있어도 갈수록 혼란만 가중된다. 아무 소득도 없는 당신은 이런 결론을 내린다. '여하튼 내 평생에 그런 건 몰라도 돼.'

이것이 농담이라고 생각하지 말기 바란다. 다 내가 직접 겪은 일이다. 나는 두어 시간쯤 시간을 내 설명해주는 착한 사람을 만나보지 못했다. 또 내 앞에서 과시욕을 뽐내는 사람들을 여럿 만나봤다. 나는 이해되지 않는 것이 있으면 알아내고 싶어 하는 젊은이였던지라 강의 하나를 청강하기로 했다. 그런데 두세 번 듣고는 가지 않았다. 시간이 아깝기도 했고 뭔가 얻는 것도 없는 것 같았기 때문이다. 다행히 당분간 내 연구에선 그걸 쓸 일이 없어 더 이상 관심을 두지 않았다. 후에 미국에서 박사과정을 밟는 동안 나는 잠자기 전에 누워 책 보길 즐겼고, 딱히 할 일이 없어 인공신경망 관련 교재 몇 권을 들춰보다 보니 이해가 갔다. 그러고 나서 인공신경망을 이용해 프로젝트 두세 개를 진행했더니 나름 마스터하게 되었다. 이때쯤 '인공신경망'을 다시 돌아보니 복잡하지도 않고 입문하기도 어렵지 않았다. 그저 내가 길을 돌아왔을 뿐이었다.

인공신경망이라는 용어는 인공적인 방법으로 인간 뇌를 모방하는 것처럼 들린다. 게다가 '뉴런' 등 생물학 관련 명사들을 함께 사용하다 보니 뭔가 신비롭게 느껴지고, 생체공학이나 인지과학처럼 평생 이해할 수 없을 것 같은 개념들이 연상된다. 사실 생물학 용어들을 빌려 쓰고 이미지화된 비유를 사용해서 그렇지, 인공신경망은 인간 뇌와 아무런 관계가 없다. 본질적으로 앞에서 소개한 유향 그래프이며, 특수한 유향 그래프일 뿐이다. 유향 그래프는 노드와 노드들을 연결하는 유향변으로 이뤄진다. 인공신경망도 노드가 있으며, 다만 뉴런이라는 새로운 단어를 사용할 뿐이다. 인공신경망의 유향변은 뉴런을 연결하는 신경으로 취급된다. 특수한 유향 그래프로서 인공신경망의 특수성은 다음과 같이 정리할 수 있다.

1. <그림 30.1>처럼 그래프의 모든 노드가 층을 이루고 있으며, 층별 노드는 유향변을 통해 상층 노드를 가리킨다. 하지만 같은 층의 노드들은 변으로 연결되지 않으며 한 노드가 층을 넘어 두 층 위 노드에는 연결될 수 없다. <그림 30.1>에는 3층 노드만 그려져 있지만 이론상 인공신경망의 층수는 임의적이다. 다만 네트워크 층수가 많

을수록 계산이 복잡해지기 때문에 실제 응용에선 보통 5층 이상 설계하는 사람이 없다.

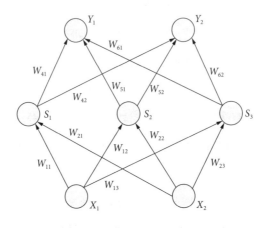

그림 30.1 전형적인 인공신경망(3층)

2. 한 변에 값이 하나씩 있고(가중 또는 가중치라고 한다) 이 값을 근거로 아주 간단한 공식으로 변들이 가리키는 노드의 값을 계산할 수 있다. <그림 30.1>에서 노드 S_1의 값은 X_1과 X_2의 값(소문자 x_1과 x_2로 나타냄) 및 그에 상응하는 유향변의 값 w_{11}과 w_{21}에 의해 결정된다(계산 방법은 뒤에서 다시 소개하겠다).

소통의 편의를 위해 일부 책과 논문은 쉽게 부르기로 약속한 표현을 사용하기도 한다. 예를 들어 위 그림에서 제일 아래층 노드를 입력층이라고 부르는 경우가 있다. 여러 응용 상황에서 이 모델의 입력값은 이 층 노드에만 부여되며, 유향 그래프의 다른 노드 값은 모두 이 입력값을 통해 직간접적으로 얻어지기 때문이다. 〈그림 30.1〉에서 S_1의 값은 X_1과 X_2에서 직접 얻어진 것이며, Y_1의 값은 X_1과 X_2에서 간접적으로 얻어진 것이다. 제일 아래 입력층에 대응해 그림 제일 위층 노드를 출력 노드라고 한다. 이 모델을 통해 얻는 출력값이 모두 이 층 노드에서 얻어지기 때문이다. 물론 중간의 다른 층들은 중간층이라고 통칭한다. 이 층들은 밖에선 보이지 않으므로 은닉층이라고도 한다.

이쯤에서 독자들은 '그다음에는?'이라고 물을 것이다. 그다음은 없다. 인공신경망은 이렇게 간단하다! 이렇게 간단한 것이 무슨 쓸모가 있을까? 학생들에게 강의를 하면 대부분 학생들도 처음엔 같은 의문을 품는다. 그러나 바로 이렇게 간단한 모델이 쓰임새는 매우 많다. 컴퓨터과학, 통신, 생물 통계와 의학뿐 아니라 금융, 경제학(증시 예측 포함)에서도 '지능'과 조금이라도 관계가 있는 대다수 문제는 다차원 공간에서 진행하는 패턴 분류 문제로 귀결되기 때문이다. 인공신경망의 특기가 바로 패턴 분류. 음성인식, 기계번역, 안면인식, 암세포 식별, 질병 예측 및 증시 방향성 예측 등 인공신경망의 응용 분야는 매우 다양하다.

인공신경망이 이런 지능 문제를 어떻게 지원하는지 좀 더 자세히 설명하기 위해 앞에서 여러 번 예로 든 음성인식을 살펴보자. 음성인식에 대해 얘기하면서 '음향학 모델'이란 개념을 언급했다. 실제 음성인식 시스템에서 음향학 모델은 보통 '모음, 자음[1] 단위로 구축된다. 모음과 자음이 대응하는 데이터는 다차원 공간의 좌표로 볼 수 있고, 그러면 모음이나 자음은 다차원 공간 중 한 점 또는 한 구역에 대응된다. 그 음성을 인식하는 것은 〈그림 30.2〉처럼 다차원 공간에서 구역을 나누고 각각의 음을 여러 구역에 소속시키는 것이다.

---

1 실제 음성인식 시스템에선 각각의 모음, 자음과 그 전후 음의 연결을 고려해야 하지만, 여기에선 설명의 편의를 위해 모음, 자음 모델이 독립적이라고 가정한다.

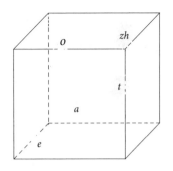

그림 30.2 다차원 공간에서 모음, 자음 a, o, e, t와 zh

그림에서 5개의 모음과 자음 a, o, e, t, zh의 위치를 무작위로 고른다. 패턴 분류(음성인식)의 임무는 공간을 가르고 음들이 속한 구역을 구분 짓는 것이다.

본론으로 들어가 인공신경망이 이 음들을 어떻게 판별하는지 살펴보자. 설명의 편의를 위해 공간이 2차원밖에 없고 구분해야 하는 2개 (모)음이 a와 e밖에 없다고 가정하자. 그 분포는 〈그림 30.3〉과 같다.

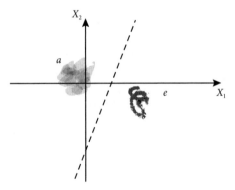

그림 30.3 모음 a와 e의 패턴 분포도(2차원 시뮬레이션)

앞에서 얘기했듯이 패턴 분류의 임무는 공간을 갈라 a와 e를 나누는 것이다. 〈그림 30.3〉에서 점선이 분할선이고 왼쪽은 a, 오른쪽은 e다. 새로운 음성이 들어와 왼쪽에 떨어지면 a로 인식하고, 반대면 e로 인식한다.

이제 인공신경망으로 이 간단한 분류 장치(점선)를 구현해보자. 망의 구조는 다음과 같다.

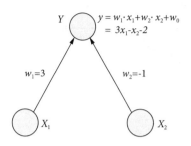

그림 30.4 그림 30.3의 두 모음을 패턴 분류하는 인공신경망

이것은 더할 나위 없이 간단한 인공신경망이다. 이 인공신경망에는 입력 노드가 X_1과 X_2 2개가 있고 출력 노드는 Y 하나다. X_1에서 Y로 가는 변에는 가중치 $w_1=3$을 부여하고, X_2에서 Y로 가는 변에는 $w_2=-1$을 부여한다. 그 다음 Y 점의 수치를 두 입력 노드 수치 x_1과 x_2의 선형 조합, 즉 $y=3x_1-x_2$로 설정한다. 위 함수는 선형 함수이며, 입력 벡터(x_1, x_2)와 (Y를 가리키는) 각 유향변의 가중 벡터(w_1,w_2)의 내적(*inner product* 또는 *dot product*)으로 볼 수도 있다. 이후 판단의 편의를 위해 공식에 상수항 -2를 추가한다. 즉 다음과 같다.

$$y = 3x_1-x_2-2$$

(30.1)

이제 평면의 점들 (0.5, 1), (2, 2), (1, -1), (-1, -1)의 좌표를 제1층의 두 노드에 입력하고 출력 노드에 어떤 값이 얻어지는지 살핀다(다음 〈표 30.1〉 참고).

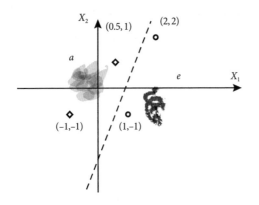

입력값(x_1, x_2)	출력값 y
(0.5, 1)	-1.5
(2, 2)	2
(1, -1)	2
(-1, -1)	-4

그림 30.5 인공신경망을 이용해 그래프 중 네 점을 패턴 분류

표 30.1 인공신경망의 입력값 4개와 출력 부분에 대응하는 출력값

그러므로 출력된 노드 Y에서 얻어진 값이 0보다 크면 해당 점은 1카테고리 e에 속하고, 반대면 2카테고리 a에 속한다. 따라서 〈그림 30.4〉의 간단한 인공신경망은 〈그림 30.5〉의 직선 분류 장치 $x_2=3x_1-2$와 완벽히 똑같다. 그러므로 인공신경망을 사용해 선형 분류 장치를 정의한다.

물론 다음 그림처럼, 이 신경망에서 Y를 중간 노드 S로 바꾸고 두 노드 Y_1과 Y_2를 포함하는 뚜렷한 출력층을 추가할 수도 있다.

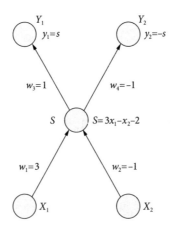

그림 30.6 뚜렷한 두 출력 노드를 추가한 인공신경망

이렇게 해서 Y_1과 Y_2 노드 값의 크기를 보고 어느 카테고리에 속하는지 판단한다.

하지만 a와 e는 분포가 복잡한 편이어서(《그림 30.7》) 직선으로 쉽게 나눌 수 없다. 물론 경계선이 구부러지면 두 카테고리를 구분할 수 있다.

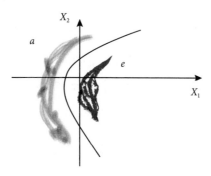

그림 30.7 복잡한 패턴은 직선으로 분할할 수 없으므로 곡선으로 분할해야 한다.

이 곡선 경계를 구현하기 위해 〈그림 30.8〉과 같은 인공신경망을 설계했다.

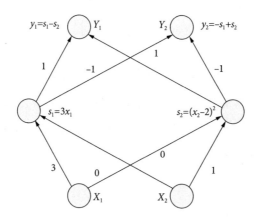

그림 30.8 그림 30.7의 패턴을 위해 설계한 인공신경망(비선형 분류 장치와 같음)

이 인공신경망은 구조가 조금 복잡하고(층이 하나 더 많다) 노드별 값의 계산도 좀 더 복잡해졌다. 노드(뉴런) S_2가 취하는 값은 비선형 함수로 계산된 것이고, 이 함수는 뉴런 함수라고 한다. 위의 예에선 S_2를 계산할 때 제곱함수(이차함수)를 적용했다. 이쯤에서 노드별 수치를 계산하는 함수는 어떻게 선택하느냐는 질문이 나올 것이다. 함수를 마음대로 고를 수 있다면 설계된 분류 장치가 매우 유연하겠지만, 그러면 그에 상응하는 인공신경망은 보편성이 부족하고 함수의 매개변수도 학습시키기 어렵다. 따라서 인공신경망에선 뉴런 함수가 입력 변수(그것을 가리키는 노드의 값)의 선형 조합 결과에 대해 1회 비선형 변환만 할 수 있도록 정한다. 조금 애매하게 들리지만 아래 예를 보면 납득이 간다.

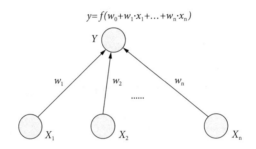

$$y = f(w_0 + w_1 \cdot x_1 + \ldots + w_n \cdot x_n)$$

그림 30.9 뉴런 함수의 의미

〈그림 30.9〉는 인공신경망의 일부분이다. 노드 $X_1, X_2, \cdots, X_n$은 노드 Y를 가리키고, 이 노드의 값은 $x_1, x_2, \cdots, x_n$이며 상응하는 변의 가중치는 $w_1, w_2, \cdots, w_n$이다. 노드 Y가 취하는 값 y의 계산은 두 단계로 나뉜다. 1단계는 $x_1, x_2, \cdots, x_n$ 수치를 통한 선형 조합이다.

$$G = w_0 + x_1 \cdot w_1 + x_2 \cdot w_2 + \cdots + x_n \cdot w_n \tag{30.2}$$

2단계는 Y를 계산한 값 $y = f(G)$다. 1단계를 마치면 사실 G는 이미 값이 확정된다. 함수 $f(\cdot)$ 자체가 비선형일 수 있지만 한 변수의 함수만 받아들이므로 그리 복잡하지 않다. 이렇게 두 단계를 합치면 인공신경망의 유연성이 확보되고 뉴런 함수가 너무 복잡해지지도 않는다.

뉴런 함수에 대한 규정을 좀 더 자세히 설명하기 위해 아래 표에서 어떤 함수는 뉴런 함수로 쓸 수 있고 어떤 함수는 쓸 수 없는지 설명하겠다.

함수	뉴런 함수로 쓸 수 있는지 여부
$y=\log(w_0+x_1\cdot w_1+x_2\cdot w_2+\ldots+x_n\cdot w_n)$	가능
$y=(w_0+x_1\cdot w_1+x_2\cdot w_2+\ldots+x_n\cdot w_n)^2$	가능
$y=w_0+\log(x_1)\cdot w_1+\log(x_2)\cdot w_2+\ldots, \log(x_n)\cdot w_n$	불가
$y=x_1\cdot x_2,\ldots,x_n$	불가

표 30.2 뉴런 함수의 예와 반례

〈그림 30.8〉의 인공신경망으로 돌아가 보면 아래와 같은 분류 장치를 얻을 수 있다.

$$3x=(y-2)^2+2 \tag{30.3}$$

이 분류의 경계선은 곡선이다. 이론적으로 보면 인공신경망은 적절하게 설계만 되면 어떤 복잡한 곡선(고차원 공간에서는 곡면)의 경계선도 구현할 수 있다. 이제 인공신경망을 기본적으로 이해했으니 정리를 해보자.

인공신경망은 층이 있는 유향 그래프다. 1층은 입력 노드 $X_1, X_2, \cdots, X_n$(〈그림 30.1〉에서 가장 아래층)이 입력 정보를 수용하므로 입력층이라고도 한다. 이 점에서 나온 수치($x_1, x_2, \cdots, x_n$)는 출력된 변의 가중치($w_0, w_1, w_2, \cdots, w_n$)별로 공식 〈30.2〉에 따라 선형 가중($G$를 얻음)한 후 1회 함수 변환 $f(G)$하여 2층의 노드

Y를 부여한다.

2층의 노드도 이런 식으로 3층 노드에 이르기까지 수치를 뒤로 전달한다. 이렇게 마지막 층에 이를 때까지 한 층 한 층 전달하므로, 마지막 층은 출력층이라고도 한다. 패턴 분류 시 한 패턴(이미지, 음성, 문자 등)의 특성값(예를 들면 좌표)은 입력층에서 시작해 위의 규칙 및 공식에 따라 한 층씩 뒤로 전달된다. 마지막으로 출력층에서 수치가 가장 큰 노드의 입력 패턴이 해당 카테고리로 분류된다.

이것이 인공신경망의 기본 원리다.

인공신경망에서 설계해야 할 부분은 딱 두 가지다. 하나는 구조다. 즉 망을 몇 층으로 나눌 것인지, 각 층의 노드는 몇 개로 할 것인지, 노드끼리 어떻게 연결할 것인지 등이다. 두 번째는 비선형 함수 $f(\cdot)$의 설계로, 흔히 사용하는 함수는 지수함수다. 즉 다음과 같다.

$$f(G) = e^G = e^{w_0 + x_1 \cdot w_1, x_2 \cdot w_2, \cdots, x_n \cdot w_n} \tag{30.4}$$

이때 패턴 분류 능력은 최대 엔트로피 모델과 같다.

여러 출력 노드에서 얻은 값을 확률분포로 보면 사실상 인공신경망은 앞에서 언급한 통계언어 모델 등 확률 모델과 같아진다.

지금까지 이 변들의 가중, 즉 모델의 매개변수($w_0, w_1, w_2, \cdots, w_n$)는 어떻게 얻는지에 대해선 아직 얘기하지 않았다. 머신러닝 모델들과 마찬가지로 매개변수는 학습을 통해 얻으며, 다음에서 이 내용을 설명하겠다.

2. 인공신경망 학습

앞에서 얘기한 머신러닝 알고리즘들과 비슷하게 인공신경망의 학습은 지도 학습(*supervised training*)과 비지도 학습(*unsupervised training*)으로 나뉜다. 먼저 지도 학습부터 살펴보자.

학습 전에 먼저 표시를 해둔 표본(학습 데이터)을 확보해야 한다. 앞에서 제시한 〈표 30.1〉의 데이터처럼 입력 데이터 x_1, x_2도 있어야 하고 그에 대응하는 출력값 y도 있어야 한다. 학습의 목표는 매개변수(가중) w를 찾아 모델이 제시하는 출력값[매개변수 w의 함수이며 $y(w)$로 기록함]과 학습 데이터에서 사전에 설계해둔 출력값(y라 가정)이 최대한 일치하게 만든다.[2] 수학 용어로 표현하면 다음과 같다.

C가 비용함수(*cost function*)라 가정하면 C는 인공신경망에 따라 얻는 출력값(분류 결과)과 실제 훈련 데이터 출력값의 차이를 나타낸다. 예를 들면 $C = \sum (y(w) - y)^2$(즉 유클리드 거리)로 정의할 수 있으며, 학습의 목표는 매개변수 $\hat{w}$를 얻어 다음 공식을 도출하는 것이다.

$$\hat{w} = arg \ min_w \sum [y(w) - y]^2 \qquad (30.5)$$

이제 인공신경망 학습 문제가 최적화 문제로 바뀌었다. 좀 더 쉽게 말하면 중학교 수학의 '최댓값(또는 최솟값) 찾기' 문제다. 최적화 문제를 해결하는 가장 흔한 방법은 경사하강법(*gradient descent*)이다. 이 알고리즘을 상세히 설명하

---

2 '최대한'이라고 한 것은 특정 인공신경망 구조에선 모든 학습 데이터가 모델이 생성하는 출력과 완벽히 부합되도록 하는 매개변수 조합이 존재하지 않는 경우도 있기 때문이다. 머신러닝에선 흔히 있는 현상이다.

려면 너무 많은 지면이 필요하므로 예를 들어 개념만 소개하겠다. 최댓값 찾기 문제[3]는 등산으로 볼 수 있다. 산 정상까지 올라가는 것은 최댓값을 찾은 것에 해당한다(물론 아래로 내려오는 것은 최솟값을 찾은 것에 해당한다). 그러면 어떻게 해야 정상까지 가장 빨리 오를 수 있을까? 경사하강법에선 가장 '가파른' 방향으로 한 걸음 갈 때마다 가장 빨리 정상까지 갈 수 있다고 설명한다.

이제 모든 준비가 끝났다. 학습 데이터가 있고 비용함수 C도 정의했으며, 경사하강법에 따라 비용을 최솟값에 달하게 하는 매개변수를 찾았다. 그러면 인공신경망 학습이 끝난다. 하지만 실제 응용에선 표시된 데이터를 대량 확보할 수 없는 경우가 많다. 따라서 대부분의 경우 어쩔 수 없이 비지도 학습을 통해 인공신경망의 매개변수를 얻는다.

지도 학습과 달리 비지도 학습은 입력 데이터(x)만 있고 대응하는 출력 데이터(y)는 없어 위에서처럼 비용함수 C를 사용할 수 없다. 모델이 생성하는 출력값과 정확한 출력값 사이의 오차가 얼마인지 알 수 없기 때문이다. 따라서 새로운 (그리고 쉽게 계산되는[4]) 비용함수를 정의해야 하며, 그러면 정확한 출력값을 모르는 상황에서 학습된 모델이 좋은지 아닌지를 확정(또는 예상)할 수 있다. 이런 비용함수를 설계하는 것 자체도 어려운 문제라서 인공신경망을 사용하는 연구자는 구체적인 응용 상황에 맞춰 적합한 함수를 찾아야 한다. 하지만 전체적으로 보면 비용함수는 다음 원칙을 따른다. 인공신경망이 해결하려는 것이 분류 문제인 만큼, 우리는 분류가 끝나면 같은 유형 표본(학습 데이터)은 서로 가까워지고 다른 유형 표본은 최대한 멀어지길 바란다. 앞에서 얘기한 다차원 공간의 패턴 분류 문제의 경우, 한 표본점에서 학

---

3 최솟값 찾기 문제도 비슷하다.
4 비용함수의 계산이 간단하지 않은 때도 간혹 있다.

습된 클러스터링 중심(*centroid*)까지의 유클리드 거리 평균값을 비용함수로 삼을 수 있다. 언어 모델의 조건부확률을 추정할 때는 엔트로피를 비용함수로 삼을 수 있다. 비용함수를 정의하면 경사하강법을 사용해 자율적인 매개변수 학습을 진행할 수 있다.

구조가 복잡한 인공신경망의 경우엔 학습 계산량이 방대하고 NP-완전에 해당하므로 머신러닝 전문가들은 갖가지 좋은 근사 방법을 모색한다.

3. 인공신경망과 베이지안 네트워크의 관계

앞에 나온 그림들에서 보았듯이 인공신경망은 베이지안 네트워크와 비슷하다. 〈그림 30.8〉의 유향 그래프는 베이지안 네트워크라고 해도 틀림이 없다. 인공신경망과 베이지안 네트워크는 최소한 다음과 같은 공통점이 있다.

1. 둘 다 유향 그래프다. 각 노드가 취하는 값은 직전 수준의 노드에 의해서만 결정되며, 더 앞쪽의 노드와는 무관하다. 다시 말해 마르코프 가정을 따른다.
2. 앞의 설명에서 알 수 있듯이 학습 방법이 비슷하다.
3. 여러 패턴 분류 문제에 대해 두 방법의 효과가 비슷하다. 다시 말해 인공신경망을 사용해 해결되는 문제는 베이지안 네트워크로도 해결할 수 있으며, 그 반대도 마찬가지다. 하지만 효율은 다를 수 있다. 인공신경망과 베이지안 네트워크를 모두 통계 모델로 보면 두 모델의 정확성도 유사하다.
4. 학습 계산량이 둘 다 방대하다. 인공신경망을 사용하려면 마음의 준비가 필요하다.

반면 인공신경망과 베이지안 네트워크는 다른 점도 꽤 된다.

1. 인공신경망은 구조상 완전히 표준화되어 있지만 베이지안 네트워크는 훨씬 유연하다. 구글 브레인이 인공신경망을 선택한 것은 표준화라는 특징 때문이다.

2. 뉴런 함수는 비선형 함수지만 변수들은 먼저 선형 조합을 한 후 마지막에 한 변수(즉 앞쪽에서 조합된 결과)를 비선형 변환 처리할 수밖에 없다. 그래서 컴퓨터로 구현하는 것이 쉬운 편이다. 베이지안 네트워크에선 변수가 임의 함수로 조합될 수 있어 제한이 전혀 없으며, 유연성이 확보되는 동시에 복잡성도 늘어난다.

3. 베이지안 네트워크는 (문맥) 전후 관련성을 고려하기가 더 쉬우므로 입력된 서열을 풀 수 있다. 음성을 문자로 인식하거나 영어 문장을 중국어로 번역하는 작업이 그 예다. 인공신경망은 출력이 독립적인 편이다. 글자 하나하나를 인식할 순 있지만 서열을 처리하긴 어렵다. 따라서 디코더로서 사용되기보다는 음성인식 중 음향학 모델 매개변수 학습, 기계번역 중 언어 모델 매개변수 학습 등 주로 확률 모델 매개변수 추정에 응용된다.

인공신경망과 베이지안 네트워크의 공통점과 차이점을 이해했으니 여러 머신러닝 수학 툴들은 사실 '하나를 알면 열을 아는' 개념이며, 실제 문제에 따라 가장 편리한 툴을 찾을 수 있음을 알 수 있다.

4. 추가 읽기 구글 브레인

독자 배경지식: 컴퓨터 알고리즘, 수치분석

결론부터 말하자면 구글 브레인은 대규모 병렬 처리용 인공신경망이다. 대규모라는 점 외에 일반 인공신경망과 비교해 또 어떤 강점이 있을까? 이론상으로는 별로 없다. 하지만 '대규모'라는 점 자체가 간단해 보이는 툴을 효과적으로 만들 수 있다. 이를 설명하기 위해 '소규모'에 어떤 문제가 있는지 먼저 살펴보자.

이쯤에서 인공신경망의 역사를 얘기해야 한다. 인공신경망 개념은 1940년대에 시작되었고, 컴퓨터에서 제대로 구현된 것은 1950년대의 일이다. 당시 이미 인공신경망을 이용해 간단한 분류 문제를 해결할 수 있었기 때문에 사람들은 이 간단한 모델이 궁극적으로 '지능을 만들 수 있을까'라는 구상을 했지만, 그런 일은 일어나지 않았다. 1960년대 말 유명한 인공지능 전문가 마빈 민스키가 두 가지 원인을 찾았다.

첫째, (중간층은 없고) 입력·출력층만 있는 (아주 간단한) 인공신경망으로는 아무리 간단하더라도 배타적 논리합(XOR) 연산을 할 수 없다(배타적 논리합은 선형 분리가 가능하지 않기 때문이다).

둘째, 조금 복잡한 인공신경망의 학습 계산량은 당시 컴퓨터가 감당할 수 없는 수준이었고, 단기간에 완성할 수도 없었다.

이 두 원인은 하나로 합칠 수 있다. 인공신경망 규모가 작으면 아무것도 할 수 없고, 규모가 크면 계산량을 감당할 수 없다. 따라서 1970~1980년대에 인공신경망은 십여 년간 외면당했다. 1990년대 초 무어의 법칙(Moore's law)이 제시한 지수함수적 성장률에 따라 컴퓨터 속도와 용량이 수십 배 늘어나면서 컴퓨터 속도가 1960년대 말보다 수만 배 빨라졌고, 과학자와 엔지니어들은 마침내 어느 정도 규모의 인공신경망을 학습시킬 수 있게 되었다. 이런 여건에선 인공신경망을 이용하면 필기체나 소량의 음성은 인식할 수 있지만 딱 그 정도다. 더 큰 문제에 대해선 무력하기 때문에 몇 년 후 인공신경망 기술은 다시 열기가 식었다. 인공신경망의 규모가 진행 가능한 작업을 결정한다는 사실을 알 수 있다.

2010년 이후에는 반도체가 20년간 성장한 덕분에 컴퓨터 프로세서의 계산 능력(1990년대 초에 비해)이 엄청나게 늘어났고, 클라우드 컴퓨팅이 발전하면서 수많은 컴퓨터를 동시 사용하는 것이 가능해졌다. 이런 전제에서 인공신경망을 이용하면 더 큰 일을 할 수 있게 되었지만, 이번 계산 능력의 향상은 지난번(1970~1990년대)과 달랐다. 지난번에는 기본적으로 단일 기계 성능이 향상되면서 계산 능력이 개선되었기 때문에 인공신경망 학습 방법들을 변경할 필요가 없었다. 반면 1990년대부터 현재까지는 절반은 프로세서 성능 향상에 의해, 절반은 여러 프로세서의 병렬 작업에 의해 계산 능력이 개선되었다. 따라서 클라우드 컴퓨팅 수요에 맞추려면 기존 인공신경망 학습 방법을 바꿔야 했다. 구글 브레인은 이런 전제에서 탄생했고, 클라우드 컴퓨팅 병렬 처리 기술을 이용했다는 점에서 혁신을 보여주었다.

구글 브레인은 왜 다른 머신러닝 기술이 아닌 인공신경망을 적용했을까? 세 가지 이유가 있다.

첫째, 이론적으로 보면 인공신경망은 다차원 공간에 여러 형상의 패턴 분류 경계선을 '그릴 수 있어' 보편성이 우수하다.

둘째, 지난 20여 년간 각종 머신러닝 알고리즘이 끊임없이 쏟아져 나왔고 개선되었지만 인공신경망 알고리즘은 매우 안정적이어서 거의 변하지 않았다. 구글은 자체 개발한 컴퓨팅 툴(구글 브레인)을 한 번의 설계로 장기 사용하길 바란다. 그렇지 않고 해마다 개선해야 하는 머신러닝 알고리즘을 사용하면 그에 따라 기본 틀도 바꾸어야 하고, 그 틀을 토대로 개발한 툴도 전부 재개발해야 한다. 그런 툴은 아무리 좋아도 사용할 사람이 없다.

셋째, 머신러닝 알고리즘이라고 해서(예를 들면 베이지안 네트워크) 모두 병렬화가 용이한 것은 아니다. 인공신경망 학습 알고리즘은 상대적으로 단순하고 병렬 구현이 쉽다.

이어서 구글 브레인이 어떻게 구현되는지 살펴보자. 구글 브레인의 학습 알고리즘은 구글 맵리듀스 설계 콘셉트와 비슷한 점이 있으며, 둘 다 분할 정복 알고리즘을 사용했다. 다른 점이 있다면 구글 브레인의 분할 정복 알고리즘이 더 복잡하다는 것이다. 이 점을 설명하기 위해 총 5층으로 구성된 인공신경망을 살펴보자.

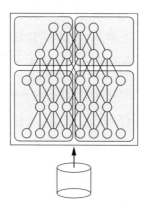

그림 30.10 인공신경망을 네 조각으로 나누어 학습

그림을 너무 복잡하지 않게 하려고 노드 사이의 연결을 많이 생략했다. 이 인공신경망은 학습 복잡도가 매우 크기 때문에 네트워크를 도식적으로 네 부분으로 조각냈다. 아마 구글 브레인에선 수천 조각이 될 것이다. 맵리듀스와 달리 각 조각의 계산이 완전히 독립적이지 않고, 상하좌우 조각들을 고려해야 한다. 처음 조각 개수가 많으면 상호 관련된 총 수는 조각 개수의 제곱과 대략 비례한다. 그러면 조각과 조각 사이의 계산은 복잡해지지만 서버 1대로 해결할 수 없었던 큰 문제를 서버 1대로 끝낼 수 있는 많은 작은 문제로 분해할 수 있다.

구글 브레인은 인공신경망의 매개변수를 병렬 학습시킬 수 있을 뿐 아니라 계산량 감소 측면에서도 두 가지를 개선했다. 첫째는 매회 반복 시 계산량을 줄인 것이다. 구글 브레인은 앞에서 소개한 경사하강법이 아닌 확률적 경사하강법(*stochastic gradient descent*)을 적용했다. 이 알고리즘은 비용함수를 계산할 때 경사하강법처럼 모든 표본을 한 번 계산할 필요 없이, 소량의 데이터를 무작위 추출해 비용함수를 계산하면 되므로 계산량이 크게 줄어든다. 대신 정확성은 조금 희생된다. 구글 브레인은 학습 데이터 양이 크므로 전통적인 경사하강법을 적용하면 반복 시 계산 시간이 너무 길다. 따라서 계산 시간과 정확성의 균형을 맞춘 후 좀 더 빠른 알고리즘을 적용했다.

두 번째는 학습의 반복 횟수를 줄인 것이다. 구글 브레인은 일반 경사하강법보다 수렴이 더 빠른 L-BFGS 방법(*Limited-memory Broyden Fletcher Goldfarb Shanno method*)을 적용했다. 이 방법의 원리는 확률적 경사하강법과 비슷하지만 조금 더 복잡하다. 최종 목표와의 '멀고 가까움'에 따라 반복의 보폭을 조정할 수 있어 적은 횟수의 반복으로도 수렴이 가능하다는 장점이 있다. 그러나 한 번 반복할 때마다 계산량도 조금 늘어난다(2차 도함수를 계산해야 하기 때문이다). 또 L-BFGS 방법은 병렬화하기가 더 쉽다.

이 두 가지 개선에 힘입어 구글 브레인은 계산량이 너무 커 감당할 수 없는 것으로 여겨진 인공신경망 학습 임무를 완수했다.

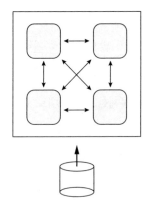

그림 30.11 큰 인공신경망 학습 문제를 분해하면 하위 문제는 주변 문제와만 관계하게 된다.

이어서 구글 브레인의 저장 문제를 살펴보자. 입력부에서만 학습 데이터를 접할 수 있기 때문에 이 데이터들은 입력부 서버 (계산 모듈) 구역에 저장된다. 그런데 각 서버가 매회 반복 학습으로 얻는 모델 매개변수는 한곳으로 수집되고 다음 반복이 시작되기 전에 해당 계산 모듈 서버로 전달된다. 따라서 모델 매개변수들은 〈그림 30.12〉처럼 다른 그룹 서버가 별도로 저장한다.

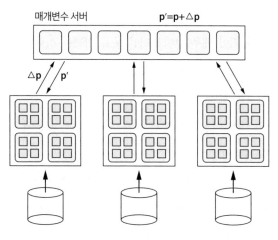

그림 30.12 구글 브레인의 데이터 전송

이상은 구글 브레인의 전체적인 설계 원리였고, 아래는 구글 브레인의 알고리즘이다.

1. 두 가지 임무를 정의한다: 매개변수를 취하고 내보낸다.

2. 서버 n대에 다음 단계를 반복한다.

　[// 순환 시작

　3. - 매개변수 얻기, 데이터 취하기

　4. - 비용함수의 경사 계산

5. - 보폭 계산

6. - 새로운 매개변수 계산

7. - 새로운 매개변수 내보내기

] // 순환 종료

5. 갈무리하며

인공신경망은 형식이 매우 간단하지만 분류 기능이 강력한 머신러닝 툴로, 수학의 단순한 묘미를 다시금 느낄 수 있다. 실생활에서 진짜 통용할 수 있는 툴은 형식이 간단해야 한다.

인공신경망은 다른 머신러닝 툴과 관계가 밀접하기 때문에 하나를 익히면 많은 것을 얻을 수 있다.

구글 브레인은 뭐든 생각할 수 있는 뇌가 아니라 계산 능력이 출중한 인공신경망이다. 따라서 구글 브레인이 똑똑하다기보다는 계산을 잘한다고 표현하는 것이 맞다. 관점을 달리해서 보면, 계산 능력이 계속 향상되었기에 계산량은 커져도 간단한 수학으로 복잡한 문제를 해결하게 된 것이다.

빅데이터의 위력 - 데이터의 중요성

31장

지난 40년간 전 세계 IT 산업 발전을 주도한 것이 무어의 법칙이었다면,
향후 20년간 IT 업계의 지속적 발전을 주도할 동력은 데이터에서 나온다.

19장에서 수학 모델의 중요성을 설명하며 천문학자 케플러의 성공은 많은 부분 그의 스승 티코 브라헤가 수집한 많은 천문 관측 데이터 덕분이라는 얘기를 했다. 모델과 마찬가지로 데이터도 중요하지만, 사람들은 오랫동안 데이터의 역할을 저평가했다. 누군가 새로운 모델을 제안하거나 새롭고 효과적인 알고리즘을 연구하면, 쉽게 동료들의 인정을 받고 중대한 발견이나 획기적인 공헌으로 대우받는다(공헌의 정도에 달려 있긴 하지만). 한편 10년 전에는 데이터를 확보하거나 처리하기 위해 매일 지루한 계산을 반복해도, 사람들을 흥분시키거나 성취감을 얻을 수 없었고, 데이터를 통해 연구 성과를 내도 논문을 발표하기 어려웠다. 그래서 학술 분야 사람들은 방법을 중시하면서도

데이터는 경시하는 경향이 있다.

그러나 인터넷이 발전하면서, 특히 클라우드 컴퓨터가 발전하고 점차 보급되면서 상황이 바뀌었다. 컴퓨터의 데이터 확보, 저장 및 처리 능력이 빠르게 업그레이드되면서 사람들은 점차 많은 데이터에서 기존에 찾지 못했던 규칙성을 발견하기 시작했고, 이에 따라 여러 과학 연구 및 공학 분야(음성인식, 자연어 처리, 기계번역 등 컴퓨팅 기술을 위주로 하는 분야와 바이오, 제약, 의료, 공공보건 등 정보기술과 무관해 보이지만 관련이 많은 분야)는 전에 상상하지 못했던 진보를 이뤘다. 데이터의 중요성을 인식하는 사람이 갈수록 많아지면서 데이터의 중요성은 전무후무한 수준까지 높아졌다. 2010년부터 여러 매체에서 '빅데이터'라는 개념이 빈번히 등장했다. 빅데이터가 뭘까? 또 한 번의 개념 띄우기인가? 전에 사람들이 말했던 '대량의 데이터'와 같은 것인가? 그렇지 않다면 두 개념은 어떤 연관성이 있을까? 이것들은 빅데이터를 얘기할 때면 모두들 자연스레 떠올리는 문제이고, 이번 장에서 대답해야 할 문제이기도 하다. 하지만 이 문제에 대답하기 전에 먼저 데이터의 중요성에 대해 얘기하고 빅데이터가 몰고 온, 그리고 곧 몰고 올 기적을 살펴보자. 이 내용을 읽고 나면 위 문제에 대한 답을 찾을 수 있을 것이라 생각한다.

1. 데이터의 중요성

데이터는 우리의 일생과 동행한다고 말할 수 있다. 그러면 데이터란 무엇인가? 데이터는 숫자라고 생각하는 사람이 많다. 흔히 말하는 실험 데이터, 통계 데이터는 숫자 형태로 표현되지만, 이것은 좁은 의미의 데이터일 뿐이다. 데이터에 정보와 기밀도 포함된다고 생각하는 사람도 있다. 이를테면 우리가 자주 언급하는 단어인 데이터베이스는 일정한 양식에 부합하는 정보를 한데 모은 것이다. 데이터베이스의 데이터는 이름, 나이, 연락처, 학력, 경력 등 한 기관 내 모든 구성원의 기본 현황(문자 정보)일 수 있으며, 그러면 이미 숫자의 범주를 넘어선다. 데이터의 의미를 더 넓게 보는 사람도 있다. 인터넷의 모든 내용, 파일 자료, 설계도면, 진료 기록, 영상자료 등 임의 형태의 정보가 포함된다. 이것은 넓은 의미의 데이터다. 이번 장에서 우리가 얘기하고자 하는 것은 이 모든 것을 포함하는 광의의 데이터다.

어떤 의미에서 보면 인류 문명의 진보는 데이터의 수집, 처리, 정리를 통해 이루어졌다. 선사시대에 우리 조상은 사실을 기록할 매체 도구를 아직 발명하지 않았을 때부터 이미 데이터를 사용했다. 중국 상고시대 전설에 복희팔괘(伏羲八卦) 이야기가 있다. 중국 상고 시대 3황(三皇) 중 하나인 복희씨는 염제(炎帝), 황제(黃帝)보다도 시기적으로 이른 인물이다. 한 사람이 아니라 한 부락을 대표한다는 의견도 있는데 이는 중요하지 않다. 복희씨는 팔괘를 발명해 미래의 길흉을 예측했다고 한다. 복희의 팔괘 예측이 정확했는지 여부는 여기에선 논하지 않겠지만, 상고 시대 사람들이 여러 조건(사실상 입력 데이터)에 따라 미래의 길흉을 8가지 또는 64가지 가능한 결과(출력 데이터)로 귀납했다는 것을 알 수 있다. 미래의 길흉을 왜 이렇게 분류했고, 사람들은 왜 그걸 믿었을까?(나는 그다지 믿지 않지만) 사람들은 예전에 듣고 본 일(데이터)이 귀납적 분류의 정확성을 증명한다고 생각했기 때문이다.

전쟁에 나가기 전에 날씨가 좋지 않으면 전쟁이 순조롭지 않을 가능성이 컸고, 이런 일(데이터)이 후대에 전해지면서 사람들은 날씨(시기)와 전쟁 출정 결과를 연결 짓고 괘상(卦象)을 통해 추상적으로 설명했다. 농경문명 시대에 이르러 언제 파종을 시작하고 언제 수확할 수 있는지 등 옛날의 생활 경험들은 '데이터'에서 파악되는 경우가 많았다. 다만 당시엔 문자가 아직 없거나 글자를 아는 사람이 별로 없어 대대손손 입으로 전할 수밖에 없었다. 서양에도 비슷한 경험 전수 사례가 있다. 성경에는 7년 풍년 후 7년 흉년에 관한 이야기가 나오는데 기후 현상을 대충 통계 낸 것이고, 그 근거는 데이터다.

르네상스 이후 근대 자연과학이 꽃을 피우고 빠르게 발전하면서 분야를 막론하고 학자들의 중요한 업무는 실험이었다. 그리고 실험을 하는 목적은 데이터를 수집하는 것이었다. 과학 발명은 데이터를 통해 결론을 도출하거나 입증해야 하기 때문이다. 갈릴레오 갈릴레이, 티코 브라헤, 퀴리 부인 등 세계에서 유명한 과학자들은 평생에 걸쳐 실험을 하고 데이터를 수집했다. 갈릴레이와 거의 동시대 인물인 중국 의학자 이시진(李時珍)이 집필한 의학 분야의 거작 《본초강목(本草綱目)》도 사실 약물 데이터를 귀납해 정리한 것이다. 하지만 인터넷이 보급되기 전까지 전 세계의 데이터 양(오늘날 기준으로 볼 때)은 그리 크지 않았고, 이는 과거 사람들이 데이터의 중요성을 무시한 이유 중 하나일 것이다.

데이터의 중요성은 과학 연구뿐 아니라 우리 생활 곳곳에 스며들어 있다. 구글 내부에 제품 매니저들이 따르는 규칙이 하나 있다. 데이터가 없으면 어떤 결론도 내지 않는다는 것이다. 일상적 느낌과 데이터가 제시하는 결론이 상반된 경우가 많기 때문에 데이터로 풀지 않으면 성공할 확률이 훨씬 적어진다. 우리가 상상하는 결론과 실제 데이터가 얼마나 차이가 나는지 몇 가지 예를 통해 살펴보자.

첫 번째 예는 기본적 사실에 관한 것이다.

세계에서 인구가 가장 많은 10개 도시(외곽 지역은 제외)는 어디일까? 10여 명에게 이 질문을 했더니 상하이, 충칭, 베이징, 뭄바이 등(중국, 인도처럼 인구 대국의 대도시) 또는 도쿄, 뉴욕, 파리 등 세계 유명 도시라고 대답했다. 사실 상하이, 베이징, 뉴욕, 도쿄, 델리 등을 제외하고 세계에서 인구가 가장 많은 10개 도시 중 4곳 정도는 일반인이 잘 떠올리지 못한다. 월드아틀라스(worldatlas) 사이트[1]에서 2018년 세계 각국 인구 조사 결과를 종합해, 아래 표와 같이 세계에서 인구가 가장 많은 10개 도시를 제시했다.

순위	도시	국가	도시 인구
1	도쿄	일본	38,001,000
2	델리	인도	25,703,168
3	상하이	중국	23,740,778
4	상파울루	브라질	21,066,245
5	뭄바이	인도	21,042,538
6	멕시코시티	멕시코	20,998,543
7	베이징	중국	20,383,994
8	오사카	일본	20,237,645
9	카이로	이집트	18,771,769
10	뉴욕	미국	18,593,220
⋮	⋮	⋮	⋮
32	서울	한국	9,773,746

표 31.1 세계에서 인구가 가장 많은 도시(2018년)

상파울루, 멕시코시티, 오사카, 카이로는 데이터를 보지 않으면 인구 밀집 도시임을 알기 어려운 곳이다.

두 번째 예는 우리가 모르는 사건을 추측할 때 편차가 얼마나 큰지 보여준다.

전 텐센트 검색광고팀 최고 책임자 옌웨이펑(顔偉鵬) 박사가 사람들에게 이런 질문을 한 적이 있다. "중국 주요 인터넷 포털 사이트(시나닷컴, 텐센트, 소후닷컴, 넷이즈 포함) 첫 페이지에 3cm×5cm 게임 광고를 게재하면 게임업체는

---

1 http://www.worldatlas.com/citypops.htm#UaZ9m5WjJFl

클릭 한 번을 유도하기 위해 평균 얼마의 광고비를 지불해야 할까요?" 10위 안, 30위안, 50위안이라 대답한 사람이 많았지만, 광고 경험이 어느 정도 있었던 나는 대담하게 100위안이라 추측했다. 옌웨이펑의 말에 따르면 실제로 1,000위안 이상이었고(클릭률이 너무 낮아 10,000분의 1 미만이고 무의식적으로 클릭한 경우도 있으므로), 따라서 이런 광고는 기본적으로 효과가 없다. 기업 마케팅 팀 입장에선 이런 데이터가 매우 유용하다.

세 번째는 사람들이 데이터를 보기 전엔 스스로를 고평가하는 경향이 있거나 일의 부정적 영향은 경시하고 긍정적 효과는 과장하는 성향을 보여주는 예다.

내가 알기론 수입이 안정적인 계층 중 30~50%는 스스로 주식 투자를 하고, 그중 남성 비율이 더 높다. 그러나 통계에 따르면 개인 투자자의 95%는 결국 지수 상승세를 따라가지 못하고 50~70%의 단기 투자자는 손해를 보는 것으로 나타났다. 내 주변 동료와 친구 들은 아이큐와 학력이 낮지 않지만 투자 실적은 이 데이터보다 낮지 않다. 그들에게 왜 이렇게 고생만 하고 좋은 결과는 얻지 못하는 일을 하느냐고 물었더니 '그냥 노는 거지'라며 멋쩍게 변명하는 몇 명을 빼고 대부분은 누가 주식을 사서 돈을 벌었기에 자기도 한번 해보는 거라고 대답했다. 게다가 주식시장에서 돈을 버는 게 쉬운 것처럼 자신의 주식 투자 실력에 꽤 자신감이 있었다. 사람들은 주위에서 주식 투자로 돈을 번 사례를 내놓곤 하지만, 통계 데이터를 보면 그와 상반된 결론을 쉽게 얻을 수 있다. 데이터의 지원이 없는 의사결정은 부정확한 경우가 많으며, 사람들 마음속에서 몇몇 성공 사례의 영향이 확대되고 리스크는 축소되는 것을 알 수 있다. 이 예는 개별 데이터(개별 사례)와 대량 데이터의 차이를 반영한다.

이어서 나는 몇몇 사람에게 직업 투자자가 관리하는 펀드가 주식 시세(주가지수)보다 더 좋은 수익을 가져다줄 수 있다고 믿는지 물었다. 거의 모두가 그렇게 믿지만 사실 장기적으론 70%(때로는 90%)의 펀드가 주가지수보다 실적이 나쁘다. 이 결론을 보고 다들 굉장히 의외라고 느꼈지만 사실이 그렇다. 이 예를 통해 상상과 현실은 차이가 크며, 충분한 데이터를 확보하기 전엔 올바른 판단을 내릴 수 없음을 알 수 있다.

말이 나온 김에 덧붙이면, 개인이든 펀드든 주식 시세보다 실적이 좋지 않으면, 돈은 대체 어디로 가는 걸까? 답은 간단하다. 거래수수료와 각종 세금(인지세, 미국 주식투자 소득세[2] 등)으로 수익 중 많은 부분이 떼이고, 펀드매니저도 관리수수료로 큰 부분을 가져간다. 동적으로 관리하는 펀드의 1년 관리비용이 2%(통상 수수료)라면, 그리 높아 보이지 않지만 30~40년이 지나면 이익의 절반[3] 정도를 가져가는 것이다. 어찌 보면 주식시장은 제로섬 게임이다. 증권감독관리위원회 직원, 거래소 직원의 급여와 각종 사치스러운 사무 환경을 다 자체적으로 창출해야 하고, 펀드매니저가 모는 호화 자동차, 거주하는 호화 주택도 다 투자자의 돈이다. 따라서 개인 투자자가 정말 '데이터를 가지고 말할 수 있다면' 인덱스 펀드를 사라는 투자 의사결정 지침 하나만 따르면 된다. 물론 이건 내가 발명한 것이 아니고 투자 분야의 유명한 경제학자 윌리엄 샤프(William F. Sharpe)와 버턴 말키엘(Burton G. Malkiel) 등이 강조하는 내용이다.

이렇게 여담을 길게 늘어놓은 것은 한 가지 사실을 강조하기 위해서다. 데이터는 과학 연구뿐 아니라 생활 곳곳에서 모두 중요하므로, 일상에서 의사

---

[2] 중국에는 이런 세금이 없다.
[3] 관리수수료와 거래비용이 원금의 2%를 차지하는 경우, 1년 투자수익률 8%에서 6%만 남는다. 많이 준 것 같지 않지만 35년을 지속하면 수익률은 절반이 된다. 8%로 계산하면 35년간 총 수익률은 1,278%이지만 같은 기간에 거둔 수익은 668%에 불과하기 때문이다.

결정의 근거로 삼아야 한다.

2. 데이터 통계와 정보기술

데이터가 생긴 후 데이터를 어떻게 과학적으로 사용할 것인가에 대해서는 통계학이란 응용과학을 활용해야 한다. 요즘 대학들은 비수학 전공에서 확률과 통계를 한 과목으로 묶어 가르치는 곳이 많다. 하지만 확률론과 통계학은 관계가 밀접하긴 해도 독립적으로 발전했다. 확률론은 무작위 현상의 수적 규칙을 연구하는 수학의 분과다. 통계학은 데이터 검색, 정리, 분석을 통해 대상의 본질을 추정하고 대상의 미래까지 예측하는 종합적 성격의 과학이다. 앞에서 확률론이 여러 정보기술 분야에 응용되는 내용을 소개했는데, 그 확률 모델을 확보하려면 통계에 의존해야 한다.

통계는 데이터 양이 충분해야 한다. 3장 '통계언어 모델'에서 얘기했듯이 언어 모델의 모든 매개변수(확률)를 추측하려면 '충분히 많은' 언어자료가 필요하며, 그래야 결과가 유의미하다. 그러면 통계량이 왜 충분히 많아야 할까? 다음 예를 살펴보자.

대학교에서 하루에 교문을 지나는 인원수를 세어보니 남자 543명과 여자 386명이었다고 하면, 이를 근거로 '이 학교는 남자가 여자보다 조금 더 많다'는 결론을 내릴 수 있다. 물론 남자와 여자의 비율이 543:386이라고 단언할 순 없다. 통계는 무작위성이 있고 오차도 있기 때문이다. '그 정도 비율일 것이다'라거나 '남녀 비율이 6:4 정도 된다' 등으로 말할 수 있다. 이 학교에서 남자와 여자 모두 빈번하게 교문을 출입하고 표본 900여 개를 통계 내 이런 결론을 얻었으면, 이에 이의를 제기할 사람은 별로 없을 것이다.

그러나 상황을 바꾸면 결과가 달라진다. 아침 일찍 일어나 교문에 가서 2분

간 쪼그리고 앉아 있으면서 여
자 3명과 남자 1명이 드나드
는 것을 보고 이 학교 학생의
4분의 3이 여자라는 결론을
냈다면 사람들이 받아들일
리 없다. 통계가 부정확하고
우연의 일치일 가능성이 높기
때문이다. 날짜나 시간대를

그림 31.1 교문 출입 인원수가 적으면 행인의 성별 비율에 따라 학
생 성별 비율을 추측할 수 없다.

바꿔 갔는데 2분 동안 교문을 드나드는 4명이 여자는 없고 전부 남자인 경
우도 '이 학교에는 남자만 있다'고 결론 낼 수 없다. 이 경우 통계 표본이 수
적으로 불충분하므로 통계 수치에 아무런 의미가 없다는 점에 대부분 독자
들이 동의할 것이다. '통계 결과를 내는 데 얼마나 많은 데이터가 필요한가'(이
문제에선 확률 추정)라고 물어야 정확하며, 이를 위해선 정량분석이 필요하다.

100여 년 전 러시아 수학자 파프누티 체비쇼프(*Pafnuty Lvovich Chebyshev,*
1821~1894)는 아래와 같은 부등식을 제시했고, 이를 체비쇼프 부등식이라고
한다.

$$P(|\tilde{X} - E(X)| \geq \varepsilon) < \frac{\sigma^2}{n\varepsilon^2}$$

(31.1)

여기에서 X는 확률변수, $E(X)$는 이 변수의 수학 기댓값, n은 실험 횟수(또
는 표본 수), ε은 오차, σ는 분산이다. 이 공식은 표본 수가 충분히 많으면 확
률변수(예를 들면 교문을 출입하는 남녀 비율)와 그 수학 기댓값(예를 들면 학교의 남
녀 비율) 사이의 오차가 임의로 작을(*arbitrarily small*) 수 있음을 의미한다.

체비쇼프 부등식을 우리 예에 응용해 이 학교의 남녀 비율이 약 6:4라고

가정하면, 얼마나 많은 표본을 모아야 오차 5% 이하(즉 신뢰도 95%)의 정확한 추정을 얻을 수 있을까? 공식 〈31.1〉로 유추하면 그 수치가 약 800으로 산출된다. 즉 교문을 출입하는 사람을 800명 이상 봐야 한다. 이와 비슷하게 중국어에서 바이그램 모델 함수 P(날씨|베이징)을 정확히 추정하려면, 그 조건부확률이 1% 정도라 가정할 때 '베이징 날씨'라는 2-튜플이 약 50번 이상, 즉 '베이징'이 5,000번 이상 나와야 한다. 텍스트에서 '베이징'이 나올 확률이 약 1,000분의 1이면 적어도 500만 단어가 있는 코퍼스가 있어야 P(날씨|베이징)이라는 조건부확률을 비교적 정확하게 추정할 수 있다. '베이징'과 '날씨'는 둘 다 상용어로 표본에 자주 등장한다. 자주 나오지 않는 단어의 경우엔 충분한 횟수의 표본을 얻으려면 아주 많은 언어자료가 있어야 한다. 정보처리에서 확률 문제들은 모두 많은 데이터의 지원이 필요하다. 따라서 데이터는 정보처리의 원자재라 할 수 있다.

충분한 데이터 양 외에도 통계는 표본으로 추출하는 데이터가 대표성을 띠어야 한다. 데이터 양이 충분히 많지 않은데도 통계 결과가 정확한 경우도 있다. 통계에 사용하는 데이터는 통계 내려는 목표와 일치해야 한다. 이 점을 설명하기 위해 통계 데이터는 많은데 정확한 추정을 얻지 못하는 사례를 살펴보자.

1936년 미국 대통령 선거 전날, 당시 유명 잡지 《리터러리 다이제스트(The Literary Digest)》는 공화당 후보 앨프리드 랜던(Alfred Landon)이 당선될 것이라 예측했다. 그 전에 《리터러리 다이제스트》는 연속 4번이나 대선 결과 예측에 성공했고, 이번에는 그 전보다 훨씬 많은 설문지 240만 부[4]를 회수해 통계량이 충분했으므로 대중도 잡지사의 예측을 신뢰했다. 그런데 당시 인지도가

높지 않은 신문방송학 교수(겸 통계학자) 조지 갤럽(*George Gallup*)은 대선 결과에 상반된 의견을 내놨다. 갤럽은 5만 명의 의견을 통계 내 민주당 후보 루스벨트가 연임에 성공할 것이라는 결론을 얻었다. 대선 결과가 나왔고, 소량 표본을 채택한 갤럽의 판단이 옳았다. 당황한 대중에게 갤럽은 그 원인을 설명했다. 《리터러리 다이제스트》의 통계는 표본 수는 많았지만 대표성이 없었다. 조사원들은 잡지 구독자, 차량 소유주, 전화번호부상의 주소로 설문지를 발송했는데 그해 미국에서 전화를 설치한 가정은 절반밖에 안 됐고, 자동차를 구입한 가정은 더 적었다. 수입이 높은 편인 이런 가정은 대부분 공화당을 지지했다. 반면 갤럽은 통계 표본을 설계할 때 미국 유권자의 인종, 나이, 소득 등 여러 요소를 고려해, 표본은 5만 개뿐이었지만 대표성이 더 강했다. 통계 표본 대표성의 중요성을 설명하는 사례다.

그러나 대표성을 띠는 표본을 설계하기란 말처럼 쉽지 않다. 이야기는 여기에서 끝나지 않았다. 1936년 대선 예측으로 갤럽은 하룻밤 새에 유명해졌고 지금까지도 가장 권위 있는 여론조사 전문업체 갤럽으로 이어졌다. 그 이후 갤럽 사는 1940년과 1944년 두 차례에 걸쳐 대선 결과를 성공적으로 예측했다. 1948년 말 미국 대선 전날, 갤럽은 자체 결론이 꽤 정확하다 판단하고 공화당 후보 토머스 듀이가 당시 대통령이자 민주당 후보인 트루먼에게 압승할 것이라 발표했다. 갤럽 사는 3번이나 예측이 적중한 전적이 있기에 대선 전 많은 사람이 이 예측 결과를 믿었다. 그러나 대선 결과 트루먼이 대승을 거뒀다. 이 결과에 사람들은 몹시 놀랐고 갤럽 사의 여론조사 방법에 의문을 품었다. 갤럽 사는 유권자의 소득, 성별, 인종, 나이 등의 요소는 고려했지만 이 외에 다른 요소나 이 요소들의 조합은 고려하지 않았다.

물론 데이터가 대표성을 띠고 통계량도 충분하다면 그 데이터를 통해 얻는 통계 결과는 업무에 매우 큰 가이드라인이 되고 제품 품질 향상에도 큰 도움이 된다. 요즘 IT 업계의 경쟁은 데이터 경쟁이 되었다 해도 과언이 아니다.

웹페이지 검색 분야의 경쟁을 먼저 살펴보자. 대부분 사람들이 구글 검색이 마이크로소프트의 빙(Bing)보다 (품질상) 조금 낫다고 생각하는 것은 구글의 알고리즘이 좋기 때문이다. 2010년 이전에는 이런 생각이 맞았다. 당시 빙검색은 기술 및 공학 측면에서 확실히 구글보다 뒤졌다. 하지만 현재 두 기업은 기술상 격차가 별로 없어졌다. 구글이 살짝 우위를 점하고 있으나, 이는 제품 설계가 조금 더 좋은 것도 있지만 대부분은 데이터 파워 덕분이다. 지금의 검색엔진은 2000년에 비해 아주 큰 차이점이 있다. 당시엔 검색 알고리즘이 성숙하지 못해 알고리즘에서 한 군데를 개선하면 뚜렷한 효과를 봤다. 이를테면 검색 정확도가 5% 이상 향상됐다. 하지만 지금은 잘 알지도 못하는 방법 하나만으로는 정확도를 1% 포인트도 올릴 수 없다. 전 세계에 서비스를 제공하는 구글과 빙, 중국의 바이두와 소소, 소후닷컴까지 현재 모든 검색엔진은 흔한 질문에 다들 양호한 결과를 제공한다. 검색엔진들의 차이는 흔하지 않은 질문에서나 드러나고, 검색 질문의 품질 향상은 실제로 대량 데이터를 통해 이뤄진다. 따라서 데이터는 검색엔진의 우수성을 결정하는 첫 번째 요소이고, 알고리즘은 그다음이다.

검색에 사용하는 여러 데이터 중 가장 중요한 것은 웹페이지 자체 데이터와 사용자가 클릭하는 데이터다. 검색엔진이 잘나가려면 웹페이지 데이터가 완비되어야 한다. 다시 말해 색인 데이터 양이 크고 내용이 새로워야 한다. 아무리 솜씨 좋은 주부라도 쌀이 없으면 밥을 지을 수 없는 법이므로, 쉽게 이해가 가는 부분이다. 공학적으로 보면 이것은 큰돈이 들어가는 일이다. 충분한 인력(엔지니어)과 서버만 투입하면 가능하다.

그러나 웹페이지 데이터만 가지고는 불충분하며, 클릭 데이터도 대량으로 필요하다. 즉 여러 검색 키워드에 대해 대부분 사용자가 어떤 검색 결과(웹페이지)를 클릭하는지 알아야 한다. 예를 들어 '로봇'이란 질문에 대해 웹페이지 A 클릭 수는 21,000, B 클릭 수는 5,000, C 클릭 수는 1,000……인 경우, 이 클릭 데이터를 근거로 확률 모델을 학습시켜 검색 결과 정렬 순서(즉 A, B, C……의 순서)를 결정한다. 이 모델의 검색 알고리즘을 '클릭 모델'이라고 하며, 통계 수가 충분하면 클릭 수를 근거로 결정하는 순위 정렬은 매우 정확하다. 클릭 모델은 현재 검색 순위 정렬 시 최소 60~80%의 가중치[5]에 기여한다. 다시 말해 검색 알고리즘의 다른 모든 요소를 합해도 클릭 모델이 더 중요하다.

이 클릭 데이터를 확보하기 위해 검색엔진들은 개통 처음부터 사용자의 매회 검색 로그(log)를 기록해 사용자 클릭 데이터를 수집한다. 아쉽게도 클릭 데이터 축적은 긴 과정이라 웹페이지 다운로드처럼 자금을 투자해 단기간에 끝낼 수 있는 일이 아니다. '피카소의 초기 작품 소개'처럼 그다지 흔하지 않은 검색(보통 롱테일 검색이라고 한다)은 오랜 시간을 들여 '충분히 많은 데이터'를 수집해 모델을 학습시킬 수 있다. 검색 결과의 시의성을 감안하면 시장점유율이 적은 검색엔진은 질문 내용의 인기가 떨어지기 전에 그리 많은 통계 데이터를 모으지 못하는 경우도 있다. 그래서 이런 검색엔진들은 클릭 모델이 부정확하다. 마이크로소프트의 검색엔진이 오랫동안 구글을 넘지 못한 주원인이 바로 여기에 있다. 마찬가지로 중국에선 바이두에 비해 소후닷컴, 소소와 유다오(有道, youdao.com)는 시장점유율 격차가 크고 검색량이 미미해 효과적인 클릭 모델을 학습시키기 어렵다. 그러다 보니 검색 업계에선 검색량이 부족한 검색엔진은 사용자 클릭 데이터 양 부족으로 검색 품질이 점점 떨어지고, 품질이 좋은 검색엔진은 데이터 양이 많아 점점 좋아지는 마태 효과

---

5 검색엔진별 클릭 모델 의존도는 차이가 있지만 가중치는 모두 60% 이상이다.

(*Matthew effect*)[6] 가 나타났다.

물론 뒤늦게 검색 시장에 진입한 후발주자도 앉아서 죽기만 기다리진 않는다. 이들은 다른 방법을 취해 빠르게 데이터를 확보할 수 있다. 첫 번째 방법은 트래픽 인수다. 마이크로소프트는 야후 검색을 인수한 후 원래 구글의 10% 정도였던 검색량이 20~30%까지 올랐고, 클릭 모델이 추정하는 순위 정렬도 많이 정확해지며 검색 품질이 빠르게 향상되었다. 그러나 이 정도로는 부족하기 때문에 일부 기업은 툴바(*toolbar*), 브라우저나 입력법으로 사용자의 클릭 행위를 수집하는 등 더 급진적인 방법을 생각한다. 이런 방법은 사용자가 해당 기업의 검색엔진을 사용하는 클릭 데이터뿐 아니라 다른 검색엔진을 사용하는 데이터도 수집할 수 있다는 장점이 있다. 그러면 한 기업이 브라우저 시장에서 큰 점유율을 차지하는 경우 검색량이 적어도 대량의 데이터를 수집할 수 있다. 이런 데이터를 확보하면, 특히 더 좋은 검색엔진의 사용자 클릭 데이터를 확보하면 검색엔진 기업은 롱테일 검색 품질을 더 빨리 개선할 수 있다. 물론 빙의 방법은 구글 검색 결과를 '베끼는' 것이라 지탄하는 사람도 있지만, 사실 직접 베끼는 것은 아니고 구글의 결과를 빌려 자사 클릭 모델을 개선하는 것이다. 중국 시장도 마찬가지다. 따라서 검색 품질 경쟁이 브라우저나 기타 고객 소프트웨어 시장점유율 경쟁으로 바뀌었다.

물론 정보처리에 대한 데이터 지원은 검색 품질이라는 특정 제품 지표에만 국한되지 않고, 보편적 의미를 지닌다. 두 가지 예를 더 살펴보자. 구글이 대량 데이터로 기계번역과 음성인식의 품질을 향상한 사례다.

2005년 전 세계 자연어 처리 종사자들을 놀라게 한 사건이 있었다. 기계번

---

6 미국 사회학자 로버트 머튼이 처음 제기한 용어로 똑같은 연구 성과를 내고도 유명한 과학자들이 무명의 과학자들보다 더 많이 보상받는 현실을 비판했다. 마태복음 25장 29절 "무릇 있는 자는 받아 넉넉하게 되되, 없는 자는 그 있는 것도 빼앗기리라"라는 '부익부 빈익빈'을 의미한다.

역을 한 번도 해보지 않은 구글은 세계적으로 유명한 기계번역 전문가 프란츠 오크(Franz Och)를 초빙하고 1년 반 만에 당시 세계 최고의 기계번역 시스템을 개발했고, 미국표준기술연구소(NIST)의 연도별 평가 결과에서 이 시스템은 동종 시스템보다 훨씬 앞서갔다. 아랍어의 영어 번역 비공개 테스트에서 구글 시스템의 BLEU 점수[7]는 51.31%로 2위보다 약 5% 포인트나 앞섰다. 예전에는 5% 포인트를 올리려면 5~10년간의 연구가 필요했다. 공개 테스트에서 구글은 51.37%를 받아 2위보다 17% 포인트나 앞섰다. 사람으로 치면 한 세대를 앞선 수준이었다. 중국어의 영어 번역에서도 구글의 우위가 뚜렷했다. 아래 표는 2005년 NIST 평가 결과다.

아랍어→영어 번역

비공개 테스트 시리즈

구글	51.31%
서던캘리포니아대학교	46.57%
IBM 왓슨연구소	46.46%
메릴랜드대학교	44.97%
존스홉킨스대학교	43.48%
……	
시스트란	10.79%

공개 테스트 시리즈

구글	51.37%
SAKHR사	34.03%
미군 ARL연구소	22.57%

---

7 기계번역 품질을 측정하는 객관적 점수 기준. 일반적으로 사람이 정확히 번역한 품질의 점수는 50~60%다.

중국어→영어 번역

비공개 테스트 시리즈

구글	35.31%
서던캘리포니아대학교	30.73%
메릴랜드대학교	30.00%
독일 아헨공대	29.37%
존스홉킨스대학교	28.27%
IBM	25.71%
……	
시스트란	14.71%

공개 테스트 시리즈

구글	35.16%
중국과학원	12.93%
하얼빈공업대학교	7.97%

표 31.2 NIST의 기계번역 시스템 평가 결과(2005년)[8]

   모두들 놀란 나머지 오크가 어떻게 이런 시스템을 개발했는지 궁금해했다. 오크는 세계 일류 전문가이고 독일 아헨공과대학교와 미국 서던캘리포니아대학교 ISI 연구소에서 우수한 기계번역 시스템 2개를 개발하긴 했지만, 구글에서 일한 시간은 길지 않았다. 기존에 만든 시스템을 다시 한번 구현할 정도의 시간밖에 없었고, 추가로 새로운 연구를 할 시간은 전혀 없었다. 평가 결과가 나온 후 평가에 참여한 모든 기관은 자신의 방법을 교류한다는 NIST 규정에 따라, 이해 7월 여러 분야 학자들이 미국 버지니아주 NIST 본사를 방문해 교류를 나눴다. 모두들 구글의 발표를 기대했고, 구글이 어떤 비밀 무기를 가지고 있는지 궁금해했다.

   오크의 비결은 한마디로 말해 '값어치가 없었다'. 오크는 2년 전 방법을 쓰

---

8   자료 출처: NIST 웹사이트(http://www.itl.nist.gov/iad/mig/tests/mt/2005).

면서도 다른 연구기관보다 수천, 심지어 수만 배의 데이터를 사용해 헥사그램(hexagram) 모델을 훈련시켰다. 앞에서 얘기했듯이 N그램 모델의 각 조건부 확률(매개변수)을 정확히 추정하려면 충분히 많은 데이터가 있어야 한다. N이 커질수록 필요한 데이터 양도 많아지며, 일반적으로 N은 3을 초과하지 않는다. 2000년에 들어선 이후 일부 연구기관은 테트라그램 모델을 훈련해 사용할 수 있었지만, 그뿐이었다. 데이터를 2~3배 더 사용하면 기계번역 결과가 좀 더 좋긴 하겠지만 아주 많이 좋아지진 않는다. 데이터를 10배 더 사용하면 결과가 1% 포인트 정도 좋아질 수 있을지 모르겠다. 그러나 오크는 다른 사람보다 수만 배의 데이터를 사용했고, 양적 변화가 쌓이니 질적 변화가 일어났다. 문법 규칙을 사용해 기계번역을 하는 전문업체 시스트란 사는 과학자들이 통계 방법을 사용한 기계번역에 대해 파악하기도 전에 기계번역 분야에서 세계 선두주자였다. 하지만 지금은 데이터가 주도하는 통계 모델을 적용하는 번역 시스템에 비해 시스트란 사의 번역 시스템은 매우 뒤처지는 듯하다.

두 번째는 음성인식에 관한 사례다. 피터 노빅 박사의 통계에 따르면 1995~2005년 음성인식 오류율(자유로운 구어체)이 약 40%에서 20~25%로 떨어지며 눈에 띄게 개선되었다. 그중 30%는 방법이 개선된 덕분이고 70%는 대량의 데이터 덕분이다. 2004년 구글은 세계적으로 유명한 음성인식 업체 뉘앙스의 창립자 마이클 코헨(Michael Cohen)을 초빙해 음성인식 시스템 개발을 맡겼다. 마이클 코헨은 곧바로 과학자와 엔지니어 십여 명을 이끌고 Google-411이라는 전화 음성

사진 31.1 노스캐롤라이나주 구글 데이터센터. 케이스 하나의 저장량이 미국 국회도서관에 소장된 문자 내용보다 많다.

인식 시스템을 개발했다. 이 시스템은 기존 뉘앙스 시스템에 비해 인식률이 전혀 높아지지 않았다. 전통적인 학문 연구 개념으로 보면 아무런 의미도 없는 일이었다. 하지만 구글은 이 무료 서비스를 제공함으로써 많은 사용자에게서 대량의 음성 데이터를 확보해 진짜 음성인식 제품 구글 보이스(*Google Voice*)를 위한 준비를 갖췄다. 이 데이터를 토대로 구글은 현재 세계에서 가장 정확한 음성인식 서비스를 제공하고 있다.

데이터는 매우 유용하므로, 더 많고 더 완비된 전방위적 데이터가 있으면 그 안에서 예상치 못한 기쁨을 발굴할 수도 있을 것이다. 바로 이런 배경에서 빅데이터란 개념이 생겨났다.

3. 왜 빅데이터가 필요한가?

빅데이터란 무엇인가? 빅데이터는 데이터 양이 당연히 방대하며, 이 점은 의심의 여지가 없다. 그러나 양이 많다는 것만으로 빅데이터라고 할 수는 없다. 앞에서 얘기한 《리터러리 다이제스트》의 여론조사 데이터도 적은 편이 아니었지만 빅데이터 축에는 들지 못한다. 빅데이터는 다차원과 완비성이 더 중요하며, 이 두 가지가 있어야 무관해 보였던 두 사건이 연결되고 사물에 대한 완벽한 설명이 가능해진다. 이 점을 설명하기 위해 구체적인 예를 살펴보자.

2013년 9월 바이두는 '중국 10대 먹방 도시 순위'라는 꽤 재미있는 통계 결과를 발표했다. 바이두는 여론조사나 지역별 식습관에 대한 연구 없이, 바이두 지식인 서비스 '바이두 즈다오(百度知道, *zhidao.baidu.com*)'에서 먹는 것에 관한 질문 7,700만 건을 통해 결론을 '찾아냈다'. 하지만 그 결론들은 여느 학술연구 결론보다 중국 여러 지역의 식습관을 더 잘 반영한 듯 보인다. 바이두가 내린 결론을 살펴보자.

'무엇을 먹을 수 있는가?'라는 질문에 푸젠, 저장, 광동, 쓰촨 등 지역의 네티즌이 가장 많이 물은 것은 '먹을 수 있는 곤충은 무엇인가?'였고 장쑤, 상하이, 베이징 등 지역의 네티즌이 가장 많이 물은 것은 '무엇 무엇의 껍질을 먹어도 되나?'였다. 네이멍구, 신장, 티베트의 네티즌은 '버섯을 먹어도 되나?'에 가장 관심이 많았고, 닝샤 네티즌이 관심 있는 음식은 게를 즐겨 먹는 장쑤·저장 네티즌이 식겁할 만한 것이었다. 반대로 닝샤 네티즌은 벌레를 먹는 사람이 있다는 것에 놀랄 것이다.

바이두가 실시한 이 작은 일은 사실 빅데이터의 전형적 응용 사례며, 다음과 같은 특징이 있다. 첫째, 빅데이터는 매우 '방대하다'. 7,700만 개 질문과 대답은 작은 수치가 아니다. 둘째, 이 데이터들은 매우 다차원이다. 음식의 조리법, 먹는 법, 성분, 영양 가치, 가격, 질문이 나온 지역과 시간 등을 아우른다. 또 그 차원들이 명확히 제시되지도 않는다(전통적 데이터베이스와 다른 점이다). 외부인이 보기엔 이런 원시 데이터가 '상당히 난잡하겠지만' 이렇게 난잡하고 무질서해 보이는 데이터가 무관해 보였던 차원(시간, 지역, 음식, 조리법, 성분 등)을 연결한다. 이렇게 정보를 발굴, 가공, 정리해 지역별 주민의 식습관과 같은 유의미한 통계 규칙을 얻는다.

물론 바이두는 사람들이 흥미를 가질 만한 결과만 발표했고, 원한다면 나이, 성별, 문화 배경이 다른 사람들의 식습관('바이두 즈다오' 사용자 가입 정보가 신뢰할 만하다고 가정할 때, 신뢰할 수 없어도 다른 방식으로 신뢰할 만한 나이 정보를 얻을 수 있다), 생활 습관이 다른 사람(정상적으로 일하고 쉬는 사람, 올빼미족, 출장이 잦은 사람이나 운동을 싫어하는 사람 등)의 식습관 등, 데이터에서 더 가치 있는 통계 결과를 얻을 수 있을 것이다. 바이두의 데이터 수집 기간이 충분히 길면 지역별 식습관의 변화, 특히 경제 성장 단계별 식습관의 변화도 살펴볼 수 있을 것이다. 식습관의 변화처럼 간단해 보이는 문제도 '바이두 즈다오' 빅데이터가 없으면 진짜 정보를 확보하기 어렵다.

이쯤에서 통계가 별로 복잡하지 않은 것 같은데 전통적 통계 방법으로도 확보할 수 있는 것이 아닌가 하는 의문이 들 것이다. 전통적 방법이 통하지 않는다고는 말할 수 없지만 그 어려움은 일반 사람이 상상하는 것보다 훨씬 크다. 예전이라면 이런 통계 결과를 얻기 위해 어떻게 해야 했을지 살펴보자. 먼저 합리적인 설문지를 설계하고(쉽지 않다) 여러 지역에서 대표성을 띠는 계층을 찾아 조사를 진행한다(갤럽이 실시하는 방법이다). 그리고 반수동으로 데이터를 처리하고 정리한다. 이렇게 하면 비용도 많이 들고, 갤럽 리서치처럼 표본 채택 시 여러 요소를 빈틈없이 고려해야 한다. 나중에 통계를 낼 때 설문지에 한 항목을 더 추가했어야 한다는 사실을 발견하더라도, 미안하지만 한 항목을 추가하려면 비용이 거의 배가 든다.

기입식 설문은 피조사자의 진짜 생각을 반영한다고 장담할 수 없다는 것이 전통 방식의 난도가 높은 두 번째 이유다. 사람들은 '바이두 즈다오'에서 질문하고 대답하는 것에 부담이 없고, 효과나 이익을 따지지도 않는다. 궁금한 게 있으면 묻고 답을 알면 대답한다. 하지만 조사 설문지에 답을 적는 것은 다르다. 대부분 사람들은 표현을 '너무 이상하게' 하고 싶지 않아 '취두부[9]'를 즐겨 먹는 습관이 있다거나 '곤충 먹길 좋아하는' 취향 같은 것은 답안지에 적지 않는다. 예전에 CCTV는 시청률 조사에서 사용자가 기입한 시청카드를 통해 조사한 시청률이 자동 시청 통계 박스에서 얻은 결과와 완전히 다른 것을 발견했다. 시청카드에서 얻은 통계 결과에선 유명 진행자와 소

---

9 역주: 발효한 두부로 고약한 냄새가 난다.

위 고품격 프로그램의 시청률이 확연히 과장되었다. 사용자가 본능적으로 자신의 체면을 세워줄 법한 프로그램을 적었기 때문이다. 나 자신도 비슷한 경험이 있다. SNS(소셜 네트워크 서비스) 데이터에서 얻은 오바마의 의료개혁 지지율(약 24%에 불과하다)이 갤럽 결과(41%)보다 훨씬 낮았다.

빅데이터는 비용과 정확성 문제뿐 아니라 많은 장점이 있다. 다차원(또는 전방위성)도 빅데이터의 강점이다. 과거 컴퓨터로 저장하고 처리하는 데이터는 제한적이어서 해결이 시급한 문제에 관한 데이터만 수집했고, 이 데이터는 차원은 몇 개밖에 없으면서 무관해 보이는 차원은 모두 생략되었다. 특정 데이터의 사용 방식은 이런 제한에 의해 결정됐다. 즉 먼저 가정이나 결론을 세우고 나서 데이터로 검증하는 경우가 많았다. 이젠 클라우드 컴퓨팅의 등장으로 관계가 복잡하거나 아무 쓸모 없어 보이는 대량의 데이터를 저장하고 처리할 수 있게 되었고, 작업 방식도 변했다. 데이터를 사용해 기존 결론을 검증할 뿐 아니라, 고정관념 없이 데이터 본연에서 출발해 데이터 자체가 어떤 새로운 결론을 도출할 수 있는지 살핀다. 이렇게 하면 새로운 규칙을 발견할 수 있다. 바이두의 백과사전 서비스 '바이두 바이커(百度百科, baike.baidu.com)'의 데이터는 언뜻 보면 어지럽고 무질서하지만 데이터 사이에 내재적 연관성이 많다. 이 데이터를 분석하기 전까지 제품 매니저들은 머릿속으로 먼저 가정을 하지도 않고, 어떤 결론이 나올지도 모른다. 하지만 마지막에 이 데이터를 분석함으로써 새로운 규칙들을 발견한다. 결과를 제일 먼저 받아보는 바이두 내부 직원들도 아마 굉장히 놀랄 것이라 생각한다.

물론 세상에는 벌레나 게를 먹는 것보다 더 중요한 일이 많다. 의료보건 같은 것 말이다. 많은 질병이 유전자 결함과 관련 있다는 것을 알지만, 유전자의 작용 원리는 복잡하고 유전자 결함이 특정 질병을 유발한다는 것도 가능성에 불과하다. 의학계에는 유전자와 질병의 연계성을 밝히기 위한 연구 방법이 두 가지 있다.

첫 번째는 비교적 전통적인 방법이다. 실험을 통해 유전자 한 구간의 메커니즘(매우 긴 과정이며 보통 초파리 유전자부터 연구하기 시작한다)과 그 결합으로 동반되는 생리적 변화를 파악한다. 그다음 이 변화가 질병을 유발하는지, 또는 어떤 상황에서 질병을 유발하는지를 밝힌다. 예를 들어 특정 구간 유전자는 인슐린 합성과 관련이 있어 유전자에 문제가 생기면, 당 대사 장애가 일어날 수 있고 일정 조건에선 당뇨병이 유발될 수 있다. 최종적으로 '특정 구간 유전자에 결함이 있으면 당뇨병에 걸릴 수 있다'는 결론이 나온다.

그런데 나는 여기에서 '~할 수 있다'는 말을 많이 썼다. 이것은 가능성에 불과하기 때문이며, 가능성이 얼마나 큰지에 대해선 대답할 수 있는 사람이 없다. 이런 방법으로 유전자와 질병의 인과관계를 찾는 것은 더 어렵다. 결국 이런 방법은 시간 낭비, 돈 낭비다. 예를 들면 전 세계 과학자가 수십 년을 연구했지만 흡연과 여러 질병의 인과관계를 찾기 어려웠고, 덕분에 담배 기업들은 1990년대 말까지 법적 처벌을 피할 수 있었다.

두 번째 방법은 데이터를 이용해 통계를 내는 것이다. 과학자들이 쓰는 이 방법은 첫 번째 방법과 정반대다. 과학자들은 데이터에서 출발해 유전자 결함과 질병의 통계적 관련성을 찾은 다음, 이 관련성을 초래하는 내재적 원인을 역으로 분석한다. 유전자 결함과 당뇨병의 관계 찾기를 예로 들면, 특정 구간 유전자 결함과 당뇨병 발병률의 관계만 찾는 경우 조건부확률로 해당 구간 유전자 결함이 당뇨병을 유발할 가능성을 계산할 수 있다. 구체적인 방법은 다음과 같다.

사건 A={특정 구간 유전자 결함}, 사건 B={당뇨병 발병}이라 가정하면 조건부확률은 다음과 같다.

$$P(B|A) = P(AB)/P(A) \approx \#(AB)/\#(A) \qquad \text{(31.2)}$$

여기에서 #()는 표본 수를 나타낸다.

공식이 간단해 보이지만 빅데이터가 없었던 과거에는 처리하기가 쉽지 않았다.

첫째, #(AB)를 통계 낼 때 유전자 결함과 당뇨병을 연결할 수 있는 사례가 많지 않다. 확률통계 용어로 말하면 데이터가 너무 희소하다. 미국에선 당뇨병 환자 진료 기록이 수천 건인 병원은 많지 않고, 그 수천 명 환자 중 5%만이 유전자 데이터를 추출해 병원 데이터베이스에 저장했다. 그러다 보니 남은 것은 수십 명에서 수백 명이고, 이 중 절반은 질병 원인이 유전자 결함과 무관한 환자일 것이기 때문에 나머지 데이터로는 신뢰할 만한 통계 규칙을 얻을 수 없다.

둘째, 공식 〈31.2〉에서 분모 #(A)라는 데이터는 근본적으로 얻을 수 없을 가능성이 있다. 얼마나 많은 사람이 유전자 결함이 있는지를 정확히 알 길이 없기 때문이다. 빅데이터 시대 이전에는 이렇게 간단해 보이는 일을 다룰 수 없었다. 1990년대 말 미국 사법부는 담배 기업과의 재판을 위해 특별히 중국에 전문가를 파견해 데이터를 수집했다. 미국에서 찾을 수 있는 흡연자 데이터를 수집하는 것만으론 통계량이 부족했기 때문이다.

인간 유전자와 질병 관계 연구의 또 다른 난점은 결함이 있을 법한 유전자를 어떻게 찾느냐 하는 것이다. 한 사람의 온전한 유전자 데이터는 굉장히 방대하다. 중국 BGI(베이징게놈연구소, *Beijing Genomics Institute*) 창립자 양환밍(楊煥明)의 소개에 따르면, 그 데이터 양은 상상을 초월할 만큼 크며, PB(10^{15}바이트, 즉 1백만 GB) 수준[10]이다. 데이터 양 크기만 놓고 보면 한 사람의 데이터만으로도 '바이두 즈다오'의 데이터 양을 넘어선다. 물론 한 사람의 유전자만 봐선 그중 어느 구간 유전자가 좋은지, 아니면 결함이 있는지를 알 수 없다. 여러 명, 수십 명의 유전자로도 부족하다. 사람은 개인마다 유전자에 어느 정도 차이가 있으며, 유전자가 다르다고 결함이 있는 것이라 할 순 없기 때문이다. 결함 가능성을 확정하려면 적어도 수천, 수만 명의 유전자 데이터가 필요하다. 클라우드 컴퓨팅이 등장하기 전까지 이렇게 대량의 데이터는 처리할 수 없었다.

많은 사람의 유전자 데이터를 수집하는 것도 예전에는 큰 문제였다. 다행히 세상일들은 불가능해 보이지만 결국엔 해결 방법이 있다. 23앤드미(23andMe)라는 미국의 작은 기업은 하는 일이 참 재미있고 일 처리 방법도 똑똑하다. 이 회사는 100달러만 내면(병원에서 종합 DNA 검사 한 번에 드는 비용은 2,000~5,000달러다) 의뢰인의 타액을 수집해 그 사람의 유전자를 대략적으로 '읽은' 다음 향후 각종 병에 걸릴 확률을 '대략적으로' 알려준다. 물론 이 회사의 유전자 해독과 BGI의 전체 유전자 지도 작성은 별개의 일이다. 하지만 간단하게나마 유전자 분석을 하려면 100달러로 부족하다. 23앤드미는 실제로 이런 방법으로 많은 유전자 제공자를 유치했고 대량 유전자를 확보한 회사는 어떤 유전자 구간이 정상적인지, 어디에 결함 '가능성'이 있는지 분간할 수 있었다. 회사는 유전자를 제공한 개개인에게 각자 가능성이 있는 유전자 결함을 정리해줄 수 있었다. 물론 위 공식 〈31.2〉의 $P(A)$처럼 각 유전자의 결함 확률도 얻을 수 있었다.

23앤드미가 동종 기업(구글 보건연구팀을 포함해)과 추진하고 있는 또 다른 사업은 유전자 결함과 질병을 연결하는 것이며, 이 데이터는 연구기관과 병원에서 확보해야 한다. 예전에는 병원 한 곳에서 이 분야 데이터를 얻기란 매우

---

10 이는 인체 내 주요 세균을 포함한 유전자 데이터다. 세균들의 균형이 사람의 건강 및 질병과 관계가 있기 때문이다.

제한적이었지만, 크고 작은 수많은 병원의 데이터를 수집하면[11] 질병과 유전자 결함의 동시 발생 확률 $P(AB)$를 추정할 수 있으며, 더 나아가 특정 유전자 결함이 질병을 유발할 확률을 산출할 수 있다. 앞으로 빅데이터가 유전자 검사 방법을 통해 개인의 향후 건강 상황을 정확히 알려주어 효과적인 질병 예방이 가능해질 것이다.

의료산업을 예로 든 것은 IT 산업을 제외하면 의료보건이 빅데이터에 가장 열을 올리고 있는 산업 분야이기 때문이다. 구글과 나 자신이 이 산업에 열의가 커 예를 들기 쉬운 까닭도 있다. 그렇다고 빅데이터 응용이 이 두 산업에만 집중되어 있는 것은 아니다.

2013년 미국 최대 생산액을 기록한 의료보건 산업은 미국 GDP의 15% 정도를 차지했고, 비용을 절감할 수 없다면 이 비율은 20% 정도 오를 것이다. 이렇게 큰 규모의 산업에서 과거 의사들도 매일같이 데이터(각종 화학실험 결과 및 지표)와 씨름했지만, 안타깝게도 지난 50~60년간 의사들이 IT 기술로 의료 수준을 개선하기란 동력이 부족했다(의료영상 등 기술은 제외하고). 그런데 지난 10년간 상황이 바뀌어 의료업계는 빅데이터를 통해 의료보건 난제들을 해결하길 기대하며 적극적으로 IT 산업에 접촉하고 있다. 빅데이터의 중요성을 보여주는 또 다른 측면이다. 현재까지 빅데이터는 의료산업에 적잖은 깜짝 선물을 가져다주었다. 2012년 미국 매체가 보도한 의료계 빅데이터 응용 사례가 이를 잘 설명해준다.

첫 번째는 한 고등학생에 관한 이야기다. 이 학생은 2012년 빅데이터를 통해 유방암 조직검사 위치의 정확성을 대폭 높였다. 유방암이 의심되는 환자

---

[11] 병원들이 일부 데이터를 제3자에게 사용권을 넘겨주겠느냐고 묻는 사람도 있을 테지만, 병원들은 자체 보유한 데이터로 설득력 있는 결론을 얻을 수 없음을 인식하고 있다. 한편 카이저 퍼머넌트(Kaiser Permanente) 등 일부 대형 프랜차이즈 병원은 데이터 공개를 원치 않아 자체적으로 실시한다.

는 조직검사를 해야 한다. 즉 의심되는 부위에서 특수 주삿바늘로 세포를 채취해 화학 실험을 통해 암세포 유무를 확인한다. 조직검사의 정확성은 전적으로 바늘을 찌르는 부위에 달려 있다. 바늘을 넣는 부위가 정확하지 않으면 암세포가 있어도 검측되지 않는다. 예전에는 이런 과정이 순전히 의사의 경험에 달려 있었는데 미국에서 의사는 평생 이런 질병을 수백 건 정도 볼까 말까다. 따라서 경험이 쌓이는 속도가 매우 느리다. 또한 경험이 있는 의사라도 매일 똑같이 안정적으로 해내기 어렵다(의사의 정서 변화가 판단 정확성에 영향을 미치기 때문이다). 이 학생은 어떤 일을 한 걸까? 그는 수백만 건의 케이스를 통계 내고 프로그램 하나를 작성해 X레이와 CT 이미지에 의심 가는 부위를 표시하니 정확도가 98%에 달했다. 경험에 의한 전통 방식보다 훨씬 높은 수치다. 물론 정보처리 종사자가 보기엔 그가 사용한 수백만 건 케이스는 그리 큰 데이터라 할 수 없지만, 의료업계 사람에겐 이만큼도 매우 큰 데이터다. 이 학생의 연구 성과는 그해 구글 과학기술 대회에서 1위를 차지했다.[12]

두 번째 사례는 마이크로소프트의 빅데이터 응용 이야기다.[13] 보험회사는 응급 환자들이 퇴원하고 얼마 후에 다시 응급실로 실려 가는 것을 발견했다. 미국은 응급진료 비용이 매우 비싸 보험사와 개인에게 모두 부담이 크다. 보험사는 병원과 함께 환자 정보를 대량 수집해 마이크로소프트에서 빅데이터 업무를 담당하는 과학자와 엔지니어에게 전달하며, 분석을 통해 원인이나 통계 규칙을 찾아달라고 의뢰했다. 마이크로소프트 담당자는 머신러닝 방법으로 수만 개의 특징을 추출해 분석했다. 이를 통해 환자가 처음 응급실에 온후 링거액을 놓으면(미국 병원은 특별히 필요하지 않는 이상 환자에게 링거를 놓지 않

12 http://www.huffingtonpost.com/2012/07/25/brittany-wenger-google-science-fair-breast-cancer-n-1703012.html

13 http://www.microsoft.com/casestudies/Microsoft-Azure/Leeds-Teaching-Hospital/Big-Data-Solution-Transforms-Healthcare-with-Faster-Access-to-Information/710000003776

는다) 몇 분 후 응급실로 후송될 가능성이 매우 높았다는 것을 알았다(병세가 정말 심각하기 때문일 것이다). 이 밖에도 몇 가지 중요한 특징을 찾아냈다. 따라서 어떤 특징이 있는 환자는 퇴원한 후 정기적으로 추적하고 관찰만 해도 응급실로 돌아올 확률이 크게 줄어들 수 있었다. 그러면 의료비도 꽤 줄어들 것이다. 수만 개 특징을 지닌 수학 모델을 학습시키는 작업은 다차원 빅데이터 없이는 불가능하다.

빅데이터를 활용한 여러 의료 지원 연구가 대학과 기업 연구소에서 진행되고 있으며, 그중 아주 의미 있는 연구는 빅데이터를 활용한 '맞춤식 처방'이다. 스탠퍼드대학교 컴퓨터 생명공학(computational biology) 연구센터에선 몇몇 교수와 학생이 빅데이터를 이용해 약물 수천 종과 질병 수천 종에 대한 페어링(pairing) 연구를 진행 중이다. 이들은 원래 심장병 치료용 약이 어떤 사람의 경우 위 질환에 뚜렷한 효과를 보인다는 사실을 발견했다. 이 연구를 통해 여러 질병에 대한 새로운 치료법을 발견했고, 이 치료법은 신약 연구 제조보다 비용이 훨씬 덜 들고 주기도 훨씬 짧다.

마지막으로 마음 설레는 이야기를 하나 하겠다. 빅데이터를 사용해 모두가 혜택을 입을 수 있는 일을 소개하며 이 장과 이 책을 마무리하겠다.

2013년 구글은 IT 성과로 의료 문제를 해결하려는 취지에서 칼리코(Calico)라는 기업을 설립하고 세계에서 가장 인지도가 높은 바이오 제약 전문가이자 지넨테크(Genentech)의 CEO였던 아서 레빈슨(Arthur D. Levinson) 박사를 초빙해 이 창의적인 사업을 추진하게 했다. 유명 기업 애플과 지넨테크의 이사회 의장인 레빈슨과 그의 옛 동료들은 왜 의료와 바이오 제약 경험이 전무한 IT 기업에 가서 의료 문제를 연구하려 했을까? 미래 세상은 데이터가 주도하는 시대가 될 것이라 생각했기 때문이다. 암 치료, 노화 방지 등 많은 난제들은 전통적 의학 수단으론 해결할 수 없다. 이 난제를 돌파하려면 빅데이터 관련 기술을 사용해야 한다.

어느 발표회에서 레빈슨 박사는 현재 인류가 아직도 암을 치료할 수 없는 이유를 설명하며 두 가지 원인이 있는 것 같다고 밝혔다. 첫째, 약이 효과가 있는지 여부는 사람의 유전자와 밀접한 관계가 있다. 그렇기 때문에 유전자가 다른 사람에겐 다른 약을 써야 하고, 가장 바람직한 것은 사람마다 전용 약을 설계해주는 것이다. 하지만 이 생각이 통한다 해도 비용 문제가 걸린다. 레빈슨 박사의 추측에 따르면, 신약을 연구 제조하는 기존 방법을 채택해 특정인을 위한 항암 신약을 연구 제조하는 비용은 10억 달러이므로, 이 방법은 대중화가 불가능하다. 둘째, 암세포 유전자는 끊임없이 변화한다. 환자가 한 항암제를 사용하면 처음엔 효과가 좋고 회복도 빠르지만 나중에는 더 이상 효과가 없어지는 듯하고, 결국 암이 재발해 통제할 수 없는 상태가 되는 사례를 자주 접한다. 이는 암세포 유전자가 변해 원래 암세포와 달라지면서 기존 약물의 효과가 자연히 사라졌기 때문이다. 레빈슨 박사의 설명에 따르면 현재 최대 문제는 개인을 위해 특화된 항암제를 연구 제조할 수 있어도 기존의 연구 제조 속도로는 암세포 변이 속도를 따라잡을 수 없다는 점이다.

이 두 문제(사람에 따라 다른 항암제가 필요한 것, 약품 연구 제조가 세포 유전자 변이보다 빨라야 하는 것)를 해결하기 위해 레빈슨 박사는 빅데이터에 의존해 여러 사람의 공통점을 통계 내야 한다고 생각한다. 그러면 신약 연구 제조 실험을 중복해 진행할 필요가 없고, 임상시험 전에 동물실험만 소량 진행하면 된다. 마지막으로 레빈슨 박사는 환자 개개인을 위한 맞춤형 약품을 제조하고, 그 비용을 1인당 5,000달러 이내로 조절할 수 있다고 생각한다. 또한 대부분의 작업을 공유해 약품 개선 주기를 단축하면 약품 연구 제조가 암 세포 변화보다 빨라지고, 이로써 암을 치료할 가능성을 기대할 수 있다고 본다. 레빈슨과 그의 동료들은 현재 구글 플랫폼을 활용해 미국의 의료 자원을 통합함으로써 수천 년간 전 세계의 난제였던 인간의 수명 연장 문제를 풀려고 노력 중이다. 레빈슨 박사가 사람들에게 기쁜 소식을 안겨줄 수 있길 기대한다.

위의 사례들을 통해 빅데이터가 정보산업 및 기타 산업에 얼마나 중요한 영향을 끼치는지 살펴볼 수 있었다. 이제 빅데이터의 중요성을 정리해보자. 첫째, 무작위 사건들의 조합이 여러 차례 함께 나타나야 유의미한 통계 규칙을 얻을 수 있다. 둘째, 빅데이터 수집 과정은 자연적인 과정으로, 주관성의 편차를 제거하는 데 유리하다. 더 중요한 것은 다차원인 빅데이터가 있어야 본래 연관성이 있지만 연관이 없는 듯 보이며 별로 밀접하지 않은 사건들을 반복해서 나타나게 할 수 있고, 이를 통해 새로운 규칙을 발견할 수 있다는 것이다. 마지막으로 빅데이터는 IT 산업 외의 난제들(의료 등)을 풀 열쇠가 될 수 있다.

4. 갈무리하며

데이터의 중요성은 일찍부터 인식됐지만, 과거에는 저장과 계산 여건의 한계로 데이터 양은 있을 만큼만 있으면 된다는 것이 일반적 견해였다. 정보기술이 발전해 데이터의 계산과 저장이 더 이상 문젯거리가 되지 않으면서 사람들은 초대량 데이터가 전에는 생각지 못한 기쁨을 가져다준다는 사실을 알았고, 이로써 빅데이터가 발전하기 시작했다.

미래 세상에서 우리 삶은 점점 더 데이터를 벗어날 수 없게 될 것이고, 데이터 수집 및 처리와 관련한 업무 기회가 끊임없이 쏟아질 것이다. 또 데이터 처리 및 활용 방법을 터득한 사람이 새로운 시대의 승자가 될 것이다. 일반화하면 어떤 분야에서든, 어떤 업무에 종사하든 데이터의 중요성을 이해하고 업무에서 데이터를 잘 활용하는 사람이 성공할 가능성이 더 높다.

| 부록 |

계산 복잡도

실제 문제 해결 방법을 컴퓨터가 작동할 수 있는 프로그램으로 바꿀 때 중간 다리 역할을 하는 것이 컴퓨터 알고리즘이다. 우수한 컴퓨터과학자와 평범한 엔지니어(프로그래머)의 차이점은 전자는 좋은 알고리즘을 부단히 찾고 또 찾을 능력이 있는 반면, 후자는 가까스로 문제를 해결하는 데 만족하는 경우가 많다는 것이다. 모든 '좋은' 알고리즘 가운데 최고의 알고리즘이 있기 마련이며, 그것을 찾는 것이 컴퓨터과학 종사자가 노력해야 할 목표다.

연산 속도, 저장량, 이해 용이성, 구현 용이성 등 컴퓨터 알고리즘의 우수성을 가늠하는 기준은 많지만 공평한 비교를 위해 객관적인 기준이 필요하다. 그 기준은 바로 알고리즘의 복잡한 정도다. 1965년 컴퓨터과학자 유리스

하르트마니스(*Juris Hartmanis*)와 리처드 스턴스(*Richard Stearns*)는 〈알고리즘의 계산 복잡도〉[1]라는 글에서 이 개념을 제안했고, 이 논문 덕분에 튜링상을 받았다. 그러나 최초로 계산 복잡도를 엄격히 정량화해 측정한 것은 유명한 컴퓨터과학자이자 알고리즘 분석의 아버지 도널드 커누스(*Donald Ervin Knuth*)[2]다. 커누스는 알고리즘의 우수성 측정이 문제의 크기와 상관없게 만드는 방법을 찾아내는 대단한 공헌을 했다.

문제의 계산 시간은 문제의 크기와 관련이 있다. 예를 들어 10,000개 실수를 정렬시키는 것과 1,000,000개 실수를 정렬시키는 시간은 분명히 다르다. 따라서 두 정렬 알고리즘을 규모가 다른 정렬 문제에 운용하면 알고리즘의 우수성을 비교할 수 없다. 그러므로 문제의 크기는 계산 복잡도 측정의 변수가 되며, 일반적으로 N으로 나타낸다. 계산량은 N의 함수 $f(N)$이다. 이 함수의 경계(상계 또는 하계)는 수학에서 빅(*Big*) O 개념으로 한정할 수 있다. 두 함수 $f(N)$과 $g(N)$이 빅 O 개념에서 동일하면, 즉 N이 무한대에 가까워지면 두 함수의 비율은 상수 하나 차이다. 예를 들어 $f(N)=N \cdot \log N$, $g(N)=100 \cdot N \cdot \log(N)$의 경우 같은 크기로 본다. 마찬가지로 두 컴퓨터 알고리즘이 빅 O 개념에서 동일하면 상수 하나 차이만 나고, 이 경우 계산 복잡도가 동일하다고 본다.

계산 복잡도의 핵심은 상수인자가 아니라 $O(\ )$안의 함수 변수 부분을 보는 것이다. 계산량이 $10000 \cdot N \cdot \log(N)$과 $0.00001 \cdot N^2$인 두 알고리즘의 경우, 전자의 상수인자가 훨씬 크지만 N이 무한대로 가면 후자의 계산량은 전자의 무한 배수가 된다. 이 두 알고리즘의 계산 복잡도를 $O(N \log N)$과 $O(N^2)$

1   Hartmanis, J.; Stearns, R. W.(1965), "On the computational complexity of algorithms", *Transactions of the American Mathematical Society* 117: 285-306.

2   http://en.wikipedia.org/wiki/Donald_Knuth

으로 표기한다. 아래 표는 자주 접하는 문제들의 최적 알고리즘 복잡도다.

문제/알고리즘	복잡도	설명
해시 탐색(hash search)	$O(1)$	상수 복잡도
정렬 배열 이진 탐색 알고리즘	$O(\log(N))$	대수 복잡도
비정렬 배열 이진 탐색 알고리즘	$O(N)$	선형 복잡도
그래프 순회 알고리즘 (graph traversal algorithm)	$O(N)$	노드 수 N의 선형 복잡도
빠른 소트 알고리즘(quick sort algorithm)	$O(N\log N)$	
동적계획법 / 최단거리 / 비터비 알고리즘	$O(d^2 \cdot N)$	깊이 d의 제곱 복잡도, 길이 N의 선형 복잡도
바움-웰치 알고리즘	$O(d^2 \cdot N)$	상동
베이지안 네트워크 학습 알고리즘	NP-완전	다항식 복잡도 알고리즘을 아직 찾지 못함

알고리즘의 계산량이 N의 다항식 함수(*polynomial function*)를 초과하지 않으면 이 알고리즘을 다항식 함수 복잡도라고 한다. 문제에 다항식 함수 복잡도 알고리즘이 존재하는 경우, 이 문제를 P 문제(*polynomial*의 첫 글자)라고 한다. 이런 문제는 컴퓨터가 '효과적으로' 해결할 수 있는 유형으로 판단된다. 그러나 알고리즘의 계산량이 N의 다항식 함수보다도 크면, 이론상 충분한 시간이 있고 계산 가능하더라도(튜링 기계 개념에서의 계산 가능성) 실제로는 계산할 수 없다. 이러한 경우를 비다항식(*non-polynomial*) 문제라고 한다. 바둑에서 한 수를 둘 때마다 최고의 수가 바로 이런 문제에 해당한다.

하지만 다항식 복잡도 알고리즘이 있거나 없거나, 이렇게 '흑이 아니면 백'으로 구분할 수 없는 문제가 많다. 어떤 문제는 현재까지도 다항식 복잡도의 해를 찾지 못했지만, 그렇다고 그런 해를 영영 찾을 수 없다는 뜻은 아니다. 비다항식 문제에서 특별히 컴퓨터과학자의 주의를 끄는 미정다항식(*nondeterministic polynomial, NP*) 문제가 있다. NP 문제가 중요한 것은 그 문제에 다항시간 알고리즘이 있을 수 있어서가 아니다. 사실 대부분의 이론 컴퓨터학자들은 NP가 다항시간 알고리즘을 가질 수 없다, 즉 P는 NP와 같지 않다고 생각한다. NP 문제가 중요한 건 현실 속 대부분 문제들이 NP이기 때문이며, NP 문제는 암호이론과도 중요한 연관이 있다. 한 문제에 대해 다항식 복잡도 시간 안에 답의 정확성 여부를 입증할 수 있다면, 현재 그 문제가 다항식 복잡도 알고리즘을 찾을 수 있는지 여부에 관계없이 그 문제는 NP 문제라고 한다.

이처럼 P 문제는 NP 문제의 특수한 부분집합이다. NP 문제 집합에서 P 문제에 속하는지 여부를 알 수 없는 부분, 즉 아직 다항식 복잡도 알고리즘을 찾지 못한 문제는 다항식 복잡도 알고리즘을 영영 찾을 수 없을까? 이에 대해선 컴퓨터과학자들 간에 의견이 분분하다. 확실히 찾을 수 없다고 생각하는 사람도 있고, 결국엔 찾을 수 있을 것이라 생각하는 사람도 있다. 후자는 다항식 복잡도 내에서 문제의 답이 옳은지 여부만 증명하면 다항식 복잡도 알고리즘을 결국 찾을 수 있다고 본다. 정말 그렇다면 나중에는 모든 NP 문제가 P 문제로 바뀔 것이다.

1970년대 초 스티븐 쿡(*Stephen Cook*)과 레오니드 레빈(*Leonid Levin*)이 NP 문제에서 NP-완전이라고 불리는 특수한 문제 유형을 발견하며 P 문제와 NP 문제 연구에 중요한 진전이 있었다. 모든 NP 문제는 다항시간 내에 NP-완전 문제로 환산될 수 있다는 것이다. 이 발견을 '쿡-레빈 정리'라고 한다. NP-완전 문제가 다항식 알고리즘을 찾으면 이 알고리즘으로 모든 NP 문제가 풀리기 때문에, 즉 NP=P가 되기 때문에 NP-완전 문제는 NP 문제에서 가장 어려운 문제다.

계산 복잡도는 최소한 NP-완전 또는 더 큰 문제이기 때문에 NP-난해(*NP-hard*) 문제라고 한다. P 문제, NP 문제, NP-완전 문제와 NP-난해 문제의 관계는 아래 그림과 같다.

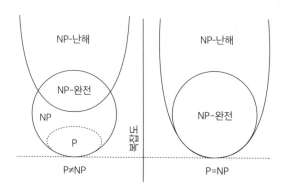

그림 A.1 NP-난해와 NP-완전의 관계
(왼쪽은 P 문제 집합이 NP 문제 집합과 다른 경우를 나타내고, 오른쪽은 두 집합이 같은 경우를 나타낸다.)

한 문제의 컴퓨터 알고리즘을 찾으려면 먼저 다항식 복잡도 알고리즘을 찾아야 한다. 그런데 베이지안 네트워크 학습 알고리즘처럼 현재까지 그런 알고리즘을 찾지 못했지만 실제 응용에서 피할 수도 없는 문제라면, 문제를 단순화해 근사해를 구할 수밖에 없다.

컴퓨터과학에서 수학의 중요한 역할은 계산 복잡도가 최대한 낮은 해를 구하고, NP-완전 또는 NP-난해 문제에 대해서는 근사해를 찾는 것이다.

우리 삶을 바꾸는 것은 결국 수학

많은 친구들이 '수학의 아름다움'을 블로그에 연재할 생각을 왜 하게 됐는지 물었다. 원래 구글 헤이반바오가 원했던 것은 구글 과학자의 시각에서 구글의 기술을 소개해달라는 것이었다. 하지만 나는 젊은 공학도들에게 정보기술 업계에서 일하는 방법을 정확히 들려주고 싶은 마음이 컸다. 나는 대부분 소프트웨어 엔지니어들이 잘 알지 못하는 분야에서 문제에 직면했을 때 직관에만 의지해 해결하는 모습을 자주 봤다. 이 같은 상황은 미국이나 중국이나 비슷하지만, 중국은 특히 더 그렇다. 이런 방법으로 만든 것은 나쁘게 말하면 '짝퉁'이다.

구글에 막 입사했을 때 나는 구글 초기의 일부 알고리즘(철자 교정 등)이 근본적으로 체계적인 모델과 이론적 토대 없이 구 또는 단어 두 요소의 조합으로 만들어졌다는 사실을 발견했다. 이런 방법은 물론 없는 것보다는 낫지만, 개선되거나 향상될 가능성이 거의 없었고 프로그램의 로직을 대단히 혼란스럽게 만들었다. 회사가 성장하고 힘이 강해짐에 따라 구글은 전 세계 일류 대학에서 이론적 기초가 특출한 엔지니어를 모집하기 시작했고, 이로써 공학의 정확성이 보장되었다.

2006년 이후 나는 미국 유명 대학을 졸업한 연구생 서너 명을 지도하며 은닉 마르코프 모델의 구조를 이용해 구글의 철자 교정 모델을 통일했다. 그 몇 년간 구글은 거의 모든 항목의 프로그램을 새로 작성했고, 짝퉁은 더 이상 찾아볼 수 없게 되었다. 그러나 미국에서 첨단과학기술이라는 칭호를 달고 있는 일부 이류 IT 회사를 포함한 다른 회사들에서는 여전히 짝퉁이 보편적으로 존재한다. 중국의 경우 사실 소규모 회사에서 품질을 신경 쓰지 않는 문제는 크게 비난할 바가 못 된다. 그러나 주식시장에 상장한, 돈도 있고 수익 규모도 전 세계에서 손꼽힐 정도인 회사가 여전히 이런 방식으로 일하고 있다면, 수준이 형편없다는 이미지를 준다. 이런 회사들은 빌딩을 짓고 고위층 경영자의 사무실을 꾸미는 데는 수많은 글로벌 기업들을 빠르게 추월한다. 마치 돈이 있어서 금은보화를 몸에 둘렀으나 내면의 학문과 수양의 성취는 찾아볼 수 없는 것과 같다.

그래서 나는 《수학의 아름다움》을 썼다. 이 책을 통해 IT 회사의 공학 주관자들이 부하 직원을 잘 인솔해서 공학 수준을 높이고 짝퉁을 멀리하길 바란다. 이렇게 노력한다면 일 처리 방식을 세계 일류 IT 회사의 수준으로 끌어올려 수많은 비효율적인 중복 설계로 인한, 상상을 초월하는 비용 낭비를 피할 수 있을 것이다.

(무의식중에) 잘못된 모델을 사용한다고 해도 특정한 상황에서는 그 효과를

짜낼 수는 있다. 앞서 소개한 것처럼 지구중심설도 수천 년간 사용되었으니 말이다. 그러나 잘못된 모델은 진리에서 벗어난 것이기에 그 부정적인 영향이 점차 수면 위로 드러나기 마련이다. 그리고 최후에는 정확한 결과에서 멀어질 뿐만 아니라 종종 원래는 간단했던 일도 매우 복잡하게 만들어 파국으로 치닫는다(지구중심설이 태양중심설에 미친 영향도 이러했다).

사람들이 정확한 이론과 방법을 인식하려면 언제나 하나의 점진적인 과정이 있어야 한다. 모든 사물에는 발전 규칙이 존재하고 그 규칙은 모두가 인식할 수 있는 것으로, 정보과학 분야도 예외는 아니다. 규칙을 인식했다면 업무 중에도 의식적으로 규칙을 위반하지 않는 방법을 준수해야 한다. 싱할 박사는 정보과학 발전의 규칙을 밝혀낸 사람으로, 그가 만든 정보이론은 대체로 오늘날 정보처리와 통신 분야의 본질과 규칙을 밝혀낸 것이다. 여기에서 말하는 통신은 인류의 모든 교류와 자연어 처리의 모든 응용을 포함한다. 그래서 나는 처음에 '수학의 아름다움' 시리즈를 쓰면서 이러한 정보처리의 규칙성을 소개하려고 했다.

물론 수학적인 이야기를 비전문가들도 이해할 수 있도록 정확히 말한다는 것은 결코 쉬운 일이 아니다. 나는 내가 기술 원리의 심오한 내용을 알기 쉽게 말하는 데 재능이 있는 줄 알았다. 그러나 처음으로 내가 쓴 몇 개의 꼭지를 공학 비전공자 독자에게 읽어보라고 주자 그들은 이해하기 매우 어려웠다고 말했다. 나는 더 많은 공을 들여 간단하고 이해하기 쉽게 쓰기 위해 세부적인 내용을 많이 생략했다. 그러자 이번에는 일부 전문가 독자들이 세부적인 기술에 대해서도 소개하면 좋겠다며 불만을 나타냈다. 구글을 떠나고 나서 상대적으로 글쓰기에 대한 제약이 어느 정도 사라지자, 나는 블로그에 쓴 글을 책으로 엮으면서, 자세한 내용을 원하는 공학 지식을 갖춘 독자들을 위해 세부적인 기술에 대해서도 소개했다. 책을 다 완성하고 나서 초창기 블로그에 썼던 글과 비교했을 때 거의 책 전체를 다시 썼다는 사실을 발견했다. 이번에 개정판을 출간하면서 나는 일부 새로운 내용을 추가해 더 많은 세부 사항을 보완했다. 이것이 여러 독자들에게 도움이 되길 바란다.

이 책을 쓴 중요한 목적은 IT 비종사자들에게 IT 분야의 일부 수학 지식을 알리는 것이다. 그들이 식사 후 소소한 자리에서 이야기할 수 있는 대중 과학서가 되길 바란다. IT 규칙성에 대해 인식하고 독자들이 자기 업무에서의 규칙성을 정리하고 학습해서 활용한다면 자신의 경지를 한 단계 더 끌어올리는 데 도움이 될 것이다.

책을 쓰면서 내게 가장 큰 도움이 된 것은 두 권의 책과 한 개의 프로그램이다. 두 권의 책 중 하나는 내가 중학교 때 읽은 《1, 2, 3 그리고 무한》으로 우주에 관해 소개한 과학 대중서다. 조지 가모브는 많은 시간을 들여 과학 대중서를 창작해 후대에 영향을 끼친 인물이다. 다른 한 권은 영국의 저명한 물리학자 스티븐 호킹의 《짧고 쉽게 쓴 '시간의 역사'(A Brief History of Time)》다. 호킹은 심오한 우주학 원리를 아주 간단한 언어로 풀어냈고, 이 과학 대중서는 전 세계 베스트셀러가 되었다. 그리고 내게 영향을 준 프로그램은 바로 유명한 미국 배우 모건 프리먼이 내레이션 및 진행을 맡은 〈웜홀을 통해서(Through the Wormhole)〉다. 내가 쓴 글은 대부분 비행기에서 완성한 것으로, 글을 쓰다가 힘들면 텔레비전 프로그램을 봤다. 그러다 우연히 오늘날 가장 선구적인 물리학을 이해하기 쉽게 만든 프로그램인 〈웜홀을 통해서〉를 보게 된 것이다. 이 프로그램에는 노벨상 수상자를 포함한 수많은 일류 물리학자와 수학자 들이 등장해 그들의 작업을 소개한다. 이들은 공통적으로 간단한 비유로 자신이 속한 분야의 가장 심오한 이치를 명료하게 설명해 대중을 이해시키는 능력을 갖추고 있었다. 나는 그들이 세계 정상급 과학자가 된 것이 바로 자신이 하는 일에 대단히 정통할 뿐만 아니라, 쉬운 말로 그 이치를 명확하게 설명해낼 수 있기 때문이라고 생각한다. 세계적으로 뛰어난 학자들은 일부러 어려운 말로 간단한 문제를 복잡하게 만들지 않고, 언제나 다른 업계 사람들도 알아들을 수 있도록 심오한 이치를 쉽게 설명한다. 그래서《수학의 아름다움》을 집필하면서 나는 줄곧 가모브와 호킹 등 과학자들을 본보기로 삼고, 관련 전문 지식을 갖춘 독자가 아닌 일반 독자들에게 수학의 아름다움을 보여주고자 노력했다. 이 밖에 독자들이 자투리 시간을 이용해 책을 읽을 수 있도록 최대한 각 장이 그 자체로 독립을 이룰 수 있게 구성해 책 읽기에 대한 부담감을 줄였다. 어쨌든 대부분의 독자들은 수학을 주제로 한 책을 처음부터 끝까지 단번에 읽는 것이 곤혹스러울 테니 말이다.

3장

1. Turing, Alan(October 1950), "Computing Machinery and Intelligence", Mind LIX(236): 433-460, doi: 10.1093/mind/LIX.236.433

2. Katz, S. M.(1987), "Estimation of probabilities from sparse data for the language model component of a speech recogniser.", IEEE Transactions on Acoustics, Speech, and Signal Processing, 35(3), 400-401

3. Frederick Jelinek, *Statistical Methods for Speech Recognition(Language, Speech, and Communication)*, 1998, MIT Press

4. Kneser, Reinhard, and Ney, 1995, "Improved backing-off for m-gram language modeling.", In Proceedings of ICASSP-95, Vol.1, 18-184

4장

1. 량난위안(梁南元), "문어체 중국어 자동 형태소 분석 시스템(书面汉语自动分词系统)" http://www.touchwrite.com/demo/LiangNanyuan-JCIP-1987.pdf

2. 귀진(郭进), "통계언어 모델과 중국어 표음문자 변환의 새로운 결과들(统计语言模型和汉语音字转换的一些新结果)", http://www.touchwrite.com/demo/GuoJin-JCIP-1993.pdf

3. 귀진, "Critical Tokenization and its Properties", http://acl.ldc.upenn.edu/J/97/J97-4004.pdf

4. 쑨마오쑹(孫茂松), "Chinese word segmentation without using lexicon and hand-crafted training data", http://portal.acm.org/citation.cfm?coll=GUIDE&dl=GUIDE&id=980775

5. Dekai WU., "Stochastic inversion transduction grammars, with application to segmentation,

bracketing, and alignment of parallel corpora.", IJCAI-95: 14th Intl. Joint Conf. on Artificial
Intelligence, 1328-1335, Montreal: Aug 1995

5장

1. Baum, L. E.; Petrie, T.(1996), "Statistical Inference for Probabilistic Functions of Finite State
   Markov Chains", *The Annals of Mathematical Statistics* 37(6): 1554-1563

2. Baum, L. E.; Eagon, J. A.(1967), "An inequality with applications to statistical estimation for
   probabilistic functions of Markov processes and to a model for ecology", *Bulletin of the American
   Mathematical Society* 73(3): 360-363

3. Baum, L. E.; Sell, G. R.(1968), "Growth transformations for functions on manifolds", *Pacific
   Journal of Mathematics* 27(2): 211-227

4. Baum, L. E.; Petrie, T.; Soules, G.; Weiss, N.(1970), "A Maximization Technique Occurring in
   the Statistical Analysis of Probabilistic Functions of Markov Chains", *The Annals of Mathematical
   Statistics* 41: 164-171

5. Jelinek, F.; Bahl, L.; Mercer, R.(1975), "Design of a linguistic statistical decoder for the recognition of
   continuous speech", *IEEE Transactions on Information Theory* 21(3): 250

6장

1. Thomas M. Cover, Joy A. Thomas, *Elements of Information Theory*, New York: Wiley, 1991. ISBN
   0-471-06259-6
   중국어 번역본: Thomas M. Cover, Joy A. Thomas, 정보이론의 기초(信息論基礎), 칭화대학교 출
   판사, 2003

2. Kai-Fu Lee, *Automatic Speech Recognition: The Develoment of the SPHINX System*, Springer, 1989

3. Gate, W., K. Church, and D. Yarowsky, "A Method for Disambiguating Word Senses in a Large
   Corpus", *Computers and the Humanities* 26, pp. 415-439, 1992

10장

1. Sergey Brin and Lawrence Page, The Anatomy of a Large-Scale Hypertextual Web Search Engine,
   http://infolab.stanford.edu/~backrub/google.html

11장

1. Spärck Jones, Karen "A statistical interpretation of term specificity and its application in retrieval",
   Journal of Documentation 28(1): 11-21, 1972

2. Salton, G. and M. J. McGill, *Introduction to modern information retrieval*, McGraw-Hill, 1986

3. H.C. Wu, R.W.P. Luk, K.F. Wong, K.L. Kwok, "Interpreting tf-idf term weights as making relevance decisions", *ACM Transactions on Information Systems* 26(3): 1-37, 2008

12장

1. Mehryar Mohri, Fernando Pereira, Michael Riley, Weighted finite-state transducers in speech recognition, *Computer Speech and Language*, V16-1, pp.69-88, 2002

15장

1. J. R. Bellegarda, Exploiting latent semantic information in statistical language modeling Proceedings of the IEEE, Volume:88 Issue:8, 1279-1296, August 2008

16장

1. Moses Charikar, Similarity Estimation Techniques from Rounding Algorithms, Proceedings of the 34th Annual ACM Symposium on Theory of Computing, 2002

2. Gurmeet Singh Manku, Arvind Jain and Anish Das Sarma, Detecting Near-Duplicates for Web Crawling, WWW2007, 2007.

20장

1. Csiszar, I. I-Divergene Geometry of Probability Distributions and Minimization Problems, *The Annals of Statistics*, Vol.3. No 1, pp.146-158, 1975

2. Csiszar, I. A Geometric Interpretation of Darroch and Ratcliff's Generalized Iterative Scaling, *The Annals of Statistics*, Vol.17. No.3, pp.1409-1413. 1989

3. Della Pietra, S., Della Pietra, V. & Lafferty, J. Inducing Features of Random Fields, IEEE Trans., on Pattern Analysis and Machine Intelligence, Vol.19. No.4, pp.280-393, 1997

4. Khudanpur, S. & Wu, J. Maximum Entropy Techniques for Exploiting Syntactic, Semantic and Collocational Dependencies in Language Modeling, *Computer Speech and Language*, Vol.14. No.5, pp.355-372, 2000

5. Wu, J. Maximum entropy language modeling with non-local dependencies, Ph.D dissertation, www. cs.jhu.edu/~junwu/publications/dissertation.pdf, 2002

30장

1. Quoc V. Le, Marc' Aurelio Ranzato, Rajat Monga, Matthieu Devin, Kai Chen, Greg S. Corrado, Jeff Dean, Andrew Y. Ng, *Building High-level Features Using Large Scale Unsupervised Learning*, *Proceedings of 20th international Conference of Machine Learning*, 2012.

2. Andrea Frome*, Greg S. Corrado*, Jonathon Shlens*, Samy Bengio Jeffrey Dean, Marc' Aurelio Ranzato, Tomas Mikolov, DeViSE: *A Deep Visual-Semantic Embedding Model*.

31장

1. 성저우(盛驟), 셰스간(謝式幹), 판청이(潘承毅), 확률론과 수리통계(概率論與數理統計, 제4판), 고등교육출판사(高等教育出版社), 2010

2. Thorsten Brants, Ashok C. Popat, Peng Xu, Franz J. Och, Jeffrey Dean, Large Language Models in Machine Translation, Proceedings of the 2007 EMNLP-CoNLL, pp. 858-867

기타

수학의 아름다움

초판 1쇄 발행 2019년 1월 28일
6쇄 발행 2024년 4월 30일

지은이 우쥔 | 옮긴이 한수희 | 감수자 권재명
펴낸이 오세인 | 펴낸곳 세종서적(주)

주간 정소연 | 기획 노만수 | 편집 김하얀 | 디자인 전아름
마케팅 유인철 | 경영지원 홍성우

출판등록 1992년 3월 4일 제4-172호
주소 서울시 광진구 천호대로132길 15, 세종 SMS 빌딩 3층
전화 (02)775-7011 | 팩스 (02)776-4013
홈페이지 www.sejongbooks.co.kr | 네이버 포스트 post.naver.com/sejongbooks
페이스북 www.facebook.com/sejongbooks | 원고모집 sejong.edit@gmail.com

ISBN 978-89-8407-754-6 03000